普通高等教育"十二五"规划教材

国 际 金 融 学

〖第 2 版〗

谭中明　刘立平　徐文芹　编著

中国科学技术大学出版社

·合　肥·

内 容 简 介

本书为适应金融全球化发展,培养高素质财经、金融管理人才的教学需要而编写。内容以研究国际间货币金融关系和资金融通、资本运动为主线,跟踪当代国际金融发展趋势,吸收和反映国际金融理论的前沿成果,并紧密联系我国实际。全书除涵盖教育部颁布的国际金融教学大纲所规定的基本知识点外,还增添了许多新的内容。既对国际金融基础理论、政策、制度与协调机制做了系统的描述,又对国际金融中所涉及的基本经济关系与原理、基本实务与管理技术做了详尽的阐述,还对我国国际金融政策和管理体制等内容做了比较全面的介绍。全书共 11 章,包括国际收支、外汇与汇率、汇率制度和外汇管制、外汇交易与外汇风险管理、国际储备、国际金融市场、国际资本流动、国际债务与国际金融危机、国际货币体系、欧洲货币联盟与欧洲货币一体化、国际金融机构等。全书逻辑严密,表达准确,资料翔实,可读性较强。

本书是普通高等学校财经类、金融管理类本科学生的教材,也可供相关专业专科生及成人高等教育选做教材,还可以作为银行、证券、保险等金融机构高级管理人员自学和进修财经类、金融管理类研究生的参考用书。

图书在版编目(CIP)数据

国际金融学/谭中明,刘立平,徐文芹编著. —2 版. —合肥:中国科学技术大学出版社,2014.8

ISBN 978-7-312-03592-0

Ⅰ. 国… Ⅱ. ①谭… ②刘… ③徐… Ⅲ. 国际金融学 Ⅳ. F831

中国版本图书馆 CIP 数据核字(2014)第 184816 号

责 任 编 辑:张善金
出 版 者:中国科学技术大学出版社
　　　　　　地址:合肥市金寨路 96 号　邮编:230026
　　　　　　网址:http://www.press.ustc.edu.cn
　　　　　　电话:发行部 0551-63606806-8810
印 刷 者:安徽江淮印务有限责任公司
发 行 者:中国科学技术大学出版社
经 销 者:全国新华书店
开 　　本:710mm×960mm　1/16
印 　　张:25
字 　　数:476 千
版 　　次:2003 年 2 月第 1 版　2014 年 8 月第 2 版
印 　　次:2014 年 8 月第 9 次印刷
印 　　数:40001—44000 册
定 　　价:39.00 元

序

国际金融学主要以开放视角研究国际间货币信用关系与资金融通,阐释国际金融活动与国际经济之间的相互适应关系和内在规律。

纵观当今世界,经济、金融全球一体化趋势日益强劲,国际经济、金融领域发生着日益深刻的变化,重大事件层出不穷,金融创新方兴未艾。世界贸易组织、国际货币基金组织、世界银行、欧洲经济货币联盟、亚太经济合作组织、北美自由贸易区、东南亚经济合作联盟等全球性、区域性组织在国际经济、金融活动中发挥着日益重要的作用;拉美国家债务危机、欧洲货币危机、墨西哥金融危机、亚洲金融危机等对世界经济、金融产生的震荡和影响,人们至今记忆犹新。要寻求解决上述问题的答案,离不开对国际金融理论知识的学习和研究,离不开对国际金融市场运作原理和制度背景的深入了解。

自20世纪70年代末以来,在邓小平理论的指引下,中国的改革开放不断深入,与世界各国的经济、金融联系日益加强,并取得了令人瞩目的成绩。以加入世界贸易组织(WTO)为标志,中国作为一个开放型经济的国家,已经融入世界经济活动的大舞台之中。今后,中国与世界的联系会越来越密切,商品、资金、技术、服务等对外经济交易的规模将越来越大,当然面临的国际竞争也会越来越激烈。开放的经济要求有开放的金融为之服务,从而迫切需要人们加强对国际金融理论知识的学习,掌握国际金融管理技术。

谭中明先生等编著的《国际金融学》一书,适应中国高等教育改革对经济、管理类人才培养目标的需要,也适应经济、金融实务部门在职人员学习国际金融知识的需要。通览全书,我认为具有以下几个特点:

(1) 全面性。该书内容涵盖了教育部颁布的国际金融教学大纲所规定的基本知识点,既对国际金融基础理论、政策和制度做了比较系统的描述,又对国际金融市场运行、国际金融基本实务与管理技术进行了详细的介绍,并对我国国际金融政策、制度和管理等内容做了比较全面的阐述。

(2) 新颖性。本书在内容结构上做了许多有创见的调整,按照国际金融各个知识点的内在联系和逻辑性,将基本概念、基础理论、政策、制度、实务等内容有机地融合起来,既突出理论性,又注重实用性,有利于读者全面系统地掌握国际金融学的科学内涵和知识体系。如将传统的"国际资本流动与国际债务"一章分为"国际资本流动"和"国际债务与国际金融危机"两章,将"欧洲货币体系"从"国际货币体系"中分离出来,与"欧洲货币一体化"合并,扩充为新的一章。在上述三章中,编者都增添了许多新的内容,使各章内容更完整、充实。这是一种有益的尝试。

(3) 前沿性。本书紧紧跟踪国际金融发展趋势,充分吸收和反映当代国际金融理论的前沿成果。如对汇率的弹性与黏性价格分析、汇率的资产组合模型、国际资本逃避、国际金融危机、最适度货币区理论、欧洲货币一体化的影响与前景分析等,在同类教材中都没有或很少涉及的前沿内容,本书都做了比较详尽的论述。

(4) 简洁性。本书语言流畅,逻辑严密,表达准确,资料翔实,可读性较强。每章附有重要概念、思考题和分析讨论题等不同题型,有助于读者把握重点和难点内容,也有助于启发读者思维。

希望有更多的年轻学者在国际金融领域继续深入研究,与时俱进,取得新的进展。

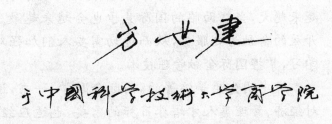

2003 年 1 月

第二版前言

本书自 2003 年出版发行以来,经历了十余年时间。十多年来,国际金融界风起云涌,金融创新加速推进,金融危机频繁爆发,国际货币体系面临重大挑战。由美国次贷危机引发的百年一遇的全球金融危机以及随后发生的欧洲国家主权债务危机,不仅重创了美国、欧盟这两大主要经济体,而且给全球各国经济带来了难以愈合的损害,尤其是全球金融危机对全球实体经济的影响至今还在不断加深,使得世界经济下行趋势尚未见明显扭转。在此背景下,国际社会要求改革现行国际货币体系,构建国际货币金融新秩序的呼声日益高涨,但改革的步履却十分曲折艰难。与此同时,随着经济全球化趋势的进一步加强,各国之间的经济、金融联系日益紧密,推动了区域间的货币金融合作实践。另一方面,中国外汇管理体制改革稳步推进,人民币汇率市场化形成机制逐渐改革完善,人民币快速升值、国际化水平不断提高,人民币资本项目下自由兑换取得了积极的可喜进展。上述重要的国际金融事件和国内对外金融政策制度的创新发展成为本书修订的重要背景。

本书第 2 版在保持第 1 版内容体系和编排结构的基础上,对各章节内容做了较大幅度的修改完善,删减了一些过时的内容和不准确的提法,补充增加了许多新的国际金融实践及相关理论方面的内容。其中,重点修订和增加的内容有:人民币汇率制度、中国的外汇管理、外汇交易(如即期外汇交易和远期外汇交易、套汇交易与套利交易等内容)、国际储备管理、中国的国际储备、中国的国际资本流动等;对第六章的第四、五节内容进行了整合,增加了国际黄金市场;对第八章和第十章的章名进行调整,并对这两章的内容重新进行编排,相应增加了国际银行危机、国际货币危机和东亚货币合作的构想与探索等内容;重新撰写了第十一章"国际金融机构"。

参加本书第2版撰写工作的人员及其分工是(以章次为序):谭中明(第一章、第八章、第九章),徐文芹(第二章),俞爱平(第三章、第十章),欧阳玉秀(第四章、第七章),徐春红(第五章),刘立平(第六章、第十一章)。谭中明教授、刘立平教授拟订了本教材(第2版)的修订计划,提出了具体的修订建议和要求,最后由谭中明教授进行总纂、审定。参与本书初版撰写的部分作者由于工作变动等原因未能参与第2版的编写工作,但他们过去所做的工作为第2版的顺利完成奠定了良好的基础,在此向他们表示感谢。

在本书修订过程中,得到中国科学技术大学出版社的大力支持,在此表示衷心感谢。由于修订时间仓促,编者水平所限,本书疏漏之处在所难免,我们诚恳地希望读者给予指正,以便于我们将来进一步修订和完善。

谭中明

2014年8月

前　言

我国改革开放的总设计师邓小平同志曾经指出："金融很重要,是现代经济的核心。金融搞好了,一着棋活,全盘皆活。"这深刻揭示了金融在经济中的重要地位和作用。在开放型经济国家中,宏观经济分为内部经济和外部经济,内部经济表现为经济增长、就业和物价状况,外部经济表现为国际收支状况,是一国在一定时期对外交往的集中体现。致力于实现内外经济均衡,即经济持续增长、充分就业、物价稳定及国际收支平衡,乃是各国政府追求的终极目标。与此相适应,金融也分为国内金融与国际金融,二者在分别服务和作用于内外经济的同时,还共同影响着内外经济,并进而影响着内外经济均衡目标的实现。我国加入世界贸易组织(WTO),表明我国以更加开放的姿态融入世界经济一体化的洪流之中,国内经济受国际金融形势和金融活动的影响必然会越来越深刻。从宏观层面来说,制订富有远见卓识的国际金融战略,把握世界竞争中的机遇与主动权,适时适量地利用世界资源以促进国内经济发展,必须以宽厚扎实的国际金融理论为基础;从微观层面看,人们所处的环境、工作岗位乃至日常经济生活,都与外部世界有着日益紧密的联系,需要学习国际金融理论知识,以提高对国际经济金融现象的理解力,增强获取国际金融信息的能力。所有这些都需要我们尤其是大学生们加强对国际金融学的学习和研究。

纵观世界,国际金融学作为一门独立的学科,是在国际贸易学的基础上产生和发展起来的,其发展经历了三个阶段:第一个阶段是第二次世界大战以前。当时各国之间的联系以商品贸易为主,货币资本流动则是以商品流动的对应物出现的,因而国际金融学的内容只是附属于国际贸易学当中加以介绍,并不单独开设国际金融课程。第二个阶段是从第二次世界大战后到20世纪70年代初,战后建立的布雷顿森林体系,第一次以人为的制度安排形式确立了国际货币体系,这一体系的运行以及战后各国经济的迅速恢复和发展,大大促进了国际贸易的增长,各国经济货币化程度大为提高,国际间货币金融联系得到进一步加强,这表明国际金融开始以独立的形态发挥作用,因而在学科体系上国际金融开始与国际贸易相并列,二者共同构成国际经济学。第三阶段是从20世纪70年代至今。20世纪70年代初,布雷顿森林体系解体,浮动汇率制逐渐取代固定汇率制,国际资金流动规模迅速扩大并呈现出独特的运动规律,对国际经济产生着日益深刻和复杂的影响,学者们开始将国际金融作为一门单独的学科加以研究。特别是20世纪80年代以来,国际金融领域出现了一系列震惊世界的新事件、新问题,进一步引起了学者们对国际金融进行独立研究的浓厚兴趣,以欧美学术界出现的国际金融专门教材为标志,国际金融学从国际贸易学的理论框架中分离出来,成为一门相对独立的学科。经过最近20年的发展,国际金融学已基本形成一门内容丰富、体系比较完整、逻辑比较严密的独立学科。

国际金融学是以开放视角研究国际间货币金融关系和国际间资本运动及其规律的新兴学科。从学科属性看,它属于开放宏观经济学的范畴,研究对象范围涉及开放型经济社会的全部国际货币金融理论、货币金融关系与货币金融政策,既包括由商品、服务、技术、投资等国际经济活动所引起的货币收付和货币资本周转与流通(国际收支、国际资本流动等),又包括国际货币金融制度、政策、协调机制与惯例(国际货币体系、汇率制度、汇率政策、货币一体化、国际金融机构等);既包括国际金融基本理论(国际收支理论、汇率理论、国际资本流动理论、国际金融危机理论和最适度货币区理论等),又包括国际金融实务及国际金融市场运行的具体形式(外汇、汇率、国际金融市场、外汇交易、国际储备、国际债务等)。

我们在撰写本书时,力求做到既立足于教育部审定的全国普通高校本科教育"国际金融学"课程教学大纲的基本要求,充分考虑我国普通高等学校经济、管理类专业本科学生的知识结构与层次特点,侧重于基本知识、基本理论与基本技能的介绍，起点、分量适中，又紧紧跟踪当代国际金融领域发生的大事件、新情况，充分吸收和反映当代国际金融理论的前沿成果，并紧密结合我国实际，体现和融合中国国际金融政策、制度和管理等方面的内容。按照这一基本指导思想，我们对本书体系做了较大幅度的调整，增加了许多新的内容，从而使本书与一般的同类教材相比具有明显的特点。如将"国际资本流动与国际债务"分成"国际资本流动"和"国际债务与国际金融危机"两章，增加了"汇率理论的资产市场说"、"人民币自由兑换问题"、"国际资本逃避"、"国际金融危机"、"欧洲货币一体化的经济影响与发展前景"等新的内容。全书共分11章：第一章国际收支，主要介绍国际收支的概念及其平衡表的编制、国际收支与宏观经济的关系、国际收支的调节机制与政策、国际收支理论和我国的国际收支；第二章外汇与汇率，主要介绍外汇和汇率的概念与种类、汇率的决定因素和汇率变动对经济的影响、汇率理论；第三章汇率制度和外汇管制，主要介绍汇率制度、汇率政策、外汇管制、复汇率制度、人民币汇率制度和人民币自由兑换问题；第四章外汇交易与外汇风险管理，包括外汇市场、即期外汇与远期外汇交易、套汇与套利交易、掉期交易、外汇期货与期权交易、外汇风险及其管理；第五章国际储备，包括国际储备概述、国际储备多元化、国际储备管理、我国的国际储备；第六章国际金融市场，包括国际金融市场概述、国际货币市场、国际资本市场、欧洲货币市场、国际金融市场创新；第七章国际资本流动，包括国际资本流动概述、国际资本流动的影响及其控制、国际资本流动理论、中国利用外资问题和国际资本逃避；第八章国际债务与国际金融危机，包括外债的经济分析、国际债务危机、解决国际债务问题的方案、国际金融危机、中国的外债和外债管理；第九章国际货币体系，包括国际货币体系概述、国际金本位体系、布雷顿森林体系、牙买加体系、国际货币体系的改革；第十章欧洲货币联盟与欧洲货币一体化，包括货币一体化与货币区、最适度货币区理论、最适度货币区理论的实践——欧洲货币一体化、欧洲货币一体化的经济影响与发展前景；第十一章国际金融机构，包括全球性国际金融机构、区域性国际金融机构、我国与国际金融机构的关系等。

国际金融学

　　本书由江苏大学、安徽工业大学和华东船舶工业学院的教师共同编写,谭中明担任主编,提出写作大纲并负责全书的统稿、修改。刘立平、朱向华、徐文芹担任副主编,负责对写作大纲和部分章节的初稿进行修改。参编人员的具体分工如下:前言,第一章,第三章第一、二、四、五节,附录,第七章第三、四、五节,第八章,第十章第四节由谭中明撰稿;第六章,第十一章由刘立平撰稿;第二章由徐文芹撰稿;第四章,第七章第一、二节由欧阳玉秀撰稿;第三章第三、六节,第五章由李延均撰稿;第九章由朱向华撰稿;第十章第一、二、三节由宿永铮撰稿。

　　本书在写作和出版过程中得到了来自各方面的支持和帮助。经全国政协常委、中国科学技术大学商学院院长方兆本教授推荐,国际金融教育与研究专家、中国科学技术大学商学院教授方世建先生在百忙之中审阅本书的全部书稿,并欣然为本书作序,在此表示诚挚的谢意!江苏大学工商管理学院、教务处,安徽工业大学经济学院,华东船舶工业学院领导对本书的出版给予了大力的支持;江苏大学金融系黄正清、刘明显、侯青等老师对本书写作大纲和初稿提出了宝贵的修改意见,在此,作者特向他们一并表示深切的感谢!此外,本书的编写参考了大量的文献,在此谨向这些文献的作者表示敬意和谢忱。

　　本书是普通高等学校和成人高等学校财经类、管理类本、专科学生的教材,也可供银行、证券、保险等金融机构高级管理人员自学和培训之用,还可作为经济、管理类研究生的参考用书。

　　尽管本书的构思和写作历时较长,但限于我们的水平,书中不足和疏漏仍然在所难免,敬请同行专家和广大读者提出宝贵意见。

编　者
2002 年 10 月 1 日

目　次

序 ……………………………………………………………… (i)
第二版前言 …………………………………………………… (iii)
前言 …………………………………………………………… (v)

第一章　国际收支 …………………………………………… (1)
　第一节　国际收支及其平衡表 …………………………… (1)
　第二节　国际收支与宏观经济 …………………………… (8)
　第三节　国际收支的调节 ………………………………… (11)
　第四节　国际收支理论 …………………………………… (22)
　第五节　中国的国际收支 ………………………………… (30)
　附录　国际收支平衡表:标准组成部分 ………………… (38)

第二章　外汇与汇率 ………………………………………… (45)
　第一节　外汇 ……………………………………………… (45)
　第二节　汇率的概念与种类 ……………………………… (47)
　第三节　汇率的决定与变动 ……………………………… (53)
　第四节　汇率理论 ………………………………………… (61)

第三章　汇率制度与外汇管制 ……………………………… (81)
　第一节　汇率制度 ………………………………………… (81)
　第二节　汇率政策 ………………………………………… (90)
　第三节　外汇管制 ………………………………………… (94)
　第四节　复汇率制度 ……………………………………… (108)
　第五节　人民币汇率制度 ………………………………… (112)
　第六节　人民币自由兑换问题 …………………………… (118)
　附录　参考一篮子货币:人民币汇率制度的选择 ……… (124)

第四章 外汇交易与外汇风险管理 (128)
- 第一节 外汇市场 (128)
- 第二节 即期外汇交易和远期外汇交易 (133)
- 第三节 套汇交易和套利交易 (142)
- 第四节 外汇期货和期权交易 (151)
- 第五节 外汇风险管理 (158)

第五章 国际储备 (165)
- 第一节 国际储备概述 (165)
- 第二节 国际储备多元化 (169)
- 第三节 国际储备管理 (174)
- 第四节 中国的国际储备 (180)

第六章 国际金融市场 (186)
- 第一节 国际金融市场概述 (186)
- 第二节 国际货币市场 (190)
- 第三节 国际资本市场 (194)
- 第四节 欧洲货币市场 (198)
- 第五节 主要离岸金融中心 (208)
- 第六节 国际黄金市场 (213)

第七章 国际资本流动 (225)
- 第一节 国际资本流动概述 (225)
- 第二节 国际资本流动的影响与控制 (234)
- 第三节 国际资本流动理论 (239)
- 第四节 中国利用外资和国际资本流动 (244)
- 第五节 国际资本逃避 (251)

第八章 国际金融危机 (259)
- 第一节 金融危机概述 (259)
- 第二节 国际债务危机 (263)
- 第三节 国际银行危机 (278)
- 第四节 国际货币危机 (286)

第九章 国际货币体系 (299)
- 第一节 国际货币体系概述 (299)

第二节　国际金本位体系 …………………………………（301）
第三节　布雷顿森林体系 …………………………………（303）
第四节　牙买加体系 ………………………………………（311）
第五节　国际货币体系的改革 ……………………………（315）

第十章　区域性货币同盟与欧洲货币一体化 ……………………（325）
第一节　货币一体化与货币区 ……………………………（325）
第二节　最适度货币区理论 ………………………………（326）
第三节　最适度货币区理论的实践 ………………………（330）
第四节　东亚货币合作的构想与探索 ……………………（343）

第十一章　国际金融机构 …………………………………………（352）
第一节　全球性国际金融机构 ……………………………（352）
第二节　区域性国际金融机构 ……………………………（366）
第三节　中国与国际金融机构的关系 ……………………（376）
附录　金砖国家（BRICS）开发银行 ……………………（382）

主要参考文献 ………………………………………………………（385）

第一章 国际收支

第一节 国际收支及其平衡表

一、国际收支概念

国际收支的含义是随着国际经济交往的不断扩大而不断丰富和发展的。

早在17世纪初,欧洲重商主义盛行,强调出口大于进口,保证对外贸易顺差以获取他国的金银货币来增加本国财富。当时国际信用不甚发达,国际资本流动甚少,国际间的经济交易仅限于有形商品的贸易,因而对外贸易收支构成了一国国际收支的全部内容。

随着国际经济交易内容和范围的不断扩大,国际收支已从过去的贸易收支扩展到国际间经济往来中产生的债权债务关系以及由此引起的债权债务的清偿,这种一国在一定时期内(通常为一年)同其他国家为清算到期债权债务所发生的外汇收支总和,称为狭义的国际收支①。狭义的国际收支具有两个特点:一是它强调的是现金基础,即狭义国际收支仅指具有外汇收支的国际经济交易,不包括无外汇收支的其他交易;二是外汇收支必须是立即清算的,对未到期的债权债务不能计入当年国际收支。

第二次世界大战以后,国际间经济、政治、文化、科技等往来日益频繁和广泛,国际贸易形式和结算方式越来越多样化,有许多国际经济交易,如政府间无偿援助、易货贸易、记账贸易、补偿贸易等均不涉及外汇收支,侨汇等无偿性质的资金转移以及国际资本大规模地流动等等,都大大超出了狭义国际收支概念。于是各国普遍采用广义国际收支概念,这也是国际货币基金组织所定义的国际收支概念,可以表述为:国际收支是一国居民与外国居民在一定时期内所发生的各项经济交易的货币价值总量的系统记录。

---

① 根据《国际货币基金协定》,本书所及"国家"包含通常意义上的独立经济体。

正确把握和理解广义国际收支概念,应注意以下几点:

(1)国际收支是一个流量概念。即国际收支是指一定时期内国际间经济交易的总量。

(2)国际收支所反映的内容是以货币记录的交易。根据其性质和方向,交易可为四类:①交换,即一交易者向另一交易者提供的可以得到等价回报的经济价值,其中经济价值包括实际资源(货物、服务、收入)和金融资产。②转移,即一交易者向另一交易者所提供的无偿的经济价值,包括无偿的单向的实际资源和金融资产的转移。③移居,是指居民或非居民从一经济体迁移到另一经济体的行为,由于移居活动会引起两个经济体的对外资产、负债关系发生变化,因而必须记入国际收支之中。④根据推论而存在的其他交易,有些交易表面上看没有发生流动,而实际上仍属于国际间的交易范畴,因而亦需在国际收支中予以记录。如外商直接投资收益的再投资等。

(3)国际收支所记载的交易是在一国居民与非居民之间发生的。判断一项交易是否应计入国际收支范围,所依据的不是交易双方的国籍,而是依据交易双方是否有一方是为该国居民。这里的居民是指一国经济领土内具有一定经济利益中心的经济单位。所谓一国经济领土,通常包括一国政府所管辖的地理领土、该国天空、水域和临近水域下的大陆架以及该国在世界其他地方的飞地(如:驻外使领馆等)。按照这一标准,一国的驻外机构为所在国的非居民,而国际组织则是任何国家的非居民。所谓经济利益中心,是指该单位在一国经济领土内一年或一年以上的时间中已经大规模地从事经济活动或交易。对一经济体来说,居民包括个人、政府、非盈利团体和企业四类。

二、国际收支平衡表

(一)国际收支平衡表的概念

国际收支平衡表是指一定时期内一国居民与非居民之间所发生的全部经济交易按项目分类统计的一览表。它集中反映了一国国际收支的具体构成与全貌,对于了解一国的国际经济地位与对外关系具有重要意义,是一国政府制定和调整对外政策尤其是对外经济贸易政策的重要依据。

(二)国际收支平衡表的账户设置与结构

国际收支平衡表所包含的内容十分繁杂,各国又大都根据各自的不同需要和具体情况来编制,因而各国国际收支平衡表在内容的详简上亦有较大差异,尽管如此,但其主要结构还是基本一致的。下面主要以国际货币基金组织(IMF)于1993年出版的第五版《国际收支手册》为依据,对国际收支平衡表的账户设置与结构加以介绍。

国际收支账户可分为三大类:经常账户、资本与金融账户、平衡账户。

1. 经常账户(Current Account)

经常账户是一国国际收支平衡表中最基本最重要的账户,包括以下项目:

(1)货物(goods)。货物项目包括一般商品、用于加工的货物、货物修理、各种运输工具在港口购买的货物和非货币黄金。货物一般按离岸价格(FOB)计价,若按到岸价格(CIF)计价,需从中扣除运输费和保险费。

(2)服务(service)。服务项目又叫无形贸易项目,包括运输、旅游及其他在国际贸易中越来越占重要地位的项目,例如:通信、金融保险和计算机与信息服务及其他商业服务。

货物和服务项目合称为贸易账户,长期以来被视为一国国际收支的代表,在国际收支中所占比重较大。贸易账户反映了一国自我创汇的能力,也反映出一国产业结构和产品在国际上的竞争能力与地位,是一国对外经济交往的基础,影响和制约着其他账户的变化。

(3)收入(income)。收入项目包括居民与非居民之间进行的两大类交易:一是雇员报酬,包括季节性工人和边境工人在国外工作所获得的工资、薪金或其他报酬;二是投资报酬,包括投资利润、股利和利息等。

(4)经常转移(current transfer)。经常转移是指单方面、无对等的收支,即资金在国际间移动后并不产生归还或偿还问题的项目。根据转移主体和对象不同可分为私人转移和政府转移两大类。前者包括侨属汇款、养老金、慈善团体捐款等;后者包括经济与军事援助、战争赔款、政府间赠予、捐款等。

2. 资本与金融账户(Capital and Finacial Account)

资本与金融账户是指对资产所有权在国际间的流动行为进行记录的账户,包括资本账户与金融账户两大部分。

(1)资本账户。资本账户的主要项目是资本转移和非生产性、非金融资产的获得与放弃。前者包括固定资产所有权的转移与获得或放弃固定资产相联系的基金转让,以及债权人不索取任何回报而取消的债务等。后者是指各种无形资产,如专利、版权、商标、经销权以及租赁和其他可转让合同的交易。

(2)金融账户。金融账户包括一经济体对外资产和负债所有权变更的所有交易,其标准组成部分根据投资类型或功能分为直接投资、证券投资、其他投资和储备资产,而根据一年以上或一年以下来划分的长期和短期资产与负债的传统做法仅适用于其他投资项目。

直接投资是指直接投资者和直接投资企业之间的所有交易,既包括它们之间的最初交易,也包括随后的交易,还包括与附属公司之间的交易。直接投资包括股权资本、利润再投资和其他资本(如公司内部交易)。直接投资可以采取在国外直接建立分支企业的形式,也可以采用购买国外企业一定比例(如10%以上)股权的形式。

证券投资指为取得一笔预期的固定货币收入而进行的投资,包括股本证券和债务性证券,后者包括中长期债券、货币市场工具和衍生金融工具。

其他投资包括短期和长期贸易信贷、贷款、现金和存款及其他应收应付账户。作为一个剩余项目,其他投资不同于直接投资和证券投资,它要考虑长短期的期限划分。

储备资产包括货币当局随时可以利用并控制以达到一定目的的外部资产,分为货币性黄金、特别提款权(SDR)、在基金组织的储备头寸、外汇资产和其他债权。同交易无关的储备资产变化不反映在国际收支平衡表中。储备资产的增加或减少总是经常账户和资本与金融账户上有一笔顺差或逆差发生。另一方面,经常账户上的净差额又要通过储备账户的减少或增加或其他金融账户的对外净借入来平衡。因此,从这个意义上讲,储备资产属于平衡项目。

3. 平衡项目

根据复式记账规则,所有项目的借方总额与贷方总额应该相等。但由于编制平衡表所采集的原始资料来源的多头性(如来自海关、银行、企业、外经贸部门等)、统计口径的差异性、短期资本投资的隐蔽性以及呈报单位出于某种目的,有意漏报或瞒报等原因,使得平衡表不可避免地出现借贷总额不相等的情况,基于会计上的要求,需要人为设置"错误与遗漏"项目,以抵消上述统计偏差。

(三) 记账规则

国际收支平衡表的编制采用的是复式记账原理。按照复式记账规则,每一笔国际经济交易都应以相同数额同时记入借方和贷方。对于经常转移项目,所记录的项目只有一方,还需设立一个对应项目,用以抵消前者,当要抵消的是借方账目时,就以贷方账目出现,反之则以借方账目出现。这样,就能从理论上保证平衡表中借贷总额之间的相等。

在平衡表中,借方记录用负号表示,贷方记录用正号表示。根据记账规则,制表经济体记入贷方的项目是反映出口的实际资源及一经济体对资产减少或对外负债增加的金融项目,记入借方的项目是反映进口的实际资源及对外资产增加或

负债减少的金融项目。具体地说,可按以下规则记录:

(1)出口商品记入贷方,进口商品记入借方。

(2)为非居民提供劳务或从外国取得投资及其他收入记入贷方,反之记入借方。

(3)居民从非居民收到的国外经常转移项目记入贷方,反之记入借方。

(4)本国居民获得外国资产或对外国投资记入借方,反之记入贷方。

(5)非居民偿还本国居民债务记入贷方,本国居民偿还非居民债务记入借方。

(6)官方储备减少记入贷方,反之记入借方。

为便于记忆,对上述记账规则归纳出两条总则:

(1)凡是引起本国从外国获得货币收入的交易记入贷方,凡是引起本国对外国货币支出的交易记入借方,而该笔货币收入或支出本身则相应记入借方和贷方。

(2)凡是引起外汇供给的经济交易记入贷方,凡是引起外汇需求的经济交易则记入借方。

国际收支平衡表格式参见本章附录。

(四)记账实例

下面以中国为例,对记账规则和账户设置说明如下。

【例1.1】 中国某出口公司向美国出口100 000美元的服装,记:
借:本国在外国银行存款——其他投资　　100 000(美元)
　贷:货物出口　　　　　　　　　　　　100 000(美元)

【例1.2】 韩国某公司以价值1 000 000美元的设备投入中国,兴办合资企业,记:
借:货物进口　　　　　　　　　　　　1 000 000(美元)
　贷:长期投资——直接投资　　　　　　1 000 000(美元)

【例1.3】 中国某企业在海外投资获利800 000美元,其中,300 000美元用于在当地的再投资,300 000美元购买外国商品后运回国内,200 000美元调回国内结售给政府以换取本国人民币,记:
借:货物进口　　　　　　　　　　　　300 000(美元)
　官方储备——储备资产　　　　　　　200 000(美元)
　对外长期投资——直接投资　　　　　300 000(美元)
　贷:外国投资收益　　　　　　　　　　800 000(美元)

【例1.4】 某中国居民在新加坡旅游,花费5 000美元的费用,记:
借:服务出口——旅游　　　　　　　　5 000(美元)
　贷:银行存款——其他投资　　　　　　5 000(美元)

【例 1.5】 某中国居民向在马来西亚的亲戚汇款 1 000 美元,记:

借:经常转移——汇款　　　　　1 000(美元)
　　贷:银行存款——其他投资　　1 000(美元)

【例 1.6】 中国政府动用外汇储备 600 000 美元向某国提供无偿援助,并提供 200 000 美元的粮食援助,记:

借:经常转移——官方无偿援助　　800 000(美元)
　　贷:储备资产——官方储备　　600 000(美元)
　　　　货物出口　　　　　　　　200 000(美元)

现将上述 6 笔交易的有关数据编制成一张简易的中国国际收支平衡表(见表1.1)。

表 1.1　中国国际收支平衡表(样表)　　　　(单位:万美元)

项　　目	借方(一)	贷方(+)	差　　额
经常账户			－100.6
货物	100+30=130	10+20=30	－100
旅游	0.5		－0.5
收入		80	+80
经常转移	0.1+80=80.1		－80.1
资本与金融账户			+100.6
直接投资	30	100	+70
其他投资	10	0.5+0.1=0.6	－9.4
储备资产	20	60	+40
错误与遗漏	—	—	
总　　计	270.6	270.6	0

三、国际收支差额

(一)国际收支主要差额及其含义

从前面的介绍中可以看出,在国际收支平衡表中,尽管一笔国际经济交易会产生金额相同的借方和贷方记录,借贷总额也最终相等。但由于每笔交易的借方和贷方所记录的账户是不一样的,因而在平衡表内,若某个账户出现顺差(即贷方金额大于借方金额)或逆差(即借方金额大于贷方金额),其他账户就会出现逆差或顺差。根据对各个账户归类的不同,可以得到不同的差额,每项具体账户的差额叫局部差额,各局部差额之和构成国际收支总差额,如表 1.2 所示。

第一章 国际收支

表 1.2 国际收支差额分析表

A. 经常账户
　　＋货物出口
　　－货物进口
　　＝货物贸易差额
　　＋服务收入
　　－服务支出
　　＝贸易差额
　　＋收益收入
　　－收益支出
　　＋经常转移收入
　　－经常转移支出
　　＝经常项目差额
B. 资本账户
　　＋资本账户贷方余额
　　－资本账户借方余额
　　＝经常账户差额＋资本账户差额
C. 金融账户
　　－本国在外国直接投资
　　＋外国在本国直接投资
　　＋证券投资资产
　　－证券投资负债
　　＋其他投资资产
　　－其他投资负债
　　＝经常账户、资本账户和金融账户差额
D. 错误与遗漏净值账户
E. 储备与有关项目
　　－储备增加或
　　＋储备减少

　　表 1.2 中有这样几个重要的差额：一是货物贸易差额。由于货物贸易在经常账户交易中占有非常重要的地位，而且数据易于搜集，因而是国际收支分析中采用的一个重要概念。二是贸易差额。该差额其实包括有形贸易和无形贸易收支，它是一国最基本的国际经济交易活动，反映了一国与他国之间真实资源的转移，是影响一国国内生产总值的重要组成部分，同一国的经济增长紧密相连。三是经常账户差额。尽管经常账户收支不能代表全部国际收支，但它能综合反映一国的进出口状况（既包括了有形与无形进出口，又包括了收益收支与经常转移），受到各国的高度重视，成为各国制定国际收支政策与产业政策的重要依据。四是资本与金融账户差额。该差额反映了一国与他国之间资本流出入情况以及所发生的投资净额或贷款/借款净额。五是综合差额。它是经常账户差额和资本与金融账

户差额之和。总差额为 0 表示国际收支平衡,总差额为正表示国际收支顺差,总差额为负表示国际收支逆差。

综合差额加上错误与遗漏净值之后,等于储备资产账户的变化。国际收支顺差,储备资产增加;国际收支逆差,储备资产减少。

第二节 国际收支与宏观经济

一、国际收支与国民收入账户

(一) 封闭经济中的国民收入恒等式

我们知道,国民收入是一国在一定时期内最终产品和服务的价值总和。其计算方法有支出法和收入法两种。在封闭经济中,产品和服务是由本国居民在本国境内生产或提供的,所以,从需求角度看,国民收入(Y)可以分解为私人消费(C)、私人投资(I)和政府支出(G)三个部分,即

$$Y = C + I + G \tag{1.1}$$

从总供给角度看,国民收入最终可分解为私人消费、私人储蓄(S_p)和政府税收(T)三个部分。即

$$Y = C + S_p + T \tag{1.2}$$

当总供求平衡时,有

$$C + I + G = C + S_p + T$$
$$I = S_p + (T - G) \tag{1.3}$$

若将政府税收与政府支出之间的差额视为政府储蓄 $S_g(S_g = T - G)$,且定义总支出中不用于私人消费和政府购买的部分为国民储蓄(记为 S),则(1.3)式变为:

$$S = S_p + S_g \tag{1.4}$$

即

$$S = I \tag{1.5}$$

此式说明在封闭经济中,一国总投资由国民储蓄提供,储蓄与投资必然相等。

(二) 开放经济下的国民收入恒等式

在开放经济条件下,国内家庭、企业和政府部门的支出不仅花在本国商品上,还会花在外国商品上,用于进口。由于进口支出(M)不形成本国国民收入,因此

应将其予以扣除,即国内需求应为$(C+I+G-M)$。另一方面,本国商品不仅出售给国内居民,而且出售给外国居民,用于出口(X)。所以,开放经济条件下,一国国民收入等于国内需求与国外需求之和,即

$$Y = (C+I+G-M) + X \tag{1.6}$$

或者说,国民收入等于国内总支出与净支出之和,即

$$Y = C+I+G+(X-M) \tag{1.7}$$

(1.7)式反映了国际收支中商品与劳务贸易差额同国民收入的关系。当贸易顺差时,$(X-M)>0$,国内需求小于国内供给;当贸易逆差时,$(X-M)<0$,国内需求大于国内供给。

在开放经济下的国民收入核算中,国民生产总值(GNP)和国内生产总值(GDP)之间存在着一定差别。GNP是指一国居民在一定时期内通过提供生产要素所获得的收入总和,GDP是指一国在一定时期内所生产出来的商品劳务总值。在计算原则上,GNP强调的是居民的概念,而不管居民是处于国外还是在国内。GDP强调的是国境概念,而不管生产是居民完成的还是非居民完成的。在封闭经济条件下,用于反映国民收入的这两个指标实质上不存在差别。但在开放经济条件下,一国居民可以通过向国内提供生产要素获取收入,也可以通过向国外提供生产要素来获取收入;而国内的商品劳务,可以是本国居民也可以是外国居民提供生产要素生产出来的。因此,GNP与GDP之间相差一个国外净要素收入,即

$$GNP = GDP + NFP \tag{1.8}$$

亦即

$$GNP = Y = C+I+G+(X-M) + NFP \tag{1.9}$$

其中,NFP为国外净要素收入,包括本国居民在国外生产的产品、服务数值与外国居民净报酬、直接与间接投资净收入和净单方面转移。

二、国际收支与货币供给量

在封闭经济中,一国货币供给基本上就是国内信贷量,包括基础货币和商业银行所创造的信贷。但在开放经济条件下,一国货币供给除国内信贷量以外,还包括国际储备变动额。此时,该国的货币供给总量(M_s)等于货币乘数(k)乘以该国基础货币的国内部分(D)与国际部分(即国际储备增减量F)之和,即

$$M_s = k(D+F) \tag{1.10}$$

在固定汇率制条件下,若一国国际收支失衡,则国际储备必然发生增减变化,进而必然引起该国货币供给量发生变化,即

$$\Delta M_s = k \cdot \Delta F \tag{1.11}$$

由前面的分析可知,一国国际收支的增减额正好等于国际收支的综合差额(B),即 $B=\Delta F$,从而(1.11)式变为

$$\Delta M_s = kB \tag{1.12}$$

(1.12)式即为国际收支与货币供给量的基本关系。

例如,当一国国际收支盈余时,超额的外汇供给将通过商业银行出售给中央银行而使其存款准备金增加,中央银行的国际储备同时增加。而国际储备的增加需要中央银行创造出新的货币用于购买外汇,这使得该国货币供给量按国际收支盈余的 k 倍数增长。但是,如果中央银行不愿以储备资产的增减变化影响货币基数和货币供给,则可采用缓冲政策来抵消国际收支失衡对该国货币供给量的影响,使货币基数保持不变。比如,当国际收支盈余时,中央银行可以在公开市场上卖出等值的政府债券,从而减少商业银行相应数额的存款准备金,保持货币供给量不变。

值得指出的是,在浮动汇率制下,国际收支失衡对国际储备的影响将由外汇市场上汇率的自由浮动所抵消,基础货币和货币总供给将不会发生变化。

三、经常账户与宏观经济变量

将经常账户抽出来进行专门讨论,是因为该账户与宏观经济变量之间有着重要联系,对宏观经济运行发挥着深刻影响。经常账户的宏观经济分析可从以下几方面进行:

(一) 经常账户与进出口贸易

进出口贸易作为经常账户最重要的子账户,它的状况能反映出一国生产力发展水平、产业结构、产品质量和劳动生产率以及一国的国际竞争力状况,可见,经常账户对国民收入极为重要。而这种重要性主要取决于进出口贸易状况。因此,如果不考虑国外净要素收入,经常账户反映的便是进出口情况。即

$$CA = X - M \quad (当 NFP = 0 时) \tag{1.13}$$

(二) 经常账户与国内吸收

在开放经济条件下,国民收入恒等式为

$$Y = C + I + G + (X - M) \quad (当 NFP = 0 时) \tag{1.14}$$

由前面的分析可知,$CA = X - M$,现假定私人消费(C)、私人投资(I)和政府支出(G)构成国民收入总支出,通常称之为国内吸收,并用 A 表示,则国民收入可

第一章 国际收支

表示为国内吸收与经常账户之和,即

$$Y = A + CA \tag{1.15}$$

或者

$$CA = Y - A \tag{1.16}$$

上式表明,在开放经济条件下,经常账户反映的是国民收入与国内吸收之间的差额。当国民收入大于国内吸收时,经常账户为顺差,反之经常账户为逆差。只有当国民收入等于国内吸收时,经常账户才会平衡。而当一国国内吸收超出该国产品和服务总值时,就必须通过进口来补偿这一需求缺口,此时经常账户发生赤字。

(三) 经常账户与储蓄、投资

用支出法和收入法来衡量国民收入,可以得到下列恒等式:

$$Y = C + I + G + (X - M) = C + S_p + T \tag{1.17}$$

整理得

$$X - M = (S_p - I) + (T - G) = (S_p + S_g) - I = S - I \tag{1.18}$$

即得

$$CA = S - I \tag{1.19}$$

上式表明,经常账户等于国内储蓄与国内投资的差额。当国内储蓄大于国内投资时,经常账户为顺差,即净出口带来了资本的增加,当国内投资大于储蓄时,经常项目出现逆差,即净进口产生了对外负债。各国经常账户的赤字与盈余意味着资本从盈余国流入赤字国,并为后者提供了融资。

从另一角度分析,如果将一国经济行为分为私人部门和政府部门,则经常账户可表示为

$$CA = (S_p - I) + (T - G) \tag{1.20}$$

如果私人部门的储蓄投资行为$(S_p - I)$是一个常量,那么,政府部门的收支$(T - G)$就直接导致了经常账户的相应变化。由此可以推论,一国经常账户的盈余与赤字与该国政府的财政政策息息相关。

第三节 国际收支的调节

一、国际收支失衡的原因

导致国际收支失衡的原因是多种多样的,概括起来,主要有以下几方面:

(一)周期性失衡

这是指一国经济周期性波动引起的国际收支失衡。典型的经济周期具有危机、萧条、复苏和高涨四个阶段。随着经济周期的影响,国际收支会出现"顺差—逆差"或"逆差—顺差"的交替变化。当一国经济处于衰退时,社会总需求下降,进口需求也相应下降,国际收支发生顺差;反之,当一国经济处于高涨时期,国际收支会出现逆差。周期性失衡在第二次世界大战前的发达国家表现尤为明显,战后则不尽然。对出口导向型国家而言,在繁荣阶段,生产处于高涨时期,对外贸易会大幅度增长,经常项目因此出现大量顺差,从而使国际收支出现顺差;反之,则会导致国际收支转为逆差。

(二)结构性失衡

这是指一国经济、产业结构不能适应世界市场的变化而引起的国际收支失衡。通常反映在经常项目账户上。结构性失衡有两层含义:

(1)因生产结构变动的滞后和困难所引起的国际收支失衡。

(2)因生产结构单一或其产品出口需求的收入弹性低而进口需求的收入弹性较高;或者出口需求价格弹性高而进口需求价格弹性低所引起的国际收支失衡。前一种情形,无论发达国家还是发展中国家都存在;后一种情形在发展中国家最为突出。因为发展中国家存在许多制约生产结构调整的因素,例如科技落后、教育不发达、资源短缺、信息系统不健全、资源缺乏流动性等。这样,即使在贸易条件十分有利的情况下,它们仍只能大量出口初级品或劳动密集型产品,其出口收入很难增加。这种失衡是一种长期的根本性国际收支失衡,短期内难以扭转。

(三)收入性失衡

这是指由于国民收入变化所引起的国际收支失衡。经济周期的更替或经济增长率的变化会引起国民收入的变化,从而影响国际收支。当一国国民收入增加或经济增长率高时,投资消费需求随之增加,国内总需求超过总供给时,会引起进口增加,从而导致国际收支逆差。不过,若一国经济增长是靠出口推动的,收入性失衡也可能表现为顺差。

(四)货币性失衡

这是指一国货币供应量水平、成本、利率、汇率等货币性因素变动而引起的国

第一章 国际收支

际收支失衡。如果一国货币供应量增加过多,该国生产成本和物价普遍上升,从而导致出口减少,进口增加。货币供应量过度增加可能引起本国实际利率下降,这会通过刺激资本外逃引起资本项目逆差。当然,物价上涨,金融部门可能提高名义利率,从而有利于吸引资本流入,在这种情况下,会形成贸易逆差和资本项目顺差并存的局面。

(五) 季节性和偶然性失衡

季节性失衡是指在进出口淡季、旺季所产生的国际收支失衡。出口旺季出现顺差、出口淡季出现逆差。偶然性失衡主要指自然灾害、战争等突发性事件引起的国际收支失衡。这两类失衡一般程度较轻,持续时间不长,带有可逆性,不需要采取政策措施进行调节。

二、国际收支自动调节机制

国际收支失衡,有时并不需要政府当局立即采取措施来加以消除。这是因为在自由经济体系中某种机制的存在往往能够使国际收支在一定程度上自动恢复均衡,这种自动调节机制是通过利率、物价、国民收入和汇率的作用来实现的。但这种作用功效因货币制度不同而不同。

(一) 国际金本位制度下的自动调节机制

在国际金本位制度下,由于金币可以自由铸造,黄金可以自由兑换和自由输出入,黄金直接充当货币,因而国际收支差额会导致黄金的流动,从而影响一国的货币供应量,进而影响物价变动,使国际收支重新达到平衡。这就是大卫·休谟所揭示的"价格—铸币流动机制"。该机制对国际收支的调节过程如图1.1所示。

(二) 信用货币制度下的自动调节机制

1. 固定汇率制度下的自动调节机制
在固定汇率制度下,自动调节机制相对复杂,其调节过程如图1.2所示。
2. 浮动汇率制度下的自动调节机制
在浮动汇率制度下,汇率的自发波动能在一定程度上自动调节国际收支,其调节过程如图1.3所示。

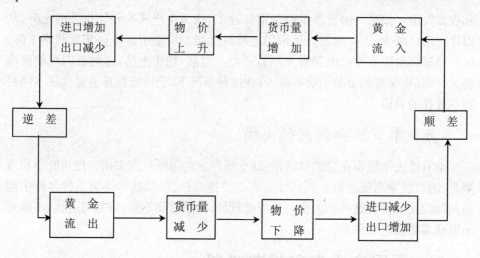

图 1.1　货币价格自动调节机制过程图

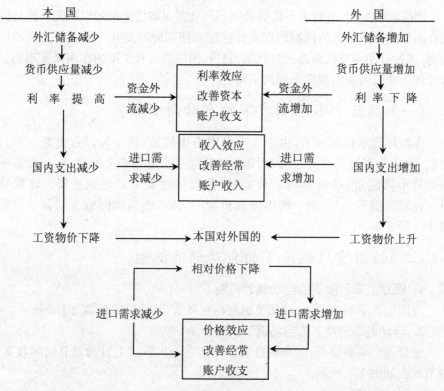

图 1.2　固定汇率制度下自动调节机制过程图

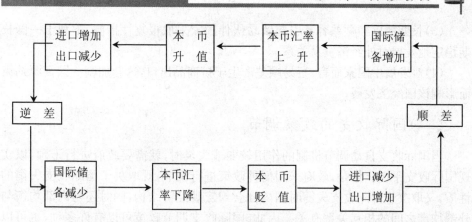

图1.3 浮动汇率制度下的自动调节过程图

三、国际收支政策调节

(一) 政府调节国际收支的必要性

当一国国际收支失衡时,自动调节机制会发挥一定的调节作用。但由于其调节的自发性,使得它不可能解决一国长期存在的国际收支失衡的问题。长期的国际收支失衡势必影响到一国国内经济的发展,因此需要政府进行干预和调节。

长期性逆差对一国经济发展具有消极影响,其表现为:

(1)逆差意味着本国外汇支出超过外汇收入,这会通过外汇市场供求关系形成使本国货币汇率下跌的压力,从而使本国贸易条件恶化。

(2)若一国政府不愿意接受本币汇率下降和贸易条件恶化的后果,就需要动用本国黄金外汇储备干预外汇市场,从而使本国黄金外汇储备减少。

(3)若国际收支逆差是由贸易逆差所引起的,则它会通过外贸乘数造成本国收入下降和失业增加。

(4)若逆差是由资本项目逆差所引起的,则它会通过加剧国内资金紧张造成本国收入下降和失业增加。

国际收支顺差的消极作用虽没有逆差那么明显,并且往往成为政府追求的目标。但是,长期的巨额顺差也会给一国经济带来消极影响:

(1)顺差形成促使本币对外升值的压力,这会刺激进口和抑制出口,从长远看,不利于扩大市场和发展生产。

(2)顺差尽管引起一国黄金、外汇储备增加,但同时也会引起一国货币供应量增加,并可能减少国内商品供给,加剧通货膨胀。

(3)长期的巨额顺差容易引起贸易伙伴国家采取报复性措施,不利于一国长期稳定地发展对外经济贸易关系。

(4)对发展中国家而言,贸易顺差产生于挤商品出口,这会加剧一国资源约束而影响该国经济发展。

(二)国际收支的政策调节

当国际收支自动调节机制的作用较弱或失灵时,就需要政府进行干预,以实现国际收支平衡。但是,政府采用何种政策进行调节,既取决于国际收支失衡的性质,又取决于国际收支失衡时国内社会与宏观经济结构,同时还与内部均衡与外部均衡之间的相互关系有关。因此,国际收支调节政策可以有许多种,也可以从不同角度加以分类。通常从需求、供给、融资等角度将国际收支的调节手段分为需求调节政策、供给调节政策和资金融通政策。

1. 需求调节政策

按对需求的不同影响,国际收支调节政策可分为两大类:支出增减型政策和支出转换型政策。

支出增减型政策是指改变社会总需求或国民经济中支出总水平的政策。旨在通过改变社会总需求或支出总水平来改变对外国商品、劳务和金融资产的需求,从而达到调节国际收支的目的。这类政策主要包括财政政策和货币政策。紧缩性财政政策和货币政策具有压低社会总需求和总支出的作用。当社会总需求和总支出下降时,对外国商品、劳务和金融资产的需求也相应下降,从而使国际收支得以改善。反之,扩张性财政政策和货币政策具有增加社会总需求和总支出的作用。当社会总需求和总支出增加时,对外国商品、劳务和金融资产的需求也相应增加,从而国际收支逆差增加。

支出转换型政策是指不改变社会总需求和总支出而改变需求和支出方向的政策。这类政策主要有汇率政策、补贴和关税政策以及直接管制。改变支出方向是指将国内支出从国外商品和劳务转移到国内商品和劳务上来。比如汇率的下浮或贬值,对进口商品和劳务课以较高的关税或减少补贴,都会使进口商品和劳务的价格相对上升,从而使国内居民将一部分支出转移到购买进口替代品或劳务上来。

2. 供给调节政策

供给调节政策主要有产业政策和科技政策。这类政策旨在改善一国的经济结构和产业结构,增加出口商品和劳务的生产,提高产品质量,降低生产成本,以增加社会产品(包括出口商品和进口替代品)的供给,改善国际收支。供给政策具有长期性,在短期内难以取得明显效果。

3. 资金融通政策

融资政策包括官方储备的使用和国际信贷便利的使用,主要体现为国际储备政策。融资政策与支出转换政策之间是有一定的互补性和替代性。比如,当国际收支逆差时,一国政府既可采取支出型政策来加以调节,也可采用融资的办法或者两者相结合的办法加以调节。在逆差额既定的情况下,较多使用融资政策,便可较少使用需求调节。反之,较多使用需求调节,便可较少使用融资政策。

4. 政策搭配

一般而言,不同性质的国际收支失衡需要采用不同的调节方法。比如,以资金融通来纠正暂时性国际收支不平衡,以紧缩性预算和货币政策来纠正货币性不平衡。但有时也并非如此简单,比如,由预算赤字和货币宽松引起的货币性收支失衡,可采用以下几种方法加以调整:一是支出增减型。即较大幅度地削减财政赤字,减少货币供应量。其结果是在国际收支失衡得到纠正的同时,可能导致失业增加,经济活力降低和社会动荡。二是支出增减型和融资型的搭配。即在较小幅度地削减财政赤字和收缩银根的同时,动用官方储备或使用国际信贷便利。这样,在国际收支逆差得以纠正的同时,引发的失业和社会动荡程度较轻,但会使官方储备减少或债务增加。三是支出增减型和支出转换型的搭配。即在较小幅度削减财政赤字和收缩货币供应量的同时使货币贬值。这样做的结果是,在国际收支逆差得以纠正的同时,失业和社会动荡程度较轻,但货币贬值可能引发外汇市场的混乱和通货膨胀。

所以,对某种性质的国际收支失衡,采用不同的调节政策搭配会导致不同的调节成本或代价。因此在进行政策调节时,需要综合考虑各种情况,从社会总供求的平稳发展原则出发,把内、外部问题结合起来。

四、内外均衡的矛盾及协调

(一) 货币政策与外汇政策的矛盾性与统一性

在开放经济中,一国宏观经济目标有充分就业、物价稳定、经济增长和国际收支平衡。经济增长是长期的、动态的经济问题,故在短期内一国的目标为内部平衡(即充分就业和物价稳定)与外部平衡(即国际收支平衡)。为实现内外部平衡目标,可供选择使用的政策工具有财政政策、货币政策、外汇政策和直接管制政策等。其中,前两者属于支出增减型政策,后两者属于支出转换型政策。这两类政策有其统一性与矛盾性。从统一性方面看,货币政策与外汇政策的基本目标是一致的,即都是为了稳定本币,促进经济增长,实现国际收支平衡。从长期看,本币对内价值稳定也就保证了本币对外价值的基本稳定,它们共同作用于国内总需求,进而影响国内总供求的平衡。因此,从本质上讲,上述政策目标是统一的。但是,这些政策之间又存在着明显差别。正是由于其差别的存在,并且彼此之间又存在着密切的关系,因而各政策之间必须协调配合。具体而言,其差别在于政策的侧重点不同。财政货币政策的侧重点在于实现内部平衡,外汇政策的内容主要是汇率制度的选择、汇率政策、管制政策等,侧重点在于保持国际收支的平衡和汇率的稳定,即外部平衡。

(二) 内部平衡与外部平衡的矛盾及协调

1. 米德冲突与丁伯根法则

在开放的经济中,宏观调控的最终目标在于实现内部平衡和外部平衡以及内外均衡。但在实际操作过程中,要实现这一目标十分困难,常常会出现内部平衡与外部平衡的矛盾或冲突,即所谓的"米德冲突(Meade Conflict)"。英国经济学家詹姆斯·米德(James Meade)于1951年在其名著《国际收支》中首先提出了这一现象。米德认为,在开放的宏观经济运行中,有时会使内部平衡与外部平衡产生相互矛盾的情况,即在某些情况下,单独使用支出增减型政策——货币政策和财政政策——追求内、外部均衡,将会导致内部平衡与外部平衡之间的冲突。为了避免米德冲突,同时实现两个均衡,就需要为不同的目标制定不同的政策,即满足所谓的丁伯根法则(Tinbergen Rule)。荷兰经济学家丁伯根最早提出了将政策目标与政策工具联系在一起的正式模型,指出要实现 n 个经济目标,必须具备 n 种政策工具,而且这些工具必须进行适当的搭配,一种政策工具只能用来实现一种目标,而无法同时实现两个目标,当外部均衡要求实行紧缩性政策时,内部均衡却可能要求实行扩张性政策,同样,当外部均衡要求实行扩张性政策时,内部均衡可能要求实行紧缩性政策。因此,要充分实现多种相互独立的政策目标,就需要有多种有效的政策工具。内、外部平衡的矛盾关系如表1.3所示。

表1.3 内部平衡与外部平衡的矛盾关系

	内部经济状况	外部状况
一	经济衰退/失业增加	国际收支逆差
二	经济衰退/失业增加	国际收支顺差
三	通货膨胀	国际收支顺差
四	通货膨胀	国际收支逆差

第一章 国际收支

按一般经济学原理推断,当经济处于衰退时,社会总需求下降,进口需求也相应下降,国际收支应朝着有利于顺差的方向发展。当经济处于通货膨胀时,国际货币成本和商品价格上升,出口相对困难,进口则相对便宜,国际收支应朝着逆差方向变化。因此,表 1.3 中的第一、第三种情况意味着内外均衡的冲突。在这两种相互矛盾的情况下,要同时达到内部均衡和外部收支的平衡,就必须采用两种政策并进行适当的搭配。

2. 财政政策与货币政策的搭配

米德冲突的可能性在 20 世纪 50 年代占居主导地位,但是到了 60 年代以后,罗伯特·蒙代尔(Robet Mundell)打破了这种观点,他在深入研究需求政策的两难境地时发现,货币政策与财政政策在内部平衡与外部平衡方面发挥着不同的作用。蒙代尔认为只要适当搭配使用财政货币政策,就可能同时实现内、外部均衡。因为财政货币政策对国际收支与名义收入有着相对不同的影响,因而一国可以用这两种政策工具来实现两个经济目标。具体而言,财政货币政策对国民收入和经常项目收支有同样的影响,它们的不同作用主要表现在利率和资本项目上。紧缩性财政政策趋于降低利率,而紧缩性货币政策则会提高利率。其作用过程如下:

扩张性货币政策 → 货币供应量增加 → 利率下降 →
- 支出增加 → 国际收支恶化
- 资本外流 → 国际收支恶化

扩张性财政政策 →
- 支出增加 → 贸易收支恶化
- 利率上升 → 资本项目改善
→ 国际收支可能改善,也可能恶化

上述情形反之亦然。

在其他条件相同的情况下,本国利率提高,会改善资本项目收支,而本国利率下降则会恶化资本项目收支。由此可见,两种政策对国际收支有着不同的意义。如果能够根据它们对国际收支的不同影响,合理地配合使用,就可以同时实现内外均衡。蒙代尔还认为,在内外目标之间分配政策时,应使每一种政策实施在最具影响力的目标上。

在图 1.4 中,IB 曲线表示内部均衡,在这条线上,国内经济处于均衡。在这条线的左边,国内经济处于衰退和失业;这条线的右边,国内经济处于膨胀状态。EB 曲线表示外部均衡,在这条线上,国际收支处于平衡。以 O' 点为中心,此线的上方表示国际收支逆差;此线的下方表示国际收支顺差。沿预算轴线向右移动,表示财政政策扩张,预算增加;向左移动则反之。沿利率(代表货币政策)轴线向上移动,表示货币政策扩张,银根放松;向下移动则反之。IB 曲线和 EB 曲线的斜体均为负,表示当一种政策扩张时,为达到内部平衡或外部平衡,另一种政策必须紧缩;或一种政策紧缩时,另一种政策必须扩张。IB 曲线比 EB 曲线更陡峭,是因为蒙代尔假定,相对而言,预算对国民收入、就业等变量的影响较大,而利率对国际收支影响较大。

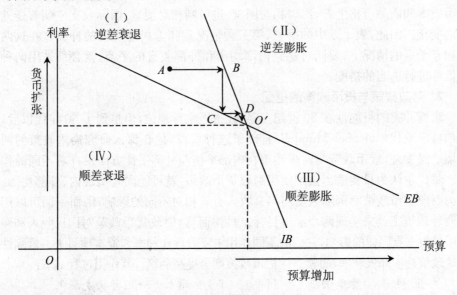

图 1.4 财政政策与货币政策的搭配

在上述假定条件下,蒙代尔认为,当国内宏观经济和国际收支都处失衡状态时(比如在区间Ⅰ的 A 点),采用扩张性财政政策和紧缩性货币政策,使点 A 向点 B 移动并使点 B 向点 C 移动,如此反复搭配使用,最终使点 A 切近点 O'。在 O' 点上,国内经济和国际收支均达到均衡。

上述政策搭配的原理可同样推广到区间Ⅱ、区间Ⅲ和区间Ⅳ,由此得到如下几种搭配(参见表1.4)。

表 1.4 财政政策与货币政策的搭配

区间	经济状况	财政政策	货币政策
Ⅰ	失业、衰退/国际收支逆差	扩张	紧缩
Ⅱ	通货膨胀/国际收支逆差	紧缩	紧缩
Ⅲ	通货膨胀/国际收支顺差	紧缩	扩张
Ⅳ	失业、衰退/国际收支顺差	扩张	扩张

3. 支出转换政策与支出增减政策的搭配

支出转换政策与支出增减政策的搭配可按斯旺的观点,用图1.5加以说明。

在图1.5中,横轴表示国内支出,纵轴表示本币实际汇率(直接标价法),单位外币折合的本币数额上升,表示本币贬值。

IB线(内部均衡)代表实际汇率与国内吸收的结合,以实现内部均衡(充分就业、物价稳定)。该线从左到右向下倾斜,由于汇率上升将减少出口,增加进口,因此要维持内部均衡就必须增加国内支出。在IB线的右边,有通货膨胀压力,因为在一定汇率水平下,国内支出大于维持内部均衡所需要的国内支出;在IB线的左边,有通货紧缩压力,因为国内支出比维持内部均衡所需要的国内支出要少。

EB线(外部均衡)表示实际汇率与国内支出的结合以实现外部均衡,即经常项目收支平衡。该线从左到右向上倾斜,这是由于汇率贬值会增加出口,减少进口,因此要避免经常项目发生顺差,就要扩大国内支出,抵消进口的减少。EB线的右边,国内支出大于维持经常项目平衡所需要的国内支出,结果出现经常项目收支逆差,而EB线的左边,则会出现经常项目收支顺差。

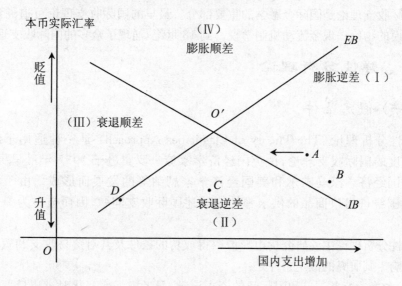

图1.5 支出转换政策与支出增减政策的搭配

当开放型经济处于失衡时,比如在区间Ⅰ的点A时,削减国内支出,压缩总需求,通货膨胀和国际收支逆差的压力同时下降,点A向点O'切接。但若失衡不是对称性地处于EB与IB之间,而是在点B或点C上,政策搭配就变得十分必要。在点B上,为使经常项目达到平衡,就要削减支出,使B点向D点移动。虽然外部失衡趋于减少,内部经济却进入衰退和失业状况,因此必须同时实行汇率或支出转换政策。同样,在C点上,仅仅使用支出增减政策或支出转换政策,也无

法使 C 点向点 O' 切近,因而应搭配使用这两种政策。针对不同的内、外失衡情况,采用的政策搭配方法也不同。基本思路是:利用支出增减政策谋求内部均衡,利用支出转换政策谋求外部均衡的实现。

上述财政政策与货币政策的搭配以及支出增减政策与支出转换政策的搭配仅仅是政策搭配的两个范例。实际上,现实经济生活远远比理论上的论述要复杂得多。在决定政策取向时,不仅要考虑本国经济的需要,还要顾及外国可能做出的反应。比如,货币贬值可能引起外国的报复,因此,理论上应采取贬值与实际上能否采取贬值,有时并不完全一致,这就给国际收支的政策调节带来更多的复杂性。

第四节 国际收支理论

国际收支理论是国际金融学的重要部分。最早的国际收支理论可追溯到 18 世纪休谟的物价—现金流动机制学说。到 18 世纪,涌现了众多的国际收支理论。

一、弹性分析理论

(一)假定条件

弹性分析理论(The Theory of Elasticities Approach)是一种适用于纸币流通制度的国际收支理论,由英国经济学家琼·罗宾逊于 1937 年最早提出,后经英国经济学家马歇尔和美国经济学家勒纳等的发展而形成。由于该理论紧紧围绕进出口商品的供求弹性来论述国际收支问题,因而被称为弹性分析理论。

弹性分析理论主要研究货币贬值取得成功的条件及其对贸易收支和贸易条件的影响。其研究的假定条件是:

(1)舍去了劳务进口和国际间的资本流动,只考虑汇率变化对进出口商品的影响。

(2)进出口供给弹性无穷大,即进出口的供给曲线为水平线。由此带来的进一步假定是:进出口商品以供给方货币表示的价格在汇率贬值后保持不变,进出口商品数量仅取决于进出口需求弹性。

(3)充分就业和收入不变。

(4)假定汇率贬值前贸易收支处在平衡状态。

(二) 基本理论

1. 马歇尔—勒纳条件

货币贬值会引起进出口商品价格发生变化,进而引起进出口商品数量发生变化,最终引起贸易收支发生变动。贸易收支额的变化,最终取决于两个因素:一是由贬值引起的进出口商品单位价格变化,二是由进出口商品单价引起的进出口商品数量的变化。马歇尔—勒纳条件(简称马—勒条件)是指当进出口商品的供给弹性都趋于无穷大时,只要一国进出口需求弹性的绝对值之和大于1,本币贬值就会改善贸易收支,即货币贬值使贸易收支得到改善的必要条件是$|E_M|+|E_X|>1$。

2. 贬值对贸易条件的影响

贸易条件又叫交换比价,是指出口商品价格(P_X)与进口商品价格(P_M)之间的比例,用公式表示为

$$T = \frac{P_X}{P_M} \tag{1.21}$$

式中,T 表示贸易条件。当 T 上升时,称为一国贸易条件改善,表明该国出口相同数量的商品可换回较多数量的进口;当 T 下降时,称为一国贸易条件恶化,表明该国出口相同数量的商品换回较少数量的进口。因此,贸易条件恶化,意味着实际资源将会流失。

贬值带来相对价格的变化,它能否使贸易条件改善,取决于进出口商品的供求弹性。现以 E_M、S_M 分别表示进口商品的需求弹性与供给弹性,以 E_X、S_X 分别表示出口商品的需求弹性与供给弹性,如果 $S_M S_X > E_M E_X$,本币贬值会使贸易条件恶化;$S_M S_X < E_M E_X$,本币贬值会使贸易条件改善;$S_M S_X = E_M E_X$,本币贬值则使贸易条件不变。

实际上,贬值对贸易条件的影响在不同国家是不相同的。通常贬值不能改善一国贸易条件,相反会使之恶化。贬值能改善一国贸易条件是极为少见的。

3. 贬值的时滞问题——J 曲线效应

在现实经济生活中,当汇率变化时,进出口的实际变动情况还要取决于供给对价格的反应程度。即使在马—勒条件成立的情况下,贬值也不能马上改善贸易收支。相反,货币贬值后一段时间,贸易收支反而可能会恶化。这是因为:

(1)在贬值之前签订的贸易合同仍然必须按原来的数量和价格执行。贬值后,凡以外币定价的进口,折成本币后的支付将增加;凡以本币定价的出口,折成外币后的收入将减少。换言之,贬值前已签订但在贬值后执行的贸易合同下,出

口数量不能增加以冲抵出口外币价格的下降,进口数量不能减少以冲抵进口价格的上升。这样,贸易收支趋向恶化。

(2)即使在贬值后签订的贸易合同,出口增长仍然要受到认识、政策、资源、生产周期等方面影响。由于心理预期的作用,进口商有可能会认为现在的贬值是将来进一步贬值的前奏,从而加速进口订货。

在短期内,由于上述各种原因,贬值之后有可能使贸易收支首先恶化。过了一段时间以后,待出口供给(主要的)和进口需求做了相应的调整后,贸易收支才慢慢开始改善。出口供给的调整时间通常需要半年到一年的时间。整个过程用曲线描述出来,形如字母"J"。故在马—勒条件成立的情况下,贬值对贸易收支的时滞效应,被称为 J 曲线效应,如图 1.6 所示。

在图 1.6 中,贸易收支起初为逆差,在 t_0 点实施本币贬值后,贸易收支在最终改善前仍将继续恶化一段时间。

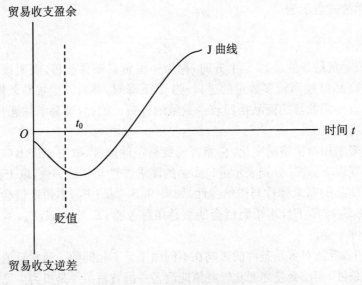

图 1.6　货币贬值与 J 曲线效应图

(三)弹性分析理论的局限性

弹性分析理论的缺陷在于:

(1)它假定经济处于充分就业状态,收入不变而价格可变,与马—勒条件中出口供给弹性无穷大的假定是相互矛盾的。

(2)它只考虑了汇率变动通过相对价格变动所引起的替代效应,而忽视了收入效应对国际收支的影响。

(3)它将国际收支等用于贸易收支,未考虑贬值对资本项目收支状况的影响。

(4)它只是一种比较静态分析,而本币贬值以后,国际收支的调整是一个动态的过程。

二、吸收分析理论

吸收分析理论是 20 世纪 50 年代初由詹姆斯·米德(James Meaole)、西德尼·亚历山大(Sidney Alexander)等经济学家提出的。它从凯恩斯的国民收入方程式入手,针对弹性分析理论的缺陷,主张采用收入水平与支出行为来分析贬值对国际收支的影响,提出了相应的政策主张。

(一)吸收理论的基本公式

根据凯恩斯的收入决定理论,国民收入与国民支出的关系可表述如下:

$$国民收入(Y) = 国民支出(E) \tag{1.22}$$

在封闭经济条件下:

$$国民支出(E) = 消费(C) + 投资(I) + 政府支出(G)$$
$$= 国民收入(Y) \tag{1.23}$$

以 A 代表国内总支出,即 $A=C+I+G$,亚历山大将其称为国民收入中被国内"吸收"的部分。

在开放经济条件下,把对外贸易包括进去,则

$$国民收入(Y) = A + [出口(X) - 进口(M)] \tag{1.24}$$

即

$$X - M = Y - A \tag{1.25}$$

若以 B, A_0 分别代表经常项目差额和独立于收入之外的自发吸收,则有

$$B = X - M = Y - A \tag{1.26}$$
$$A = A_0 + CY \tag{1.27}$$

将(1.27)式代入(1.26)式,得:

$$B = (1-C)Y - A_0 \tag{1.28}$$
$$\Delta B = (1-C)\Delta Y - \Delta A_0 \tag{1.29}$$

按照亚历山大的观点,国际收支顺差是吸收相对于收入不足的表现,而逆差则是吸收相对于收入过多的反映。因此,国际收支的改善可以通过下列方式实现:

(1)收入增加而吸收不变。

(2)收入不变而吸收减少。

(3)收入增加吸收减少。
(4)收入增幅大于吸收增幅。
(5)收入减少小于吸收减小。

贬值能否改善国际收支,取决于贬值能否使国民收入的变动相对于吸收水平而提高。

(二)货币贬值分析

货币贬值分析是吸收论的核心内容。吸收论者从(1.29)式出发,认为贬值的效果表现在:

(1)贬值对实际收入所产生的直接效应(ΔY)。
(2)边际吸收倾向的大小($1-C$)。
(3)贬值的直接吸收效应(ΔA_0)。

1. 贬值对收入的直接效应分析

(1)闲置资源效应。在一国存在闲置资源的情况下,贬值会使出口增加,进口减少,从而使国民收入成倍增加,国际收支得以改善。另一方面,收入增加会诱发消费和投资增加,进而总吸收水平上升,而这又会导致国际收支恶化。贸易收支最终能否得到改善,取决于边际吸收倾向(即每单位增加的收入中用于吸收的百分比)。若 $C<1$,吸收的增加小于收入的增加,$\Delta B>0$,贸易差额得到改善。

在充分就业条件下,由于不存在闲置资源,因而贬值不会增加出口,收入也不会增加。此时要保证 $\Delta B>0$,只能减少吸收。

(2)贸易条件效应。贬值通常造成贸易条件恶化,使实际收入下降,进而总吸收随之下降,若 $C>1$,则 $\Delta B>0$,贬值的贸易条件效应会使国际收支得以改善。

2. 贬值对吸收的直接效应

(1)现金余额效应。贬值会导致物价上涨,若货币供应量不变,人们持有的现金实际价值下降。为此,人们要么减少消费支出,即减少总吸收;要么抛售证券,结果使证券价格下降,利率上升,总吸收减少。在收入不变时,吸收的减少将会改善贸易收支。

(2)收入再分配效应。贬值导致的物价上涨能促进收入再分配,即收入再转移。如工资→利润、固定货币收入→其他货币收入、纳税人→政府、边际支出倾向高→边际支出倾向低等实际价值的转移。其结果是总吸收减少,国际收支状况能得以改善。

(3)货币幻觉效应。若货币收入与价格同比上升,即使实际收入保持不变,

第一章 国际收支

但如果人们存在货币幻觉,即注重货币的名义收入,也不会按相应比例增加名义货币的消费,总吸收随之下降,从而会使贸易收支趋于改善。

此外,总吸收的下降还受到税收效应、预期效应等的影响,这些均能在不同程度上改善国际收支状况。

(三) 政策主张

吸收分析理论具有强烈的政策含义。如果贬值增加需求的压力,吸收不能减少,则贬值的直接后果是引发国内通货膨胀,贬值只有在增加生产(收入)或减少吸收(支出)时,才是有效的。因此,吸收论所主张的国际收支调节政策,无非是改变总收入与总吸收的政策,即支出转移政策与支出增减政策。当国际收支逆差时,表明一国总需求超过总供给,即总吸收超过总收入,此时应运用紧缩性的财政货币政策来减少对贸易商品(进口)的过度需求,以纠正逆差。但这种紧缩性政策在减少进口需求的同时,也会减少对非贸易商品的需求和降低总收入,因此,还应运用支出转移政策来消除紧缩性政策的不良影响,使进口需求减少的同时收入增加。这样既能使贸易商品供求相等,也能使非贸易商品供求相等;需求减少的同时收入增加;就整体经济而言,总吸收等于总收入,从而实现内、外均衡。

(四) 吸收分析理论的局限性

吸收论的缺陷表现在:
(1) 没有考虑本币贬值以后相对价格变动在国际收支调整中的作用。
(2) 以单一国家为分析模型,没有考虑贸易伙伴国进出口对一国进出口、收入及价格的影响,这是讨论开放经济问题中最明显的不足。
(3) 仍以贸易项目为研究对象,没有考虑国际间的资本流动,缺乏全面性。
(4) 假定生产要素的转移机制可以顺畅进行,脱离实际太远。

三、货币分析理论

(一) 基本理论假设

货币论是随着货币主义的兴起而产生的,它强调货币在国际收支调整中的作用,认为国际收支失衡是一种货币现象,是一国货币市场供求失衡的反映,这实际上是封闭经济下的货币主义在开放经济中的引申。其代表人物主要有蒙代尔(R. Mundell)、约翰逊(H. Johnson)和弗兰克尔(Frankel)。

货币论建立在三个基本经验假定的基础上:

(1)在充分就业均衡状态下,一国货币需求是收入、价格和利率等变量的稳定函数,在长时期内货币需求是稳定的。

(2)贸易商品的价格主要是外生的,在长时期内,一国价格水平接近世界市场水平。

(3)从长期看,货币需求是稳定的,货币供给变动不影响实物产量。

(二) 基本理论

基于上述各项假定,货币论的基本理论可用下列公式表达:

$$M_S = M_D \tag{1.30}$$

式中,M_S,M_D分别代表名义货币的供应量和需求量。从长期看,可以假定货币供应与货币需求相等。

$$M_D = Pf(Y,i) \tag{1.31}$$

式中,P代表本国价格水平,f为函数关系,Y为国民收入,i为利率。$Pf(Y,i)$表示对名义货币的需求,$f(Y,i)$表示对实际货币量的需求。

$$M_S = m(D+R) \tag{1.32}$$

式中,m为货币乘数,D,R分别为国内与国外的货币供应基数。

在(1.32)式中,令$m=1$,则有:

$$M_S = D+R \tag{1.33}$$

$$M_D = D+R \tag{1.34}$$

$$R = M_D - D \tag{1.35}$$

(1.35)式是货币论的最基本方程式。该方程式表明:

(1)国际收支逆差,实际上是一国国内的名义货币供应量(D)超过了名义货币需求量。由于货币供应量不影响实物产量,在价格不变的情况下,多余的货币就要寻找出路。对个人和企业而言,就会增加货币支出,以重新调整其实际余额;对整个国家而言,实际货币余额的调整便表现为货币外流,即国际收支逆差。反之,当一国名义货币供应量小于名义货币需求时,在价格不变的情况下,货币供应的缺口就要寻找来源。对个人和企业而言,就要减少货币支出,以使实际货币余额维持在所期望的水平上;对整个国家而言,减少支出维持实际货币余额的过程,便表现为货币内流,国际收支顺差。

(2)国际收支问题,实际上反映的是实际货币存量(余额)对名义货币供应量的调整过程。当名义货币供应量与实际经济变量所决定的实际货币余额需求相一致时,国际收支便处于平衡。

(三) 政策主张

货币论的政策主张,归纳起来有以下几点:

(1)所有国际收支不平衡,在本质上都是货币的。因此,收支失衡均可由国内货币政策来解决。

(2)所谓国内货币政策主要是指货币供应政策。因为货币需求是收入、利率的稳定函数,而货币供应则在很大程度上可由政府操纵,因此,扩张性货币政策(使 D 增加)可以减少国际收支顺差,而紧缩性货币政策(使 D 减少)可以减少国际收支逆差。

(3)为平衡国际收支而采取的贬值、进口限额、关税、外汇管制等干预措施,只有当它们的作用是增加货币需求,尤其是提高国内价格水平时,才能改善国际收支,而且这种影响是暂时的。如果在施加干预措施的同时伴有国内信用膨胀,则国际收支不一定改善,甚至还可能恶化。

总括来说,货币论政策主张的核心是:在国际收支发生逆差时,应紧缩国内信用量;发生顺差时,应放松国内信用量。

(四) 货币分析理论的局限性

货币论的缺陷表现在:

(1)它过分强调货币因素而忽视实际因素对国际收支失衡的影响。

(2)在货币理论的机制分析中,国际收支逆差必然引起外汇储备的变动,从而导致货币存量的变化。这种分析的前提是政府不采取干预措施。但在现实经济生活中,政府有能力使国际储备的变动不影响国内货币供应量。这样,收支逆差便不能通过货币供给的减少而自动得到纠正。

(3)它没有考虑非货币金融资产的存在,因此货币市场不平衡反映的只是商品市场的不平衡。

(4)所作的一些假设不一定符合现实情况。

从上述介绍中可以看出,货币论注重协调货币市场的供求均衡,因此在政策措施上侧重于控制国内货币增长率;吸收论强调国内产品市场的均衡,在对策上,注重对支出项目的调节;弹性论强调相对价格变化,从而突出了汇率的变动。三种理论并不相互排斥,吸收论包含了弹性分析,货币论又类似于吸收论,实质是吸收论的延伸。所以尽管货币政策与财政政策能影响国际收支,但汇率的作用也是不容忽视的。

第五节 中国的国际收支

一、中国国际收支平衡表的编制情况

新中国成立后的相当长时期内,我国都没有编制国际收支平衡表,而只编制外汇收支计划,作为国民经济发展计划的一个组成部分。由于当时对外交往很少,我国的外汇收支计划仅包括贸易收支计划、非贸易收支计划和利用外资还本付息计划三个部分。

1980年4月和5月,我国相继恢复了在IMF和世界银行的席位,作为IMF的成员国,有义务向IMF报送本国的国际收支平衡表。同时,实行改革开放政策后,我国对外交往日益增多,国际收支在国民经济中的作用越来越大,我国的国际收支对世界各国的影响也越来越大。在这种情况下,我国从1980年开始试编国际收支平衡表,1982年开始对外公布,采取以行业统计为特点的带有计划经济色彩的国际收支统计办法,根据IMF的《国际收支手册》(第4版)并结合我国的实际情况进行分类、设置和编制。1984年10月,我国对原有的国际收支统计制度进行了修正,使我国国际收支平衡表在项目设置及分类等方面更为合理,并具有国际可比性。从1985年起,中国人民银行陆续公布了我国的国际收支平衡表及相关信息。1997年,我国开始采用最新的国际收支统计的国际标准IMF《国际收支手册》(第5版)的原理和格式编制国际收支平衡表,由原来的经常项目、资本往来项目、净误差与遗漏、储备资产增减额四大项目调整为经常项目、资本和金融项目、储备资产、净误差与遗漏四大项目。国际收支统计申报和分析预测在我国宏观经济调控体系中发挥了重要作用。需要说明的是,我国国际收支平衡表所反映的对外经济交易,既包括我国与外国之间也包括我国内地与我国香港、澳门、台湾之间的经济交易。

二、中国国际收支平衡表的分析

(一)2010年中国国际收支平衡表及其分析

1. 国际收支主要状况

2010年我国国际收支平衡表见表1.5。2010年我国经常项目顺差3 054亿美元,较上年增长17%,2009年为下降40%;资本和金融项目顺差2 260亿美元,较上年增长25%,2009年为增长8.5倍。各主要项目情况如下:

第一章 国际收支

(1)货物贸易顺差与2009年基本相当。2010年,我国货物贸易进出口规模达到历史最高水平。但进口增速快于出口,货物贸易顺差未现大幅增长。按国际收支统计口径,2010年货物贸易出口15 814亿美元,进口13 272亿美元,分别较上年增长31%和39%。货物贸易顺差2 542亿美元,较上年略增2%。

(2)服务贸易逆差收窄。2010年,服务贸易收入1 712亿美元,较上年增长32%;支出1 933亿美元,较上年增长22%;逆差221亿美元,较上年下降25%。

(3)收益项目顺差大幅增加。2010年,收益项目顺差304亿美元,较上年增长3.2倍。由于我国对外资产规模持续扩大,投资收益净流入182亿美元,2009年净流入1亿美元。同时,我国海外务工人员的劳务收入继续增加,2010年职工报酬净流入122亿美元,较上年增长70%。

(4)外国在华直接投资和我国在外直接投资均有较快增长。2010年,直接投资顺差1 249亿美元,较上年增长78%。其中,外国在华直接投资持续净流入,全年达到1 851亿美元,较上年增长62%。我国在外直接投资规模继续增加,2010年净流出602亿美元,较上年增长37%。

表1.5 2010年中国国际收支平衡表　　　　　(单位:亿美元)

项目	行次	差额	贷方	借方
一、经常项目	1	3 054	19 468	16 414
A. 货物和服务	2	2 321	17 526	15 206
a. 货物	3	2 542	15 814	13 272
b. 服务	4	−221	1 712	1 933
1. 运输	5	−290	342	633
2. 旅游	6	−91	458	549
3. 通信服务	7	1	12	11
4. 建筑服务	8	94	145	51
5. 保险服务	9	−140	17	158
6. 金融服务	10	−1	13	14
7. 计算机和信息服务	11	63	93	30
8. 专有权利使用费和特许费	12	−122	8	130
9. 咨询	13	77	228	151

(续)表 1.5

项目	行次	差额	贷方	借方
10. 广告、宣传	14	8	29	20
11. 电影、音像	15	−2	1	4
12. 其他商业服务	16	184	356	172
13. 别处未提及的政府服务	17	−2	10	11
B. 收益	18	304	1 446	1 142
1. 职工报酬	19	122	136	15
2. 投资收益	20	182	1 310	1 128
C. 经常转移	21	429	495	66
1. 各级政府	22	−3	0	3
2. 其他部门	23	432	495	63
二、资本和金融项目	24	2 260	11 080	8 820
A. 资本项目	25	46	48	2
B. 金融项目	26	2 214	11 032	8 818
1. 直接投资	27	1 249	2 144	894
1.1 我国在外直接投资	28	−602	76	678
1.2 外国在华直接投资	29	1 851	2 068	217
2. 证券投资	30	240	636	395
2.1 资产	31	−76	268	345
2.1.1 股本证券	32	−84	115	199
2.1.2 债务证券	33	8	154	146
2.1.2.1(中)长期债券	34	19	128	110
2.1.2.2 货币市场工具	35	−11	25	36
2.2 负债	36	317	368	51
2.2.1 股本证券	37	314	345	32
2.2.2 债务证券	38	3	22	19
2.2.2.1(中)长期债券	39	3	22	19

(续)表 1.5

项目	行次	差额	贷方	借方
2.2.2.2 货币市场工具	40	0	0	0
3. 其他投资	41	724	8 253	7 528
3.1 资产	42	−1 163	750	1 912
3.1.1 贸易信贷	43	−616	5	621
长期	44	−43	0	43
短期	45	−573	4	578
3.1.2 贷款	46	−210	197	407
长期	47	−277	0	277
短期	48	66	197	131
3.1.3 货币和存款	49	−580	303	883
3.1.4 其他资产	50	244	245	1
长期	51	0	0	0
短期	52	244	245	1
3.2 负债	53	1 887	7 503	5 616
3.2.1 贸易信贷	54	495	583	88
长期	55	35	41	6
短期	56	460	542	81
3.2.2 贷款	57	791	5 860	5 069
长期	58	100	264	163
短期	59	691	5 596	4 906
3.2.3 货币和存款	60	603	1 038	435
3.2.4 其他负债	61	−3	22	25
长期	62	−4	1	5
短期	63	1	22	20
三、储备资产	64	−4 717	0	4 717
3.1 货币黄金	65	0	0	0

(续)表 1.5

项目	行次	差额	贷方	借方
3.2 特别提款权	66	−1	0	1
3.3 在基金组织的储备头寸	67	−21	0	21
3.4 外汇	68	−4 696	0	4 696
3.5 其他债权	69	0	0	0
四、净误差与遗漏	70	−597	0	597

资料来源：国家外汇管理局网站。

(5)证券投资净流入下降。2010年，证券投资项下净流入240亿美元，较上年下降38%。其中，我国对境外证券投资净流出76亿美元，2009年为净回流99亿美元；境外对我国证券投资净流入317亿美元，较上年增长10%。

(6)储备资产平稳增长。2010年，剔除汇率、资产价格等估值因素影响，我国新增国际储备资产4 717亿美元，较2009年新增额扩大18%。其中，外汇储备增加4 696亿美元，在基金组织的储备头寸和特别提款权增加22亿美元。

2. 国际收支运行评价

2010年，我国国际收支交易呈现恢复性增长。全年国际收支交易总规模为5.6万亿美元，创历史新高，较上年增长36%；与同期国内生产总值(GDP)之比为95%，较2009年增长13个百分点。这表明我国参与国际经济合作和竞争的能力逐步增强，对外开放程度进一步加深，同时说明我国经济对外依存度继续提高，国际经济对我国的影响有所加大。2010年，国际收支延续"双顺差"格局，国际收支不平衡(持续大量顺差)已成为我国经济运行的突出问题和深层次矛盾之一，主要受国内外经济发展的长期性和结构性因素影响。

第一，国际收支不平衡是在经济全球化背景下，我国参与国际分工的必然结果。改革开放以来，我国日益良好的投资环境、相对低廉的劳动力等生产要素价格，促使跨国公司在全球分工布局中，逐步将加工制造环节向我国转移，带动了我国外资的流入和进出口顺差的增长。

第二，国际收支不平衡是我国经济处于工业化、城镇化和国际化进程中的阶段性特征。现阶段，工业化步伐较快，投资需求较高，制造业产能迅速扩大。在城镇化进程中，农村大量劳动力向城市转移，增加了劳动力市场的供给，形成了一定的国际比较优势。

第三，国际收支不平衡是我国储蓄持续大于投资，国内需求相对不足的外在

第一章 国际收支

表现。与发达国家相比,我国居民收入尤其是农民收入仍处于相对较低的水平,再加上社会保障体制改革尚未完全到位,居民预防性储蓄较多,影响国内需求和消费水平提升到更高层次。此外,国内金融市场发育程度不高,也影响了国内储蓄向投资转化的效果。

第四,国际收支不平衡加剧也是跨境资本追求较高回报的结果。次贷危机的影响还未最终消除,国际市场的投资风险依然很大。而人民币升值预期继续存在,人民币资产投资回报相对较高,国际资本流入的动力增加,国内银行、企业及个人将境外资产调回境内转化为人民币资产的倾向增强。2010年资本与金融账户顺差达历史最高水平。

总的来看,未来一段时期,世界经济的全球化趋势不会明显改变,我国经济有望继续较快增长,国际收支可能仍将保持较大顺差。

(二) 1982~2010年中国国际收支动态分析

分析1982~2010年我国国际收支状况发现,除个别年份外,我国经常账户、资本与金融账户一直保持"双顺差"格局,国际收支总体顺差持续扩大,外汇储备不断增长,而且金额逐年扩大,如表1.6所示。至2010年年底,我国的外汇储备资产已达到了28 473亿美元。

1. 经常项目差额的分析

1982~1989年,我国的经常项目差额是顺差与逆差互现的;而1990年以后,除了1993年出现了较大幅度的逆差,其他年份都是顺差,1997~1998年,顺差增长迅猛;1999~2001年顺差额有明显下降;2002年我国经常项目顺差又开始增加,2005年经常账户顺差增长显著,达到1 341亿美元,比起2004年度的686.59亿美元增长95.3%,2006~2008年继续快速增长,2008年达到历史最高水平为4 124亿美元。通过对构成经常项目差额的因素分析可以得出:我国货物贸易项目逆差的年份也是经常项目逆差的年份,货物贸易项目的状况决定了我国经常项目的顺差和逆差情况。

表1.6 中国国际收支一级账户差额及总差额的变化(1982~2010年) （单位:亿美元）

年份	经常账户差额	资本和金融账户差额	净误差与遗漏	总差额	储备资产变动
1982	56.74	−17.36	2.79	42.17	−42.17
1983	42.40	−16.52	1.07	26.95	−26.95
1984	20.30	−39.13	13.52	−5.31	5.31

(续)表1.6

年份	经常账户差额	资本和金融账户差额	净误差与遗漏	总差额	储备资产变动
1985	−114.17	81.88	−21.93	−54.22	54.22
1986	−70.35	61.71	−8.63	−17.27	17.27
1987	3.00	27.31	−13.71	16.60	−16.60
1988	−38.03	52.69	−10.11	4.55	−4.55
1989	−43.18	64.28	0.92	22.02	−22.02
1990	119.97	−27.74	−31.34	60.89	−60.89
1991	132.71	45.80	−67.60	110.91	−110.91
1992	64.01	−2.51	−82.52	−21.02	21.02
1993	−119.04	234.74	−98.03	17.67	−17.67
1994	76.58	326.44	−97.75	305.27	−305.27
1995	16.18	386.75	−178.30	225.63	−225.63
1996	72.42	399.67	−155.47	316.62	−316.62
1997	369.63	210.15	−222.54	357.24	−357.24
1998	314.71	−63.21	−187.24	64.26	−64.26
1999	156.67	76.42	−148.04	85.05	−85.05
2000	205.19	19.22	−118.93	105.48	−105.48
2001	174.05	347.75	−48.56	473.24	−473.24
2002	354.22	322.91	77.94	745.07	−745.07
2003	458.75	527.26	184.22	1 170.23	−1 170.23
2004	686.59	527.26	270.45	2 063.64	−2 063.64
2005	1 341.00	1 010.00	155.00	2 506.00	−2 506.00
2006	2 327.00	526.00	−6.00	2 848.00	−2 848.00
2007	3 540.00	951.00	116.00	4 607.00	−4 607.00
2008	4 124.00	463.00	209.00	4 795.00	−4 795.00
2009	2 971.00	1 448.00	−435.00	3 984.00	−3 984.00
2010	3 054.00	2 260.00	−597.00	4 717.00	−4 717.00

资料来源：2005～2010年的数字来自国家外汇管理局网站，其他数字来自侯高岚《国际金融》（第2版）。

2. 资本与金融项目差额分析

20世纪80年代,我国资本项目在国际收支中处于从属地位,对经济增长也未构成大的影响。随着我国对外开放的扩大和加深,资本与金融项目呈上升趋势,其对我国国际收支状况及国民经济发展的影响也越来越重要。20世纪90年代以来,除了1990年、1992年和1998年我国资本与金融项目是逆差以外,其他年份都保持了较大数额的顺差,其顺差额甚至远远高于同期经常项目顺差额。这充分说明了我国改革开放政策吸引了大量海外投资者来华投资。2004年和2005年较之2003年,这一差额有着非常显著的增加,主要原因在于:2003年我国推行了QFII制度(详见第四章),大批资金进入我国证券市场。

3. 净误差与遗漏项分析

根据国际惯例,只要错误与遗漏规模不大,与同期进出口额相比,处于公认的5%的合理范围内,其出现在借方和贷方都是合理的。一般情况下,如果误差与遗漏项目波动的原因主要是由统计技术层面造成的,就必然出现借贷方差额交替性的变换。但是,长期以来我国国际收支平衡表中的误差与遗漏均出现在借方,单纯的统计原因已不足以说明误差与遗漏项目的变化,说明我国长期以来存在资本外逃问题。而2002年开始出现了借方转贷方差额,2009年又出现大幅逆转,从巨额的贷方差额转变为较大的借方差额。揭示了误差与遗漏项目变动的复杂性。近两年的大幅由正变负的原因不排除由于国内证券市场持续低迷以及房地产市场调控的加强,一部分热钱抽逃的可能。而2003年、2004年以及2005年较大规模的正差额,其原因有可能和人民币强烈升值预期有关。

本章重要概念

国际收支　经常项目　资本与金融项目　贸易项目　错误与遗漏项目　转移收支　米德冲突　丁伯根法则　支出增减型政策　支出转换型政策　马歇尔-勒纳条件　J曲线效应

思考题

1. 国际收支平衡表的编制原理与记账原则是什么?
2. 简述国际收支平衡表的主要内容,平衡表中各项目之间存在什么关系?
3. 一国国际收支失衡的成因是什么?
4. 一国为什么要对国际收支失衡加以调节?调节的手段有哪些?

5. 简述信用货币制度下国际收支的自动调节机制。
6. 试论述国际收支与一国宏观经济的联系。
7. 国际收支的含义是什么？它可以从哪些角度进行考察？
8. 蒙代尔政策搭配的核心思想及主要观点是什么？
9. 试比较弹性论、吸收论和货币论关于本币贬值对国际收支失衡调节作用的观点。

分析讨论题

1. 联系我国近几年实际情况，分析国际收支对我国经济发展的影响与贡献。
2. 根据表 1.6 提供的资料，对我国国际收支状况作一总体性分析。

附录　国际收支平衡表：标准组成部分

	贷方	借方
一、经常账户		
A. 货物和服务		
a. 货物		
1. 一般商品		
2. 用于加工的货物		
3. 货物修理		
4. 各种运输工具在港口购买的货物		
5. 非货币黄金		
5.1 作为储藏手段持有		
5.2 其他		
b. 服务		
1. 运输		
1.1 作为储藏手段持有		
1.1.1 客运		
1.1.2 货运		
1.1.3 其他		
1.2 空运		
1.2.1 客运		
1.2.2 货运		
1.2.3 其他		

第一章 国际收支

(续)附录

	贷方	借方

  1.3 其他运输
   1.3.1 客运
   1.3.2 货运
   1.3.3 其他
 2.旅游
  2.1 因公
  2.2 因私
 3.通信服务
 4.建筑服务
 5.保险服务
 6.金融服务
 7.计算机和信息服务
 8.专有权力使用费和特许费
 9.其他商业服务
  9.1 转手买卖和与贸易有关的服务
  9.2 经营性租赁服务
  9.3 其他商业、专业和技术服务
 10.个人、文化和娱乐服务
  10.1 音像及有关服务
  10.2 其他个人文化和娱乐服务
 11.别处未提及的政府服务

B. **收入**
 a. 职工报酬
 b. 投资收入
  1.直接投资
   1.1 股本收入
    1.1.1 红利和已分配的分支机构利润……
    1.1.2 再投资收益和未分配的分支机构利润……
   1.2 债务收入(利息)
  2.证券投资
   2.1 股本收入(红利)
   2.2 债务收入(利息)
    2.2.1 (中)长期债券

(续)附录

	贷方	借方

    2.2.2　货币市场工具和派生金融工具
  3. 其他投资
C. 经常转移
  a. 各级政府
  b. 其他部门
    1. 工人的汇款
    2. 其他转移

二、资本和金融账户
A. 资本账户
a. 资本转移
  1. 各级政府
    1.1　减免债务
    1.2　其他
  2. 其他部门
    2.1　移民的转移
    2.2　减免债务
    2.3　其他
b. 非生产、非金融资产的收买/放弃
B. 金融账户
  a. 直接投资
    1. 国外
      1.1　股本资本
        1.1.1　对附属企业的债权
        1.1.2　对附属企业的债务
      1.2　再投资收益
      1.3　其他资本
        1.3.1　对附属企业的债权
        1.3.2　对附属企业的债务
    2. 在报告经济体
      2.1　股本资本
        2.1.1　对直接投资者的债权
        2.1.2　对直接投资者的债务
      2.2　再投资收益
      2.3　其他资本
        2.3.1　对直接投资者的债权

(续)附录

	贷方	借方

  2.3.2 对直接投资者的债务
b.证券投资
1.资产
 1.1 股本证券
  1.1.1 货币当局
  1.1.2 各级政府
  1.1.3 银行
  1.1.4 其他部门
 1.2 债务证券
  1.2.1 （中）长期债券
   1.2.1.1 货币当局
   1.2.1.2 各级政府
   1.2.1.3 银行
   1.2.1.4 其他部门
  1.2.2 货币市场工具
   1.2.2.1 货币当局
   1.2.2.2 各级政府
   1.2.2.3 银行
   1.2.2.4 其他部门
  1.2.3 派生金融工具
   1.2.3.1 货币当局
   1.2.3.2 各级政府
   1.2.3.3 银行
   1.2.3.4 其他部门
2.负债
 2.1 股本证券
  2.1.1 银行
  2.1.2 其他部门
 2.2 债务证券
  2.2.1 （中）长期债券
   2.2.1.1 货币当局
   2.2.1.2 各级政府
   2.2.1.3 银行
   2.2.1.4 其他部门
  2.2.2 货币市场工具

(续)附录

	贷　方	借　方
2.2.2.1　货币当局		
2.2.2.2　各级政府		
2.2.2.3　银行		
2.2.2.4　其他部门		
2.2.3　派生金融工具		
2.2.3.1　货币当局		
2.2.3.2　各级政府		
2.2.3.3　银行		
2.2.3.4　其他部门		
C.其他投资		
1.资产		
1.1　贸易信贷		
1.1.1　各级政府		
1.1.1.1　长期		
1.1.1.2　短期		
1.1.2　其他部门		
1.1.2.1　长期		
1.1.2.2　短期		
1.2　贷款		
1.2.1　货币当局		
1.2.1.1　长期		
1.2.1.2　短期		
1.2.2　各级政府		
1.2.2.1　长期		
1.2.2.2　短期		
1.2.3　银行		
1.2.3.1　长期		
1.2.3.2　短期		
1.2.4　其他部门		
1.2.4.1　长期		
1.2.4.2　短期		
1.3　货币和存款		
1.3.1　货币当局		
1.3.2　各级政府		
1.3.3　银行		

第一章 国际收支

(续)附录

	贷方	借方

1.3.4 其他部门
  1.3.4.1 长期
  1.3.4.2 短期

1.4 其他资产
  1.4.1 货币当局
    1.4.1.1 长期
    1.4.1.2 短期
  1.4.2 各级政府
    1.4.2.1 长期
    1.4.2.2 短期
  1.4.3 银行
    1.4.3.1 长期
    1.4.3.2 短期
  1.4.4 其他部门
    1.4.4.1 长期
    1.4.4.2 短期

2. 负债
  2.1 贸易信贷
    2.1.1 各级政府
      2.1.1.1 长期
      2.1.1.2 短期
    2.1.2 其他部门
      2.1.2.1 长期
      2.1.2.2 短期
  2.2 贷款
    2.2.1 货币当局
      2.2.1.1 利用基金组织的信贷和
            基金组织的贷款
      2.2.1.2 长期
      2.2.1.3 短期
    2.2.2 各级政府
      2.2.2.1 长期
      2.2.2.2 短期
    2.2.3 银行
      2.2.3.1 长期

(续)附录

        贷 方   借 方

  2.2.3.2 短期
  2.2.4 其他部门
   2.2.4.1 长期
   2.2.4.2 短期
 2.3 货币和存款
  2.3.1 货币当局
  2.3.2 银行
 2.4 其他负债
  2.4.1 货币当局
   2.4.1.1 长期
   2.4.1.2 短期
  2.4.2 各级政府
   2.4.2.1 长期
   2.4.2.2 短期
  2.4.3 银行
   2.4.3.1 长期
   2.4.3.2 短期
  2.4.4 其他部门
   2.4.4.1 长期
   2.4.4.2 短期

三、错误和遗漏账户
四、储备资产
 A. 货币黄金
 B. 特别提款权
 C. 在基金组织的储备头寸
 D. 外汇
  a. 货币和存款
   1. 货币当局
   2. 银行
  b. 有价证券
   1. 股本证券
   2. (中)长期债券
   3. 货币市场工具和派生金融工具
 E. 其他债权

资料来源:国际货币基金组织.国际收支手册[M].5版.国际货币基金组织语言局,译.北京:中国金融出版社,1996.

第二章 外汇与汇率

第一节 外　汇

一、外汇的概念

外汇是国际汇兑(Foreign Exchange)的简称。外汇有动态和静态两种含义。

动态的外汇是银行"汇"与"兑"的活动。所谓"兑"是指不同国家(或地区,下同)货币的相互转换,所谓"汇"是指货币资金在国际间的转移。因此,动态的外汇是指通过银行将一国货币兑换为另一国货币并借助于各种信用工具将货币资金转移到另一国以清偿国际间债权债务的专门性经营活动。这一动态含义实质是国际结算业务。

静态的外汇则又有广义和狭义之分。广义的静态外汇泛指一切以外国货币表示的资产。各国的外汇管理法令中所用的便是这种概念。例如我国1996年1月颁布的《中华人民共和国外汇管理条例》第三条对外汇的解释是:"外汇是指以外币表示的可以用作国际清偿的支付手段和资产,它们是:①外国货币,包括纸币、铸币;②外币支付凭证,包括票据、银行存款凭证、邮政储蓄凭证等;③外币有价证券,包括政府债券、公司债券、股票等;④特别提款权、欧洲货币单位;⑤其他外汇资产。"从这一意义看,外汇等同于外币资产。

值得指出的是,国际货币基金组织(IMF)关于"货币行政当局(中央银行、货币管理机构、外汇平准基金及财政部)以银行存款、财政部库券、长短期政府证券等形式所保有的、在国际收支逆差时可以使用的债权。"这一定义是IMF对一国外汇储备所下的定义,特指一国货币当局所持有的外币资产,不应将其视作外汇的概念。

狭义的静态外汇是指以外币表示的,随时可用于国际结算的支付手段。按照这一定义,以外币表示的有价证券由于不能直接用于国际间的支付,故不属于外汇;至于外币现钞只有运回货币发行国并贷记在银行账户上之后,才能随时用于国际支付。可见,只有在国外的银行存款,以及索取这些存款的外币票据与外币凭证,例如汇票、本票、支票和电汇凭证等,才是外汇。而银行存款是狭义外汇概念的主体。

我们通常所说的外汇就是静态意义上的外汇,它具有两个基本特征:可兑换性与国际性。

可兑换性是指能作为外汇的货币必须能自由兑换为他国货币或支付手段。按国际货币基金协定第八条款规定,只要经常项目兑换不加以限制;不采取差别性的多种汇率制;在另一个会员国的要求下,随时有义务换回对方经常项目往来所积累的本国货币,则该国货币就可称为可兑换货币。可兑换货币能否成为外汇,还要看其是否具有国际性,即是否为世界各国所普遍接受。由此看来,并非所有外国货币都能成为外汇,也并不是所有可兑换货币都能成为外汇。能成为外汇的货币必须同时具备上述两个特征,而这显然与货币发行国的经济实力密切相关。

二、外汇的种类

外汇有自由外汇和记账外汇两种,这是与两种国际结算制度相联系的。自由外汇对应于自由的多边的国际结算制度。这种外汇无需货币发行国批准,可以随时动用,自由兑换为其他货币,或向第三国进行支付。记账外汇又称协定外汇或清算外汇,对应于管制的双边结算制度。这种外汇是在中央银行清算账户上所体现的记账单位而非实际的可兑换货币,因而叫"记账外汇",它只能用于签有清单支付协定的两国政府之间的清算,即一国对另一国的债权只能用以抵销对该国的债务,或用以支付从对方的进口,而不能自由兑换成其他国家的货币,也不能用以抵偿对任何第三国的债务。目前这种外汇已很少使用。

三、外汇的作用

外汇的产生和国际汇兑的发展是国际经济发展的客观要求,同时也是各国货币制度存在差异的必然结果。如果存在统一的国际货币,也就无所谓外汇与货币的兑换了,外汇风险也不复存在。然而,到目前为止,除欧盟这一局部区域外,其他任何主权国家都不愿放弃对本国货币进行管理和控制的权力。因此,外汇必将继续存在下去,并在促进国际经济、政治、文化交流方面发挥越来越重要的作用。

(1)外汇实现了国际购买力的转移,促进了各国之间的相互交流。如上所述,由于不同主权国家实行不同的货币制度,一国货币在别国市场上无法直接实现其购买力。而外汇作为被各国普遍接受的国际支付手段,通过它才使各国的货币购买力的转移得以实现。在实现了物的交换的同时,也带来了不同文化的交融。因此,外汇不仅是国际银行业务中的一种信用工具,实现了国际购买力的转移,也是各国政府、企业和居民所持有的一项金融资产,还是联结各种国际关系的一条重要纽带。

(2)外汇促进了国际贸易的发展。狭义的静态外汇是当今国际间债权债务清偿的主要手段,节省了运送现金的费用,避免了运送现金的巨大风险,缩短了支付时间,加速了资金周转。特别是这种外汇是一种信用工具,通过这种信用工具,使融资范围得以扩大。因此,外汇产生于国际贸易,反过来又促进了国际贸易的发展。

(3)外汇实现了国际间资金供求不平衡的调节。由于世界各国经济发展的不平衡,资金余缺情况不同,客观上确有调剂资金余缺的必要。利用外汇这种为各国普遍接受的国际支付手段,借助国际金融市场,从而实现资金的国际转移,调节国际间资金供求的不平衡。

(4)外汇储备是衡量一国国际经济地位的标志之一。外汇储备是当今国际储备中的主体。它具有稳定汇价,平衡少量国际收支赤字或减缓巨额国际收支逆差调节可能带来的剧烈震荡的作用,同时也是政府向外举债的资信保证。因此,外汇储备丰裕程度在一定程度上体现了一国在国际上经济地位的高低。

(5)外汇是政府调节宏观经济活动的重要工具。与外汇有关的外汇管制政策、汇率制度等对一国经济有着重要影响。

由此可见,当今世界,各国尤其是开放经济国家都必须对外汇的作用予以高度重视。

第二节　汇率的概念与种类

一、汇率的概念与标价方法

货币与货币之间的兑换必然涉及兑换比率问题。这种兑换比率就叫汇率(Exchange rate),也叫汇价、外汇牌价或外汇行市,指以一种货币表示的另一种货币的价格,由外汇银行挂牌表示。

要表示汇率,必须确定以哪种货币为标准,相应折成多少其他货币,这就是汇率的标价方法。汇率标价方法有直接标价法和间接标价法两种。以一定单位的外国货币为标准,折成相应数额的本国货币,此为直接标价法(direct quotation)。我国外汇牌价就是采用的直接标价法。例如,每100美元价值人民币625元,这里外币美元作为标准,也叫单位货币,本币人民币叫计价货币,汇率的变化体现为人民币数额的增减,这一数额越大,表示外汇汇率越高,本币价值越低。以一定单位的本国货币为标准,折成相应数额的外国货币,此为间接标价法(indirect quotation)。仍以我国人民币与美元汇率为例,如果我国外汇市场上汇率表示成每100元人民币价值16.0美元,这就是间接标价法。这时本币是单位货币作为标准,外币是计价货币,汇率的变化体现为外币数额的增减,这一数额越大,表示本币价值越高,外汇汇率越低。目前世界上只有美元与英镑采用间接标价法,而美元与英镑的汇率仍沿用历史的直接标价法,其他各国货币都是采用直接标价法。第二次世界大战后,由于美元的霸主地位,也为了方便外汇交易,各国际金融中心均采用"美元标价法"(dollar quotation)。即各大外汇市场都以美元作为单位货币进行报价。1999年1月1日,欧元问世后,市场上各种货币对欧元的报价则都以欧元为单位货币。

二、汇率的种类

汇率的种类极其繁多,可以从不同角度分为许多不同的种类。下面我们就一些常用的、重要的种类做一些介绍。

(一)买入汇率、卖出汇率与中间价

从外汇银行买卖外汇的角度可将汇率分为买入汇率和卖出汇率,也叫买入价或卖出价。银行买入外汇时所用的汇率为买入汇率,银行卖出外汇时所用的汇率为卖出汇率。特别要注意的是,买入或卖出是从报价银行的角度来说的,必须与客户或询价银行区别开来。"贱买贵卖"是银行进行外汇交易的基本原则。所以买入与卖出汇率间有一差额,此差额即为外汇银行买卖外汇的收益。而银行对客户的买卖差价通常比银行同业间买卖差价大一些。

外汇市场上,银行报价通常都采用双向报价,即同时报出买入价和卖出价,有效数字一般为5位,在所报的两个汇率中,前一数值较小,后一数值较大。根据"贱买贵卖"原则,在直接标价法下,前一数值表示银行对外汇的买入汇率,后一数值表示银行对外汇的卖出汇率;而在间接标价法下,正好相反,前一数值表示卖出价,后一数值表示买入价。譬如,假定美元为外币,则

$$USD/JPY = 122.73 \sim 123.03$$

或表示为

$$USD/JPY = 122.73/3.03$$

此为直接标价。那么银行买入美元时的价格为买入价,卖出美元时的价格为卖出价。按"贱买贵卖"原则,报价行在交易中将以122.73日元买入1美元,所以122.73日元为买入价;相应地,将以123.03日元卖出1美元,123.03日元就是卖

出价。同样以美元作为外币,则下面的汇率:

$$GBP/USD = 1.6808 \sim 1.6816$$

或表示为

$$GBP/USD = 1.68088/16$$

为间接标价。银行买卖美元的价格为买入或卖出价,按"贱买贵卖"原则,报价行在交易中将以1英镑的价格买入1.6816美元,而以1英镑的价格卖出1.6808美元。所以1.6808美元为报价行的卖出价,1.6816美元是报价行的买入价。通常将买卖差价的0.0001(日元为0.01)称为1点。如上例中每美元的买卖差价为0.30日元,即30点,每英镑的买卖差价为0.0008美元,即8点。

所谓中间价,就是买入价与卖出价的算术平均值。中间价只用于新闻报道或理论研究之中,实际交易中并不采用。

另外,银行对外挂牌公布汇率时还另注明现钞价。银行买入外币现钞后必须运到货币发行国才能使用,因此,银行现钞买入价需在外汇买入价基础上扣除现钞运送费、保险费等费用;而银行卖出外币现钞则不需银行支付这些费用,故与外汇卖出价相同。这样,银行挂牌汇率按从小到大的顺序依次为现钞买入价、外汇买入价、外汇(现钞)卖出价。

(二)即期汇率和远期汇率

这是从外汇买卖的交割期来划分的。即期汇率(spot rate)又叫现汇汇率,是银行进行即期外汇交易(或叫现汇交易)时所用的汇率。买卖双方成交后,在两个营业日内办理交割的交易为即期外汇交易。远期汇率(forward rate)也叫期汇汇率,是银行进行远期外汇交易(或叫期汇交易)时所用的汇率。远期外汇交易是指买卖双方成交后,不立即交割,而是先签订远期合约,按合约规定的交割期实施交割的交易。合约中约定的未来交割时所用的汇率就是远期汇率,交割期不同,汇率也不一样。如一月、三月及一年等不同期限的远期汇率。

前面我们介绍的买入价、卖出价以及中间价实际上是即期汇率。对于即期汇率,各银行都直接报出买入价与卖出价,而对于远期汇率,其报价方式有直接报价和远期差价报价两种,详细内容将在第四章介绍。

(三)电汇汇率、信汇汇率与票汇汇率

这是从外汇交易的支付工具来划分的。电汇汇率(telegraphic transfer rate,简称 T/T rate)是通过电报解付方式买卖外汇时所用的汇率。银行卖出外汇后,立即用电信方式通知国外分支行或代理行将款项解付给收款人。目前,电信工具

已极为普及，电信传递支付速度快，安全性高，因而，现今国际支付中绝大多数为电信方式，故电汇汇率是外汇市场的基准汇率，一般外汇市场公布的汇率也就是电汇汇率，而且是银行同业间的电汇汇率。

信汇汇率(mail transfer rate,简称 M/T rate)是以信函解付方式买卖外汇时所用的汇率。银行卖出外汇后，通过信函要求国外分支行或代理行解付款项给收款人。由于信函从发出到收到需要较长时间(邮程)，银行在这期间可以占用顾客的资金，所以信汇汇率比电汇汇率低一个邮程利息。

票汇汇率(draft rate)是银行以汇票为支付工具买卖外汇时所使用的汇率。汇票有即期、远期之分，故汇率又分即期票汇汇率和远期票汇汇率。

（四）基本汇率与套算汇率

这是从汇率制订的角度来划分的。基本汇率(basic rate)是根据本币与主要货币的价值而制订的汇率。套算汇率(cross rate)是根据基本汇率套算出来的。由于货币种类繁多，各国不可能将本币与所有货币的汇率都一一加以确定并公布，所以往往选择一种或几种在本国对外经济交往中最常使用的可自由兑换货币作为主要货币(通常都是美元)，制订出基本汇率，本币与其他货币的汇率则由基本汇率套算出来。这样不仅可以简化手续，而且可以保持与国际金融行情基本一致。

根据中间价计算套算汇率较为简单，得到的套算汇率也是中间价。例如：USD/HKD＝7.796 2，USD/CHF＝1.454 5，则

$$CHF/HKD = \frac{7.796\,2}{1.454\,5} = 5.360\,1$$

又如 USD/CHF＝1.454 5，GBP/USD＝1.681 2，所以

$$GBP/CHF = 1.681\,2 \times 1.454\,5 = 2.445\,3$$

当根据有关汇率的买入价与卖出价要算出套算汇率的买入价和卖出价时，计算略为复杂一些。分为两种情况：一种情况是两个汇率以同种货币作为单位货币或计价货币，则用交叉相除；另一种情况是两个汇率一个以某货币作单位货币(或计价货币)，而另一个以同种货币作计价货币(或单位货币)，则用同边相乘。例如：

USD/CHF＝1.459 3～1.463 3
USD/HKD＝7.792 0～7.806 0

两个汇率都以美元作为单位货币，故用交叉相除，得

$$CHF/HKD = \frac{7.792\,0}{1.463\,3} \sim \frac{7.806\,0}{1.459\,3}$$

第二章 外汇与汇率

即

$$CHF/HKD = 5.325\ 0 \sim 5.349\ 1$$

又如

$$USD/CHF = 1.459\ 3 \sim 1.463\ 3$$
$$GBP/USD = 1.680\ 8 \sim 1.681\ 6$$

两个汇率中美元与瑞士法郎汇率以美元为单位货币，英镑和美元汇率以美元为计价货币，故用同边相乘，得

$$GBP/CHF = (1.680\ 8 \times 1.459\ 3) \sim (1.681\ 6 \times 1.463\ 3)$$
$$GBP/CHF = 2.452\ 8 \sim 2.460\ 7$$

（五）开盘汇率与收盘汇率

这是按外汇市场的营业时间来划分的。营业日刚开始时进行外汇买卖的汇率为开盘汇率（opening rate）；外汇市场上营业日终了时的汇率为收盘汇率（closing rate）。

以上种类都是与外汇市场上的外汇交易有关的，另外，我们再选择与理论、政策和货币制度有关的一些汇率种类作简要介绍。

（六）固定汇率和浮动汇率

这是按汇率制度划分的。固定汇率（fixed rate）是指由货币当局制订基础汇率，汇率波动幅度被限制在一定范围以内的汇率。浮动汇率（floating rate）是货币当局不再制订法定汇率，而是听任外汇市场供求所决定的汇率。浮动汇率又有自由浮动汇率和有管理的浮动汇率。前者是指政府当局对汇率不施加任何干预措施，汇率完全经由外汇市场供求决定；后者是指必要时政府当局仍要施加干预的汇率。

（七）官方汇率和市场汇率

这是从是否有外汇管制或管制宽严程度划分的。严格的外汇管制下只有官方汇率，没有市场汇率；无外汇管制情况下，只有市场汇率，没有官方汇率。官方汇率（official rate）是由货币当局制订并公布的汇率，而且要求一切外汇交易必须以此汇率来进行，否则就是非法交易。因此，和固定汇率相比，虽都是由货币当局制订并公布，但两者性质是不同的。固定汇率只是一个基础汇率，实际交易的汇率仍要受外汇市场供求影响而变化，换句话说，固定汇率并不一定是实际交易汇率。市场汇率（market rate）是由外汇市场供求决定的汇率，也即是在外汇市场上自由买卖外汇时所用的实际汇率。官方汇率的调整，由官方明文宣布，称法定升

值(ravaluation)或法定贬值(devaluation);而由外汇市场供求力量引起的汇率变化,例如外汇供大于求,将会出现外汇汇率下浮(down-floating)或贬值(depreciation);反之,如外汇供不应求,则会出现外汇汇率上浮(up-floating)或升值(appreciation)。如果某种可兑换货币在一定时期内汇率相对稳定,并有升值趋势,该货币称为硬货币;如果某种可兑换货币在一定时期内汇率相对不稳定,并不断贬值,该货币称为软货币。

(八) 单一汇率和复汇率

这是从汇率是否统一角度划分的。单一汇率(uniform rate)是指一个国家其货币汇率只有一种,这种汇率通用于该国所有的国际经济交往中。复汇率(multiple rate)是指一个国家其货币汇率有两种或两种以上。同一时间内,针对不同的对外交往活动采用不同的汇率。它是外汇管制的一种产物,曾被许多国家采用过,既有利也有弊。如果已有两种汇率则叫双重汇率。

(九) 实际汇率和有效汇率

这是从衡量货币实际价值角度来划分的。实际汇率(real exchange rate)和有效汇率(effective exchange rate)都是相对于名义汇率而言的,名义汇率也即公布的汇率。实际汇率和有效汇率是国际金融研究和决策中的两个重要概念。我们知道,各国政府为达到"奖出限入"之目的,常常对出口商品给以财政补贴或税收减免,而对进口则征收各种类型的附加税。实际汇率就是名义汇率与这些补贴和税收之和或之差。用公式表示为:

实际汇率 = 名义汇率 ± 出口财政补贴和税收减免

实际汇率 = 名义汇率 ± 进口附加税

这种实际汇率常用于研究汇率调整、倾销调查和反倾销措施。

实际汇率的另一种概念是指名义汇率消除通货膨胀影响后的汇率。这种实际汇率能反映通货膨胀对名义汇率的影响;同时可以用于研究货币实际购买力。

一种货币与另一种货币的汇率为双边汇率,衡量一种货币的价值仅靠双边汇率是不够的。在外汇市场上,常常看到一种货币对某种外币的价值在上升,但对另一种外币的价值却在下降,即使某种货币对所有外币价值都是上升或下降,其程度也不一定完全一致。在此情况下,双边汇率无法说明这种货币在世界范围内的价值变动情况,因此要用有效汇率指数来综合衡量一种货币的价值变化情况。有效汇率指数是报告期与基期有效汇率之比,而有效汇率是各种双边汇率的加权平均,权数用主要贸易伙伴在其对外贸易总额中所占的比重而定。公式如下:

第二章 外汇与汇率

$$A\ 币的有效汇率 = \sum_{i=1}^{n} A\ 国货币对\ i\ 国货币的名义汇率（即双边汇率）$$
$$\times \frac{A\ 国同\ i\ 国的贸易值}{A\ 国对外贸易总额}$$

第三节 汇率的决定与变动

汇率的决定与货币制度密切相关，随着货币制度的演变由简至繁。在金本位制下，由于货币含规定有含金量，汇率的决定也就很简单，即由两货币含金量之比决定，但在与黄金脱钩了的纸币本位制下，汇率决定的基础是纸币所代表的价值量，如何衡量这一价值量则是一个非常复杂的问题，体现了汇率决定问题的复杂性。学者们对此进行了广泛的研究，从而形成了各具特色的汇率决定理论。汇率在开放经济运行中是一个极其重要的变量，各种宏观变量和微观因素都会通过种种途径引起汇率的变动，而汇率的变动又会对其他经济变量产生广泛的影响。

一、不同货币制度下汇率的决定与变动

（一）国际金本位制度下汇率的决定与变动

在历史上，国际金本位制经历了金币本位制、金块本位制和金汇兑本位制等不同阶段。金本位制度不同，汇率的决定基础也不尽相同。

1. 金币本位制度下汇率的决定和变动

汇率乃是用一种货币表示的另一种货币的价格，汇率的决定基础应是用一种货币表示的另一种货币的价值，也就是两种货币价值之比。金币本位制下，流通中的货币是金币，具有法定的含金量，因而两种货币价值之比也就是两种金币法定含金量之比。这种以两种金属铸币含金量之比得到的汇价被称为铸币平价（mint parity）。铸币平价就是金币本位制下汇率决定的基础。例如，历史上英国曾规定 1 英镑金币的重量为 123.274 47 格令，成色为 22 开金（24 开为纯金），即含金量为 113.001 6 格令（合 7.322 4 克），美国则规定 1 美元金币的重量为 25.8 格令，成色为 90%，即含金量为 23.22 格令（合 1.504 656 克），两者相比即为铸币平价。

$$英镑和美元的铸币平价 = 113.001\ 6 \div 23.22 = 4.866\ 5$$

或

$$7.322\ 4 \div 1.504\ 656 = 4.866\ 5$$

即 1 英镑折合 4.866 5 美元。铸币平价是金平价(gold parity)的一种表现形式。所谓金平价,就是两种货币含金量(金币本身的含金量或纸币所代表的金量)的对比。

铸币平价只是金币本位制下汇率决定的基础。正如普通商品市场价格要受市场供求影响而背离其价值一样,外汇市场上实际的外汇行市也要受外汇供求情况的影响而围绕铸币平价上下波动,但其波动的幅度受制于黄金输送点(gold points)。所谓黄金输送点是指在金本位制下汇率涨落引起黄金输入或输出的界限。汇率上涨引起黄金输出的界限叫黄金输出点,汇率下跌引起黄金输入的界限叫黄金输入点。汇率波动的幅度之所以要受制于黄金输送点,这是因为在金币本位制下,黄金可以自由输出入,如果汇价波动超过了黄金输送点,人们就不愿意买卖外汇,而宁愿运送黄金进行清算了。恩格斯曾经指出:"汇兑率是货币金属的国际运动的晴雨计。如果英国对德国的支付多于德国对英国的支付,马克的价格,以英镑表示,就会在伦敦上涨;英镑的价格,以马克表示,就会在汉堡和柏林下跌。如果英国多于德国的这个支付义务,比如说,不能由德国在英国的超额购买来恢复平衡,向德国开出的马克汇票的英镑价格就必然会上涨到这样一点,那时不是由英国向德国开出的汇票来支付,而是输出金属——金币或金块——来支付变得合算了。这就是典型的过程。"[①]恩格斯所说的上涨到的那一点就是黄金输出点。而如果英国对德国的支付少于德国对英国的支付,马克的价格,以英镑表示,就会在伦敦下跌,而且会下跌到这样一点,那时英国不愿用马克汇票来结算,而宁愿收取黄金。下跌到的这样一点就是黄金输入点。那么,黄金输送点究竟是怎样一个幅度呢? 我们知道,运送黄金是需要种种费用的,例如保险费、运费、包装费和运送期间的利息等。假定当时在英美两国之间运送 1 英镑黄金的费用为 0.03 美元,那么,1 英镑铸币平价 4.866 5 美元加上运送费 0.03 美元等于 4.896 5 美元,这就是英镑与美元汇率波动的上限,即美国对英国的黄金输出点。如果在美国外汇市场上英镑的汇价高于 4.896 5 美元,美国债务人显然用直接向英国运送黄金的方式偿还英镑债务比用购买英镑外汇还债合算。因此,4.896 5 美元就是英镑与美元汇价波动的上限,即黄金输出点。铸币平价 4.866 5 美元减去运送费 0.03 美元等于 4.836 5 美元,如果在美国外汇市场上,英镑的汇价低于 4.836 5 美元,那么,美国的债权人就不要外汇,而宁愿支付黄金运费从英国输入黄金。因此,4.836 5 美元就是英镑与美元汇价波动的下限,即黄金输入点。

由此可见,金币本位制下汇率决定的基础是铸币平价,汇率波动的界限是黄

---

① 马克思,恩格斯. 马克思恩格斯全集:25 卷[M]. 北京:人民出版社,1972:650-651.

第二章 外汇与汇率

金输送点。黄金输出点是铸币平价加上黄金运送费用,是汇率波动的上限;黄金输入点是铸币平价减去黄金运送费用,是汇率波动的下限。由于金币本位制的特点,自发形成了这样一个波动幅度,而且幅度比较小,所以金币本位制下的汇率是较为稳定的。

2. 金块本位和金汇兑本位制度下汇率的决定与变动

金块本位制下,流通中的货币主要是纸币,只有当出现大规模支付需要时,黄金才出马,以金块的形式参与流通和支付;而金汇兑本位制下,流通中的货币完全是纸币。但这两种制度下,政府都规定了纸币所代表的金量,纸币的发行以黄金储备为基础,所以这时的汇率决定的基础是纸币所代表的金量之比,称为法定平价,是金平价的另一种表现形式。

同样,外汇市场上实际汇率因供求关系,而围绕法定平价上下波动。但这时,汇率波动的幅度已不再受制于黄金输送点。因为黄金输送点存在的必要前提是黄金的自由输出入,而在金块本位与金汇兑本位制下,黄金的输出入受到了限制,因此,黄金输送点实际上已不复存在。这两种货币制度下,虽然汇率决定的基础依然是金平价,但是汇率波动的幅度是由政府来规定和维护。显然,与金币本位制时的情况相比,金块本位和金汇兑本位下汇率的稳定程度已降低了。

(二)纸币本位制度下汇率的决定与变动

纸币取代金币是历史发展的必然,并不仅仅因为黄金产量的不足,同时也因为纸币(乃至当今的电子货币)作为流通手段和支付手段,有许多天然的优越性,适应了国际经贸高速发展的需要。

在与黄金脱钩了的纸币本位下,纸币不再规定所代表的金量,即使规定也形同虚设,纸币发行量脱出了兑换黄金的物质制约,金平价不再成为汇率决定的基础。

那么,在纸币本位下,汇率决定的基础是什么呢?按马克思的货币理论,纸币是价值的一种代表,两国纸币之间的汇率便可用两国纸币各自所代表的价值量之比来确定。马克思的这一观点,至今依然正确。因此,纸币本位下汇率决定的基础是纸币所代表的价值量之比。问题是这一价值量很难直接衡量,它受制于许多影响因素,从而使纸币本位下汇率的决定问题变得非常复杂。自从金本位制崩溃以后,学者们就对汇率决定问题进行了广泛的研究,形成了形形色色的汇率决定理论,这也正是下一节将要介绍的内容。

与黄金脱钩了的纸币本位下,汇率受各种因素的影响,波动频繁。只不过在固定汇率制下,汇率的波动被人为限制在一定范围内(如布雷顿森林汇率制度波动幅度为±1%),各国货币当局有义务干预外汇市场维持汇率的稳定,使汇率的波动不超出这一规定的幅度;在有管理的浮动汇率制下,各国货币当局不再承担干预的义务,只是在认为必要时才实施干预,主要目的是出于政策的需要,维护本国利益,同时也不规定固定的波动幅度。与固定汇率制度相比,固定汇率制下的干预为被动干预,有管理的浮动汇率制下的干预则为主动干预。至于浮动汇率制,到目前为止,还没有任何一个国家实行过。理论上讲这种汇率制度任由汇率自由波动,政府不实施任何干预措施。

二、影响汇率变动的主要因素

开放经济下,影响汇率变动的因素很多。宏观的、微观的因素、经济的、政治的乃至心理的因素都对汇率产生直接或间接的影响。

(一)国际收支

外汇供求始终是影响汇率的最直接的因素。外汇供给与需求体现着国际收支的各种国际经济交易,国际收支平衡表中经常账户以及资本与金融账户的贷方项目构成外汇供给,借方项目构成外汇需求。如果贷方余额大于借方余额,也就是我们通常所说的国际收支盈余,意味着外汇供过于求,外汇汇率下降,本币升值;反之,如果上述贷方余额小于借方余额,也即国际收支赤字,则意味着外汇供不应求,于是外汇汇率上升,本币贬值。

(二)通货膨胀率差异

在与黄金脱钩后的纸币本位下,纸币的发行不再受黄金储备的物质制约,通货膨胀随之产生。通货膨胀就意味着该国货币所代表的价值量的下降,由两国货币所代表的价值量决定的汇率必将随两国通货膨胀率的差异而发生变化。如果一国通货膨胀高于他国,该国货币对内贬值的同时也会带来对外贬值,导致本币汇率下降。反之,一国通货膨胀低于他国,则导致本币汇率上升。以上是通货膨胀影响汇率的理论分析。现实影响是通过国际收支产生的。具体来说,一国高通货膨胀率势必会削弱本国商品在国际市场上的竞争能力,引起出口减少;另一方面又会增强外国商品在本国市场上的竞争能力,使进口增加。此外,通胀率的差异还会通过影响人们对汇率的预期,作用于资本账户收支。如果一国通货膨胀率较高,人们就会预期该国货币的汇率将趋于疲软,于是将该国货币转化为其他货币,也就是所谓资本外逃,造成该国货币汇率的现实下跌。

(三)经济增长率差异

国内外经济增长率的差异对汇率的影响作用是多方面的。第一,一国经济增长率高,意味着收入上升,由此会带来进口需求水平和进口支出的提高,导致经常项目逆差,造成该国货币币值下降的压力;第二,如果一国经济持续较快地增长,往往也意味着生产率的迅速提高,从而提高本国的出口能力,使出口增长大于进口的增长,将使该国货币币值坚挺;第三,一国经济持续增长,有助于吸收外资流入进行直接投资,从而改善资本账户收支;第四,经济增长快,经济实力强的国家有助于增强外汇市场上对其货币的信心。因此,经济增长率对汇率的影响将取决于上述各方面综合作用的结果。一般来说,高的经济增长率在短期内可能引起该国货币汇率下跌,但长期来看,却有助于该国货币汇率的稳定或坚挺。

(四)利率差异

一国利率的变化将直接引起该国资本账户的改变。如果一国的利率水平相对于他国提高,就会刺激国际资金流入增加,本国资金流出减少,由此改善资本账户,使本币升值;反之,一国货币利率水平相对于他国有所降低,则会使国际资金流入减少,本国资金流出增加,使本币贬值。这是利率变化产生的短期效应,从远期看,根据利息平价原理,利率高的货币远期趋于贴水,利率低的货币远期趋于升水。

在当今金融市场十分发达,资金流动极为频繁的情况下,利率作为金融市场上资金的"价格",成为影响汇率的一个极其重要的因素。它不仅通过资本账户的变化而直接影响汇率,同时作为一个重要的经济杠杆,它对国内经济也将产生影响,进而间接影响汇率。

(五)总需求与总供给

总需求和总供给在结构和总量上增长的不一致也会影响汇率:一是若总需求中对进口的需求增长快于总供给中出口供给的增长,意味着外汇需求上升,从而本币汇率下降;二是若总需求增长快于总供给增长,其超额总需求将转向国外产品,引起进口增加,从而引起本币汇率下降。因此,当总需求增长快于总供给时,本币汇率呈现下降趋势。

(六)中央银行的干预

如前所述,无论是在固定汇率制下,还是在浮动汇率制下,各国货币当局或为

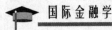

保持汇率稳定,或有意识地操纵汇率的变动以服务于某种经济政策目的,都会对外汇市场进行直接干预。例如,如果外汇市场上外汇供大于求,外汇汇率下跌,中央银行为维持汇率稳定,就在外汇市场上购买外汇,平抑外汇的超额供给,使汇价趋于稳定;反之,则在外汇市场上抛出外汇。但这种干预无法从根本上改变汇率的长期走势,只对汇率的短期走向产生一定的影响,而且影响作用大小受制于外汇储备的多少。如果一个国家经济基础较为脆弱,在国际投机的巨大冲击下,中央银行的干预就显得苍白无力,杯水车薪。1997年爆发的东南亚金融危机就是明证。不过,如果各国中央银行实行联合干预,效果就要明显得多。比如,1985年9月22日,西方五国财长和中央银行行长曾达成联合干预的协定,一起向外汇市场抛售美元,致使美元汇率狂泄。因此,直接干预特别是联合干预也是影响汇率一个不可忽视的重要因素。

(七)市场预期心理

人们通过对汇率变化的预期而进行外汇买卖,贱买贵卖,以赚取利润的行为称为外汇投机行为。市场预期因素就是通过这种投机行为而产生影响的。例如,市场上预期某种货币不久会下跌。那么市场上就会出现抛售该种货币的投机活动,使该国货币汇率立即下跌。当今国际金融市场上,短期性资金(所谓游资)达到了十分庞大的程度,这些巨额资金对世界各国的政治、经济、军事等方面都具有高度的敏感性,受着预期的支配。一旦出现风吹草动,就到处流窜,或为保值,或为攫取高额投机利润。这就常常给外汇市场带来巨大的冲击,成为金融市场上汇率频繁波动的重要根源。因此,预期因素对汇率的影响,有时远远超过了其他因素,其影响程度很大甚至是灾难性的。

影响人们预期心理的主要因素有信息、新闻和传闻。信息是指同外汇买卖和汇率变动有关的资料、数据和消息。新闻既有经济新闻也包括政治新闻。传闻是未经证实的消息。有时,信息、新闻和传闻难以区分。总之,市场预期心理受众多因素的影响,因而具有十分易变、捉摸不定的特点。

影响汇率变动的因素除了上述主要因素外,还有许多其他因素,如各国的宏观经济政策、金融工具价格的变动、石油价格的变动和黄金价格的变动以及国际政治局势,等等。但这些因素大都又是通过上述各种因素对汇率发生作用的。

在不同的时期,各个因素对汇率变动的影响作用有大有小,有时以这些因素为主,有时又以另一些因素为主。而且,同一因素在不同的国家影响作用也不相同。另外,各个因素之间又有互相联系、相互制约的关系,它们的影响有时相互抵消,有时相互促进。因此,只有对各项因素进行综合全面的考察,对具体情况作具

第二章　外汇与汇率

体分析,才能对汇率变动的分析做出较为正确的结论。

三、汇率变动对经济的影响

汇率是联结国内外商品市场和金融市场的一条重要纽带。一方面,汇率的变动受制于一系列经济因素,但另一方面,汇率的变动又会对经济产生广泛的影响。不仅影响一国的对外经济,而且影响一国的国内经济,乃至影响整个世界经济。汇率的变动有升贬与贬值两个方面,其影响作用正好相反。我们以贬值为例说明它对经济的影响。

(一) 贬值对一国国际收支的影响

1. 贬值对贸易收支的影响

从理论上讲,一国货币贬值,首先使进出口商品的相对价格发生变化,出口商品以外币表示的价格下降,进口商品以本币表示的价格上涨,从而有助于扩大出口,抑制进口,改善贸易收支。这是贬值最直接、最重要的经济影响,也往往是一国货币当局进行贬值或促成货币汇率下浮时所考虑的主要因素。但这种通过过度贬值来刺激出口以达到改善贸易收支的政策叫"以邻为壑"政策或叫外汇倾销政策,会引起竞争性货币贬值或贸易伙伴国的反倾销制裁或报复措施。并且,根据国际收支的弹性分析理论,只有在满足特定的条件情况下,一国货币贬值才能改善该国的贸易收支逆差。

2. 贬值对劳务收支及转移收支的影响

贬值对经常账户中的旅游及其他劳务收支也有改善作用。因为一国货币贬值使该国旅游和其他劳务的价格相对便宜,有助于增加旅游等劳务收入,而国外的旅游或其他劳务价格对本国居民来说相对提高,抑制了本国对外劳务支出。东南亚金融危机以后,中国到新加坡、马来西亚、泰国(简称"新马泰")旅游人数激增,中国的旅游外汇支出大量增加,而对货币贬值国"新马泰"而言,旅游外汇收入则大幅提高。

不过,贬值对一国的转移收支可能产生不利影响。以侨汇为例:侨汇多系赡家汇款,货币贬值后,国外侨民只需汇回国内少于贬值前的外币,就可以维持国内亲属的生活需要,从而使该国侨汇收入减少。

3. 贬值对一国资本与金融账户的影响

贬值对一国资本账户的影响,取决于人们对该国货币贬值的进一步预期。由于资本的国际流动,主要是为了追求利润或保值避险。当人们预计一国货币贬值而尚未到位时,那么人们就会将资本调出该国,进行资本外逃,以避免汇率再贬值

而蒙受损失。若人们认为一国货币贬值已经到位,不用再担心贬值受损,在具备投资环境的条件下,外逃的资本就会抽回到该国。如果人们认为一国货币贬值过度,不久会回升,则会吸引大量资本流入来牟取汇率即将上升的好处。

当今世界,资本尤其是投机性资本在国际间流动频繁,而且规模十分庞大,原因虽然很多,但是汇率的频繁波动无疑是一个重要原因。

(二) 贬值对国内经济的影响

贬值对一国国内经济的方方面面都会产生或大或小,或直接或间接的影响。下面就主要方面作一阐述。

1. 贬值对国民收入与就业的影响

贬值有助于改善贸易收支。如果一国还存在闲置资源,该国货币贬值有利于出口品的生产规模扩大和利润水平提高,并会带动其他相关行业生产的发展。同时,进口品价格上升,使对进口品的需求转向国内进口替代品,从而促进进口替代品工业的发展。这些都会增加国民收入,提高就业水平。如果一国经济已处于充分就业状态,贬值只会带来物价的上升,而不会有产量的扩大、收入的增加,除非贬值能通过纠正原先的资源配置扭曲来提高生产效率。

2. 贬值对资源配置的影响

贬值后,出口商品因出口量增加而使本币价格上升,进口替代品价格由于进口品本币价格上升带动而上升,从而整个贸易品部门的价格相对于非贸易品部门的价格就会上升,由此诱发生产资源从非贸易品部门转移到贸易品部门,使整个经济体系中贸易品部门所占的比重扩大,从而提高该国的对外开放程度。

3. 贬值对物价水平的影响

货币贬值不仅直接影响一国进出口商品的相对价格,往往还会带动该国一般物价水平的提高。首先,贬值后,进口品以本币表示的价格上升,带动国内同类商品价格某种程度的上涨;其次,进口原材料、半成品及机器设备等的价格上升,必然造成国内以这些进口品为投入品生产的商品其生产成本的提高,推动这类商品的价格上升;再次,进口消费品价格上升,而国内同类商品也会相应跟着提价,导致人们生活费用上涨,人们会要求更高的名义工资,工资水平的增加会使生产成本进一步提高,物价又进一步上涨,生活费用又进一步增加,等等。由此可见,货币贬值有助长通货膨胀并抵消贬值带来的好处的倾向。而通货膨胀本身又是引起货币贬值的一个重要原因。因此,货币贬值有可能使一些国家陷入"贬值—通货膨胀—再贬值—通货膨胀进一步加剧"的恶性循环之中。

4. 贬值对总需求的影响

传统理论认为,货币贬值对经济的影响是扩张性的。正如前面的分析,通过乘数效应,使出口品和进口替代品生产扩大,从而使国民收入得到多倍增长。但是,在实际中,汇率变动与总需求的关系比较复杂,贬值在对经济产生扩张性影响的同时,也可能对经济产生紧缩性影响。例如,我国特有的"贬值税效应"、"收入分配效应"、"收入再分配效应"、"货币资产效应"、"债务效应"的综合作用,使汇率下浮引起总需求下降。①

(三) 汇率变动对世界经济的影响

汇率不稳,有关国家利用汇率下跌,扩大出口,引起其他国家采取报复性措施,或也实行货币贬值,或采取贸易保护措施,从而引发货币战、贸易战,破坏正常的贸易秩序,使世界经济景气受到不利影响;汇率不稳,加剧了投机和国际金融领域的动荡。1993年夏,欧洲汇率机制危机以及1997年的东南亚金融危机都与外汇投机密切相关。正是由于汇率动荡不宁,才使外汇投机得以兴风作浪。然而,汇率波动在加剧国际金融市场动荡的同时,又促进了国际金融业务的不断创新;主要货币汇率的不稳定甚至使国际储备体系乃至国际货币体系发生改变。历史上,英镑、美元的不断贬值致使其原有的国际货币地位严重削弱,逐渐形成了当今储备货币多元化的格局。

第四节 汇率理论

汇率问题既是一个重要的实践问题,也是一个重大的理论问题。在对汇率决定基础与变动原因的研究方面,由于经济学家们所处的时代不同,分析问题的角度与论证方法不同,从而形成了各种各样的汇率理论。这些汇率理论与国际收支理论密切相关,共同构成国际金融理论之核心。下面我们对几种当今有重要影响的汇率理论加以介绍和评价。

一、购买力平价说

购买力平价说(theory of purchasing power parity,简称PPP)是由瑞典经济学家卡塞尔(G. Cassel)于1922年在《1914年后的货币与外汇》一书中提出的。1914年第一次世界大战爆发后,金币本位制崩溃,汇率决定基础不再是铸币平

---

① 对这一问题有兴趣的读者请参阅:姜波克. 国际金融新编[M]. 上海:复旦大学出版社,1997:76-77.

价,汇率波动也不再受黄金输送点的限制,汇率波动频繁而又剧烈。汇率的决定问题便成为人们关注的焦点。自1916年开始,卡塞尔连续发表了《外汇之现状》(1916)、《论黄金的贬值》(1917)、《国际汇兑的异常偏异》(1918)、《世界货币问题的深入观察》(1920)等论文,以及《世界货币问题》(1921)、《1914年以后的货币与外汇》(1922)等著作,从而系统提出了"购买力平价"这一汇率决定理论。

购买力平价说的基本思想是:货币的价值在于其具有的购买力,因此在不同货币之间的兑换比率取决于它们各自具有的购买力的对比,而购买力的大小又与物价紧密相关,进而汇率与各国的物价水平也就具有了直接的联系。

(一) 一价定律

假定存在这样的前提条件:市场的完全竞争性、信息的充分性和商品的同质性。市场的完全竞争性是指商品市场上有众多的买主和众多的卖主,不存在操纵价格的垄断行为,商品的价格能灵活进行调整。信息的充分性是指市场参加者能获得有关商品价格的信息,不存在阻碍信息流动的条件。商品的同质性要求参加价格竞争的是同种商品。在这些条件下,我们首先考虑一国内部同质商品在不同地区的价格之间的关系。

如果同质商品是可以运输移动的商品,以电视机为例,若某品牌的电视机在甲地的价格为3 000元,而在乙地的价格是2 500元,则这一地区间的差价必然会带来地区间的商品套购活动。交易者将会在乙地买入这种电视机,然后将其运到甲地出售,以赚取这种地区间的差价。这种活动使乙地对电视机的需求增加,从而使乙地电视机价格上升;同时使甲地对电视机的供给增加,甲地电视机价格下降,这样,两地的价格差因套购而趋于缩小。套购活动要付出一定的交易成本,诸如:运输费、资金占压利息损失和税收等等费用。只要甲乙两地价格差高于交易成本,交易者仍有利润,套购活动就会持续下去,直至这一差价等于交易成本时止。若不考虑交易成本,那么同种电视机在各地价格将完全一致。

如果商品不能运输转移,如房地产,不同地区价格差异不能引起套购活动;而像理发这样的劳务商品,假如甲地比乙地的理发价格高10元,套利活动能否发生取决于交易成本。一种情况是乙地的理发师每天乘飞机去甲地提供理发服务,显然这种情况由于交易成本太巨大以致套利活动根本不会发生;另一种情况是乙地的理发师到甲地开设理发店,这种套利活动是可能发生的。

于是,我们将商品分为两大类,一类为可贸易商品(tradable goods),其区域间价格差异可通过套利活动消除;另一类为不可贸易商品(nontradable goods),其区域间价格差异不能通过套利活动消除,包括不可移动的商品以及套利活动交易成本无限高的商品。对于可贸易商品,套利活动将使它的地区间价格差异保持在较小范围内。如果不考虑交易成本等因素,则同种可贸易商品在各地的价格都是一致的,我们将可贸易商品在不同地区的价格之间存在的这种关系称为"一价定律"(one price rule)。

当我们的视野扩展到不同国家时,就要将同种商品以不同货币衡量的价格按一定的汇率折算成同一货币进行比较,于是就将汇率与物价联系在一起,从而为购买力平价奠定了理论前提。同样地,套利活动将使可贸易商品在不同国家之间的价格差异缩小。只是与一国内部情况相比,不同国家之间的套利活动涉及外汇交易、进出口的种种限制等,套利活动更加困难,套利的交易成本也更为高昂。如果不考虑交易成本等因素,则同种可贸易商品的价格经汇率折算后在任何国家都相同,即

$$P_i = e \cdot P_i^* \tag{2.1}$$

式中,e 表示直接标价的汇率;P_i 表示某种可贸易商品的本币价格;P_i^* 表示某种可贸易商品的外币价格。

这就是不同国家间的一价定律。

(二)购买力平价的基本形式

购买力平价说有两种基本形式,即绝对购买力平价和相对购买力平价。前者说明某一时点上汇率决定的基础,后者解释某一时期汇率变动的原因。

1. 绝对购买力平价

根据一价定律,有

$$P_i = e \cdot P_i^*$$

若两国物价指数的编制中,各种可贸易商品所占的权重相等,用 α_i 表示,则有

$$\sum_{i=1}^{n} \alpha_i P_i = e \cdot \sum_{i=1}^{n} \alpha_i P_i^* \tag{2.2}$$

式中,$\sum_{i}^{n} \alpha_i P_i$ 与 $\sum_{i=1}^{n} \alpha_i P_i^*$ 分别表示本国和外国的可贸易商品的一般物价水平,用 P 和 P^* 表示,则

$$P = e \cdot P^* \tag{2.3}$$

表示各国的可贸易商品的一般物价水平以同一种货币计算时是相等的。将上式变形,可得

$$e = \frac{P}{P^*} \quad (2.4)$$

这就是绝对购买力平价的一般表达式。由于物价总在变动,所以绝对购买力平价说明的是在某一时点上汇率的决定,它意味着汇率由两国可贸易商品的一般物价水平之比所决定,而购买力就是一般物价水平的倒数,所以汇率即由两国货币对可贸易商品的购买力之比所决定。

在现代分析中,有些学者认为一国的不可贸易品与可贸易品之间,各国不可贸易品之间存在着种种联系,这些联系使得一价定律对于不可贸易品也成立。因此,上述结论可以扩展到一国经济中的所有商品。

2. 相对购买力平价

相对购买力平价是对绝对购买力平价假定的放松而得出的。它认为交易成本的存在使一价定律并不能完全成立,同时各国一般物价水平的计算中商品及其相应权数都是存在差异的,因此各国的一般物价水平以同一种货币计算时并不完全相等,而是存在着一定的、较为稳定的偏离(只要这些因素不发生变动),即:

$$e = \delta \cdot \frac{P}{P^*} \quad (\delta \text{ 为偏离系数,且设为常数}) \quad (2.5)$$

我们用下标"1"代表报告期,用下标"0"代表基期,则有:

$$\frac{e_1}{e_0} = \left(\delta \cdot \frac{P_1}{P_1^*}\right) \Big/ \left(\delta \cdot \frac{P_0}{P_0^*}\right) \quad (2.6)$$

上式变形为:

$$\frac{e_1}{e_0} = \left(\frac{P_1}{P_0}\right) \Big/ \left(\frac{P_1^*}{P_0^*}\right) \quad (2.7)$$

这就是相对购买力平价的一般表达式。它说明的是两个时点之间汇率的变化。汇率的变化由两国的物价(或货币购买力)的变动所决定。如果本国的物价上涨率或通胀率高于外国,则本币贬值。与绝对购买力平价相比,相对购买力平价更有应用价值,这是因为它从理论上避开了绝对购买力平价过于脱离实际的假定,并且通胀率的数据更加易于得到。两者之间存在这样的关系:如果相对购买力平价说是正确的,绝对购买力平价说却不一定正确,但如果绝对购买力平价说是正确的,则相对购买力平价说也一定是正确的。

(三) 对购买力平价说的简要评价

第一,在所有的汇率理论中,购买力平价说是最有影响的,这是因为首先它是从货币的基本功能(具有购买力)的角度分析货币的交换问题,这非常合乎逻辑,易于理解;同时它对汇率决定这样一个复杂问题给出了最为简洁的描述。购买力平价理论的这一特点使得它被广泛运用于对汇率水平的分析,成为许多经济学家和政府计算均衡汇率的常用方法。我国历史上曾使用换汇成本确定汇率的方法就是将购买力平价与我国情况相结合的结果。

第二,购买力平价理论中所牵涉到的一系列问题都是汇率决定中的基本的问题,因此对购买力平价理论的争论最为激烈,可以说始终处于汇率理论中的核心位置,是全部汇率理论的基础。购买力平价被普遍作为汇率的长期均衡标准而被应用于其他汇率理论的分析之中,从这个意义上讲,购买力平价是更为复杂的汇率决定理论的基础。下面将要介绍的资产市场分析基本上都是以购买力平价的成立或在长期内的成立为分析前提的。

第三,购买力平价在理论上的意义还在于,它开辟了从货币数量角度对汇率进行分析之先河。购买力平价的理论基础是货币数量说,在它看来,货币数量决定货币购买力和物价水平,从而决定汇率,所以汇率完全是一种货币现象,名义汇率在剔除货币因素后所得的实际汇率是始终不变的。对汇率决定的研究角度可以分为从货币层面,从实际经济因素角度或将两者结合起来既研究货币因素,又研究实际经济因素。购买力平价说是前者的代表。对汇率从货币数量角度的分析始终是汇率理论的主流。

第四,从实证分析看,购买力平价一般只有在高通货膨胀时期才能较好成立,而绝大多数情况下,尤其在短期内或20世纪70年代以来的工业化国家并未得到实证检验的支持。究其原因,既有技术方面的,也有理论方面的。从技术上讲,主要问题在于:首先,物价指数的选择不同,可以导致不同的购买力平价。比如,国内生产总值消胀指数(GDP deflator),是覆盖面最广的物价指数;批发物价指数(wholesale price index),则是偏重覆盖内外贸商品价格的指数;而消费物价指数(consumer price index),是仅仅覆盖消费品价格的一种物价指数。采用何种指数最为恰当,是个悬而未决的问题。其次,商品分类上的主观性可以扭曲购买力平价。运用购买力平价来计算汇率,要求不同国家在商品的分类上做到一致和可操作性,否则,就会缺乏可比性。不同国家由于价格体系、经济体制、统计口径上的差异,由于人们知识、信息和主观解释上的差异,使商品分类的一致性很难做到。最后,在计算相对购买力平价时,基期的选择至关重要。因为相对购买力平价说实际上隐含了基期汇率 e_0 为均衡汇率的假定。因此,准确选择一个汇率达于均衡或基本均衡的基期,是保证以后一系列计算结果正确的必要前提。而种种主客观因素使基期的正确选择显得十分不易。从理论方面来看,有许多与现实不符之处。首先,该学说的理论基础是货币数量学说,即它假定货币数量是影响货币购买力和物价水平的惟一因素,把汇率的变动完全看成一种货币现象,认为实际汇率不会发生变动,名义汇率的调整完全是由通货膨胀引起的。在现实生活中,不仅货币性因素对名义汇率有影响,一系列实际因素的变动也会引起实际汇率以及相应的名义汇率的调整。这些实际因素包括:生产率、消费偏好、自然资源、本国对外国资产的积累、外贸管制措施等等。其次,该学说还假定市场完全竞争,价格可以灵活调整,如果存在价格粘性,那么汇率就会在短期内偏离购买力平价。最后,该学说只考虑了经常账户交易,在存在着资本与金融账户交易尤其是这一资本与金融账户交易在短期内主导了汇率的变动时,现实中汇率也就很难通过商品套购机制使之满足购买力平价了。

二、利率平价说

利率平价说(theory of interest-rate parity)是由凯恩斯(J. M. Keynes)于 1923 年在《货币改革论》一书中首先提出,1931 年英国学者爱因齐格(P. Einzig)出版了《远期外汇理论》一书,进一步阐述了汇率与利率之间的相互关系。这是一个关于远期汇率决定的理论。购买力平价说是从国与国之间商品市场的联系角度分析汇率与商品价格水平之间的关系,利率平价说则是从金融市场的角度分析汇率与利率之间的关系。可以简要表述为:

(1)购买力平价说:

    商品市场货币供应量——→货币购买力(商品价格)——→汇率

(2)利率平价说:

    金融市场货币(资金)供求数量——→利率(资金价格)——→汇率

(一)套补的利率平价

假定资金在国际间流动不存在任何限制与交易成本,且金融市场上有足够的可以自由支配的资金。令

$$\left.\begin{array}{l} e = 即期汇率 \\ e_f = 远期汇率 \\ i = 甲币年利率 \\ i^* = 乙币年利率 \end{array}\right\} 皆为直接标价$$

以甲币作为本币,设有一个甲国投资者,手中握有一笔可自由支配的资金。如果投资于本国金融市场,则 1 单位本币投资 M 个月后的本利和为 $\left(1+i\cdot\dfrac{M}{12}\right)$ 个本币单位。如果将 1 单位本币在外汇市场上兑换成乙币投资于乙国金融市场,期限

也是 M 个月,则本利和为 $\frac{1}{e}\left(1+i^* \cdot \frac{M}{12}\right)$ 个乙币单位。若期满时的市场即期汇率为 e',则可兑换成本币数为 $\frac{e'}{e}\left(1+i^* \cdot \frac{M}{12}\right)$。由于 M 个月后的即期汇率 e' 是不确定的,所以这种投资方式的收益也就难以确定,从而存在着汇率风险。为了消除这种不确定性,避免汇率风险,甲国投资者进行远期外汇交易,即在现汇市场上用 1 单位本币兑换成乙币进行投资的同时在期汇市场上卖出乙币投资的本利和为 $\frac{1}{e}\left(1+i^* \cdot \frac{M}{12}\right)$,$M$ 个月远期汇率为 e_f,这样,到期时交割可得本币 $\frac{e_f}{e}\left(1+i^* \cdot \frac{M}{12}\right)$,这也叫抵补套利(covered interest arbitrage),这种抵补套利交易一般不存在风险。

显然,投资者究竟选择何种投资方式取决于这两种方式收益率的高低。如果 $1+i \cdot \frac{M}{12}>\frac{e_f}{e}\left(1+i^* \cdot \frac{M}{12}\right)$,那么投资者将投资于本国金融市场。这将导致外汇市场上即期购入本币与远期卖出本币行为,从而使本币即期升值(e 减小)远期贬值(e_f 增大),使本币投资收益率相对下降。反之,如果 $1+i \cdot \frac{M}{12}<\frac{e_f}{e}\left(1+i^* \cdot \frac{M}{12}\right)$,那么投资者就会投资于外国金融市场。只有当两种投资方式的收益率完全相同时,套利活动才会停止,市场才处于平衡状态。这时有:

$$1+i \cdot \frac{M}{12} = \frac{e_f}{e}\left(1+i^* \cdot \frac{M}{12}\right) \tag{2.8}$$

将上式变形:

$$\frac{e_f}{e} = \frac{1+i \cdot \frac{M}{12}}{1+i^* \cdot \frac{M}{12}}$$

$$\frac{e_f-e}{e} = \frac{\left(1+i \cdot \frac{M}{12}\right)-\left(1+i^* \cdot \frac{M}{12}\right)}{1+i^* \cdot \frac{M}{12}}$$

$$= \frac{(i-i^*) \cdot \frac{M}{12}}{1+i^* \cdot \frac{M}{12}}$$

$$\left(\frac{e_f-e}{e} \cdot \frac{12}{M}\right)\left(1+i^* \cdot \frac{M}{12}\right) = i-i^*$$

$$\frac{e_f - e}{e} \cdot \frac{12}{M} + \frac{e_f - e}{e} \cdot i^* = i - i^* \qquad (2.9)$$

式中，$\frac{e_f - e}{e} \cdot i^*$ 由于 $\frac{e_f - e}{e}$ 和 i^* 都很小，故它们的积可以省略，于是有：

$$\frac{e_f - e}{e} \cdot \frac{12}{M} = i - i^* \qquad (2.10)$$

(2.10)式是在抵补套利的基础上得到的，也就是套补的利率平价表达式。此式的含义是：汇率的远期升(贴)水折年率等于两国货币利率差。如果本国利率高于外国利率，则本币远期将贬值($e_f > e$)；如果本国利率低于外国利率，则本币在远期将升值。换句话说，利率高的货币远期将贴水；利率低的货币远期将升水。也即汇率的变动会抵消两国间的利率差异，金融市场(货币市场与外汇市场)处于平衡状态。

(二) 非套补的利率平价

如果投资者不进行远期外汇交易以规避风险，而是根据自己对未来汇率变动的预期计算预期的收益，在承担一定的汇率风险情况下进行投资活动，这是非抵补套利(uncovered interest arbitrage)由此得出的利率平价即是非套补的利率平价，推导如上，可得一般表达式为：

$$\frac{E_{e_f} - e}{e} \cdot \frac{12}{M} = i - i^* \qquad (2.11)$$

式中，E_{e_f} 为投资者预期 M 个月后的市场即期汇率。此式含义是：预期的汇率远期变动率等于两国货币利率之差。

由于预期的汇率变动率是一个心理变量，很难获得可信的数据进行分析，所以利用非套补的利率平价形式进行实证检验的并不多见，实际意义也不大。在经济分析中，对非套补的利率平价的实证研究一般是与对远期外汇市场的分析相联系的。

(三) 两种利率平价的关系

两种利率平价的成立分别是由两种类型的套利活动实现的。而外汇市场上的另一种交易者——投机者，他们的投机活动使两种利率平价统一起来，对远期汇率的形成起到了决定性的作用。

投机者总是根据自己的预期试图在汇率的变动中谋利。假定 $E_{e_f} > e_f$，这意味着投机者认为远期汇率 e_f 对未来的本币价值高估了，因此他将购买远期外汇，卖出远期本币,这样期满交割时,如果市场汇率如其所预期的那样变动到 E_{e_f},则可获得差价利润($E_{e_f}-e_f$)。当然,如果他预测失误,则会带来损失。投机者的交易行为会使 e_f 值增大,直至与预期的未来汇率相等时为止,即 $E_{e_f}=e_f$。可见,投机者的投机行为对远期汇率的形成起到了决定性的作用。最终,两种利率平价趋于一致。

(四)对利率平价说的简要评价

第一,利率平价说对于远期汇率的决定及预测乃至干预有重要的理论与实际意义。利率平价说的研究角度从商品流动转移到资金流动,指出了汇率与利率之间存在的密切关系,这对于正确认识外汇市场上,尤其是资金流动非常频繁的外汇市场上汇率的形成机制是非常重要的。利率平价说的实践价值有两点,一是套补的利率平价被作为指导公式广泛运用于外汇银行对远期汇率的确定;二是为中央银行对外汇市场进行灵活的调节指出了一条有效的途径:即培育一个发达的、有效率的货币市场,在货币市场上利用利率尤其是短期利率的变动来对汇率进行调节。

第二,与购买力平价说一样,利率平价说也不是一个完整的、独立的汇率决定理论。购买力平价说论述了汇率与物价水平之间的关系,但究竟是相对价格水平决定了汇率,还是汇率决定了相对价格水平,或是两者同时被其他变量所外生决定,购买力平价理论中并未阐述清楚,至今还存在着很大争论。利率平价说也只是描述出了汇率与利率之间的关系,而汇率与利率之间是相互作用的,不仅利率的差异会影响到汇率的变动,汇率的变化也会通过资金流动而影响利率。更为重要的是,利率和汇率可能同时受更为基本的因素(例如货币供求等)的作用而发生变化。不过,这两种理论对汇率与物价水平、汇率与利率的关系做了较好的论述,而且有简洁的表达式,因此常常被用到其他汇率决定理论分析之中。

第三,这一理论没有考虑交易成本的影响,而且假定资本流动无障碍、资金规模无限制不切实际。

三、国际收支说

(一)国际借贷说

国际借贷说(theory of international indebtedness)是国际收支说的早期形式。这一理论产生于金本位制时期,于 1861 年由英国学者葛逊(G. L. Goschen)在其著作《外汇理论》(*The Theory of Foreign Exchange*)中提出的。由于在金本位制度下,铸币平价是汇率决定的基础,故客观上需要说明的仅仅是汇率的变动。葛逊认为,一国汇率的变动是由外汇市场上外汇的供求变化所引起的,外汇供求又源于国际借贷,而国际借贷则可分为固定借贷和流动借贷,前者指借贷关系已经形成,但尚未进入支付阶段的借贷;后者指已进入支付阶段的借贷。只有流动借贷的变化才会影响外汇的供求。当一国的流动债权(外汇收入)多于流动债务(外汇支出)时,外汇的供给大于需求,因而外汇汇率下降;反之,一国的流动债权少于流动债务时,外汇的供给小于需求,外汇汇率上升。当一国的流动借贷平衡时,外汇收支相等,汇率便处于均衡状态。

葛逊所说的流动债权和流动债务实际上就是国际收支,所以该理论又被称作国际收支说。该理论实际上就是汇率的供求决定论。外汇供求的变化对汇率有着直接的影响,这一点是无可非议的。虽然葛逊提出了流动债权与流动债务(或称国际收支)影响着外汇供求进而影响汇率,但他并未能进一步解释究竟哪些因素通过作用于国际收支而影响汇率变化的。国际借贷说的这一缺陷在现代国际收支说中得到了弥补。

(二)国际收支说

第二次世界大战后,建立起了布雷顿森林货币体系,各国实行固定汇率制度。由于汇率基本固定,因而这一时期出现的各种理论,如弹性论、吸收论、货币论等都是以国际收支问题为主题的,属于国际收支理论范畴,其中对汇率的研究集中在汇率变动引起的经济后果上,即汇率如何影响进出口贸易、国内生产和就业等变量,而对汇率本身的决定则未予研究。1973年布雷顿森林体系瓦解,浮动汇率制时代产生,国际资本流动高度发达,在这样的历史背景下,学者们对汇率决定的研究才重新兴起,在继承已有的汇率决定理论的一些分析结论的基础上,把战后发展的许多经济学理论成果应用到汇率分析中来,使汇率决定理论有了较大的发展。首先就是一些学者在国际借贷说的基础上,利用凯恩斯模型来说明影响国际收支的主要因素,进而分析了这些因素如何通过国际收支作用于汇率,从而形成了现代的国际收支说(Balance of payment theory of exchange rate)。再就是运用资产组合选择理论将商品市场、货币市场和证券市场结合起来进行汇率决定分析的资产市场说(Assets market approach to exchange rate)。资产市场说我们将在下面进行分析。

凯恩斯主义汇率理论未考虑外国收入、价格的影响,1981年,美国学者阿尔吉(V. Argy)对之做了改进、深化。根据国际收支均衡条件:

$$CA + KA = 0 \tag{2.12}$$

式中,CA 为经常账户差额;KA 为资本账户差额。

这里经常账户简单视为商品劳务进出口。其中,进口主要是由本国国民收入(Y)和相对价格$\left(\frac{P}{e \cdot P^*}\right)$决定的;出口主要是由外国国民收入($Y^*$)和相对价格决定的。这样,影响经常账户收支的主要因素可表示为

$$CA = f_1(Y, Y^*, P, P^*, e) \tag{2.13}$$

而资本账户收支则主要取决于本国利率(i)与外国利率(i^*)以及人们对未来汇率变化的预期$\left(\frac{E_{e_f} - e}{e}\right)$,可表示为

$$KA = f_2(i, i^*, e, E_{e_f}) \tag{2.14}$$

可见,影响国际收支的主要因素为

$$BOP = f_3(Y, Y^*, P, P^*, i, i^*, e, E_{e_f}) \tag{2.15}$$

如果将除汇率外的其他变量均视为已给定的外生变量,则汇率将在这些因素的共同作用下变化至某一水平,以平衡国际收支。即

$$e = f(Y, Y^*, P, P^*, i, i^*, E_{e_f}) \tag{2.16}$$

从上面分析可以看出,国际收支论正是利用凯恩斯主义国际收支均衡条件的分析,由影响国际收支均衡的因素衍推出影响均衡汇率变动的因素,这些因素主要有国内外国民收入、国内外价格水平、国内外利率及人们对未来汇率的预期,并且对这些因素如何影响汇率变化做了进一步分析,分析结论是:第一,本国国民收入的增加将通过边际进口倾向而带来进口的上升,从而增加对外汇的需求,本币贬值。外国国民收入的增加将带来外国进口也就是本国出口的增加,从而增加对外汇的供给,本币升值。第二,本国物价水平的上升将会使本国产品在国际市场上竞争力下降,出口减少,从而使本币贬值。外国物价水平的上升会使本国进口减少,本币将升值。第三,本币利率的提高将吸引更多的资本流入,对本币的需求增加,本币升值。外国利率的提高则会使本国资本流出增加,对外汇的需求增加,本币贬值。第四,如果人们预期本币在未来将贬值,就会将本币换成外汇外逃以避免汇率损失,这带来本币即期贬值。反之则升值。

需要指出的是,以上各变量对汇率影响的分析结论是在其他条件不变的情况下得出的。而实际上,这些因素之间也存在着复杂的关系,因此它们对汇率的确切影响很难简单确定。比如国民收入,本国国民收入的增加会在增加进口的同时造成货币需求的上升,从而造成利率的提高,使资本流入增加,而且,国民收入的增加还可能导致对未来汇率预期的改变。

（三）对国际收支说的简要评价

第一，国际收支说从汇率与国际收支密切关系的角度分析了影响汇率的诸多客观经济变量，是一个新的分析视角，即是从宏观经济角度而不是从货币数量角度研究汇率决定问题。形成了现代汇率理论的一个重要分支。

第二，国际收支说是关于汇率决定的流量理论。这一流量特性体现在它认为是国际收支引起的外汇供求流量决定了汇率水平及其变动。而仅仅根据这一流量分析得出的结论常常与现实不符。比如，发生在外汇市场上交易流量变动很小的情况下汇率却发生了大幅变动，这是常见的事情。事实上，与其他普通商品市场相比，外汇市场上汇率变动得更为剧烈，更为频繁。可见，简单地运用普遍商品市场上价格与供求之间的关系来对外汇市场进行分析并不合适。国际收支说的这一缺陷在资产市场说中得到了弥补。

第三，与购买力平价说及利率平价说一样，国际收支说也不能被视为完整的汇率决定理论，而只是阐述了汇率与各经济变量之间的联系。

四、资产市场说

20世纪70年代以来，世界进入浮动汇率制时代，国际金融市场空前发达，国际资金流动越来越频繁，规模越来越巨大。而外汇市场上汇率的变动呈现出了与股票市场等资产市场上的交易相近的特点。例如，价格变动极为频繁而且波幅很大，价格受心理预期因素影响很大等。这启发人们将汇率看成一种资产价格（货币资产的价格），这一价格是在资产市场上决定的。在这一思想指导下产生的汇率理论统称为资产市场说。对普通商品而言，价格变动一般是供求变动导致的大规模交易发生的结果，是供求流量因素决定了普通商品的价格。而对于资产价格而言，它在市场上的供求反映是对这一资产持有的存量进行调整的需要。一种资产价格的变动，是由于整个市场改变了它对该资产价值的评价，因此在很少或没有交易发生的情况下，资产价格有可能变动，甚至是相当大的变动，交易者直接标高或标低价格。所以，资产市场说一般又被称为汇率决定的存量模型，在20世纪70年代以来取代了汇率的国际收支流量分析，成为汇率理论的主流。另外，在资产市场上，预期发挥着十分重要的作用。对于普通商品而言，现实条件的变动及预期的改变一般不能非常迅速地反映在即期价格之中。而在资产市场上，对未来经济条件的预期会非常迅速地反映在即期价格之中。因此，资产市场说在当期汇率决定的分析中，十分重视预期的作用。正由于上述特点，使资产市场说对汇率的易变性问题做出了更好的解释。

资产市场说采用一般均衡分析,它将商品市场、货币市场和证券市场结合起来进行汇率决定分析。根据不同的假定,资产市场说又分为几种不同的汇率决定理论。在假定国内外商品与资产具有充分流动性的大前提下(也即套补的利率平价始终成立),国内外商品之间和资产之间有一个替代程度的问题。假定国内外资产之间具有完全的替代性,就有汇率的货币分析法。这时非套补的利率平价成立,这是因为,一般说来,风险较高的资产也具有较高的收益,收益率中含有风险补偿费。具有完全替代性的国内外资产之间的风险差异在于,持有外国资产会出现汇率风险。因此两国资产的收益率差异在于预期汇率变化率。即 $i-i^*=\pi_e$ (π_e 为预期一年期远期汇率变化率)。并且货币分析法集中分析的是本国货币市场上货币供求变动对汇率变动的影响。

资产市场说中所讨论的资产市场是由本国货币市场、本国债券市场和外国债券市场构成的。由于假定资产完全替代,本国债券市场和外国债券市场可以统一为一个债券市场。当资产市场处于均衡状态时,货币市场的均衡也必然带来债券市场的均衡。故此,货币分析法将分析的焦点集中在货币市场上。

若假定国内外资产之间不具有完全的替代性,在这种情况下,投资者就要根据"收益—风险"分析法在国内外资产之间进行精心的选择,于是就产生了汇率的资产组合分析法。

(一)汇率的货币分析法

汇率的货币分析法(monetary approach)源于国际收支的货币分析法。最早的倡导者是已故的美国芝加哥大学教授哈里·约翰逊(Harry G. Johnson)。尔后在雅各布·弗伦克尔(Jacob Frenkel)、麦克尔·穆萨(Michael Mussa)、卡洛斯·罗德里格斯(Carlos A. Rodriquez)、鲁迪格·多恩布什(Rudiger Dornbusch)等一大批芝加哥学派经济学家的全面分析和论证下,汇率的货币分析法成为当代汇率理论的一个极具影响力的分支。根据对商品市场价格调整速度的不同假设,这一理论又分为弹性价格货币分析法和粘性价格货币分析法。前者假定商品市场上的价格完全灵活可变,与债券市场一样能迅速、灵敏地加以调整;后者则假定债券市场的反应要比商品市场灵敏得多,商品市场上的价格具有粘性,故短期内货币市场的失衡立即引起债券市场价格——利率的变动,进而引起汇率变动,使货币市场恢复均衡,而不是商品价格变动及汇率变动使然。

1. 汇率的弹性价格货币分析法

汇率的弹性价格货币分析法(flexible-price monetary approach)可简称为汇率的货币模型。此模型建立在三个假定基础上:垂直的总供给曲线、稳定的货币需求、购买力平价的成立。与国际收支货币分析法不同的是,此处货币供给是政府可以控制的外生变量,而且特别要指出的是,在弹性价格假定下,利率与实际国民收入都与货币供给无关。货币供给只能引起价格水平的迅速调整,并不能带来利率的变化而进一步影响到产出。

将货币需求函数表示为

$$M_D = kY^\alpha i^{-\beta}$$
$$M_D^* = k^* Y^{*\alpha} i^{*-\beta} \tag{2.17}$$

其中,M_D,M_D^* 分别表示本国与外国的货币需求(加"*"号表示外国,下同)。k,α,β 分别表示以货币形式持有收入的比例、货币需求的收入弹性和利率弹性,均为大于零的常数。为简便起见,假定国内外货币需求函数的形式、货币需求的收入弹性和利率弹性都相同。

我们用 M_S 和 M_S^* 分别表示本国和外国的货币供给。在价格完全灵活可变的情况下,货币市场的失衡立即反映到商品市场上,两国的价格水平决定于货币供给和货币需求,可以表示为

$$P = \frac{M_S}{M_D}$$
$$P^* = \frac{M_S^*}{M_D^*} \tag{2.18}$$

根据购买力平价说,有

$$e = \frac{P}{P^*} = \left(\frac{M_S}{M_D}\right) \Big/ \left(\frac{M_S^*}{M_D^*}\right) \tag{2.19}$$

将需求函数表达式(2.17)代入(2.19)式,就有

$$e = \frac{M_S}{M_S^*} \cdot \frac{k^*}{k} \left(\frac{Y^*}{Y}\right)^\alpha \cdot \left(\frac{i}{i^*}\right)^\beta \tag{2.20}$$

这就是汇率的弹性价格货币分析法的基本模型。可见,弹性货币分析法将货币市场上一系列因素引进了汇率水平的决定之中。这一模型表明:

(1)汇率变动与本国货币供给变化成正比,与外国货币供给成反比。当一国货币供给相对他国增加时,外汇汇率上升,本币贬值。

(2)本国国民收入的增加和利率的下降意味着货币需求的增加,由于货币供给不变,本国的价格水平相应下降,通过购买力平价使外汇汇率下降,本币升值。这与国际收支说的结论正好相反(两者不同的原因留给读者自己去思考)。

汇率的货币模型建立在购买力平价说基础之上,但它并不是购买力平价说的简单翻版,而是具有诸多创新的相对独立的汇率决定理论。首先,该模型将购买

力平价这一主要形成于商品市场上的汇率决定理论引入到资产市场上,将汇率视为一种资产价格,从而抓住了汇率这一变量的特殊性质。其次,在购买力平价说基础上,采用现代货币学派的货币供求理论,形成了资产市场说中最为简单的一种汇率决定模型,并体现了这一分析方法的基本特点,从而成为更复杂的汇率理论的基础,并在各种分析中被经常使用。再次,在这个简单的模型里,实际包含了商品市场、货币市场、债券市场、外汇市场的平衡,是一种一般均衡分析,与以往局部均衡分析相比是一个重大突破。

该模型不足之处在于,它以购买力平价为基础,而购买力平价说本身存在诸多缺陷;忽视了国际收支的结构性因素特别是经常项目对汇率的重要作用;假定货币需求是稳定的没有足够的令人信服的证据;尤其假定价格水平具有充分弹性这一点愈来愈被人们所批评,也使得这一模型在实证检验中很难得到令人满意的结果。

2. 汇率的粘性价格货币分析法

汇率的粘性价格货币分析法(Sticky-price monetary approach)简称汇率的超调模型(overshooting model),是美国麻省理工学院教授鲁迪格·多恩布什于1976年提出的。该模型主要分析的是发生货币冲击以后汇率超调的过程。

与货币模型相同,超调模型也假定国内外资产可以完全替代,非套补的利率平价成立;货币需求是稳定的。但由于它认为商品市场与资产市场的调整速度不同,商品市场上的价格存在粘性,从而导致另外两个分析前提的不同,一是购买力平价在短期内不成立。因为资产市场调整速度快,作为资产价格的汇率在受到冲击后会迅速调整,而商品市场上的价格调整慢,因此,短期内不能使购买力平价成立。只有在长期内,当价格水平能充分调整后,购买力平价才能得以成立。二是总供给曲线在不同时期有不同的形状,开始时,因价格不变呈水平状,随后价格开始缓慢调整,总供给曲线呈现由左下方向右上方倾斜的曲线,总需求的上升在提高产出的同时引起价格的上升。而在长期内,价格可以充分调整,总供给曲线才是垂直的。

在以上的前提条件下,超调模型认为,货币市场失衡后,在短期内,总供给曲线是水平的,价格水平不发生变动,货币市场恢复均衡完全由债券市场来承受,利率在短期内必然出现超调,即调整幅度要超出其新的长期均衡水平。利率的超调通过利率平价带来汇率的超调,即汇率的变动幅度也将超过新的长期均衡水平。这时的汇率水平仅由债券市场的调整决定。随着时间的推移,商品市场的价格水平也开始调整,汇率水平就由商品市场和资产市场的相互作用所决定,汇率将逐步向长期均衡水平趋近。而这一长期均衡汇率正是汇率的货币模型所决定的汇率。可见,汇率的超调模型与汇率的货币模型都强调货币市场均衡在汇率决定中的作用,同属汇率的货币论。但后者是一种说明汇率长期变动的模型,前者则是一种说明汇率短期变动的模型,并且是一种动态模型,它说明了汇率如何由于货币市场失衡而发生超调,又如何从短期均衡水平达到长期均衡水平。

汇率从短期均衡水平到达长期均衡水平的具体调整过程是:在汇率处于超调状态时,商品市场并没有处于均衡状态,而是处于超额需求状态。这是因为:第一,利率下降会刺激总需求;第二,外汇汇率上升使世界商品市场偏离一价定律,产生商品套购机会,由此造成对本国商品的需求。在产量不变的情况下,商品市场的超额需求最终将带来商品价格的同比例上升。价格的上升,又将刺激产量的增加,从而导致实际货币供应量相应地下降和利率逐渐地回升,结果将是资本的内流和外汇汇率的下浮,直到汇率回落至长期均衡水平上。

汇率的超调模型具有重要的理论与实际意义。首先,超调模型首次涉及了汇率的动态调整问题,从而开辟了汇率理论研究的新领域——汇率动态学。其次,假定商品价格具有粘性更切合实际,使之为广大研究者普遍接受,成为开放经济下进行宏观经济分析的基本模型之一。再次,它对于人们理解现实汇率的波动具有一定的指导意义,同时具有一定的政策指导意义。既然超调是在资金自由流动条件下汇率自由调整的必然现象,而汇率的过度波动对经济、金融带来很大冲击甚至灾难,因此,完全放任资金自由流动、实行完全自由浮动汇率制并不是最合理的,政府有必要对之加以干预和管理。

超调模型建立在货币模型基础之上,因而具有与货币模型相同的一些缺陷。

(二) 汇率的资产组合分析法

汇率的资产组合分析法(portfolio approach)出现于20世纪70年代中后期,由美国普林斯顿大学教授布朗森(W. Branson)等人将詹姆斯·托宾(James Tobim)的"资产组合选择理论"运用于汇率分析而形成的汇率模式。

如前所述,该理论基于这样的假定:资金可以自由流动;本币资产与外币资产不能完全替代。根据托宾理论,理性投资者会将其拥有的财富,按照收益与风险的权衡,配置于各种可供选择的资产上,而本、外币资产的不可替代性使得对本币资产和外币资产的供求平衡分析必须在两个独立的市场上考察。可见,与货币分析法相比,这一理论不仅仅分析货币市场供求变动对汇率的影响,而是探讨国内外资产市场(包括货币市场与证券市场)失衡对汇率的影响。采用"收益—风险"分析法取代货币分析法中套利和商品套购机制分析。并且,该理论接受了多恩布什关于短期内价格粘性的看法,因此,在短期内,资产市场的失衡是通过资产市场内部各种资产的迅速调整来加以消除的,汇率正是在这一调整过程中被决定的。短期均衡汇率就是国内外资产市场同时处于平衡状态时的汇率。而在长期内,均衡汇率的决定则还需要经常账户(也即商品市场)处于平衡状态。这就是资产组合分析法的基本思想。

1. 资产组合分析法的基本模型

除上述有关假定外,为了建立模型和便于分析,还要作以下假定:第一,以本国为分析对象,假定本国为一高度开放的小国,本国无法影响到国际市场上的利率。也即我们要介绍的是"小国模型"。第二,在各国资产具有完全流动性的情况下,一国居民所持有的金融资产不仅包括本国货币和本国证券,而且还有外国货币和外国证券。假定本国居民不持有外国货币(否则,就是较复杂的货币替代分析法了)。那么,一国居民持有的资产总量(总财富)W可以表示为:

$$W = M + N_p + eF_p \tag{2.21}$$

这就是资产组合模型的基本形式。其中,W, M, N_p, F_p分别表示私人部门持有的财富净额、本国货币、本国证券和外国证券,且各种资产都是以净资产额(资产与负债的差额)来表示的。e是以本币表示的外币价格的汇率。

进一步而言,居民会将以上净财富在本国资产与外国资产之间进行分配,分配比例依资产的预期收益率而定。本国货币的预期收益率是0,其证券的预期收益率是国内利率i,外国证券的预期收益率为外国利率i^*与预期外汇率升值率q^e之和。各种资产选择的多少与其自身的预期收益率成正比,而与其他资产的预期收益率成反比。因此,各类资产数量是其预期收益率的函数,分别表示如下:

$$M = \alpha(i, i^*, q^e) \cdot W \tag{2.22}$$

$$N_p = \beta(i, i^*, q^e) \cdot W \tag{2.23}$$

$$eF_p = \gamma(i, i^*, q^e) \cdot W \tag{2.24}$$

$$\alpha + \beta + \gamma = 1 \tag{2.25}$$

式中,α, β, γ分别表示居民愿意以本国货币、本国证券和外国证券形式持有的财富比例。

2. 资产组合失衡对汇率的影响

显然,当各种资产的供给存量发生变化,或其预期收益率变动,则居民实际持有的资产组合比例与其愿意持有的组合比例不相一致,这就需要人们对持有的资产进行调整,以使资产组合符合心愿,使资产市场得到平衡。这种调整会引起本国资产与外国资产的替换,从而引起外汇供求发生变化,进而引起汇率变动。资产市场失衡及其调整对汇率的影响如下:

(1)当外国资产市场失衡引起外国利率上升时,其预期收益率提高,γ会增加,而 α,β 会减少。这样,在原有组合中,国内资产会出现超额供给,本国利率下降,本币汇率下跌,直至资产市场重新达到平衡,形成新的符合意愿的资产组合。反之,当外国利率下降,则会引起外汇汇率下降。

(2)当一国国际收支经常项目出现顺差,居民持有的净外国资产增加,实际持有外国资产的比例较大,使 γ 超出了人们意愿持有的比例,人们会将多余的外国资产转换为本国资产,从而使外汇汇率下跌。反之,经常项目出现逆差,外汇汇率则上升。

(3)当一国政府增发国债时,本国证券供给量增加,引起资产组合失衡,居民对外国资产需求增加,从而引起外汇汇率上升。但与此同时,由于本国债券供给增加,而使债券价格下降,利率提高,诱使人们将资产需求转向本国,从而使外汇汇率下跌。

(4)当一国中央银行通过收购政府债券增加货币供给量时,由于本币供过于求,人们愿意以多余的货币去购买本国证券,使利率下降,这又会引起对外国资产需求的增加,从而导致外汇汇率的上升。

(5)当多种因素引发居民预期汇率发生变动(上升或下跌)时,他们会相应增加或减少外国资产。在资产重新组合过程中,人们会以本国资产去交换外国资产,或者相反,从而导致外汇汇率上升或下降。

在上述的资产组合调整过程中,可以看出利率、预期等因素的重要影响,它们刺激资产持有人对各资产存量进行瞬间大幅度的调整,旨在迅速重建新的资产组合以符合自己的意愿,这种调整不可避免地引起了汇率在短期内产生较大幅度的波动,从而体现了这一模型的核心,就是指出了资产组合的调整以重建资产组合的均衡乃是汇率短期大幅度且频繁波动的根本原因。资产组合分析法还认为,这种资产存量的瞬间大幅度调整与贸易流量的缓慢而小幅度的变化形成了鲜明对照。因为贸易流量的调整涉及到生产结构、资源配置等因素,这些因素不可能在短期内达到调整所需的目标。所以,在短期内,汇率的变动主要取决于金融资产存量的调整。但从长期看,贸易流量或真实市场的变化在汇率变动中占主导地位。也即长期均衡汇率的达成还要求经常账户处于平衡状态。

与其他资产市场汇率模型相比,资产组合分析法这一模型的优点体现在它从一个新的角度"收益—风险"分析法展开研究,并且将经常账户这一流量因素纳入了存量分析之中,同时又体现了本国资产与外国资产的不完全替代性这一现实特点,从而使这一模型成为最一般综合性最强的模型。同时,这一理论还具有特殊的政策分析价值,为许多政府决策提供了全新的依据。但这一分析法的不足之处在于,过于复杂,从而制约了它的实际运用和实证检验。同时,对流量因素的分析又过于简单。

(三) 对资产市场说的简要评价

就整个资产市场说而言,它对汇率研究的方法进行了重大变革,如运用一般均衡分析代替局部均衡分析,用存量分析代替流量分析,用动态分析代替比较静态分析,并将长短期分析结合起来,确实令人耳目一新。再者,对于使以往理论迷惑不解的汇率剧烈波动现象,资产市场说提出了独特的见解,尤其强调货币因素和预期因素在其中的作用,这对于我们理解现实汇率波动具有较好的指导意义。

但这一理论也存在明显的缺陷,它是建立在各国资产具有完全的流动性这一根本假说之上的,而且要求国内、国际金融市场十分发达,这些与现实不符,尤其对于发展中国家难以成立。

本章重要概念

外汇　汇率　直接标价法　间接标价法　浮动汇率　固定汇率　即期汇率　远期汇率　复汇率　名义汇率　实际汇率　有效汇率　基本汇率　套算汇率　铸币平价　金平价　黄金输送点　一价定律　购买力平价　资产市场说　弹性价格货币分析法　粘性价格货币分析法　汇率超调

思 考 题

1. 如何理解外汇的概念?外汇与外币有何区别?
2. 汇率的标价方法有哪些?如何区分不同种类的汇率?
3. 影响汇率变动的主要因素是什么?
4. 试述一国货币汇率下浮时对该国国际收支会产生哪些影响。
5. 在不同的货币制度下,汇率的决定基础及表现形式如何?
6. 试析购买力平价说。
7. 试述利率平价说的基本内容。
8. 汇率变动对一国宏观经济的影响及其传导机制如何?
9. 简述货币模型与超调模型的基本内容。
10. 资产组合分析法的基本思想是什么?它是如何分析资产市场失衡对汇率影响的?

分析讨论题

1. 试运用有关汇率决定理论,对某种汇率变动情况进行分析。
2. 亚洲金融危机爆发以后,人民币汇率面临贬值的压力,但我国政府领导人表示人民币不可能贬值,也没有必要贬值,你是如何认识和理解这一问题的?

第三章 汇率制度与外汇管制

第一节 汇率制度

一、两种基本汇率制度

汇率制度又叫汇率安排,是指一国货币当局对本国货币汇率变动的基本方式所作的一系列安排或规定。汇率制度通常具有普遍适用和相对稳定的特点。根据汇率波动的剧烈程度与频繁程度,汇率制度分为两大基本类型:固定汇率制和浮动汇率制。除此之外,还有一些其他类型的汇率制度。

(一) 固定汇率制

固定汇率制度是指两种货币比价基本稳定,或现实汇率只能在规定的一定幅度内波动的汇率制度。它包括了金本位制下的汇率制度和第二次世界大战后至20世纪70年代初纸币流通条件下的汇率制度,前者是典型的固定汇率制,后者是可调整的钉住汇率制。

这两种形式的固定汇率制度既具有共同之处,又存在差异。其共同点是:

(1)各国对本国货币都规定有金平价,中心汇率是按两国货币各自的金平价之比确定的。

(2)现实汇率水平相对稳定,围绕中心汇率在很小的幅度内波动。

但是,两者也存在着本质上的差别:

(1)金本位制下的固定汇率制是自发形成的。两国货币之间的中心汇率是按两国本位币含金量决定的金平价之比自行确定的,并且自由兑换、自由铸造与熔化、自由输出入的原则能自动保证现实汇率的波动不超过黄金输送点。而在纸币流通条件下,固定汇率制则是通过国际货币协议(布雷顿森林协定)人为建立起来的,各国货币当局通过规定虚设的金平价来制定中心汇率,并且现实汇率也是通过外汇干预、外汇管制等措施被限定在狭小范围内波动。

(2)金本位制下,各国货币的金平价是稳定的,因而各国之间的汇率能保持真正的稳定;而在纸币流通条件下,各国货币的金平价则是可调整的。当一国国际收支出现根本性失衡时,金平价在得到 IMF 的批准后可以变更。因此,从这个意义上讲,金本位制下的固定汇率制是典型的固定汇率制,而纸币流通条件下的固定汇率制是可调整的钉住汇率制。

(二) 浮动汇率制

浮动汇率制度与固定汇率制度相对称,其基本含义是两种货币的比价及其波动幅度,不再由官方规定,而是由外汇市场供求关系自行确定和浮动。它是在固定汇率制于 1973 年 2 月崩溃以后,西方主要工业化国家开始普遍实行的一种汇率制度。在浮动汇率制下,各国不再规定金平价和对外币的中心汇率,也不再规定汇率上下波动的界限,而听任外汇市场根据外汇供求情况自行决定本币对外币的汇率。

1. 自由浮动和管理浮动

按政府是否干预来区分,浮动汇率制分为自由浮动和管理浮动。自由浮动又叫"清洁浮动",是指一国货币当局不加任何干预,完全听任汇率随市场供求状况的变动而自由涨落。管理浮动又叫"肮脏浮动",是指一国货币当局从本国利益出发,随时干预外汇市场,以使市场汇率朝着有利于本国的方向变化。在历史上,西方各国所实行的都是管理浮动,绝对的自由浮动在现实中是不存在的。在浮动汇率制度下,政府对汇率实施干预的基本方式是:

(1)对外汇市场进行直接干预。主要是利用外汇平准基金在外汇市场上直接进行外汇买卖,即本币汇率不合理下跌时抛售外汇,收回本币,反之则抛售本币,购进外汇,以此影响外汇供求。

(2)通过货币政策的运用来影响汇率。如运用紧缩性货币政策,利率上升,就能起到抑制通货膨胀,促使本币汇率上调的作用。反之则会收到相反的效果。

(3)通过限制或鼓励资本的流动,调整资本流入流出的规模和方向,影响汇率的变动趋势。如美国曾规定,联邦储备体系的成员银行所借入的欧洲美元无需交纳存款准备金,以利资本流入,稳定美元汇率。

(4)通过干预行为本身向市场发出信号,表明政府的态度及可能采取的措施,以影响市场参与者的心理预期,达到稳定汇率的目的。

2. 单独浮动与联合浮动

按浮动的形式来区分,浮动汇率制分为单独浮动和联合浮动。单独浮动又叫独立浮动,是指一国货币不可与任何外国货币发生固定比价关系,其汇率水平只根据外汇市场供求状况和政府干预的程度自行浮动。采取单独浮动的,主要是美元、英镑、日元、加拿大元、澳大利亚元、法国法郎、瑞士法郎、马克等发达资本主义国家的货币。

联合浮动又叫共同浮动或集体浮动,是指一些经济联系密切的国家组成货币集团,在集团内各成员国货币之间实行固定汇率,而对集团外各国货币实行共升共降的浮动汇率。联合浮动始于欧洲经济共同体成员国实行的"蛇形浮动"。1973年3月,欧共体为了建立稳定的货币区,决定对成员国(法国、荷兰、比利时、丹麦、卢森堡、前联邦德国)之间的货币实行固定汇率,允许汇率在中心汇率的±1.125%的幅度内波动,而比利时、荷兰、卢森堡三国的汇率波动幅度为中心汇率的±0.75%,但对非参加国的货币则按±2.25%的幅度波动。这样,在4.5%的大波动幅度内形成了一个2.25%的较小波动幅度,在2.25%的较小波动幅度内形成了一个1.5%的更小波动幅度。若用图形表示,按大波动幅度汇率的上下两条线(±2.25%)宛如一个地洞,而按较小波动幅度的汇率运行曲线恰似"地洞中的蛇",而更小波动幅度汇率运动图则是"地洞中的小蛇(小蛇形浮动)"。一般将这种浮动形象地称之为"蛇形浮动"。见图3.1。

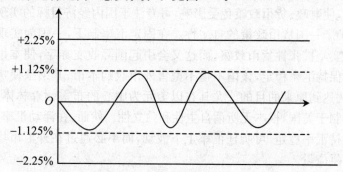

图3.1 蛇形浮动示意图

3. 钉住浮动

钉住浮动是指将本国货币同某币外币或由某些外币组成的"一篮子货币"挂钩,制定出固定汇率,然后随该种货币或"一篮子货币"的波动而波动。实行钉住浮动汇率制的,大多数为发展中国家。实行钉住单一货币浮动汇率制的国家,通常与被钉住国有某种历史、地理或经济上的特殊联系,彼此间的贸易、金融交往比较频繁。被钉住货币都是发达国家的货币,主要是美元和法国法郎等。钉住单一货币的目的是加强与被钉住国的经贸关系,保持汇率的基本稳定。但在被钉住国货币发生严重波动时,钉住国经济也会受到连带影响。实行钉住"一篮子货币"浮动制的国家,所钉住的篮子货币的构成各不相同,但一般选择与本国经济联系最密切国家的货币和对外支付使用最频繁的货币组成篮子货币,也有的选择现有的货币篮子,例如 SDRs,ECU 等。

二、固定汇率制与浮动汇率制的优劣比较

固定汇率制与浮动汇率制孰优孰劣是国际金融学界一个长期争论的问题,一批著名学者均卷入了这场争论。例如赞成浮动汇率制的学者有弗里德曼、约翰逊、哈伯勒等,赞成固定汇率制的有蒙代尔、金德尔伯格、纳克斯等。

(一) 赞成浮动汇率制的理由

赞成浮动汇率制的学者,一般持有下列理由:

(1) 调节国际收支失衡不需以牺牲国内经济为代价。在固定汇率制下,一国若发生国际收支失衡,为维持汇率稳定,政府当局被迫采取紧缩性或扩张性的财政货币政策,从而引起国内经济失衡,造成失业或通货膨胀。在浮动汇率制下这个问题却不会出现。这是因为,当一国国际收支失衡时,汇率会上下波动,从而自动消除失衡,使财政、货币政策免受影响,可专注于国内经济目标的实现。

(2) 维护了一国货币政策的自主性。在固定汇率制下,一国为实现其经济目标而往往会实施扩张性货币政策,而这又会引起国际收支赤字,使本币面临贬值压力。为了保持汇率稳定,该国不得不抛售外币收购本币,其结果使货币扩张难以凑效,无法达到原来的目的。尤其在以美元为中心的布雷顿森林体系下,各国货币政策受制于美国,根本无所谓自主性和独立性。然而,在浮动汇率制下,由于一国无需维持汇率稳定,可听任汇率上下波动,而不必通过在外汇市场上的干预而影响货币供应量。

(3) 有助于阻止通货膨胀的国际传递,避免累积的国际收支失衡。在固定汇率制度下,国外发生通货膨胀,可通过以下途径传递到本国:一是当汇率不变时,国外物价水平上涨直接影响本国物价水平上升。二是国外通货膨胀将引起本国国际收支盈余,增加本国外汇储备,货币供给量增加,间接引发本国通货膨胀。而在浮动汇率制下,国外通货膨胀将通过本国货币汇率上浮得以抵消,不会引发通货膨胀。

(4) 有利于均衡汇率的建立,实现资源的有效配置。浮动汇率制下,汇率由外汇市场的外汇供求关系决定,能反映一国经济的真实状况。一国由此可以判断出本国商品国际竞争力的强弱,这有利于实现资源的有效配置。同时,由于汇率会随着外汇的供求变化而达到均衡,各国政府无须维持太多的国际储备来保持其货

币汇率,从而可以节省外汇资金,发展本国经济。

(二) 反对浮动汇率制的理由

反对浮动汇率制的学者,一般持有下列观点:

(1)汇率变得更加不稳定,给国际经济交易带来很大的不确定性,阻碍国际贸易和国际投资的发展。在固定汇率制下,汇率波动幅度较小,为国际贸易和投资提供了一个相对稳定的环境。而在浮动汇率制下,汇率变化莫测,进出口商和投资者无法确定未来的汇率,增加了汇率波动的风险和贸易投资成本,使进出口商和投资者倾向于固守国内市场,不愿进行国际贸易和投资。

(2)助长外汇投机活动。尽管在较长时间内,汇率会因市场机制的调节而趋于均衡,但汇率在短期内的暴涨暴跌,会引起国际游资为牟取投机暴利而进行巨额的、频繁的投机性活动,从而加剧国际金融市场的动荡不安。

(3)使一国货币政策具有通货膨胀倾向。固定汇率制下,一国采取扩张性货币政策,就会导致该国物价水平提高和国际收支逆差,从而使国际储备流失。在此种情况下,固定汇率具有自动抑制扩张性货币政策的力量,不易发生通货膨胀,这就是所谓的"制动器论"。而浮动汇率制则具有通货膨胀的内在倾向。这是因为一国货币政策不必担心国际收支状况。"恶性循环论"认为,若一国通货膨胀率高,国际收支逆差,本币汇率下跌,引起进口品价格上涨,物价水平进一步提高。"棘轮效应论"认为,一国货币汇率下浮会提高进口品价格,带动国内物价水平提高;当一国货币汇率上浮时,由于价格刚性的影响,货币升值国物价下降速度低于贬值国物价上涨速度,结果是世界通货膨胀率提高。

(4)汇率波动会对资源配置产生不良影响。资源在国际范围内的合理配置是以合理的国际价格为前提的,而汇率的不断波动使价格信号出现混乱,影响国际贸易比较利益功能的发挥,资源有效配置难以实现。另一方面,汇率的变化不定会增加国内出口生产的盲目性,造成国内资源的不合理配置。

三、其他汇率制度简介

(一) 爬行钉住制

爬行钉住制是指汇率可以作经常地、小幅度调整的固定汇率制。它有两个基本特征:

(1)一国负有维持某种平价的义务,这使得它属于固定汇率制这一类。

(2)平价可以持续地、小幅度地进行调整,这又使得它与一般的可调整钉住制相区别,因为后者的平价调整带有偶然性,而且幅度一般很大。

爬行钉住制在 20 世纪 60 年代受到较为广泛的关注。一些国家先后实行了这一制度,例如智利、韩国、秘鲁等,但目前采用这一制度的国家并不多。

(二)汇率目标区制

汇率目标区制有广义和狭义之分。广义的汇率目标区泛指将汇率浮动限制在一定区域内的汇率制度。狭义的汇率目标区专指美国学者威廉姆森于 20 世纪 80 年代初提出的以限制汇率波动范围为核心,包括中心汇率及其变动幅度的确定方法,实施目标区的国内政策搭配,国际政策协调等一系列内容的国际政策协调方案。关于狭义的汇率目标区将在第九章第五节进行介绍,这里讨论的是广义的汇率目标区制。

汇率目标区制不同于其他类型的汇率制度。它与管理浮动汇率制的区别主要在于:一是在目标区中,货币当局在一定时期内对汇率波动制定出比较确定的区间限制;二是在目标区中,当局要更为关注汇率变动,必要时要利用货币政策等措施将汇率变动尽可能地限制在目标区内。它与可调整的钉住汇率制的区别主要在于,目标区下汇率允许变动的范围更大。

进入 20 世纪 90 年代以后,汇率目标区引起了许多学者的研究兴趣。下面以扩展后的克鲁格曼模型为例,对汇率目标区制作一简要介绍(见图 3.2)。

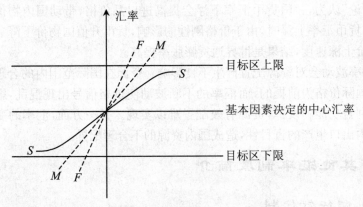

图 3.2 扩展后的克鲁格曼模型

该模型表示:汇率水平严格地依赖于一些基本因素(如货币供给、利率水平等)和预期的汇率变化。在图 3.2 中,FF 线为自由浮动汇率的汇率轨迹,MM 线为目标区管理浮动汇率轨迹,汇率波动受到中央银行的干预和管制,但不受边界约束,SS线表示目标区内汇率的轨迹。由于中央银行不仅在目标区边界处进行干预,而且在目标区部也实施干预(目的是维持一个稳定的汇率水平,该汇率可以是中心汇率,也可以是某种目标汇率)。所以,SS线的斜率比MM线更小,而且受到边界约束。

汇率目标区具有稳定和灵活的双重特点。稳定性来源于克鲁格曼所说"蜜月效应(honeymoon effect)"。当现实汇率贬值,汇率水平偏离中心汇率越大时,中央银行干预的可能性便越大,市场普遍预期汇率终将升值,于是市场贬值的趋势便受到来自市场预期的压力,促使其调转方向朝中心汇率回归。反之,当现实汇率过度升值时,也会有同样的贬值预期促使其反向调整。这种使汇率水平始终保持在目标区内的力量就像热恋中的情侣在蜜月中的相互吸引作用一样,它保证了现实汇率水平只在目标区内波动而不会超出边界。

灵活性在于目标区是带有一定浮动范围的区间,在该区间内,货币当局有干预和不干预两种选择。当现实汇率接近了目标区边界,或者是偏离规定目标汇率达一定幅度时,中央银行才着手纠正偏离的汇率,当中央银行认为现实汇率处于正常波动范围内或认为干预的时机尚不成熟时,就没有必要进行干预,而宁愿让汇率在目标区内保持较充分的"自由浮动"。

由于上述特点,汇率目标区制具有以下优点:一是中央银行在汇率上拥有了相机干预的自主权;二是汇率一定程度的浮动使厌恶风险的投资者转向收益更加稳定的国内资产,减少了资本的净流动;三是如果遇到资本外流,更加灵活的汇率可以减轻资本外流对外汇储备的压力;四是汇率目标区一定程度上的稳定,使出口部门受到的影响有限,如果在它们所能承受的范围内经历少许的汇率波动,反而会提高这些部门管理风险的能力;五是公众的预期心理有助增强政策干预的有效性。

(三) 发钞局制

发钞局制(Currency board system)[①]是指在法律中明确规定本币与某种可兑换外币保持固定的交换比率,并对本币发行作特殊限制的汇率制度。发钞局制通常要求货币发行必须以一定比例(通常为100%)的外币(比如美元)作为准备金。

---

① 更通常的译法是"货币局制"。但这种译法不准确,因为Currency是指现钞而非含义更宽泛的货币。发钞局是殖民地时期实行的一种货币制度。殖民地货币当局负责在本地发行现钞,但发行现钞必须有百分之百的货币(如英镑)做准备。最早的发钞局是1849年在毛里求斯建立的。第二次世界大战之前,发钞局制达到鼎盛时期,共有七十多个国家或地区实行这一制度。目前只有十多个国家和地区实行这种制度,较重要的有阿根廷、拉托维亚、立陶宛、文莱和我国香港等。其余均是很小的地区。

其中的货币当局被称为发钞局而不是中央银行。因为在此制度下,货币发行量的多少不再完全听任货币当局的意愿或经济运行状况,而是取决于准备金数量的多少。发钞局不具备货币发行权和最后贷款人的功能。

发钞局制是一种特殊的固定汇率制,它与典型的固定汇率制的区别在于:

(1)它对汇率水平做了严格的法律规定,且这种规定是公开的,因此政府想改变汇率水平是相当困难的,否则将会损害发钞局制的可信性。

(2)它对储备货币的创造来源做了严格的法律限制,规定发钞局只有在拥有外币作为后备时才可发行货币,有人称之为"后备规则"。此外,发钞局制还隐含了一个重要特征,即它对发钞局为财政赤字提供融资做了严格限制。发钞局制具有它自身的优点,又存在明显的缺陷。对这两方面的问题,将结合发钞局制度的特殊形式——香港联系汇率制,在附录中进行介绍。

四、影响一国汇率制度选择的主要因素

一国选择何种汇率制度,是其对外经济政策的一个重要内容。那么,影响一国汇率制度选择的因素有哪些呢?对此产生了两种重要的理论,即"经济论"和"依附论"。下面,我们在介绍汇率制度制造选择理论的基础上,进一步讨论影响一国汇率制选择的因素。

(一)汇率制度选择的理论

1. 汇率制度选择的"经济论"

该理论是由美国学者罗伯特·海勒于20世纪70年代末提出的。他认为影响一国汇率制度选择的主要因素有五个方面:

(1)经济规模。

(2)对外贸易依存度,即对外贸易额占GNP的比重。

(3)金融市场的发达程度及其同国际金融市场联系的紧密程度。

(4)相对的通货膨胀率。

(5)进出口商品结构与外贸的地理分布。

经济规模大、对外贸易依存度低、国内金融市场发达并与国际金融市场密切、通货膨胀率与其他国家不一致、进出口结构与地理方向多元化的国家,倾向于实行浮动汇率制或实行单独浮动。具有与上述经济特征相反的国家,则倾向于实行固定汇率制或钉住汇率制。

2. 汇率制度选择的"依附论"

该理论主要讨论发展中国家汇率制度的选择问题。它认为发展中国家汇率

制度的选择,取决于同工业国的经济、政治、军事等方面的联系,即依附关系。该理论认为,发展中国家在实行钉住汇率制度时,其钉住哪种货币,取决于该国对外经济、政治关系的集中程度,如果集中程度高,则把关系最密切的国家的货币作为钉住货币;如果集中程度低,则倾向于钉住"一篮子货币"。

(二) 影响一国汇率制度选择的主要原因

通过以上分析,可以将影响一国汇率制度选择的主要因素归纳为以下四个方面:

1. 本国经济的开放度特征

如果一国对外贸易占 GDP 比重较小,则较适宜采用固定性较高的汇率制度,因为它一般与少数几个大国的贸易依存度较高,汇率浮动会给其国际贸易带来不便。相反,开放度较高的国家适宜采用浮动性较强的汇率制度,因为对外贸易多元化的大国难以选择一种基准货币实施固定汇率,且大国内部价格调整的成本较高,更倾向于追求独立的经济政策。

2. 特定的政策目的

固定汇率有利于控制国内通货膨胀。一国政府面临高通胀问题时,如果采用浮动汇率制往往会产生恶性循环现象,通胀使本币不断贬值,并通过成本机制,收入工资机制等因素进一步加剧本国通胀。在固定汇率制下政府政策的可信性增强,宏观政策调整较易收到效果。浮动汇率制下一国货币政策自主权较强,从而赋予了一国御通货膨胀于国门之外的能力。

3. 地区性经济合作情况

一国与他国之间的经济合作情况对汇率制度的选择也有着重要影响。如果两国之间存在着密切的贸易往来关系,则两国货币之间保持固定汇率较有利于各国经济的发展。

4. 国际经济条件的制约

若一国金融市场与国际金融市场的联系较紧密,而该国政府干预外汇市场的能力又有限时,则应采用浮动汇率制度。

以上是一国在选择汇率制度时应该考虑的基本问题。事实上,在现实经济活动中,汇率制度的选择是一个相当复杂的问题。由于各种因素的差异,不同国家乃至同一国家在不同的发展时期,汇率安排都会不尽相同。从国际发展趋势看,汇率制度呈现出多样化以及向浮动汇率转变的基本特征(详见表 3.1 和表 3.2)。

表 3.1　IMF 成员国汇率安排情况统计*（1991～1998 年）

汇率安排＼年份	1991	1992	1993	1994	1995	1996	1997	1998
钉住货币								
美元	24	24	21	23	22	21	20	20
法国法郎	14	14	14	14	14	14	15	15
其他货币	4	6	8	8	8	9	11	12
SDRs	6	5	4	4	3	2	3	4
其他组合货币	33	29	26	21	19	20	17	14
与单一货币对应的有限灵活性	4	4	4	4	4	4	4	4
合作性安排	10	9	9	10	10	12	12	13
根据一组指数调整	5	3	4	3	2	2	—	—
有管理的浮动	27	23	29	33	44	45	46	54
独立浮动	29	44	56	58	54	52	53	46
合　计	156	161	175	178	180	181	181	182

* 表中数据为实行某种汇率制度的国家数。

资料来源：IMF：International Financial Statistics Yearbook（1998）。

表 3.2　发展中国家：汇率安排的分类（占所有国家的百分比）

汇率安排＼年份	1976	1979	1983	1989	1992
钉住单一货币	62.6	52.1	43.5	38.2	36.6
美元	43.0	35.0	29.0	23.7	16.7
法国法郎	12.1	12.0	10.5	10.7	9.0
英镑	2.8	2.6	0.8	—	—
其他	4.7	2.5	3.2	3.8	10.9
钉住一组货币	23.4	23.1	28.2	28.2	18.6
SDRs	10.3	11.1	11.3	5.3	1.9
其他	13.1	12.0	16.9	22.9	16.7
灵活的安排	14.0	24.8	28.3	33.6	44.8
根据一组指数作调整	5.6	3.4	4.0	3.8	1.9
其他	8.4	21.4	24.3	29.8	42.9
合　计	100.0	100.0	100.0	100.0	100.0

资料来源：Aghevli，Khan，Montiel（1991）；IMF（1993）。

第二节　汇率政策

　　汇率政策是指一国货币当局为达到一定的目的，将本国货币对外国货币的比价控制在适当水平而采取的适当措施。汇率政策的内容通常包括汇率政策目标以及为实现汇率政策目标所采取的政策手段和政府对外汇市场的干预方式等内容。

第三章 汇率制度与外汇管制

一、汇率政策目标

汇率政策的根本目标在于促进本国经济增长、物价稳定、充分就业和维持国际收支平衡。但具体而言,一国在不同的历史时期,由于经济建设的方针和任务不同,汇率政策目标也应有所差异。例如,汇率政策目标既可同时兼顾出口和进口,贸易和非贸易等,又可以根据不同时期的具体情况有所侧重;既可以保持一段时期的国际收支平衡,也可以追求国际收支的适度顺差以增强金融实力,还可以在一定时期出现适度逆差,以利用外资。因此,汇率政策的具体目标可以概括为以下几个方面:

(1)维持本币对外价值的相对稳定,促进对外经济的开展。

(2)维持本币国内价值的稳定。

(3)促进本国对外贸易的发展,实现本国对外经济贸易发展战略。

(4)控制国际资本的流出入,扩大利用外资或避免外部冲击对国内金融市场的不利影响。

二、汇率政策工具

一国货币当局选择的汇率政策工具或手段主要有:汇率制度的选择,确定适度的汇率水平,汇率的变动与调整以及国际协调与合作等。关于汇率制度的选择已在前一节做了介绍,因此这里仅介绍后面3个问题。

(一)确定适度的汇率水平

确定适度的汇率水平,即实行汇率高估或低估的政策选择。

由于汇率水平高低对一国对内对外经济具有重大影响作用,因而各国货币当局都把高估或低估汇率作为一种重要的政策手段来使用。汇率高估是指一国政府为了实现其汇率政策目标,以高于本币实际价值或国内与国外通货膨胀的差异幅度而人为地高估本币,提高本币的对外汇率。汇率低估则相反。为了鼓励资本输出,一些发达国家往往实行高估本币汇率的政策,人为提高本国货币的汇率,以便使输出的资本能以较低的价格购买当地的原材料和劳动力。例如,美国在第二次世界大战后初期和20世纪60年代就曾采取过这种政策。第二次世界大战以后,美元的金平价仍沿用1934年确定的1美元等于0.888 671克纯金和1盎司黄金等于35美元的官价水平,而实际上1945年美元的购买力只相当于1934年的75%。显然,第二次世界大战后美元恢复到1934年的平价,高估了其本身价值。美元高估并通过确定其与其他各国货币的比价,有利于实现美国资本对外扩张的

目的:

(1)确立美元在世界的金融霸权地位。

(2)使美国垄断资本能以较低廉的价格收购外国企业,进行对外投资,加强对他国经济的控制。

(3)使美国能以低价从他国掠夺原材料等资源。

在对外贸易方面,实行本币高估的汇率,有利于刺激进口,减少出口。某些发展中国家,常常利用本币高估,以实现其"进口替代"的对外经济发展战略。因为这些国家所建立的进口替代工业,多为制造最终产品部门,因而对机械设备、中间产品和优质原材料,还需依靠进口加以解决。本币高估,则使上述物资的进口价格变得相对低廉,这实质上是对进口部门的一种补贴,有助于进口替代工业的发展。

但是,汇率的高估也会带来不利影响。一是由于进口价格较低,容易导致国际收支出现逆差;二是由于进口制成品价格相对便宜,不利于发展中国家自身民族工业的发展。因此,一些发展中国家,在汇率高估的同时,对消费品和非必需制成品的进口征收高关税,规定配额,发放进口许可证,有时实行外汇管制。然而,这又会导致国内价格的扭曲,不利于本国经济的健康发展。所以,一国不宜长期实行本币高估政策。

实行本币低估的汇率政策有利于出口,不利于进口;有利于劳务输出,不利于劳务输入;有利于资本流入,不利于资本流出。尤其是可以促进发展中国家推行"出口导向"型的对外经济发展战略的实现。某些发展中国家为了推行"出口导向"的对外经济发展战略,实行低关税、低估汇率的双重政策。前者可避免其他国家对其出口产品征收高关税,后者则可降低出口商品价格,增强本国出口商品的国际竞争能力。比如,巴西于20世纪60～70年代,将过去实行的"进口替代"战略转变为"出口导向"战略,就是实行不断贬值的低汇率政策,促使出口增加,发展本国经济。

(二) 汇率变动与调整

汇率的变动与调整,即对汇率调整变动幅度、频度、方式、方法和时机进行选择。

在浮动汇率制下,随着国内国际经济形势的变化,一国政府必须随时调整本国货币汇率。例如,当政府试图使本币汇率下跌时,可直接下调官方指导汇率,或者策动汇率有控制地向下浮动,或者听任市场汇率下跌。在汇率下跌过程中,政府可能经常进行干预,以便影响其下跌的过程,也可能采取"中性"态度,即既不阻止也不加速汇率的变动。如果汇率变动的方向和幅度符合政府政策意图,那么政

第三章 汇率制度与外汇管制

府就有可能采取"积极"态度,促进这种变动;否则,政府则可能设法缓解或"熨平"汇率的波动。汇率波动的幅度,既可以通过复杂的数学计算得出,也可以采取比较简捷的办法。即先让汇率自由浮动一段时期,待其大体稳定在某一水平上以后,再将其稳住。对汇率的调整,可采取大幅度变动,一步到位的办法,也可采取根据一组选定指标,频繁地小幅度调整,逐步到位的办法。一些发展中国家还将有限弹性与爬行钉住的安排结合起来,即在长期内钉住汇率平价的同时,允许市场汇率在短期内相对于平价有较大的变动幅度。

(三)国际协调与合作

国际协调与合作,即通过国际性的汇率安排达到汇率政策的目标。

在经济全球化趋势日益加强的时代,汇率政策已越出了一国经济的范围,一国汇率政策必然影响他国的经济增长与发展,同样,他国汇率政策也必然影响本国经济的增长与发展。因此,通过国际性汇率安排实现汇率政策目标已成为各国进行国际协调稳定发展问题的重要手段。其政策措施主要包括:

(1)以协定形式确定汇率规则。

(2)创设货币区或货币集团,规定成员国的权利与义务,以约束彼此的汇率政策与行为。

(3)各国中央银行通力合作,对外汇市场采取联合干预行动。

三、政府干预外汇市场的方式

一国政府在运用各种政策手段的同时,还需要对外汇市场进行干预才能实现汇率政策所追求的目标。

(一)政府干预外汇市场的目的

一国政府干预外汇市场的目的主要有:

(1)阻止短期汇率发生波动,避免外汇市场混乱。

(2)减缓汇率的中长期波动,实行反方向干预,调整汇率变动趋势。

(3)使市场汇率波动不偏离汇率目标区。

(4)促进货币政策与外汇政策的协调推行。

(二)政府干预市场的方式

1. 直接干预和间接干预

直接干预是指货币当局直接参与外汇市场的买卖,通过在外汇市场上买进和

卖出外汇来影响本币的对外汇率。间接干预是指通过货币政策或财政政策的推行,影响短期资本流出流入,从而间接影响外汇市场供求状况和汇率水平。具体做法有两种:一是通过改变利率等国内金融变量的方法,使不同货币资产的收益率发生变化,从而达到改变外汇市场供求关系乃至汇率的目的;二是通过公开宣告的方法影响外汇市场参与者的预期,进而影响汇率。政府可以通过新闻媒体表达对汇率走势的看法,或者发表有利于中央银行政策意图的经济指标,进而达到影响市场参与者心理预期的目的。

2. 积极干预和消极干预

积极干预是指一国货币当局为使市场汇率水平接近本国所确定的目标而主动在外汇市场上进行操作。消极干预是指外汇市场已发生急剧波动,偏离本国设定的汇率水平,货币当局采取补救性干预措施。

3. 冲销式干预和非冲销式干预

冲销式干预是指货币当局在外汇市场上进行交易的同时,通过其他货币政策工具(主要是公开市场业务)来抵消前者对货币供应量的影响,使货币供应量维持不变的外汇市场干预行为。为抵消外汇市场交易的影响而采取的政策措施被称为冲销措施。非冲销式干预是指不存在相应冲销措施的外汇市场干预,它能引起一国货币供应量的变动。

4. 单边干预和多边干预

单边干预是指一国对本币与某种外币之间的汇率变动,在没有其他相关国家参与配合下独自进行的干预。联合干预则是指两国或者多国联合协调行动而进行的干预。

由于外汇市场投机性资金实力非常大,且国际间的政策协调已大大加强,现代各国对外汇市场的干预基本上都是联合干预。联合干预最早可追溯到 20 世纪 60 年代美元危机时西方国家建立的"黄金总库"、"借款总安排"等。而 1975 年 8 月西方六国朗布依埃首脑会议开创了浮动汇率制度下联合干预之先河。在此后的 20 世纪 80~90 年代,当外汇市场急剧波动时,西方各国相互协调,不断进行联合干预,收到了一定效果。

第三节 外汇管制

一、外汇管制的概念和目的

外汇管制(Foreign Exchange control)是指一国政府运用法律、法令、条例等

第三章 汇率制度与外汇管制

手段对外汇的买卖和收支、汇入和汇出、汇率和结算等外汇交易实行某种程度的控制,是一国外汇政策的重要组成部分。在世界经济日趋全球化的今天,实行怎样的外汇管制,对一国的经济意义重大,因此,如何根据形势的变化,适时对外汇管制做出调整,是国际金融研究的一个重要课题。

外汇管制是为本国的经济和政治服务的,因各国的政治经济制度和经济发展水平存在差异,外汇管制的侧重点各不相同,即使同一国家在不同的时期外汇管制的具体目标也可能不一样。但一般而言,各国实行外汇管制的目的主要有以下几个方面。

(1)限制资本外逃,平衡国际收支。国际收支状况对一国经济有重要影响,维持国际收支基本平衡是任何国家始终坚持的经济政策目标之一。国际收支状况一旦恶化,本币汇率就会下跌,导致资本大量外流,这势必加剧本国的国际收支逆差,进一步减少黄金和外汇储备。实行外汇管制,不许调往国外的资本兑换外汇,可以限制资本外逃,同时运用外汇手段鼓励本国商品输出和外国资本的输入,限制外国商品的输入,可以达到改善国际收支增加外汇储备的目的。

(2)保持汇率稳定,促进对外经济发展。对外经济是当今世界各国经济的重要组成部分,而保持汇率稳定是发展对外经济的先决条件。如果外汇市场出现汇率的剧烈波动,就会对各国的对外贸易和信贷投资活动带来极为不利的影响。实行外汇管制的国家一般通过对外汇交易的限制,或者在外汇波动时由政府进行干预,保持本国货币对外汇率的稳定,减少外汇风险,从而增强本国货币信心和对外经济的吸引力,有利于本国对外经济的发展。

(3)阻断国际通货膨胀的输入,稳定国内物价水平。即使在汇率稳定的情况下,国际通货膨胀也可以通过商品贸易传入国内,引发进口型的通货膨胀,而那些存在巨额国际收支盈余,货币趋于坚挺的国家,常面临外国资本的冲击,国际通货膨胀往往通过资本交易传入国内。此时通过外汇管制,限制商品的进口和资本输入,可阻断国际通货膨胀的传入,以维护国内物价水平的平稳。

(4)"奖出限入",以利扩大国内生产,促进本国经济发展。通过外汇管制,来限制威胁本国幼稚产业存在与发展的同类廉价商品的大量进口,同时鼓励本国产品的出口,可以使幼稚产业在国内市场通过规模扩张而迅速成长起来,促进本民族经济的提升和发展。

(5)减弱国际金融危机的影响,保护本国金融安全。金融的全球化在极大地促进了世界经济发展的同时也使一国或一地区的金融危机演化为国际金融危机的机率大大提高了。1997年发源于泰国的亚洲金融危机,使世界各国防范国际金融危机的意识普遍增强,如何通过加强外汇管制,防范和减弱随时可能爆发的国际金融危机对本国金融安全和经济的影响与破坏,是当前摆在国际金融领域的又一新课题。

除上述主要目的外,外汇管制有时是为了调节和调拨外汇资金;或对其他国家修改关税政策、取消商品限额或取消限制等施加压力,作为争夺国际市场的一种手段;或是为了集中本国的外汇收入,减少外汇支出,节约国家的外汇。

二、外汇管制的主要内容

(一) 外汇管制的机构

凡实行外汇管理的国家,一般由该国政府授权有关机构或专门机构实行外汇管制。目前世界各国的外汇管制机构大致有四类:一是授权中央银行负责。如英国的英格兰银行、美国的联邦储备银行、德国德意志联邦银行等。二是设立专门的外汇管理机构。如法国、意大利等国在其中央银行下设立外汇管理局,专门负责外汇管理。三是由国家财政部门直接负责。例如在日本外汇管理由大藏省(财政部)负责。四是中央银行指定的经营外汇业务的商业银行负责。这种银行称为指定银行(Appointed or Authorized Bank),负责按照外汇管制法令办理一切外汇业务。

(二) 外汇管制的对象

外汇管制的对象一般在法律中有明确的规定。根据管制对象的特点可分为四类。

1. 对人的管理

可分为对居民和非居民的管理。居民是长期定居在本国的任何自然人和法人;非居民是指长期居住在本国关境之外的任何人和法人。通常对于居民的管理较严,对非居民的管理较松。

2. 对物的管理

物是指对外汇,或者在外汇收支中所使用的各种支付手段和外汇资产,主要包括:①可兑换的外国货币和铸币;②用外币表示的有价证券,如股票、息票、公债、公司债券、旅行信用证、寿险保单、存单、存折等;③外汇票据,如汇票、本票、支票以及其他支付凭证;④黄金、白银、其他贵金属如金刚石等。它们是外汇管制的客体对象,也是最主要的管制对象,在具体执行中,一般根据当时的实际条件和需要,有选择有重点地管制其中的某些部分。

3. 对地区的管理

外汇管制有时针对某些特定的地区,同一时期对不同的地区一般有不同的外汇管制政策。如对友好国家和非友好国家,对集团内国家和集团外国家实行宽严不同的外汇管制,而对本国的出口加工区、经济特区、保税区等通常实行比较宽松的管制政策。

4. 对行业的管理

在拉美等一些新兴工业化国家,对于传统出口行业实行比较严格的管制,而对高新技术和重工业出口行业实行相对宽松优惠的政策。对本国所需的生活必需品的进口采取优惠政策,而对奢侈品行业进口则实行严格的管制。在我国曾经实行过的外汇留成制度,实际上就是一种对行业的外汇差别管理。

(三) 外汇管制的内容

外汇管制的基本特征是政府垄断外汇的买卖。因此外汇管制主要表现为对外汇交易的数量进行限制,或者对外汇交易的价格做出不同规定。其内容可分为外汇数量管制和外汇汇率管制两大类。汇率管制主要是指实行单一汇率或复汇率,而复汇率是汇率管制的重点,这一内容将在下一节单独介绍,这里仅介绍外汇数量方面的管制。

1. 对经常项目收支的管制

经常项目在国际收支中所占比重较大,同时一国的经常项目收支状况对本国的创汇能力和国内外经济也有很大影响,因此对经常项目收支的管制通常是各国外汇管制的重点。其管制的一般方法是规定出口商和所有能从境外获得外汇的居民,都必须在规定的时间内把他们得到的外汇按官方汇率卖给外汇管制部门指定的外汇银行;对进口商和所有那些必须使用外汇对外支付的居民,都必须经外汇管理部门批准按官方汇率到指定外汇银行购买外汇。

对出口商品外汇管制,一般采取以下措施。出口商首先必须获得贸易管理部门批准和签发的出口许可证,在商品通过口岸以前,出口许可证还须获得某一授权银行的批准,并向授权银行申报出口商品的价格、金额、结算币种、收汇方法、目的地和期限等内容,同时承诺在一定时期内向银行交出所有的外汇收入。在出口商要求外国进口商以汇票通过银行支付时,汇票必须由授权银行贴现,或通过授权银行传递汇票收取外汇。这样可以保证授权银行获得全部外汇收入。有些国家把结售出口外汇和颁发出口许可证两项措施结合进行,在出口许可证上填明出口商品价格、金额、收汇方式等内容,同时办理交验和审核信用证手续,以防止出口商隐匿出口外汇收入。

进口商和其他外汇需求者所需外汇采取由外汇管制部门分配外汇的措施。其主要的方法,一是购买外汇许可证制度,即外汇需求者首先必须获得购买外汇的许可证,然后在授权银行购买定量的外汇。二是计划供给制度,即根据一定时期内国际收支贷方交易的外汇供给量和主要借方交易的外汇需求量,来决定每个借方项目的外汇限额,然后按照申请外汇的顺序将外汇分配给申请人,直到该项目的外汇份额分配完毕为止。

对劳务出口、馈赠、资本收益等外汇收入管制比较困难。通常采用的措施是加强对国际信件的检查,以防夹带国内外货币,对居民持有的外国证券进行严格的登记;对非居民在本国银行账户加强管理等。

在限制外汇支出方面,一些贸易管制方法如进口配额制和进口许可证制,通常与外汇管制方法结合起来运用。在限制商品进口方面,进口配额制和进口许可证制的作用与外汇管制是相似的,因进口配额制和进口许可证制是直接对一定时期内商品进口量的控制,在一定时期内也就必然限制了商品进口所需的外汇,如果进口商品的价格或外国出商提供的信贷发生变化,商品进口量也随之发生变化,所以,进口配额制和进口许可证制的实际作用更大些,但是外汇管制比贸易管制的作用更全面,它不仅限制了商品贸易,同时还可控制劳务和资本交易。

2. 对资本输出入的限制

当外国资本流入时一般要兑换成本币,则外汇供给增加;当国内资本流出时要兑换成外币,则外汇需求增加;因此资本的输出入直接影响一国的外汇供求和国际收支状况,资本输出入也就成为外汇管制的重要领域。

西方国家限制资本输入的措施主要有:

(1)规定本国银行在吸收非居民存款时必须缴纳较高的存款准备金。例如,前联邦德国政府规定对银行吸收非居民存款应缴纳 90%~100% 的准备金,这一规定使银行吸收外国资本的成本增高,从而抑制了外国资本的输入。

(2)规定银行对非居民活期存款不付利息,甚至超过规定的存款余额加收一定比例的手续费。例如瑞士银行曾规定凡非居民存款超过 100 000 瑞士法郎,不但不付利息,还要按季收 10% 的手续费,以限制外国资本输入。

(3)限制商业银行向非居民出售本国的远期货币业务。例如瑞士政府在 1974 年 11 月对商业银行向非居民出售远期瑞士法郎进行限制。

(4)限制非居民购买本国的有价证券。如日本从 1992 年 10 月起曾经规定禁止非居民购买日本有价证券。

(5)限制本国企业和跨国公司借用外国资本。例如,前联邦德国曾经从 1973 年 2 月起,凡利用外国资本和外国贷款额超过 8 000 德国马克时,必须经过前联

第三章　汇率制度与外汇管制

邦德国中央银行批准。

西方国家对资本输出的限制通常是在战争期间和国际收支发生危机时，并同时配以鼓励资本输入的政策。通常采用的措施是限制本国对外国长短期资本的贷放；限制外国在本国发行债券；或对原先借入资本还本付息进行一定的限制；限制对外直接投资；规定银行贷款最高限额等。

由于发展中国家大多面临资金严重短缺，因此一般采取限制资本输出鼓励资本输入的政策，例如对外商投资企业实行减免税优惠，允许外商投资企业的利润用外汇汇出等，所以，发展中国家对资本输入限制的重点是如何保持引进外资的适度规模，避免国际债务危机。

3. 对非居民银行存款账户的管制

国际结算中的绝大部分是以外汇凭证传递与转移的非现金结算方式并最终通过银行存款的调拨进行的，这些银行存款账户上的资金在居民和非居民之间，以及非居民与非居民之间的调拨，与外汇收支有直接关系，因而在一定程度上影响账户所在国的国际收支。所以外汇管制国不仅要控制本国居民的外汇交易，还要控制外国居民对在本国银行的存款的使用。各国对非居民在本国的存款一般通过设立以下三个账户实施管制：一是自由账户。自由账户的主要资金来源是非居民出售黄金的收入和其他外汇收入，其账户的开立者在办理国内外一切支付和转至其他非居民账户时，有权使用该账户款项。二是有限账户。一般包括国内与国外两个账户。对非居民在国内的收入，如果事先没有约定汇出境外，只能转入国内账户或转账账户，国内账户行的资金也只能用于在国内购买商品或其他支付。转账账户上的资金还可转入其他非居民持有的转账账户里。三是封锁账户（又称冻结账户）。是指非居民在此账户的款项不能换成外币并汇出国外，也不能用于购买本国的长期债券和不动产，以及支付在国内的旅游费用。德国在1931年率先设立了封锁账户，第二次世界大战后不久英国又将账户管制制度加以发展，把外国银行在英国的存款分为英镑区账户、美元区账户、转让账户、封锁账户等，还规定了各账户之间相互转账的限制。目前，经济发达国家，基本上取消了账户限制，而在一些经济欠发达的国家和地区仍实行账户管制。例如，在巴西就设立了非居民克罗萨多封锁账户，将不符合外资注册法而禁止汇出境外的资金归入该账户，但这些资金可用于在巴西境内支付以非居民名义收取的各种费用。

4. 禁止黄金和现钞输出

实行外汇管制的国家一般禁止私人输出黄金，在需要输出时通常由中央银行办理。对本国现钞的输出也做出限制，通常规定一个最高限额，限额内可自由携带出国，超过限额须经外汇管制机构核准。

三、外汇管制的利弊

尽管国际货币基金组织在成立时就要求会员国逐步取消外汇管制,但是至今在绝大多数国家仍然实行不同程度的外汇管制,这是因为实行外汇管制可使一国经济不受或减少外来因素的影响,有利于国际收支平衡和汇率稳定,促进国内产业结构的调整和经济发展。然而实行外汇管制也会带来不少弊端,其主要表现以下几点。

(1)汇率由政府决定,外汇的供求也受到严格限制,致使外汇市场不能进行多边交易,资本不能自由流动,这必然造成国际金融市场的分离与解体,不利于生产和资本的国际化,也缩小了世界贸易的范围。

(2)过分严格的外汇管制,不利于外汇管制国经济的对外开放。外汇交易的自由化,是经济对外开放的基本条件之一,如果实行过分严厉的外汇管制,那么外汇的供求和汇率的决定将会与国际外汇体系发生脱节,例如,汇率偏高则打击出口,汇率偏低则影响进口。也不利于本国吸引外资。

(3)外汇管制使外汇交易手续繁杂,交易成本增加,同时也容易引起外汇走私与黑市买卖以及不法的套汇行为,扰乱外汇市场秩序。

(4)容易导致寻租行为,滋生腐败现象。在严格的外汇管制的条件下,对外汇的需求通常超过官方的外汇供给,从而使官方的外汇价格低于均衡价格,更低于黑市价格,其间的价差便形成了外汇交易中的经济租金,而政府发放用汇许可证的选择权就成为外汇交易者的寻租对象。在金融监管不利的情况下,容易使外汇管制成为滋生腐败的温床。

四、中国的外汇管理

(一)中国外汇管理的历史演变

新中国成立以来,我国的外汇管理大体上经历了一个由分散到集中,由不完善到逐步完善的发展过程。至改革开放前,我国外汇管理大致经历了四个发展阶段。

1. 新中国外汇管理职能的形成阶段(1949~1952年)

新中国成立前,中国的对外贸易和海关被帝国主义完全控制,外国银行在中国擅自发行钞票,操纵汇率和外汇的其他业务,外币可在中国自由流通。新中国成立后,外汇管理的首要任务是取消帝国主义在华的经济金融特权,建立独立自主的外汇管理制度和汇价制度,禁止外币在市场上流通,建立供汇与统汇管理制度,发展对外贸易,稳定国内金融,促进国民经济的恢复与发展。1950年10月政务院颁布了《外汇分配使用暂行办法》,规定出口货款、各种业务、劳务所得外汇,华侨汇入的外汇,必须集中于中国银行;进口所需外汇和其他非贸易用途的外汇,须经申请批准;对进出口贸易实行许可证管理制度;全国各地的外汇收入一律由中央人民政府财政经济委员会统一掌握分配。外汇分配的原则是:先中央后地方,先工业后商业,先公后私。上述一系列外汇管理措施,保证了国家外汇收入集中在国家手中,用于恢复和发展国民经济最急需的部门和地方,对稳定当时的金融物价起到了重要的作用。

2. 外汇管理实行高度集中控制的阶段(1953～1976年)

自1953年起,我国进入了社会主义改造和建设时期,外币在国内已停止流通,对外贸易由国营外贸专业公司统一经营。这一时期我国外汇管理由对外贸易部、财政部和中国人民银行三个单位分口负责管理。对外贸易部负责进出口贸易外汇;财政部负责中央部门的非贸易外汇;中国人民银行负责地方非贸易外汇和私人外汇。国家实行"集中管理,统一经营"的管汇方针,即一切外汇收支由国家管理,一切外汇业务由中国银行经营。该时期的人民币汇率成为编制外汇收支计划和进行外贸核算的标准,官方汇率在1971年以前一直维持在1美元=2.4618元人民币水平上,完全丧失了对进出口贸易的调节作用。这种高度集中的外汇管理体制,在当时曾起过积极作用,但是由于管得过死,外汇的使用效率低下,应变能力差,不利于充分调动各方面的积极性。这一时期根据国家管理外汇的实际需要,还制定了一些内部管理办法,如《贸易外汇管理办法》、《非贸易外汇管理办法》、《个人申请非贸易外汇管理办法》等。由于在这时期我国没有设立统一独立的外汇主管部门,也没有制定出全国统一的外汇管理法令,因此在对外经济交往和往来中,外汇管理工作比较被动。

3. 外汇管理的双轨制阶段(1979～1993年)

1978年底,党的十一届三中全会以后,我国全面实行对内搞活、对外开放的政策,与有计划的商品经济体制改革相适应,对外汇管理体制进行了一系列改革,外汇管理工作进入了一个崭新阶段:

(1)设立专门的外汇管理机构。为了适应改革开放的需要,1979年3月国务院批准设立了国家外汇管理总局,负责统一管理全国的外汇。但当时的国家外汇管理总局与中国银行是同一个机构。1982年8月国务院根据政企分开的原则,将国家外汇管理总局与中国银行分开,划归中国人民银行领导。1988年6月国务院又决定将国家外汇管理局设立为国务院直接领导的国家局,进一步加强了外汇管理工作。

(2)制定外汇管理条例和实施细则。至1981年,我国还没有一个全国性的外汇管理法规,这既不利于我国的对外开放,也不利于国内企业对外谈判、签订合同。1986年12月,国务院公布了《中华人民共和国外汇管理暂行条例》,随后陆续颁布了一系列外汇管理实施细则和办法,使我国外汇管理有了统一的政策法律依据。

(3)实行外汇留成制。实行改革开放以前,我国实行外汇统收统支、统一分配的办法,难以调动创汇单位的积极性。1979年8月国务院决定在仍由国家集中管理、统一平衡、保证重点的同时,实行贸易和非贸易外汇留成,适当留给创汇的地方、部门和企业一定比例的外汇,作为对计划分配外汇的补充,以奖励出口、调动各方面创汇的积极性。

(4)建立外汇调剂市场,对外汇进行市场调节。在1979年实行外汇留成办法后,在各用汇单位之间调剂外汇余缺就成为一种客观需要。为此,于1986年11月国家制定了《调节外汇暂行办法》,其后又制定了《关于外汇额度调剂工作暂行办法》,允许有留成外汇的国内企业,通过外汇管理部门,以高于贸易外汇内部结算价的调剂价格,将暂时多余的外汇卖给用汇企业。1989年10月,国务院又制定了《关于鼓励外商投资的规定》,允许外商投资企业之间进行外汇调剂,其调剂价格自定。1988年3月,为了配合对外贸易承包经营责任制,国务院又制定了《关于外汇调剂的规定》,各省、自治区、直辖市都设立了外汇调剂中心,价格由买卖双方根据外汇供求状况自行议定。从1991年起允许侨汇和国内居民通过外汇调剂中心买卖外汇,截至1991年底全国已有40多个外汇调剂中心,在一些城市还开办了公开的外汇调剂市场,国家根据产业政策和进口计划,制订了调剂外汇的投向指导序列,从而初步建立起了过渡经济环境中的外汇调剂市场,促进了外汇资金的横向流动,有利于对外贸易和外商投资企业的外汇平衡。

从1980年10月中国银行开始办理外汇调剂和额度借贷业务,到1988年全国各地外汇调剂中心的全面建立,我国外汇调剂市场由起步、发展到成熟,也标志着我国的外汇管理进入了官方汇率与市场调剂价并行的"双轨制"阶段,同时为后来的全国银行间外汇市场的建立奠定了基础。

(5)允许国内居民外汇存款。从1988年起,国家允许居民外汇存款,从国外和我国港、澳、台地区汇给国内和内地居民的外汇和居民持有的外汇现钞都准许存入银行,可在规定的数额和用途范围内提取外汇、外钞汇出,携带出境和进行外汇买卖。

4. 外汇管理体制改革的深化阶段(1994年~)

随着市场经济体制改革的深入,对外开放度的加大,以及不断改善的宏观环境和外汇形势,1980年基于严格外汇管理背景下颁布的《中华人民共和国外汇管理暂行条例》越来越不适应宏观经济发展的需要。为此,1993年11月14日,党的十四届三中全会通过《中共中央关于建立社会主义市场经济体制若干问题的决定》,该《决定》中明确要求,"改革外汇管理体制,建立以市场供求为基础的、有管理的浮动汇率制度和统一规范的外汇市场,逐步使人民币成为可兑换货币"。这为外汇管理体制的深化改革明确了方向。围绕外汇管理体制改革的目标,按照预定改革步骤,1994年至今,我国外汇管理体制的改革不仅实现了经常账户下的货币自由兑换,而且在资本与金融账户的开放方面也有重大进展。

(二) 1994年以来中国外汇管理改革的重大举措

1. 1994年对外汇体制进行重大改革,实行人民币经常项目有条件可兑换

在党的十四届三中全会目标指导下,1994年初,我国外汇管理体制进行了包括实行人民币经常项目有条件可兑换、汇率并轨、实行单一有管理浮动汇率制度等为主要内容的重大改革:

(1)实行银行结售汇制度,取消外汇上缴和留成,取消用汇的指令性计划和审批。

除实行进口配额管理、特定产品进口管理的货物和实行自动登记制的货物,须凭许可证、进口证明或进口登记表、相应的进口合同和与支付方式相应的有效商业票据(发票、运单、托收凭证等)到外汇指定银行购买外汇外,其他符合国家进口管理规定的货物用汇、贸易从属费用、非贸易经营性对外支付用汇,凭合同、协议、发票、境外机构支付通知书到外汇指定银行办理兑付。也即经常项目下还有少量用汇限制,绝大多数的用汇凭有效凭证到银行直接购买,从而实现了人民币经常项目有条件可兑换。为集中外汇以保证外汇的供给,境内机构经常项目外汇收入,除国家规定准许保留的外汇可以在外汇指定银行开立外汇账户外,都须及时调回境内,按照市场汇率卖给外汇指定银行。也即经常项目的收汇实行强制结汇制。

(2)汇率并轨,实行以市场供求为基础的、单一的、有管理的浮动汇率制度。

1994年1月1日,人民币官方汇率与市场汇率并轨,实行以市场供求为基础的、单一的、有管理的浮动汇率制,并轨时的人民币汇率为1美元合8.70元人民币。人民币汇率由市场供求形成,中国人民银行公布每日汇率,外汇买卖允许在一定幅度内浮动。通过汇率并轨,以银行间统一的外汇市场取代了外汇调剂市场,消除了汇率地区间差异,使外汇资源从两个市场的分配统一到一个市场。

(3)建立统一的、规范化的、有效率的外汇市场。

从1994年1月1日起,中资企业退出外汇调剂中心,外汇指定银行成为外汇交易的主体。1994年4月1日,银行间外汇市场——中国外汇交易中心在上海成立,连通全国所有分中心,4月4日起中国外汇交易中心系统正式运营,采用会员制、实行撮合成交集中清算制度,并体现价格优先,时间优先原则。中国人民银行根据宏观经济政策目标,对外汇市场进行必要的干预,以调节市场供求,保持人民币汇率的稳定。

(4)对外商投资企业外汇管理政策保持不变。

为体现国家政策的连续性,1994年在对境内机构实行银行结售汇制度时,对外商投资企业的外汇收支仍维持原来办法,准许保留外汇,外商投资企业的外汇买卖仍须委托外汇指定银行通过当地外汇调剂中心办理,统一按照银行间外汇市场的汇率结算。

(5)禁止在境内以外币计价、结算和流通。

1994年1月1日,中国重申取消境内外币计价结算,禁止外币境内流通和私自买卖外汇,停止发行外汇兑换券。对于市场流通的外汇兑换券,允许继续使用到1994年12月31日,并于1995年6月30日前可以到中国银行兑换美元或结汇成人民币。

(6)加强对金融机构外汇业务的监督和管理。

建立银行间外汇市场和实现经常项目可兑换后,经常项目的外汇收支基本上直接到外汇指定银行办理;资本项目的外汇收支经外汇管理部门批准或核准后,也可在外汇指定银行办理。银行在办理结售汇业务中,必须严格按照规定审核有关凭证,防止资本与金融项目下的外汇收支混入经常项目结售汇,防止不法分子通过结售汇渠道骗购外汇。1994年以来,加强了对金融机构外汇业务经营中执行外汇管理政策的监管、检查和处罚,并建立了相应的管理制度和办法。

通过上述各项改革,1994年,中国顺利地实现了人民币经常项目有条件可兑换。1996年1月29日废止了1980年颁布的《中华人民共和国外汇管理暂行条例》,发布了新的《中华人民共和国外汇管理条例》。

2. 1996年12月1日宣布实现人民币经常项目自由兑换

(1)将外商投资企业外汇买卖纳入银行结售汇体系。

1996年7月1日起,外商投资企业外汇买卖纳入银行结售汇体系,同时外商投资企业的外汇账户区分为用于经常项目的外汇结算账户和用于资本项目的外汇专用账户。外汇局核定外汇结算账户的最高金额,外商投资企业在核定的限额内保留经常项下的外汇收入,超过部分必须结汇。外商投资企业经常项目下的对外支付,凭规定的有效凭证可直接到外汇指定银行办理,同时,继续保留外汇调剂

第三章 汇率制度与外汇管制

中心为外商投资企业外汇买卖服务。1998年12月1日外汇调剂中心关闭以后，外商投资企业外汇买卖全部在银行结售汇体系进行。

(2) 提高居民用汇标准，扩大供汇范围。

1996年7月1日，大幅提高居民因私兑换外汇的标准，扩大了供汇范围。

(3) 取消尚存的经常性用汇限制。

1996年，中国还取消了出入境展览、招商等非贸易、非经营性用汇的限制，并允许驻华机构及来华人员在境内购买的自用物品、设备、用具等出售后所得的人民币款项可以兑换外汇汇出。

经过上述改革后，中国取消了所有经常性国际支付和转移的限制，达到了国际货币基金组织协定第八条款的要求。1996年12月1日，中国人民银行致函国际货币基金组织，正式宣布接受第八条款，实现人民币经常项目完全可兑换。

3. 新世纪我国外汇管理改革新举措

(1) QFII、QDII的实施以及强制结汇制的取消。

进入21世纪以来，市场体制进一步完善，我国加速融入经济全球化，对外开放进一步扩大，外汇形势发生了根本性变化，由外汇短缺变成世界第一储备大国。外汇管理从"宽进严出"向均衡管理转变，资本项目可兑换有序推进。2002年11月，我国公布《合格境外机构投资者境内证券投资管理暂行办法》，开始实施QFII，标志着我国证券市场的对外开放。经过几年的试点实践，从2006年9月1日起，《合格境外机构投资者境内证券投资管理办法》经修订后正式开始实施，更加明确了对海外长期流动资本的进一步放开。最早于2006年5月，我国实施允许经批准的境内机构投资于境外证券市场的QDII制度。同年6月，中国银监会印发了《关于商业银行开展代客境外理财业务有关问题的通知》，从而国内资金可以投资国外证券市场。2007年8月20日国家外汇管理局宣布，我国境内居民个人可在试点地区（天津滨海新区）通过相关渠道，以自有外汇或人民币购汇直接对香港市场进行证券投资。这项措施意味着，中国在开放资本账户的道路上又迈出重要一步。

1994年1月1日实行的外汇体制改革，取消了长达15年的外汇留成制和40多年的外汇上缴制度，取消了用汇的指令性计划，实行银行结售汇制。在这一制度下，境内企事业单位须将外汇收入按银行挂牌汇率，全部结售给指定银行（强制结汇）；对于在经常项下正常对外支付用汇的企业只需凭有效凭证和商业票据，即可到外汇指定银行购买外汇（售汇），而不必经过用汇审批。这一银行结售汇制度是当时改革的核心内容之一。

创设强制结汇制的主要目的是解决改革开放之初中国外汇短缺问题。在强制结汇制度实行的 13 年中,中国的外汇储备从 1993 年年底的 211.99 亿美元增长至 2007 年 6 月末的 13 326 亿美元。充足的外汇资金为国内建设和对外投资奠定了坚实的基础。但在强制结汇制度下,外汇占款形成的基础货币成为中国货币投放的主渠道;而在我国国际收支持续顺差导致人民币升值预期不断强化的情况下,中央银行又不得不等额卖出基础货币,从而形成和加剧了中国的流动性过剩,并成为通货膨胀压力的主要诱因。此外,强制结汇制度也隐瞒了外汇的真实供求,无法形成真实的外汇价格,在人民币升值的单边预期下,强制结汇制度使得人民币升值压力进一步增大。

在这种背景下,2007 年 8 月 13 日,国家外管局宣布,境内机构即日起可自行保留经常项目下的外汇收入。这意味着,企业从此拥有了外汇持有的自主权,无须按照强制政策的规定,将有限保留之外的外汇转卖给国家。在中国实行了 13 年的强制结汇制度正式退出了历史舞台。强制结汇走向意愿结汇,不仅是结汇制度的改革,而且是储备制度和储备政策的进步,意味着中国开始扭转"以增长外汇储备为核心"的外汇政策,从"重流入、轻流出"转为"实现流入流出循序渐进和保持基本平衡";同时,强制结汇制度的取消,也为企业"走出去"创造了有利的外汇管理政策环境。

(2)2008 年 8 月 5 日出台新外汇管理条例。

为了适应新的改革形势,并为下一步改革留出余地,有必要进一步修订我国于 1996 年 1 月 29 日发布和 1997 年 1 月 14 日修订的《外汇管理条例》。2008 年 8 月 5 日国家外汇管理局公布了修订的《中华人民共和国外汇管理条例》。修改后的条例共 54 条,进一步便利了贸易投资活动,完善了人民币汇率形成机制及金融机构外汇业务管理制度,建立了国际收支应急保障制度,强化了跨境资金流动监测,健全了外汇监管手段和措施,并相应明确了有关法律责任。主要包括四方面的转变。

一是对外汇资金流入流出实施均衡管理。要求经常项目外汇收支应当具有真实、合法的交易基础,条例要求办理外汇业务的金融机构应当对交易单证的真实性及其与外汇收支的一致性进行合理审查,同时规定外汇管理机关有权对此进行监督检查,监督检查可以通过核销、核注、非现场数据核对、现场检查等方式进行。取消外汇收入强制调回境内的要求,允许外汇收入按照规定的条件、期限等调回境内或者存放境外;规定经常项目外汇支出按付汇与购汇的管理规定,凭有效单证以自有外汇支付或者向金融机构购汇支付。与原条例相比,新条例大大简化了经常项目外汇收支管理的内容和程序。条例规定对经常性国际支付和转移不予限制,并进一步便利经常项目外汇收支。

第三章 汇率制度与外汇管制

对资本项目外汇管理的规范主要集中在条例第三章,是条例修订的重点内容之一,包括:①为拓宽资本流出渠道预留政策空间,简化对境外直接投资外汇管理的行政审批,增设境外主体在境内筹资、境内主体对境外证券投资和衍生产品交易、境内主体对外提供商业贷款等交易项目的管理原则。②改革资本项目外汇管理方式。除国家规定无须批准的以外,资本项目外汇收入保留或者结汇应当经外汇管理机关批准;资本项目外汇支出国家未规定需事前经外汇管理机关批准的,原则上可以持规定的有效单证直接到金融机构办理,国家规定应当经外汇管理机关批准的,在外汇支付前应当办理批准手续。③加强流入资本的用途管理。要求资本项目外汇及结汇后人民币资金应当按照有关主管部门及外汇管理机关批准的用途使用,并授权外汇管理机关对资本项目外汇及结汇后人民币资金的使用和账户变动情况进行监督检查,明确具体管理职权和程序。

二是完善人民币汇率形成机制及金融机构外汇业务管理。规定人民币汇率实行以市场供求为基础的、有管理的浮动汇率制;经营结汇、售汇业务的金融机构和符合规定条件的其他机构,按照国务院外汇管理部门的规定在银行间外汇市场进行外汇交易;调整外汇头寸管理方式,对金融机构经营外汇业务实行综合头寸管理。

三是强化对跨境资金流动的监测,建立国际收支应急保障制度。条例一方面在总则中明确要求国务院外汇管理部门对国际收支进行统计监测,定期公布国际收支状况;另一方面要求金融机构通过外汇账户办理外汇业务,并依法向外汇管理机关报送客户的外汇收支及账户变动情况。有外汇经营活动的境内机构,还应当按照国务院外汇管理部门的规定报送财务会计报告、统计报表等资料。按照条例的上述规定,外汇管理机关可以全方位对跨境资金流动进行监测。同时,建立国务院外汇管理部门与国务院有关部门、机构的监管信息通报机制。根据世界贸易组织规则,规定国际收支出现或者可能出现严重失衡,以及国民经济出现或者可能出现严重危机时,国家可以对国际收支采取必要的保障、控制等措施。

四是健全外汇监管手段和措施。为保障外汇管理机关依法、有效地履行职责,增加规定了外汇管理机关的监管手段和措施,同时规定了外汇管理机关进行监督检查的程序。具体包括:外汇管理机关依法履行职责时,有权进行现场检查,进入涉嫌外汇违法行为发生场所调查取证,询问有关当事人,查阅、复制有关交易单证、财务会计资料,封存可能被转移、隐匿或者毁损的文件、资料,查询与被调查外汇违法事件有关的单位和个人的账户(个人储蓄存款账户除外),申请人民法院冻结或者查封涉案财产、重要证据等。当然,外汇管理机关必须按照条例规定的程序实施相关检查,维护当事人的合法权益。同时,适应新形势下打击外汇违法行为的需要,条例增加了对资金非法流入、非法结汇、违反结汇资金流向管理、非法携带外汇出入境以及非法介绍买卖外汇等违法行为的处罚规定。

(三)中国外汇管理体制改革的前景

综上所述,我们可以看出,改革开放以来,中国一直积极推进外汇管理体制改革,不断减少行政干预,加大外汇分配领域的市场调节力度,取得了很大的成就,实现了人民币经常项目可兑换,初步建立了符合社会主义市场经济要求的外汇管理体制,经受了亚洲金融危机的冲击,促进了国民经济持续健康发展和对外开放水平的进一步提高。

中国外汇管理体制改革的长远目标是外汇管制的全面取消,也即实现人民币完全可兑换。目前人民币在资本项目下还存在着兑换限制。通过前述分析并结合国际经验来看,实现资本项目完全可兑换需要具备一定前提条件,同时,实现资本项目可兑换是一个系统工程,涉及各种金融活动领域和大量的非金融机构,需要各部门共同参与,各项改革配套到位,逐步从严格管制到部分管制再到基本取消管制,最终实现人民币的全面可兑换。

第四节 复汇率制度

一、复汇率制的概念及其产生

复汇率制度是纸币流通制度和外汇管制的产物。所谓复汇率是指一个国家实行两种或两种以上的汇率。若两种汇率同时并存,称为双重汇率;若两种以上的汇率同时并存,称为多重汇率。复汇率制度是由外汇管理当局人为形成并加以利用的多种汇率并存的机制。

目前,复汇率制度主要为许多发展中国家所采用,但其发明权并非属于发展中国家,而是起源于1929~1933年世界经济危机期间的德国。1933年德国法西斯政权建立,政府当局宣布实行新的外贸计划,以便使重要的工业原料和粮食达到自给自足,并集中黄金和外汇储备。为配合该项计划的实施,德国于1934年实行外汇管制,对外国旅游者及购买德国指定的出口品的进口商给予汇率优惠。随后,许多国家(无论是发达国家还是发展中国家)都实行过复汇率制度,只是各国实行复汇率制的时间长短不同、形式各异而已。据IMF统计,1982年底,实行复汇率制的国家有42个,1989年底为44个。

第三章 汇率制度与外汇管制

二、复汇率的形式和内容

在现实中,复汇率的表现形式繁多,十分复杂,概括起来主要有以下几种形式:

1. 固定差别汇率制

固定差别汇率制是按照不同的管理对象,由官方明令规定两种或两种以上不同汇率的制度。有的国家的汇率可以多达几十种,高低相差几十倍。在双重汇率下,复汇率通常按其适用对象分为经常项目汇率和资本项目汇率,前者又称为贸易汇率,后者又称为金融汇率,分别适用于贸易及其从属费用和资本移动与从属费用以外的非贸易费用(包括旅游费、劳务费、工程承包费、退休金、养老金等)。一般而言,贸易汇率相对稳定,而金融汇率听任市场供求关系决定,政府对此不加干预。实行这种形式的复汇率通常是由于金融秩序混乱、短期资本流动过于频繁而引起的,为了稳定进出口和物价,政府对贸易汇率进行干预以使其维持在合理水平上。

在多重汇率制下,可以对不同行业和不同商品或不同收支项目规定不同的汇率。比如,为了鼓励出口,可以对出口实行高汇率,使出口外汇在结汇时能换到更多的本币;针对不同行业的产品出口实行差别汇率,则会起到鼓励某些行业发展,抑制另一些行业发展,促进产业结构调整的作用。又如,为了用好有限的外汇资金,优化进口商品结构,可以对关系到国计民生的必需品的进口实行优惠汇率,而对奢侈品的进口实行惩罚汇率(见表 3.3)。

表 3.3　1973 年智利实行的复汇率制　　　(汇率　美元:埃斯库多)

多种进口汇率		多种出口汇率		多种非贸易汇率	
项目类别	汇率	项目类别	汇率	项目类别	汇率
机器	1:65	矿产品	1:45	外币使用旅游	1:156
非必需品	1:125	农牧工业品	1:65	赡家汇款	1:80
高级消费品	1:200	铜制品	1:100	投资汇入汇出	1:156

资料来源:姜波克. 国际金融学[M]. 北京:高等教育出版社,1999:262.

2. 混合汇率制

混合汇率是将官方汇率与自由汇率混合使用的制度,即在规定汇率的同时,允许自由市场汇率存在。其特点是国家不公开宣布实行差别汇率,但由于默许自由汇率存在并在实际中将两种汇率结合起来使用,而形成事实上的复汇率制,只不过这种差别汇率采取隐蔽的形式罢了。有的国家为避免国际游资对正常国际贸易的冲击,甚至规定贸易外汇使用官方汇率,资本交易中使用的外汇则允许在自由市场上按自由汇率交易,这也是混合汇率制的表现形式。在混合汇率制下,某些出口商品或非贸易业务的外汇收入,可以部分或全部不按官方汇率出售给外汇指定银行,允许在自由市场上按高于官方汇率的市场汇率出售外汇。相反,某些进口商品或某些外汇需求不按官方汇率供给或只供给一部分,而由用汇者全部或部分从自由市场高价购买。这样,售汇者可以多收入本币,获取更高的出口收益,有利于刺激出口;反之,用汇者要多付本币,增加用汇成本,从而可以起到抑制进口的作用。

3. 外汇转让证制度

外汇转让证制是复汇率制的一种特殊形式,其做法通常是出口商向指定银行结售外汇时,除按官方汇率取得本币外,银行还同时发给其"外汇转让证"。该证载有出售外汇的币种和金额,可以在自由市场上以高于官方汇率的价格出售外汇,这其实是给出口商的一种"额外补贴",因而是一种变相的出口优惠汇率。而对进口商而言,持有外汇转让证到外汇指定银行换取外汇时,只能按官方汇率得到外汇,这相当于在官方汇率之上加上了一笔额外费用,实际上是一种变相的惩罚汇率。由此可见,外汇转让证制具有奖出限入功能。

4. 外汇留成制

外汇留成制也是一种变相的复汇率制。其特点是在已存在官方汇率和市场汇率的情况下,对不同企业或不同出口商品实行不同的外汇留成比例,出口企业可按规定比例获得留成外汇,并可以将其在外汇调剂市场或自由市场上按市场汇率出售,换成本币,这实际上是给予出口企业的一种变相的出口补贴。留成比例高的企业得到的补贴多,留成比例低的企业得到的补贴就少,没有留成比例的企业则得不到补贴。从表3.4中可以看出,有多少留成比例,实际上就有多少种汇率。

表 3.4　外汇留成比例与复汇率的关系

	出口收汇	留成比例	按官方汇率$1/¥4折算的本币收入	按市场汇率$1/¥6折算的本币收入	本币收入总计	实际平均汇率
甲	100美元	50%	200元	300元	500元	$1/¥5.0
乙	100美元	20%	320元	120元	440元	$1/¥4.4
丙	100美元	0%	400元	0元	400元	$1/¥4.0

资料来源:姜波克.国际金融学[M].北京:高等教育出版社,1999:263.

三、复汇率制的利弊

复汇率制与其他直接管制政策一样,对一国内外经济与金融的影响,既有有利的一面,也有不利的一面。

实行复汇率制对一国内外经济的有利之处主要表现在以下几方面:

(1)通过复汇率制,一国可以鼓励某些货物的出口而限制另外一些货物的进口,从而可以达到改善国际收支的目的。从调节国际收支的角度看,复汇率比单一汇率的效果往往要大一些。尽管在单一汇率下可以通过本币的法定贬值来扩大出口限制进口,但这种作用要受到进口需求、出口供应和国外需求弹性的制约而有时表现得并不明显。在复汇率制下,基于前面的分析可以看出"奖出限入"的效果比较显著。

(2)实行复汇率制,可以调整一国进出口商品结构,进而推动国内经济结构的调整。在复汇率制下,一国可通过对出口制成品采用较高的汇率来促进其发展;可从对原料和初级产品实行较低的汇率以限制其出口;还可以对机器设备进口采用较低的汇率而对非生产和生活必需品实行较高的汇率,从而达到发展本国工业的目的,等等。这样,通过实行复汇率调整进出口商品结构,最终能促进国内经济结构的调整。

(3)实行复汇率制可以起到减缓通货膨胀压力的作用。在复汇率制下,国家可以在不同外汇市场上以不同汇率买进卖出外汇,从而获得其中的差价,增加了政府收入。而这种收入的使用与否,会影响到国内货币流通量的增减,这在某种程度上起到增强或减缓通货膨胀的作用。

(4)复汇率制还对发展中国家的经济发展与工业化起着积极作用。例如,20世纪50年代中期以前,智利、巴西等拉美国家在出口多样化及工业生产方面收到了较好效果,这同这些国家实行复汇率制有着很大关系。

复汇率制对一国内外经济的发展也存在很大的负面影响,表现在:

(1)由于汇率种类较多,需要投入大量人力进行管理,从而加大管理成本。

(2)多种汇率必然导致多种价格,使价格关系变得复杂和扭曲,汇率水平无法反映外汇市场供求的真实状况。

(3)由于复汇率实质上是一种变相的财政补贴,使不同企业处在不同的竞争地位,从而不利于公平竞争关系的建立和规范市场秩序的形成。

(4)由于复汇率是一种歧视性金融措施,容易引起国际社会的非议和报复,不利于国际贸易的正常发展。

正因为复汇率具有上述诸多弊端,大多数实行复汇率的国家都在为取消复汇率而实行单一汇率而努力。

第五节 人民币汇率制度

一、人民币汇率制度的基本内容

人民币汇率制度是指关于人民币汇率制定的政策、依据、确定的原则和采取的措施等一系列规定与安排。其基本内容包括：

（1）人民币对外币的汇率，是在贯彻执行独立自主的方针下，根据我国各个时期的政策和经济建设的要求，参照各国汇率的变化情况，由中国人民银行国家外汇管理局制订、调整和公布，由中国银行对外挂牌。20世纪80年代之前，从挂牌的货币来看，人民币汇率有三类：一是对西方国家货币的汇率，这些货币均为自由兑换货币；二是对签有双边协定国家货币的汇率，主要是便于双边贸易结算，其中的货币只限于双边使用；三是对前苏联、前东欧各社会主义国家以及蒙古等货币的汇率，其中的货币只限于对方国家使用。20世纪80年代以后，双边协定逐步废除，对双边国家货币的汇率也不再公布。目前人民币汇率挂牌货币全部为可自由兑换货币，主要有：英镑、美元、日元、德国马克、港币、瑞士法郎、澳大利亚元、加拿大元、新加坡元、法国法郎、澳门元、荷兰盾、挪威克朗、瑞典克朗、丹麦克朗、欧洲货币单位、比利时法郎、马来西亚林吉特、菲律宾比索、泰国铢、奥地利先令、芬兰马克等。

（2）人民币汇率采用直接标价法，以一定数额的外国货币为标准，用人民币数额的变动来表示外币价值的涨跌。在目前公布的人民币汇率信息中，有关汇率的概念有：①人民币基准汇价。这是由中国人民银行公布的中国外汇交易中心交易货币，即美元、日元、港币的市场交易中间价，它们是相关外汇银行或金融机构之间及其与客户之间进行人民币与外汇买卖交易的基准。②买入汇率与卖出汇率。③现汇卖入价和现钞买入价。在每日公布的"中国银行人民币外汇汇率"表中，实际上有三种汇价：现汇买入价、现钞买入价和现汇现钞卖出价。现汇买入价和现钞买入价是外汇买入价的细分，而卖出价不作细分，而是实行现汇与现钞的统一价。现汇买入价高于现钞买入价。现钞买入价是按照国际市场买入现钞价套算，然后扣除运钞费、保险费和购入外钞所垫付的人民币利息确定的。

（3）人民币汇率分买卖两档牌价，外汇买卖差价一般为2‰~5‰，这是银行买卖外汇的营业收入。

（4）人民币远期汇率。人民币对外币的远期买卖，由中国银行办理。人民币远期买卖汇价，采取即期汇价加收一定比例远期费的办法。

（5）银行买卖外币现钞价。银行买卖外币现钞价，按国家外汇管理局公布的外汇现钞兑换牌价计算。外汇现钞兑换牌价,由于扣除必要的运保费用和垫付利息,一般略低于外汇牌价。

从1994年4月1日起,我国人民币汇率是由银行向外汇市场的加权平均价形成中间价,由中国人民银行作为基准汇率公布,各外汇指定银行以此为依据,在人民银行规定浮动幅度范围内(±2.5%)自行挂牌,对客户买卖外汇。人民币直接对外公布汇率的货币,是根据我国以对外经济贸易往来的需要而选定的。如表3.5所示。

表3.5 中国银行人民币外汇汇率(每100单位外币价)

货币种类			现汇买入价	现汇现钞卖出价	现钞买入价
中文名称	货币代码[①]	单位及简写			
美元	USD	US$	829.4600	831.9600	809.9400
德国马克	DEM	DM	561.4900	563.1800	548.2800
港币	HKD	HK$	107.2100	107.6300	104.7300
瑞士法郎	CHF	SF	696.5600	698.6500	680.1700
奥大利亚元	AUD	$A	655.9000	658.5300	640.7900
加拿大元	CAD	Can$	604.9000	607.3300	590.9600
新加坡元	SGD	S$	587.7700	590.1300	574.2200
法国法郎	FRF	FF	164.2300	164.8900	160.4400
澳门元	MOP	P	103.7100	104.2100	101.3600
荷兰盾	NLG	FIs	500.4100	502.4100	488.8700
挪威克朗	NOK	NKr	129.5700	130.0900	126.5800
瑞典克朗	SKE	SKr	126.4600	126.9600	123.5400
丹麦克朗	DKK	DKr	145.1000	145.6800	141.7500
日元	JRY	J¥	7.6728	7.7036	7.4960
英镑	GBP	£	1290.5400	1295.7100	1260.8000
欧币单位	ECU	ECU	1056.2100	1060.4400	—
比利时法郎	BEF	BF	27.2364	27.3456	26.6087
马林吉特	MYR	MS	332.4500	334.0500	324.9200
菲律宾比索	PHP	P	31.6200	31.7700	30.9000
泰国铢	THB	B	32.7700	32.9300	32.0300
奥地利先令	ATS	S	79.7600	80.0800	77.9200
芬兰马克	FIM	FMk	184.5700	185.3100	180.3200

资料来源:蒋志芬.国际金融概论[M].北京:中国金融出版社,1997:44.
注:①各国货币代码由国际标准化组织制定。

二、人民币汇率制度的历史沿革

新中国成立以来,我国汇率制度经历了以下几个发展时期。

(一) 人民币实行单一汇率制度时期(1949~1980年)

这一时期的汇率制度又可分为三个不同阶段:

1. 第一阶段(1949年1月~1952年12月)

1948年12月1日,中国人民银行成立,并开始发行人民币。人民币对西方国家货币的汇率于1949年1月18日首先在天津挂牌,以后,全国各地以天津口岸的汇率为标准,根据当地的具体情况,公布各自的人民币汇率。这一阶段,我国外汇十分短缺,为了尽快恢复和发展国民经济,扶植出口,积累外汇资金,进口国内急需的物资,人民币汇率的制定实行"鼓励出口、积累汇源、兼顾进口、照顾侨汇"的方针,采取"物价对比法",以75%~80%的大宗出口商品加权平均换汇成本,加上5%~15%的利润,得到出口商品理论比价,再参照进口商品理论比价和侨汇购买力比价制定人民币汇率。由于当时国内物价波动很大,人民币汇率变动亦很大,从1949年1月至1950年3月,由于国内物价上涨较快,人民币对外价值不断下降,外汇牌价不断调高,由1美元=80元旧人民币调至1美元=43 000元旧人民币。此后至1952年12月,国内物价趋稳并开始回落,人民币汇率转为持续升值,到1952年12月,美元对人民币汇率跌至1美元=26 170元旧人民币。

2. 第二阶段(1953~1972年)

1953年以后,我国进入社会主义建设时期,金融、物价比较稳定。1953年3月发行了人民币新币,以1:10 000的比例收回了旧币。这一时期,人民币币值基本稳定,以及国际上普遍实行固定汇率制,人民币汇率亦基本保持不变,人民币对美元的汇率基本维持在1美元=2.46元人民币水平上,直到20世纪60年代末、70年代初,美元大幅度贬值,人民币对美元的汇率相应提高。

3. 第三阶段(1973~1980年)

1973年以后,布雷顿森林体系崩溃,以美元为中心的固定汇率制解体,多数工业国家相继实行浮动汇率制。这一时期的人民币汇率的制定方法采用了钉住"一篮子货币"的形式,即选择与我国对外贸易相关的若干种主要货币,根据这些货币加权平均的汇率变动情况对人民币汇率做出相应调整。与以前相比,人民币汇率的制定方法虽然有了变化,但原则上仍然保持了人民币名义有效汇率的基本稳定。由于这一时期人民币汇率适当高估,因而人民币对美元汇率逐年上升,由1973年的1美元=2.05元人民币调整到1980年的1美元=1.53元人民币。

（二）人民币实行双重汇率制度时期(1981～1993 年)

这个时期的汇率制度经历了两个阶段：

1. 第一阶段(1981～1984 年)

这一阶段是我国改革开放政策开始时期。在此之前，我国进出口贸易实行统一经营、统负盈亏的体制，汇率的高估不仅不会影响进出口的规模和构成，而且外贸系统的盈亏总额也无什么影响，因为调整人民币汇率对外贸易系统的出口盈亏额与进口盈亏额的影响是正好相抵的。始于 1978 年的外贸体制改革，外贸企业开始转变成为独立核算、自负盈亏的经济实体。由于当时人民币汇率对外贸出口支持不大，甚至使出口商品平均换汇成本超出了公开牌价，使出口亏损很大。为了鼓励出口，抑制进口，就必须改变人民币汇率定值过高的状况，发挥汇率对进出口贸易的杠杆作用。为此，从 1981 年起，我国试行汇价制度改革，实行两种汇率。一种是适用于进出口贸易结算和外贸企业经济核算的贸易外汇内部结算价。内部结算价为 1 美元合 2.8 元人民币，这一比价是根据 1978 年全国平均出口换汇成本 2.53 元再加上 10% 的利润计算出来的。另一种是官方公布的人民币外汇牌价，主要适用于非贸易外汇的兑换和结算，仍沿用原来的"一篮子货币"加权平均确定。这一汇率基本保持在 1 美元＝1.6 元人民币的水平上。

2. 第二阶段(1985 年～1993 年)

随着经济体制改革的深入和对外贸易的发展，内部结算价和公开牌价并行使用的局面已不适应形势发展的需要。1985 年 1 月 1 日，人民币对外公开牌价为 1 美元＝2.80 元人民币，同内部结算价持平，从而事实上取消了内部结算价。此后，人民币汇率根据国内外经济情况的变动做了几次较大幅度的调整：1985 年 1 月～10 月，由 1 美元＝2.80 元人民币调低至 3.20 元人民币，1986 年 7 月调至 1 美元＝3.70 元人民币，1989 年 12 月调至 1 美元＝4.722 1 元人民币，1990 年 11 月调至 1 美元＝5.222 1 元人民币，1993 年底 1 美元＝5.800 0 元人民币。

自 1985 年以后，人民币汇率的制定方法逐渐从以"一篮子货币"为依据改为主要钉住美元，即人民币与美元之间的汇率基本固定，必要时才作适当调整，而人民币与其他国家的汇率则随美元与这些货币汇率的变化而调整。

除正式的官方牌价外，我国于 1980 年 10 月开始办理外汇调剂业务，但在 1985 年之前，由于对调剂价实行限制（规定以内部结算价加 10% 为最高限价），调剂外汇供不应求，使外汇调剂基本上处于有行无市状态。1985 年取消内部结算价以后，外汇调剂业务迅速发展，逐步形成了外汇调剂市场和调剂价格。外汇调剂价以比官方牌价高 1 元的办法确定，到 1993 年底，外汇调剂价为 1 美元＝8.7

元人民币。因此,实际上我国从 1985 年以后又出现了官方汇率与外汇调剂价并存的新的双重汇率制。

(三) 人民币实行单一汇率制度时期(1994 年～)

这个时期的汇率制度又分为两个阶段:

1. 第一阶段(1994~2005 年)

1994 年我国成功地进行了外汇管理体制的重大改革,除了取消长达 15 年的外汇留成制、实行银行结售汇制度、实现了经常账户下人民币基本可兑换外,还对人民币汇率制度进行改革,即将人民币汇率并轨,取消官方汇率,建立统一的银行间外汇市场,实行以市场供求为基础的、单一的、有管理的浮动汇率制度。并轨后的人民币外汇牌价为 1 美元=8.7 元人民币。

当时我国的汇率形成机制是:各外汇指定银行根据企业在银行的结售汇情况和中国人民银行对其核定的结售汇周转头寸限额,在银行间外汇市场买卖外汇,平补头寸,形成外汇供求。中国人民银行每天根据前一个营业日银行间外汇市场成交汇率的加权平均数,公布当天人民币与美元、港币、日元、欧元的基准汇率,并参照国际外汇市场上美元的汇率,同时公布当天人民币对其他货币的汇率。中国人民银行对人民币汇率进行宏观调控和必要的市场干预,以保持汇率的合理和稳定。

从实际操作和汇率的实际变动来看,人民币汇率波幅很小,对美元的汇率一直保持在相对稳定的状态(如表 3.6 所示)。正因为如此,国际货币基金组织 1999 年按照事实分类法对汇率制度重新进行分类时,我国的汇率制度被列入"固定钉住汇率制度"之列。虽然我国的汇率制度被称之为"有管理的浮动汇率制",但实质是钉住美元的汇率制度。

表 3.6　1995~2004 年人民币汇率中间价及其逐年变动幅度

年份	1995	1996	1997	1998	1999	2000	2001	2002	2003	2004
USD/RMB	8.35	8.31	8.29	8.28	8.28	8.28	8.28	8.28	8.28	8.28
逐年变动幅度(%)	—	−0.5	−0.24	−0.12	0	0	0	0	0	0

资料来源:国家外汇管理局网站统计数据与报告。

2. 第二阶段(2005 年～)

1994 年外汇管理体制改革以后,我国经常项目和资本项目双顺差持续扩大,加剧了国际收支失衡。2005 年 6 月末,我国外汇储备达到 7 110 亿美元。对外贸易顺差迅速扩大,贸易摩擦进一步加剧。为此,政府决定进一步完善人民币汇率形成机制,自2005年7月21日起,我国开始实行以市场供求为基础、参考一篮子货币进行调节、有管理的浮动汇率制度。同时人民币升值2%,美元对人民币的汇率由7月20日的1∶8.27调整为1∶8.11。这次改革改变了过去"钉住美元"的管理方式,也不是"钉住一篮子货币",而是"参考一篮子货币"进行管理和调节。"钉住一篮子"实际还是固定汇率制,而"参考一篮子"则是联系多种货币,同时依据市场供求形成的有管理的浮动汇率制。"钉住一篮子"用一个明确的规则代替央行对汇率的任意干预,从而能迅速稳定汇率预期,但同时丧失了货币当局调节汇率的主动权;而"参考一篮子"则保留了货币当局对调节汇率的主动权和控制力。正因如此,2008年在国际金融危机给全球和中国经济带来了较大的困难和不确定性的背景下,我国适当收窄了人民币波动幅度以应对国际金融危机;2010年,全球经济逐步复苏,我国经济回升向好的基础进一步巩固,经济运行已趋于平稳,在这种情况下,央行又适当增加汇率弹性。我国央行于2010年6月19日,在2005年汇改基础上进一步推进人民币汇率形成机制改革,人民币汇率不进行一次性重估调整,重在坚持以市场供求为基础,参考一篮子货币进行调节。继续按照已公布的外汇市场汇率浮动区间,对人民币汇率浮动进行动态管理和调节,保持人民币汇率在合理、均衡水平上的基本稳定,促进国际收支基本平衡,维护宏观经济和金融市场的稳定。外汇市场的实际运行情况说明,人民币汇率弹性增强,这有利于促进我国结构调整和全面协调可持续发展,有利于抑制通货膨胀和资产泡沫。

三、现行人民币汇率的基本特点

1994年外汇体制改革并轨后的人民币汇率制度所具有的四个要素:以市场供求为基础、单一、有管理和浮动,实质上反映了现人民币汇率制度的基本特征。

(1)"以市场供求为基础",一方面是指外汇市场上的外汇供求状况是决定人民币汇率的主要依据。如中国人民银行当天对外公布的人民币汇率中间价(基准价)是人民银行每天将外汇市场前天交易中每笔的成交价格与成交量进行加权平均得出的,说明人民币汇率是由市场生成的。另一方面,国际外汇市场上主要货币对美元汇率的波动情况也是决定这些货币对人民币汇率的主要因素。

(2)"单一"是指全国只有一个统一的汇率,即由中国人民银行公布的汇率,它适用于所有外汇与人民币的兑换与结算;所有国内企事业单位和外商投资企业都适用这一汇率。实行单一汇率,有利于使所有企业都在一个尺度下展开竞争,有利于资源的优化配置,为实现人民币的可兑换迈出了关键的一步。

(3)"有管理"主要体现为中央银行要对人民币汇率实施宏观调控与管理，一是当人民币汇率出现不正常波动时，中央银行要运用货币政策包括吞吐外汇，调整外汇市场供求，使人民币汇率在相对合理的水平上保持稳定；二是对人民币汇率的运作过程进行监管，规范外汇市场行为，保证人民币汇率的正常运行。

(4)"浮动"是指人民币汇率要保持适度弹性。一是人民币基准汇率并非固定不变，而是要根据外汇市场供求关系的变化适时加以调整；二是各外汇指定银行的挂牌利率可以在基准汇率的基础上，在规定的幅度内自由浮动。

虽然2005年7月21日人民币汇率形成机制又进行了一次调整，由原来的"钉住美元"改为"参考一篮子货币"进行调节，但是总体以市场供求为基础、单一、有管理和市场浮动的特征没有改变。

人民币汇率的上述基本特点表明，我国人民币汇率的形成与调节机制已经完全不同于以前的固定汇率制。人民币汇率决定趋于市场化，汇率的变动采取了浮动汇率的安排，使之能够更加充分地发挥对外平衡的杠杆作用，调节国际收支，调节内外均衡。这样的汇率安排是基于我国社会主义市场经济体制逐步建立、进一步扩大开放、融入国际经济全球化和一体化发展要求的客观实际做出的科学而明智的选择。

并轨以来的9年中(截至2002年11月)，人民币汇率稳中有升(参见表3.7)，不仅改变1993年以前的持续逆差为顺差，还抵御了1997年亚洲金融危机的冲击。可以毫不夸张地说，人民币汇率在我国近几年宏观经济发展中发挥了相当重要的积极作用。可以预言，随着我国经济对外开放程度的进一步扩大和经济一体化程度的进一步增强以及人民币逐步实现完全自由兑换(关于人民币自由兑换问题将在下一节集中讨论)，人民币汇率在我国经济发展乃至在世界经济活动中将发挥出更加重要的作用。

表3.7 1994~2000年人民币汇率(中间价)

年 份	1994	1995	1996	1997	1998	1999	2000	2001	2002.11
汇率(1美元)	8.6187	8.3507	8.3142	8.2898	8.2791	8.2793	8.2775	8.2762	8.2763

第六节 人民币自由兑换问题

一、货币自由兑换的概念和现状

货币的自由兑换是指任何人(包括自然人和法人)可通过外汇市场自由地用

第三章 汇率制度与外汇管制

本国货币购买(兑换)某种外国货币,或用某种外国货币购买(兑换)本国货币。按照产生货币兑换需要的国际经济贸易的性质划分,货币自由兑换分为经济项目下的自由兑换和资本项目(或资本与金融项目)下的自由兑换两个基本层次。经常项目下的自由兑换是指对于经常项目外汇支付和转移的汇兑实行无限制的兑换,按照 IMF 章程第八条第二、第三、第四款的规定,凡是能达到下列要求的货币便可视为自由兑换货币:

(1)会员国应允许其居民获取与非居民进行经常性国际交易所需的外汇。

(2)会员国必须允许非居民将其通过经常性国际交易获取的该国货币,兑换成非居民所希望的货币。

(3)未经 IMF 批准,会员国不实行歧视性货币措施或多重汇率。

因此实现了经常项目下货币自由兑换的国家又被称为"第八条款国"。据 IMF1997 年的统计,在基金组织 184 个成员国中,已有 143 个国家和地区接受第八条款,实现了经常项目下的自由兑换。资本项目下的自由兑换则是指对资本流入和流出时的兑换均无限制。在第二次世界大战时期,各国都对资本流动实行严格管制,但是随着世界经济的全球化趋势的加剧,资本的国际流动要求资本项目管制放松,一些发达国家对资本项目管制逐渐取消。然而实现资本项目可兑换要比经常项目可兑换难得多。据 IMF1997 年的统计,在其成员国中有 128 个成员国对资本市场交易实行限制,112 个成员国对货币市场交易实行限制,140 个成员国对直接投资实行限制,并有相当多成员国对部分或全部资本交易使用歧视性汇率。在已实行资本项目可兑换的成员中,绝大多数为工业化国家,发展中国家所占比例很小。

二、资本账户自由兑换的收益与成本

一国货币实现完全自由兑换意味着该国货币的完全对外开放。一般而言,经常账户的自由兑换相对容易一些,给一国所带来的负面影响也要小一些。而资本账户的自由兑换则复杂得多,它给一国所带来的影响和冲击也要深远得多、大得多。因此,资本账户的自由化或开放是一国货币迈向自由兑换过程中最关键、最敏感的问题,必须谨慎对待。从国际社会看,直到 1994 年墨西哥金融危机之后,西方大部分经济学家和国际金融机构仍然在鼓吹资本账户自由化的种种好处,但是,经历了 1997 年开始的亚洲金融危机之后,国际社会开始重新审视资本账户自由化的问题。

资本账户要不要开放,取决于开放资本账户的成本与收益的对比。因此,分析资本账户开放所能带来的潜在收益与这种开放的成本,显得特别必要。

1. 资本账户自由兑换的收益

较为开放的资本账户可能会在以下几个方面获得社会福利的增加：

(1)资本自由流动可以使一国获得更多的由金融服务专业化带来的好处，同贸易商品一样，进口某种金融服务比生产这种金融服务效率更高。

(2)资本账户的可兑换会增强金融部门的活力，国外的竞争将迫使国内生产者提高效率，并将促进创新，提高生产力。如果国际金融市场能够对金融债权的风险和收益恰当地定价，那么，取消资本管制还将改进资源从储蓄者手中转移到投资者手中的全球性中介活动，这能将全球储蓄配置到生产性最强的投资中去。此外，企业也将更容易在国外扩展业务，采取新的技术和管理经验，尤其是利用新的金融产品来管理风险和为投资融资服务。

(3)资本账户可兑换使居民能在全球范围内实现资产组合多样化，降低居民收入和财富遭受国内金融和实际部门冲击的不利影响。

(4)资本项目自由化还有助于一国进入国际金融市场，降低借款成本。

2. 资本账户自由兑换的成本

开放资本账户在带来收益的同时，也会带来成本和风险的增加。

(1)盲目的资本账户开放容易导致国际投机资本流动剧烈变动引起的国际收支危机或汇率波动。国际投机资本往往以投资基金为工具进攻一国的证券市场和外汇市场，其实现冲击的一个基本前提就是东道国的资本账户是开放的，如果没有资本账户开放，就切断了国际短期投机资本进入本国的渠道。

(2)可能导致国内储蓄外流，不利于欠发达国家发展经济。不同国家经济发展水平不一样，国际竞争力有区别，资本账户的开放将不可避免地导致那些竞争力较差的国家的国内储蓄外流，它们要想获得经济发展所需的资金，必然要比发达国家付出更大的代价。如果这种情况持续存在，最终的结果将是不同国家之间的经济发展出现两极分化，发达国家有可能控制不发达国家的经济命脉。

(3)不利于货币当局对本国金融活动进行管理。

(4)国际短期资本流动的冲击可能对一国的经济稳定和结构改革方案产生冲击。

不同国家之间、同一国家不同的经济发展时期，其开放资本项目成本与收益之间的对比可能是不同的。对于那些经济发展水平较低、国内市场体系不健全、银行体系脆弱、宏观经济调控能力有限的国家来说，开放资本账户的成本可能高于潜在收益；而对于那些经济发展水平较高、市场经济发达、拥有较强的宏观调控能力的国家来说，开放资本账户则能带来更多的利益。因此，要求不同经济条件的国家实行同样的资本账户开放政策，可能是不适宜的。在历史上，西方发达国家基本上都有过资本管制的做法,如今大力鼓吹资本账户自由化的美国,在60年代末70年代初就曾为防止资本大量外流而实行了"利息平衡税"。从长远来看,世界各国开放其资本账户,享受全球一体化带来的种种好处是一种趋势,但是,在国际金融体系尚不够健全的当今世界,发展中国家选择对资本项目进行适当的管理,对短期国际资本流动加以适当的限制,可能更适合于其经济的发展。

三、货币实现完全自由兑换的条件

一国货币要成功地实现自由兑换,尤其是资本账户下的自由兑换,必须达到一定的条件。下面结合人民币实现完全自由兑换所必须的条件进行讨论。

1. 良好的宏观经济状况

人民币实现完全自由兑换后,商品与资本跨国流动的加剧会给我国宏观经济带来多方面的冲击,这在客观上要求宏观经济具有应对各种冲击的能力。良好的宏观经济状况主要表现在以下几个方面:

(1)宏观经济运行较平稳。不存在严重通货膨胀和经济过热现象,也不存在高失业率问题,财政赤字处于可控制范围之内,金融业稳健运行,无巨额不良资产,金融秩序良好。

(2)有发达的市场体系。各要素市场的价格应能充分反映真实供求状况,能对市场上各种要素的变动做出灵敏和快速的反应。金融市场上金融工具品种齐全,市场交易活跃而又规范有序,各种利率的形成和变动能够反映不同的融资供求关系。

(3)政府有较强的宏观调控能力。货币的自由兑换要求政府能够及时准确地运用各种政策工具对经济进行调控,以应付各种复杂的局面。同时政府通过完善的金融监管体系,运用先进的监管手段,能够对金融运行实施严格的监管。

(4)拥有干预外汇市场和平衡国际收支所需的外汇储备。

2. 健全的微观经济主体

货币的自由兑换使微观经济主体面临来自国内国际同类企业的竞争变得更加激烈,而企业的生存发展状况直接影响货币自由兑换的基础和规模。这就要求我国的企业特别是国有企业不仅从制度上切实转换经营机制,建立现代企业制度,成为真正的自主经营、自负盈亏、自我约束和自我发展的市场主体,而且要求企业加快技术改造与新产品开发的步伐,努力提高产品的科技含量,增强产品在市场上特别是在国际市场上的竞争能力。对商业银行而言,必须稳健经营,提高资本充足率,严格控制不良资产。更为迫切的是要加快对国有银行的改革,使之成为真正意义上的商业银行,以约束其经营行为,否则,人民币实现资本项目自由兑换后，商业银行就会通过向国外借款来维持其运转，这容易造成因过度借债而引发的偿债风险，尤为严重的是，在金融业对外开放的环境下，本国银行的不良资产将会诱使公民将大量存款由本国银行转移到外国银行，从而导致本国银行业经营状况的恶化乃至债务危机和支付危机的发生。

3. 较强的经济实力和合理的开放状态

货币自由兑换必须有强大的国力作支撑。一国经济结构合理，产品具有较强的国际竞争力，经济能够保持较高的增长速度，就有实力应对因货币自由兑换可能带来的金融风险，有能力控制实行货币自由兑换可能造成的负面影响。另一方面，合理的对外经济开放态势，既是形成外汇市场的必要前提，又是货币自由兑换得以顺利进行的必要前提。但是合理的开放状态并非开放程度越高越好，而是应与一国经济的发展水平和经济体制相适应，否则盲目地提高开放程度，货币自由兑换可能带来的风险越大，甚至由此酿成经济危机。在这方面 1995 年爆发的墨西哥金融危机和 1997 年发端于泰国的亚洲金融危机可谓教训深刻。

4. 适当的汇率制度与汇率水平

一般来说，在货币可以自由兑换的情况下，选择具有更多浮动汇率特征的汇率制度更为合适。汇率水平与汇率制度密不可分，其确定取决于一系列因素。这在第二章里已做了介绍。

5. 健全的货币管理机制

健全的货币管理机制至少有两层含义：一是中央银行具有制定货币政策的权威性或独立性；二是中央银行必须拥有有效的货币政策工具来控制货币供给量。如果中央银行没有强有力的宏观调控能力，就不可能有有效的汇率管理。

6. 完善的金融市场

金融市场尤其是发达的货币市场不仅是中央银行进行公开市场操作，通过改变货币供应量操纵汇率，或在干预外汇市场后进行"冲销性操作"，抵消储备变动对货币基数影响的前提，也是直接而灵活地调节外汇供求和汇率的场所。如果货币市场出现超额需求时，中央银行可通过提高短期利率，把资金从外汇市场吸引到货币市场上来；反之则相反。

综上可以看出，目前人民币完全自由兑换所需的上述条件还不具备或不完全具备，其中最重要的是由于我国的对外开放是在经济体制转轨的状态下进行的，因此外汇体制的改革本身并不能创造出全部上述条件，还仰赖与其他方面改革的配合。所以我国目前对资本项目仍实行较严格的管制，实现人民币资本项目下的自由兑换尚需较长的时日。

四、人民币自由兑换的进程

人民币自由兑换是我国外汇管理体制改革的核心内容,也是我国金融体制改革中难度较大而又敏感的问题之一。从发展的进程看,我国人民币可兑换大致经历了四个阶段。

1. 高度集中控制时期(1979年以前)

这一时期的人民币兑换与我国高度集中的计划经济体制相适应,实行高度集中、统收统支的外汇管理制度。企业进口用汇按计划分配,每笔用汇都须层层审批。

2. 向市场化过渡时期(1979~1993年)

这一时期国家对人民币兑换的控制随着经济体制改革的发展而逐步放松。1979年实行外汇额度留成制度。额度留成是指大企业通过商品和劳务的出口获得外汇收入后,可按规定的比例获得外汇留成归己支配。伴随这一制度的实行,创汇企业和用汇企业之间产生了调剂外汇余缺的需求,从而形成外汇调剂市场,这对推动人民币向可自由兑换方向迈进起了重要作用。但是经常项目下的支付用汇尚有一部分需要计划审批,并由此导致了多重汇率的出现,因而与经常项目下的自由兑换存在很大差距。

3. 经常项目下有条件可自由兑换时期(1994~1996年)

1994年,我国外汇管理体制进行了一系列重大的改革,鉴于当时许多条件尚不十分成熟,人民币在经常项目下实行有条件的可自由兑换。这里的"有条件"主要指两个方面:第一,经常项目下非贸易非经营性用汇要审批;第二,有些贸易管制实行售汇限制,其目的在于防止资本外逃。

4. 经常项目下的自由兑换时期(1996年12月1日至今)

在1994年外汇管理体制改革成功的基础上,1996年又进行了一系列改革(已如前述),基本上消除了所有尚存的经常项目汇兑限制。1996年11月27日,中国人民银行行长戴相龙正式致电国际货币基金组织,代表中国政府承诺,自1996年12月1日起,履行国际货币基金组织协定第八条款的全部义务,实行人民币经常项目下的可自由兑换,国家对经常项目支付和转移不予限制,但是还须保留对经常项目下的外汇收支的管理。至此1994年确定的外汇体制改革的目标已基本实现。

本章重要概念

汇率制度　固定汇率制　浮动汇率制　自由浮动　管理浮动　单独浮动　联合浮动　钉住浮动　蛇形浮动　汇率目标区制　发钞局制　汇率政策　复汇率制　固定差别汇率制　混合汇率制　外汇转让证制度　直接干预　间接干预　冲销式干预　非冲销式干预　单边干预　多边干预　外汇管制　结汇与售汇　货币自由兑换　第8条款国

思 考 题

1. 浮动汇率制与固定汇率制相比较有何优缺点？
2. 试结合某个国家外汇管理状况，分析实行外汇管制的好处与弊端。
3. 一国应如何选择合理的汇率制度？
4. 简述复汇率的概念及其表现形式。
5. 试分析复汇率制的利弊。
6. 简述人民币汇率形成新机制及其基本特征。
7. 我国曾实行的复汇率制的表现形式有哪些？我国是如何解决这一问题的？
8. 如何看待资本与金融账户下货币实现自由兑换的好处与风险？

分析讨论题

1. 联系实际谈谈我国为什么可以做到经常项目下可兑换？
2. 我国加入WTO后是否可以加快人民币完全自由兑换的进程？

附录　参考一篮子货币：人民币汇率制度的选择

自1994年以来，我国实际上实行的是钉住美元的汇率制度，人民币汇率长期被固定在1美元兑8.28元左右人民币水平上。虽然钉住美元制有利于促进我国对外经贸交易，但明显存在许多缺陷和不足，因此，2005年7月21日中国人民银行发布公告宣布，人民币汇率进行重大改革。其改革的主要内容可以概括为三方面：一是人民币汇率机制从钉住单一美元转为以市场供求为基础、参考一篮子货

第三章 汇率制度与外汇管制

币进行调节、有管理的浮动汇率制度;二是美元对人民币交易价格从1美元兑8.27上升为8.11元人民币,升值2%;三是现阶段美元兑人民币日波动幅度限定在千分之三。

在钉住一篮子货币的汇率制度下,给篮子中的各种货币赋予一定的权重,让本国货币的汇率根据篮子中各货币的汇率变动而加权变动,可以实现本国货币加权平均的稳定汇率。假如人民币钉住某个货币篮子,这个篮子由三种货币构成,有美元、欧元和日元,这三种货币在该篮子中的权重分别为50%、25%和25%。现在我们来看欧元和日元相对美元均升值10%的情况。如果人民币实行单一钉住美元的汇率制度,则欧元和日元对美元的升值不会影响人民币和美元之间的汇率。但是,欧元和日元对美元升值10%,意味着欧元和日元对人民币也升值了10%。而如果人民币钉住上述一篮子货币,则欧元和日元相对美元升值10%会导致人民币相对美元升值5%。此时,人民币与美元的汇率不再稳定。但是,人民币在对美元升值5%的同时,对欧元和日元会贬值5%。这样,人民币通过对美元汇率的一定程度的波动,换得了加权平均汇率的稳定。

可见,钉住一篮子货币的汇率制度最主要的优点是能够有效规避世界上其他货币的汇率变动带来的冲击和引发的结构失衡,实现本币汇率的相时稳定。其次,在钉住一篮子货币的浮动汇率制度下,被钉住的货币虽然对货币篮子的汇率是不变的,但对各种单一货币的汇率都会有一些波动,这种波动就会有利于居民和企业形成比较强的汇率风险意识,也有利于远期市场的培育和外汇市场避险工具的产生,如果没有汇率的波动,远期市场和外汇市场避险工具就不会产生或者是产生也派不上用场。再次,采用货币篮子以后,汇率会更加具有弹性,会经常波动,这样有利于向更加灵活的汇率制度过渡。其三,也许在当前是最重要的一点,即钉住一篮子货币的汇率制度有助于稳定汇率预期。实际上,钉住一篮子货币的汇率制度给定了一个汇率变动的规则,在这个规则中,汇率变动将不以一国的国际收支基本状况为依据,而是以货币篮子其他货币的汇率变动为依据。因而将对汇率变动的预期转嫁到对其他货币的汇率变动预期上,避免将一国的国际收支状况作为形成汇率变动预期的基础。

我们做一个简单的模型,试着说明在钉住一篮子货币的条件下人民币汇率变化的道理。假定货币篮子里只有三种货币:美元、欧元和日元。其中1美元=1欧元,1美元=100日元。权重分别为美元70%、欧元20%、日元10%。初始汇率为8.11元人民币=1美元。如果把钉住1美元改为参考货币篮子,则8.11元人民币=(1美元×70%+1欧元×20%+100日元×10%),全部换算成美元后,该等式变为:

国际金融学

$$8.11 \text{元人民币} = (1\text{美元} \times 70\% + 1\text{美元} \times 20\% + 1\text{美元} \times 10\%)$$

也就是

$$8.11 \text{元人民币} = (0.7\text{美元} + 0.2\text{美元} + 0.1\text{美元}) = 1\text{美元}$$

假设随后欧元对美元升值20%,为1欧元=1.2美元。此时人民币汇率货币篮子就变为:

$$8.11 \text{元人民币} = (1\text{美元} \times 70\% + 1.2\text{美元} \times 20\% + 1\text{美元} \times 10\%)$$

即8.11元人民币=1.04美元,或1美元=7.798元人民币。人民币对美元升值了4%。

由此可以看到,尽管欧元对美元出现了大幅升值,但人民币对美元升值的幅度则比较小,其原因就在于欧元在人民币篮子里所占的权重比较小。

为了保持人民币对美元汇率的稳定,央行还可以随时调整货币篮子的权重。比如,欧元对美元仍保持升值20%,但如果央行把欧元权重调整为10%,日元权重调整为20%,则人民币对美元汇率为8.11元人民币=1.02美元,1美元=7.951元人民币,人民币对美元升值幅度为2%。同样是欧元对美元升值20%,因为权重变了,人民币对美元升值的幅度就仅有原来的一半。

所以,权重的设置很重要。这也正是人民币不是钉住一篮子货币,而是参考一篮子货币的妙处所在。钉住了,谁都可以预测汇率走势,而参考则不同,央行随时可以自我调整权重和币种,外人无法准确预期。

事实上,钉住一篮子货币的汇率制度有其固有的缺陷:首先,严格的钉住一篮子货币会丧失调整汇率的主动性,本币汇率的变化是根据篮子中货币的汇率被动进行调整;其次,本币的汇率变动不反映本币的市场供求状况,因此,钉住一篮子货币的汇率制度不符合市场化的改革方向,或者以市场为基础的改革方向;第三,钉住一篮子货币不能规避非汇率因素对国际收支的冲击。

但是,参考一篮子货币进行调节的汇率制度与钉住一篮子货币的汇率制度相比,也有自身的弊端。如前所述,在严格的钉住一篮子货币的汇率制度,货币的汇率变动完全根据篮子中各货币的汇率变动而被动变动。而参考一篮子汇率制度下,货币将以三种方式发生变动:一是日常的波动,即每天以上一交易日收盘价为中心正负3‰之内的波动。二是参考货币篮子调整中间价,即当货币篮子中某些货币的汇率发生大幅度波动,以至于美元兑该货币的收盘价处于区间端点也不能涵盖这一波动幅度时,货币当局可能不以上一日收盘价作为下一日的中间价,而是参考货币篮子重新确定一个中间价。三是必要时扩大汇率浮动区间,即货币当局在必要情况下可以将波动幅度扩大到一个更大的区间。扩大浮动区间需要对外汇交易市场、外汇指定银行与居民和企业的交易制度、银行的外汇头寸管理制

第三章 汇率制度与外汇管制

度和强制结售汇制度进行相应的改革和调整,否则会影响整个外汇市场的交易效率。需要特别强调的是,即使在日常的范围之内的波动,也不是完全自由波动。货币当局不是仅仅在区间两端进行买入和卖出,而且可以作为外汇交易市场的一个成员,在区间内的任何价位进行交易。因此,货币当局事实上还具有决定每日收盘价的能力。

可见,参考一篮子货币进行调节和严格钉住一篮子货币的最大区别就在于前者保留了货币当局对调节汇率的主动权和控制力,但不能享受在稳定汇率预期方面带来的好处,而后者则用一个明确的规则代替中央银行对汇率的任意干预,从而能迅速稳定汇率预期,但同时丧失了货币当局调节汇率的主动权。这实际上是一个在相机抉择与规则之间进行折中的古老的政策难题。

第四章　外汇交易与外汇风险管理

第一节　外汇市场

一、外汇市场概述

（一）外汇市场的概念

外汇市场（Foreign Exchange Market），是指由经营外汇业务的银行、各种金融机构以及个人进行外汇买卖，调剂外汇供求的交易场所。随着交易日益电子化和网络化，取而代之的是通过计算机网络来进行外汇的报价、询价、买入、卖出、交割和清算。由于世界外汇市场是由各国际金融中心的外汇市场构成的，因此，外汇市场实际上是一个包含了无数外汇经营机构的计算机网络系统，它是一个无形的市场。目前世界上有外汇市场 30 多个，其中最重要的有伦敦、纽约、东京、巴黎、瑞士、新加坡、香港等，它们各具特色并分别位于不同的国家和地区，彼此之间相互联系，形成了全球的统一外汇市场。

根据国际清算银行（BIS）每三年一次的调查，2010 年，英国在全球外汇交易中的领先地位进一步上升，其在外汇市场交易中的份额由三年前的 34% 升至 2010 年 4 月的 37%。美国位列第二位，市场份额由三年前的 17% 升至 2010 年 4 月的 18%。日本以 6% 的份额位居全球第三位。市场份额排名第四位至第七位的国家或地区分别为新加坡（5%）、瑞士（5%）、香港特别行政区（5%）和澳大利亚（4%）。

在外汇市场上，外汇的买卖有两种类型：一是本币与外币之间的相互买卖，即需要外汇者按汇率用本币购买外汇，持有外汇者按汇率卖出外汇换回本币；二是不同币种外汇之间的相互买卖，如美国居民用日元购买欧元，或用英镑购买加拿大元。交易对象包括货币对换、外汇存单、外币信贷、外贸融资、外汇远期、货币期权、期货合同、外币掉期合同等。根据国际清算银行公布的世界外汇交易额数据：

第四章 外汇交易与外汇风险管理

1989年4月统计每日交易额仅为6 200亿美元,以后逐年递增,到2010年统计每日交易额已达4万亿美元。

(二)外汇市场的功能

外汇市场是适应国际贸易发展、国际经济往来扩大、国际资本流动增加对外汇买卖需求增大而产生的。外汇市场的形成,必然反过来大大促进国际贸易的发展和国际经济往来的扩大,促进国际间的资本流动和各国对外汇储备的经营管理。具体讲,外汇市场具有以下几个方面的功能:

1. 实现购买力的国际转移

国际贸易和国际资金融通至少涉及两种货币,而不同的货币对不同的国家形成购买力,这就要求将本国货币兑换成外币来清理债权债务关系,使购买行为得以实现。而这种兑换就是在外汇市场上进行的。外汇市场所提供的就是这种购买力转移交易得以顺利进行的经济机制,它的存在使各种潜在的外汇售出者和外汇购买者的意愿能联系起来。当外汇市场汇率变动使外汇供应量正好等于外汇需求量时,所有潜在的出售和购买愿望都得到了满足,外汇市场处于平衡状态之中。这样,外汇市场提供了一种购买力国际转移机制。同时,由于发达的通讯工具已将外汇市场在世界范围内联成一个整体,使得货币兑换和资金汇付能够在极短时间内完成,购买力的这种转移变得迅速和方便。

2. 提供资金融通

外汇市场向国际间的交易者提供了资金融通的便利。外汇的存贷款业务集中了各国的社会闲置资金,从而能够调剂余缺,加快资本周转。外汇市场为国际贸易的顺利进行提供了保证,当进口商没有足够的现款提货时,出口商可以向进口商开出汇票,允许延期付款,同时以贴现票据的方式将汇票出售,拿回货款。外汇市场便利的资金融通功能也促进了国际借贷和国际投资活动的顺利进行。美国发行的国库券和政府债券中很大部分是由外国官方机构和企业购买并持有的,这种证券投资在脱离外汇市场的情况下是不可想象的。

3. 提供外汇保值和投机的机制

在以外汇计价成交的国际经济交易中,交易双方都面临着外汇风险。由于市场参与者对外汇风险的判断和偏好的不同,有的参与者宁可花费一定的成本来转移风险,有的参与者则愿意承担风险以实现预期利润,由此产生了外汇保值和外汇投机两种不同的行为。在金本位和固定汇率制下,外汇汇率基本上是平稳的,因而就不会形成外汇保值和投机的需要及可能。而在浮动汇率下,外汇市场的功能得到了进一步的发展,外汇市场的存在即为套期保值者提供了规避外汇风险的场所,又为投机者提供了承担风险、获取利润的机会。

二、外汇市场的结构

(一) 外汇市场的参与者

1. 外汇银行

外汇银行(Foreign Exchange Bank)是外汇市场的主体,它是指由各国中央银行指定或授权经营外汇业务的银行。它包括以经营外汇业务为主的本国专营银行,兼营外汇业务的本国银行和设在本国的外国银行分支机构、代办处或其他金融机构。外汇银行可以与外汇市场中的所有其他参加者发生交易,包括外汇经纪人、顾客、其他外汇银行和中央银行。外汇银行从事的外汇买卖业务主要包括两个方面:

一是代客买卖业务(被动的交易),即充当外汇买卖双方(称为客户)的中介。外汇银行在向顾客报出的外币买卖价格中存在一个价差,例如,1美元=1.486 0/70瑞士法郎,价差为0.001 0瑞士法郎,外汇银行通过代顾客买卖外汇而赚取这一价差。

二是自营业务(主动的交易),即在银行同业市场上与其他银行进行的外汇买卖,目的是轧平头寸,防范外汇风险。因为商业银行在经营外汇业务中,不可避免地要出现买进和卖出外汇之间的不平衡情况。如果卖出的外汇大于买进的外汇,则称为"空头"(short position),如果买进的外汇大于卖出的外汇,则称为"多头"(long position)。商业银行为避免因汇率波动遭致损失,故在经营外汇业务时,常遵循"买卖平衡"的原则。也即对每种外汇,如果出现"多头",银行应将多余部分的外汇卖出;如果出现"空头",银行应将短缺部分的外汇买进。当然,这并不意味着商业银行在买卖外汇以后,立即进行平衡。各国的金融状况,本身的资金实力以及对汇率变动趋势的预测,可能采取决定立即平衡,或者加以推迟,推迟平衡实际上是进行外汇投机。

此外,外汇银行还出于投机、套利、套汇等目的在同业市场进行外汇交易。

2. 外汇经纪人

外汇经纪人(Foreign Exchange Broker)是指促成外汇交易的中介人,多是信托公司、银行等兼营机构,也有专门经营这种业务的公司和个人。它介于外汇银行之间、外汇银行和外汇市场其他参加者之间,代洽外汇买卖业务。

外汇经纪人一般分为两类:一种是一般经纪人,即以自有资金参与外汇交易,自负盈亏,这时经纪人就是自营商;另一种是跑街经纪人,或掮客,以收取佣金为目的,代客进行外汇买卖,其本身不承担任何风险。后者是重要的参加者,因为他们熟悉了解行情,有助于交易的迅速实现;又因为他们使交易双方处于匿名状态,有助于达成较为公平的交易。目前,部分信用较高、资金较雄厚的外汇经纪人除了代客买卖外汇外,也从事自营外汇交易。经纪人要处理当事人提出的合理要求,提供快捷和可靠的服务,必须拥有先进的设备和熟练的技术人员。

3. 客户

客户是指外汇市场上除外汇银行之外的个人、企事业单位和团体。包括三类:一是交易性的外汇买卖者,如进出口商、国际投资者、旅游者等。他们是外汇的最初供应者和最终需求者。二是保值性的外汇买卖者,如套期保值者。三是投机性的外汇买卖者,即外汇投机者。外汇投机者是通过预测汇率的涨跌趋势,利用某种货币汇率的时间差异,低买高卖,赚取投机利润的市场参与者。他们对外汇并没有真实的需求,如调整头寸,或清偿债权债务,他们参与外汇买卖纯粹是为了寻找因市场障碍而可能利用的获利机会,这些机会是隐蔽的,难以被发现。

4. 中央银行

中央银行是货币市场的主要参与者之一,他们不是外汇投机者,他们进入外汇市场的主要目的是为了观察市场,控制货币供应和汇率走向。为了维护本国货币汇率的稳定,中央银行也可以通过直接参与外汇市场买卖,调整外汇市场资金的供求关系,使汇率维系在一定水平之上或限制在一定水平之下。

中央银行通常设立外汇平准基金,当市场外汇求过于供、汇率上涨时,就抛售外币、收回本币;当市场外汇供过于求、汇率下跌时,就买进外币、投放本币。因此,从某种意义上看,中央银行不仅是外汇市场的参加者,而且也是外汇市场的实际操纵者。一国政府往往通过中央银行观察经济活动,从而维持适当的货币供应,以实现经济目标。

(二)外汇交易的层次

一般地,外汇交易可以分为三个层次,即外汇银行与顾客之间的交易,外汇银行之间的交易和外汇银行与中央银行之间的交易。

1. 银行与客户之间的外汇零售市场

客户(如进出口商)出于各种各样的动机,需要向外汇银行买卖外汇。非投机性外汇买卖常常是与国际结算相联系,故主要是本币与外汇之间的相互买卖。银行在与客户的外汇交易中,一方面从客户手中买入外汇,另一方面又将外汇卖给客户。实际上是在外汇的终极供给者与终极需求者之间起中介作用,赚取外汇买卖的差价。这个市场交易量服从于客户的外汇供求状况,被称之为外汇的零售

市场。

2. 银行同业间的外汇批发市场

为了避免汇率变动的风险,银行就需要借助同业间的交易及时进行外汇头寸调拨,抛出多头,补进空头,最终轧平各币种的头寸。银行同业市场汇集了外汇市场主要的供求流量,因此银行同业间的外汇交易构成了外汇交易的主体。狭义的外汇市场常常指银行同业交易市场,或称外汇批发市场,所交易的货币大多是不同类型的外币。

3. 外汇银行与中央银行之间的外汇交易市场

中央银行干预外汇市场所进行的交易是在它与外汇银行之间进行的。通过这种交易,中央银行可以使外汇市场自发供求关系所决定的汇率相对地稳定在某一期望的水平上。如果某种外币兑本币的汇率低于期望值,必要时,中央银行就会向外汇银行购入这种外币,增加市场对该外币的需求量,促使银行调高其汇率,反之,促成其汇率下降。

三、外汇市场的类型

(一) 按外汇市场的组织形态划分

从外汇市场的组织形式上划分,分为有形市场和无形市场。

有形市场,又称具体的外汇市场,是指有固定的交易场所,并在规定的营业时间内进行的外汇交易。无形市场,又称抽象的外汇市场,是指没有固定的交易场所,没有统一的营业时间,所有的交易通过电话、电报、电传或计算机终端等组成的通讯网络达成。目前各个外汇市场的名称虽然冠以地名,如伦敦外汇市场、纽约外汇市场等,但由于外汇交易一般都通过现代化通讯手段来进行,快速方便,因此各国外汇市场的交易一般都具有国际性。世界各个金融中心的外汇市场已相互联结,形成网络,因此,无形市场是目前的主导形式。

(二) 按外汇市场的构成形态划分

按外汇市场的构成形态,外汇市场可分为批发市场和零售市场。

外汇批发市场包含两个层次,一是银行同业间的外汇交易市场。其存在起源于弥补银行与客户交易产生的买卖差额的需要,目的在于避免由此引起的汇率变动风险,调整银行自身外汇资金的余缺。二是银行与中央银行之间的外汇交易市场。中央银行通过与银行的外汇交易达到干预外汇市场的目的。外汇零售市场是指银行与客户之间的柜台交易。客户出于各种动机,向银行买卖外汇,在此过程中,银行实际是在外汇终极供给者与终极需求者之间起中介作用,赚取外汇的买卖差价。

(三) 按外汇市场受控制程度划分

按外汇市场受控制程度,外汇市场可分为自由外汇市场、官方外汇市场和黑市。

自由外汇市场指不受所在国政府控制的外汇交易市场。一般来说,所有银行和其他金融机构都可以在自由外汇市场上从事外汇交易。自由外汇市场对外汇交易金额、汇率、币种和资金出入境无任何限制,完全由市场供求决定。自从固定汇率制解体以来,自由外汇市场已经成为占主导地位的外汇市场。官方外汇市场指受所在国政府控制的外汇交易市场。其主要特征是:只允许持有政府许可证的银行和其他金融机构进入该市场从事外汇交易;与该国办理货币交易的货币币种由该国货币当局规定;汇率受该国政府管理;对每笔交易金额一般都有最大额度的规定;一般为与贸易有关的外汇买卖。1973年,固定汇率制解体以前,官方外汇市场是占主导地位的外汇市场。目前,大部分发展中国家的外汇市场仍属于官方外汇市场。外汇黑市指非法的外汇市场。由于取缔黑市相当困难,故有的国家也就默认黑市的存在。这种黑市实际上已成了公开或半公开的外汇市场。

此外,从外汇市场的交易种类上划分,分为即期外汇市场、远期外汇市场、外汇期货市场和外汇期权市场。具体见本章后面内容。

第二节 即期外汇交易和远期外汇交易

在外汇市场上,由于交易的动机不同,技术手段不同,政府管制程度的不同,从而形成或产生了许多不同的交易方式。其中即期外汇交易和远期外汇交易是两种基本的交易形式,而套汇、套利、掉期、期货和期权等交易都是由这两种基本交易派生出来。

一、即期外汇交易

(一) 即期外汇交易的含义

即期外汇交易也称即期外汇买卖,简称现汇交易(spot exchange transaction),是外汇市场上最常见、最普遍的一种外汇交易形式。它是指外汇买卖双方按当天外汇市场上的汇率成交后,在两个营业日内办理交割的一种外汇交易。即期外汇交易主要是为了满足机构与个人因从事贸易、投资等国际经济活动而产生的外汇供求,是外汇交易的主要组成部分。这里需要说明几点:

(1)成交是指双方已就外汇买卖的汇率(价格)、数额、币种等达到一致或达成协议(口头协议或书面协议)。交割是指购买外汇者支付某种货币的现金,出售外汇者交付指定的外汇的行为。在现实经济活动中,外汇交易基本都是银行进行结算、收付货币,因此,交割通常表现为交易双方分别按照对方的要求将卖出的货币解入对方指定的银行。双方实现货币收付的那一天叫做交割日(value day),或叫起息日,它意味着买卖双方解入账户的货币从这一天开始计息。

(2)通常情况下,即期外汇交易是在成交后的第二个营业日办理交割。如某外汇交易成交时间为3月1日,则交割日为3月3日。这2个营业日的宽限期是从欧洲过去的外汇交易实践中沿袭下来的,因为过去的外汇交易多用票汇、信汇的方式进行,彼此的清算过户需要一定的时间。而目前外汇市场的现汇交易虽然多采用电话、电报、电传等现代通讯手段完成,交易时间大为缩短,但由于习惯原因仍沿用交易后2个营业日内交割的做法。

(3)即期交易中所说"日",是指营业日(working day),即两个清算国的银行均开门营业的日子。如上例所述,3月1日成交的即期合同,则交割日为应3月3日,如3月3日刚好逢两国或者其中一国的法定休息日,则应往后顺延,遇周末则要顺延至下周。

(二) 即期外汇交易的报价

即期汇率交易所使用的汇率就是即期汇率,它是买卖双方成交当天确定下来的市场汇率(注意:即期汇率不等于交割日的市场汇率),实际上也就是被客户确认了的某外汇银行的报价。外汇银行一般都采取"双档报价"的方式,即外汇银行在交易中同时报出买入价和卖出价,买价与卖价都是从银行的角度出发,并反映银行外汇需求和经营状况。例如,2011年4月22日某时刻即期报价:

即期报价		差价
USD/JPY	81.82/85	3个点
USD/CHF	0.8870/80	10个点
GBP/USD	1.6510/20	10个点

注意:双向报价时前一数值小,后一数值大,报价时表示汇率的基本单位是点(point),每万分之一单位为一个点(日元为每百分之一单位为一个点)。

在直接标价法下,前一个价格为买入价,后一个价格为卖出价;而在间接标价法下,前一个价格为卖出价,后一个价格为买人价。无论什么标价方法,都按前小后大的顺序排列。银行的买卖价格之间有一定差额,该差额就是银行买卖外汇的收益,一般为 0.1%~0.5%。

银行报价的买卖差价一般反映出银行的交易成本,买卖差价越小,表明银行承担的风险越低,货币的交易性或流动性越高。银行买卖差价的大小除考虑成本因素外,主要决定于外汇市场的成熟程度和货币的流动性,如外汇市场规模越大,差额就越小;交易涉及的外汇的价格波动越大,差额就越大;交易涉及的外汇越稀少,差额就越大等等。

(三) 即期外汇交易的方式

1. 按照所使用的行用工具不同分为电汇、信汇和票汇

1) 电汇

电汇(Telegraphic Transfer,T/T),是指汇款人向当地外汇银行交付本国货币,由该行用电报或电传通知国外分行或代理行立即付出外汇。

用电汇方式买卖外汇,银行间资金划拨转移速度很快,银行无法利用顾客的这笔资金,再加上国际间的电信费用又相对昂贵,因此,电汇汇率最高。

2) 信汇

信汇(Mail Transfer,M/T),是指汇款人向当地银行交付本国货币,由银行开具付款委托书,通过航空邮寄通知国外分行或代理行付出外汇。

用信汇方式买卖外汇,由于邮程需要时间比电汇时间长,银行可以有机会利用顾客的这笔资金进行牟利,所以信汇汇率低于电汇汇率,其差额相当于邮寄期间的利息收入。

3) 票汇

票汇(Dcmand Draft,D/D),是指汇出行应汇款人的申请,开立以汇入行为付款人的汇票,列明收款人的姓名、汇款金额等,指示付款行凭票向收款人付款。通常,这种汇票可以交由汇款人自行寄送,也可以由汇款人亲自带出国外,凭票自取。

在银行同业间的现汇交易中,成交的双方必须在约定的同一天内完成买卖金额的交付。交付的方式可以直接贷记对方银行在本行的账户,也可以将金额转拨到对方银行在第三家银行的账户。

例如,一家美国银行向一家英国银行用美元买进英镑。这家美国银行交付美元,可以采取将这笔美元贷记该英国银行的美元账户的方式,也可以采取将这笔美元转拨到另一家美国银行,指示其贷记英国银行的美元账户的方式,具体视两家成交银行之间有否账户往来关系而定。同样,英国银行支付英镑的方式可以是贷记美国银行在本行的英镑账户,或者是将这笔英镑拨付给另一家英国银行,指示其贷记美国银行的账户。

一般情况下,银行同业间的交易主要是各种外汇之间的相互买卖,而且使用电报、电传发文通知账户行借记本行账户、贷记对方行账户来办理交付手续;而银行与客户之间的交易主要是本币与外汇之间的相互买卖,通常与国际结算、投资等对客户的服务项目结合在一起。

银行对客户的外汇支付,可根据客户的要求使用电报,也可以采用信函或汇票指示国外账户行借记本行账户来办理;对客户的本币支付,也只有收到国外账户行已贷记本行账户的通知后才进行。

2. 按照资金流向与信用工具的传递方向不同分为顺汇买卖方式和逆汇买卖方式

顺汇买卖方式是指汇款人委托银行以某种信用工具(如电汇),通过其国外分行或代理行将款项支付给收款人,委托银行在国内收进本币,在国外付出外汇。因其汇兑方向与资金流向一致,故称为顺汇买卖方式。

逆汇买卖方式即托收方式是指由收款人出票,通过银行委托其国外分行或代理行向付款人收取汇票上所列款项的一种方式。因该方式的资金流向与信用工具的传递方向相反,故称为逆汇买卖方式。

除此之外,银行从事的即期外汇交易还有以下两种:一是外币兑换,外币兑换不仅指外币现钞的兑换,而且还包括旅行支票、信用卡等业务;二是外汇票据贴现,银行在办理外汇业务过程中经常收到客户所提交的远期外汇票据,要求贴现银行在办理贴现时,就要办理一笔即期外汇交易。

(四)即期外汇交易的计算

由于外汇市场的外汇牌价涉及买入价和卖出价两种价格,因而即期外汇交易的关键在于买入价和卖出价的正确选定。

【例4.1】 法兰克福外汇市场 USD 对 EURO 的牌价为:USD/EURO=1.115 0/1.116 0,某客户准备将 100 万美元兑换成 EURO,如何操作?

做法:在法兰克福外汇市场,USD/EURO是直接标价法,美元是外币,欧元在德国是作为本币。直接标价法下前一个价格是买入外币价,后一个价格是卖出外币价,该客户卖出外币美元即是银行买入外币美元,因而用前一个价格1.115 0。最终结果,该客户能用 100 万美元兑换成 $100 \times 1.115\ 0 = 111.50$ 万欧元。

在国际外汇市场上习惯采用美元标价法,即以美元为货币汇率中心。可以直

第四章 外汇交易与外汇风险管理

接从外汇市场标明的牌价中获取美元和其他国家货币之间的比价关系。对于两种非美元之间的即期汇率(外汇市场上没有明确的牌价),则需要进行套算。

套算汇率的计算见前章所述。总的原则是:当两个即期汇率都是以同一货币为单位货币或计价货币,套算汇率为交叉相除;当一个即期汇率是以某货币为单位货币,而另一个即期汇率是以该货币为计价货币,则套算汇率为同边相乘。

二、远期外汇交易

(一)远期外汇交易的概念

远期外汇交易也称为远期外汇买卖(Forward Exchange Transaction),简称为期汇交易。是指外汇买卖双方先签订合同,规定买卖外汇的币种、数额、汇率和将来交割的日期,到规定的交割日期,再按合同办理交割。理论上讲,外汇交易达成后两个营业日以后进行交割的外汇买卖都属远期外汇交易范畴,可以是以日计算的3天、7天、15天交割,但在实际业务中,最常见的是按月计算的,如:1个月、2个月、3个月、6个月、9个月和12个月。

注意:如交割日刚好为银行的休息日,应顺延。如顺延要跨月,则应该往回推算至第一个营业日为止。

(二)远期外汇交易的目的

1. 套期保值(Hedgng)

套期保值又称抵补保值,是指预计将来某一时间要支付或收入一笔外汇时,买入或卖出等金额的远期外汇,以避免因汇率波动而造成经济损失的行为。

【例4.2】 瑞士某一出口公司,某年3月1日与美国进口商签订出口合同,出口商品价值160万瑞士法郎,以美元计价付款,合同期限三个月,6月1日付款提货,按当时即期汇率 USD/CHF 为 1.6000/10 计算,价值100万美元。瑞士公司预测美元有贬值趋势,为避免汇率变动带来的风险,该公司应如何操作?

做法:瑞士公司可以做远期汇率,卖出未来将收入的100万美元。若当时三个月远期美元汇水 80/70,则三个月远期汇率为:USD/CHF=1.5920/40,按此价格计算,无论汇率如何变化,6月1日该公司可收回 100万×1.5920=159.2万瑞士法郎。和原预计的出口收入160万瑞士法郎比,少收入0.8万瑞士法郎。但如果不做这笔远期外汇交易,假设6月1日美元贬值为 USD/CHF=1.5500/10,按此汇率,100万美元只能收回155万瑞士法郎,瑞士公司将比原计划少收入5万瑞士法郎。

反之,若瑞士某公司为进口商,三个月后支付货款。则买进三个月远期美元来避险。

避险的机理是:将未来不确定的汇率现在就确定下来。但避险的同时也可能丧失获利的机会。

2. 投机(Speculation)

外汇投机是指根据对汇率变动的预测,有意持有外汇的多头或空头,希望利用汇率变化从中牟取利润。外汇投机交易包括买空或卖空两种情况。

当投机者预期某种货币如英镑汇率将下浮,就在期汇市场卖出远期英镑,到期若英镑汇率下跌,投机者就按下跌的汇率买进英镑现汇来交割英镑期汇,赚取投机利润。这种先卖后买的投机交易称为卖空。当投机者预期某种货币,如欧元汇率将上浮,则买进远期欧元,到期若欧元汇率上升,就可以按上升后的汇率卖出欧元现汇,用以交割欧元期汇,赚取投机利润。这种先买后卖的投机交易,称为买空。

投机的实质是指持有外汇多头或空头。由此,那些不轧平外汇头寸进行套期保值的银行、进出口商等也属投机者之列。

(三) 远期外汇交易的类型

远期外汇交易按照交割日期是否固定,可以分为固定交割日的远期交易、确定交割月份的远期外汇交易和选择交割日的远期交易。

1. 固定交割日期的远期交易

这是与远期外汇交易概念相吻合的标准的远期外汇交易,即按照事先规定的交割时间,到期办理交割。例如,A 银行与 B 银行在某年 1 月 12 日,签订一项 3 个月期的美元兑换日元的固定交割日期外汇交易合同,并约定汇率为 1 美元=86.27 日元,交割日期为 4 月 12 日,那么,A 银行和 B 银行必须在 4 月 12 日这一天,同时按对方的要求将卖出的货币划入对方指定的账户。如一方延迟交割,则另一方可向其收取迟付利息。

2. 确定交割月份的远期外汇交易

确定交割月份的远期外汇交易是指只规定某一月份为履行外汇买卖的交割日,不规定具体的交割日期,即从这一月份中的第一天到与达成交易日相对应的那一天之间都可以作为履行外汇买卖的交割。例如,E 银行和 F 银行某年 3 月 15 日通过电传达成一项 2 个月期选择交割日的美元兑换欧元的远期外汇交易合同,约定 5 月份交割,汇率为 1 美元=1.1165 欧元。则从 5 月 1 日到 5 月 15 日中间的任何一个营业日,E 银行都可以要求 F 银行按约定汇率进行交割,将卖出货币划入对方指定的账户。

3. 选择交割日的远期交易

选择交割日的远期交易是指外汇交易合同规定,交易双方可将签订远期外汇合同后的第三天到约定期满日之间的任何一天作为履行外汇买卖的交割日。这种合同与前一种类似,只是这种交易选择的时间范围更宽。例如,M银行与N银行某年2月5日签订一项未确定交割日期的远期外汇交易合同,三个月期满,那么M银行可以在2月8日到5月5日期间的任何一个营业日要求N银行按合同交割。

值得注意的是,无论签订的是那种远期外汇合同,交割日的确定都要遵循节假日顺延和不跨月的原则。

(四)远期汇率的报价方法

1. 直接报价法

即直接报出远期汇率的买卖价。例如,某天日本东京外汇市场上美元的即期汇率为:USD/JPY=115.25~115.90,3个月期的美元远期汇率为:USD/JPY=115.25~115.95。直接报价法的优点是可以使人们对远期汇率一目了然,缺点是不能显示远期汇率与即期汇率之间的关系。

2. 以即期汇率为基础用远期差价来表示

1) 用升贴水表示

远期差价(forward margin)是指远期汇率与即期汇率之间的差额。远期汇率高于即期汇率,远期差额为正,叫升水(at premium);远期汇率低于即期汇率,远期差额为负,叫贴水(at discount);远期汇率和即期汇率相等,远期差额为零,则叫平价(at par)。就交易的两种币种而言,一种货币的升水必然是另一种货币的贴水。

远期汇率可以将即期汇率加减升贴水得出。由于标价方法不同,因此计算远期汇率的计算形式也不同。假设 F_t 为远期汇率,S_t 为即期汇率,P 为升水点数,D 为贴水点数,则:

(1)直接标价法下:

$$F_t = S_t + P \text{(本币数额增大、远期外汇升水)}$$

$$F_t = S_t - D \text{(本币数额减少、远期外汇贴水)}$$

(2)间接标价法下:

$$F_t = S_t - P \text{(远期外汇升水、外币数额减少)}$$

$$F_t = S_t + D \text{(远期外汇贴水、外币数额增加)}$$

由此可见,在即期汇率既定的情况下,远期汇率水平主要决定于升水或贴水水平。也就是说,决定远期升水或贴水的因素就是决定远期汇率的因素。

另外,汇率理论告诉我们,远期汇率升水或贴水,主要决定于两国之间的利率差。它们的关系是:利率高的货币,其远期汇率表现为贴水;利率低的货币,其远期汇率表现为升水。

但应指出的是,两国货币的利率差是决定升水或贴水及其幅度的主要因素,但不是唯一因素。某国货币的远期升水或贴水的幅度,还会受其币值变化、经济与金融政策调整、中央银行对外汇市场干预程度、人们对市场心理预期、外汇投机及国际政治经济形势变化等因素的影响,从而有可能使远期外汇的升水或贴水完全脱离市场利率运动或两地利率水平的差异。详见第二章。

例如,某日在法兰克福外汇市场上,美元的即期汇率为:
EUR/USD=1.012 2/1.015 2(或表示为:EUR/USD=1.012 2~1.015 2)
此为间接标价,3个月远期美元贴水:0.001 5~0.002 5美元,则:
3月期美元远期汇率由即期汇率加贴水求得:

即期汇率　1.012 2~1.015 2

美元贴水　+0.001 5~0.002 5

远期汇率　1.013 7~1.017 7

2) 用点数表示

表明远期汇率与即期汇率之间的差额的另一种标价方式,是用"点数"(points),所谓点是指有效数字的最后一位数,倒数第二位为"十点",倒数第三位为百点。每点表示为万分之一,即0.000 1。

表示远期汇率的点数有两栏数字,分别代表买入价与卖出价。如:20~70或100~30,直接标价法下,买入价在前,卖出价在后;间接标价法下则相反。远期汇率的计算如下:

例如,2011年某月某日,美国某银行报价(直接标价)

EUR/USD 即期汇率　　　　1.334 8/1.335 8

　欧元3个月贴水　　　　　48/38

则:3个月远期汇率(用减法)　1.330 0/1.332 0

EUR/USD 即期汇率　　　　1.334 8/1.335 8

　欧元6个月升水　　　　　20/30

则:6个月远期汇率(用加法)　1.336 8/1.338 8

又例如,2011年某月某日,伦敦外汇市场上(间接标价):

GBP/USD 即期汇率　　　　1.581 5/1.582 5

美元 3 个月升水　　　　　　216/206

则:3 个月远期汇率(用减法)　1.559 9/1.561 9

如果上述美元升水改为:美元 6 个月贴水 135/145

则:6 个月远期汇率(用加法)　1.595 0/1.597 0

在实际外汇交易中,有时银行在报价时并不说明远期价格是升水还是贴水,则判断升、贴水的方法是:当买价差额大于卖价时,为贴水;当卖价差额大于买价时,即为升水。

将上述例子进行归纳,可以得出计算远期汇率的法则:

不管是什么标价方法,如果远期汇率点数顺序是前小后大,就用加法;如果远期汇率点数的顺序是前大后小,就用减法。即"前小后大往上加,前大后小往下减"。

远期汇水与远期汇率的关系以及升、贴水的判断可分别用表格及公式总结如下(如表 4.1 所示):

表 4.1　远期汇率的计算及升贴水的判断方法

汇水的形式	远期汇率计算方法	判断升、贴水
小/大	加法(即期汇率＋差额)	直接:升水;间接:贴水
大/小	减法(即期汇率－差额)	直接:贴水;间接:升水

不论即期汇率还是远期汇率,斜线左边的数字总是小于斜线右边的数字,即单位货币的买入价总是小于单位货币的卖出价。并且与即期汇率相比,远期汇率的买入价与卖出价之间的汇差总是更大。如果计算出的结果与此相反,说明计算方法错误。因为外汇银行进行远期交易承担比即期交易更大的风险,所以要求更大的买卖差价作为补偿。举例说明如下:

假设某日美国某银行报价:

即期汇率　　　　　　EUR/USD＝1.012 2～1.015 2

1 个月远期差价　　　100～95

则一月期远期汇率为:EUR/USD＝1.012 2～1.015 2

　　　　　　　　　　　　　－0.010 0～0.009 5

　　　　　　　　　　　　＝1.002 2～1.005 7①

买卖差价比即期扩大 5 个点。并可以判断 1 个月远期差价为贴水。

---

① 这是一种习惯表示,而不是严格的数字表述。

(五) 远期汇率的决定及升、贴水的计算

远期汇率的决定,事实上就是指远期升水、贴水受制于什么因素。一般来说,决定远期汇率是升水还是贴水的主要因素,是两国之间的利率差异,并且升水、贴水大致与两国之间的利差保持平衡。也就是说,两种交易货币短期投资利率的差额是构成两种货币的远期升水、贴水的基础。这个原理也就是"利息平价(interestparity)学说"。这是因为,银行在为客户进行远期外汇交易时,有可能因两国利率的差异而蒙受损失,损失额就相当于利差的收益。

为此,银行就想把这个风险转嫁给交易者,即通过提高或降低远期汇率来实现,升降幅度与损失程度相当。

一般来说,利率、升水或贴水有如下关系:

利率高的货币的远期汇率表现为贴水,利率低的货币的远期汇率表现为升水。

计算升贴水的公式为:

$$升贴水 = 即期汇率 \times 两地利差 \times (月数/12)$$

升(贴)水年率,按中间汇率把远期差价换成年率来表示,用以分析远期汇率。

$$基准货币的升(贴)水年率 = (远期汇率 - 即期汇率) \div 即期汇率 \\ \times (12 \div 远期月数) \times 100\%$$

例如:即期汇率为 GBP1=USD1.821 0,1 个月的远期汇率为 GBP1=USD1.824 0,则:

英镑的升水年率为:

$$(1.8240 - 1.8210) \div 1.8210 \times (12 \div 1) \times 100\% = 1.9769\%$$

该计算结果表明,如果英镑按照 1 个月升水 30 点的速度发展下去,那么英镑 1 年将会升水 1.9769%。

第三节 套汇交易和套利交易

一、套汇交易

套汇交易(arbitrage transaction)是指在不同的时间(交割期限)、不同的地点(外汇市场)利用汇率或利率上的差异进行外汇买卖,以防范汇率风险和牟取套汇收益的外汇交易活动。

一般来说,要进行套汇必须具备以下三个条件:

第一,存在不同的外汇市场和汇率差价。

第二,套汇者必须拥有一定数量的资金,且在主要外汇市场拥有分支机构或代理行。

第三,套汇者必须具备一定的技术和经验,能够判断各外汇市场汇率变动及其趋势,并根据预测迅速采取行动。否则,要进行较为复杂的套汇将事倍功半。

狭义的套汇是指地点套汇和时间套汇,利用汇率变动进行牟利。广义的套汇包括地点套汇、时间套汇和利息套汇。

(一) 地点套汇

地点套汇(space arbitrage)是指套汇者利用不同外汇市场之间的汇率差异,同时在不同的地点进行外汇买卖,以赚取汇率差额的一种套汇交易。

由于汇率差异存在的短暂性,这就要求套汇者必须及时准确地把握市场信息和迅速采取买卖行动,因此套汇者通常都是那些大的国际商业银行,它们在世界各大外汇市场都设有分支机构和代理行,信息灵通,头寸调拨便捷,资金力量雄厚。

地点套汇又可分为直接和间接两种套汇。

1. 直接套汇

直接套汇(direct arbitrage),又称两角套汇(two pointsirbitrage),是指利用同一时间两个外汇市场的汇率差异,进行贱买贵卖,以赚取汇率差额的外汇买卖活动。

【例 4.3】 在某一时刻,伦敦外汇市场和纽约外汇市场的即期汇率为:
伦敦外汇市场: GBP/USD=1.459 5~1.460 5
纽约外汇市场: GBP/USD=1.462 5~1.463 5
现一套汇者手中有 GBP 100 万,如何套汇?

先在纽约外汇市场卖出英镑买进美元,再在伦敦外汇市场卖出美元买入英镑,不考虑交易费用,可获利:

$$(100\times1.462\ 5)\div1.460\ 5-100=0.136\ 9\ 万英镑$$

上述套汇活动可一直进行下去,直到两地美元与英镑的汇率差距消失或极为接近为止。

2. 间接套汇

间接套汇(indirectarbitrage),又称三角套汇(three points arbitrage)或多角套汇(multiple point sarbkrage),是指利用三个或多个不同地点的外汇市场中三种或多种货币之间的汇率差异,同时在这三个或多个外汇市场上进行外汇买卖,以赚取汇率差额的一种外汇交易。

国际金融学

间接套汇相对于直接套汇比较复杂。其中一点是投资者在进行间接套汇时,必须先判断是否有套汇的机会。其方法有两种:

1) 换算成相同的标价法判断并计算

方法是:把三地汇率改成相同的标价法,然后用三个卖出价或三个买入价相乘,若乘积等于1或者几乎等于1时,说明市场之间的货币汇率关系处于均衡状态,基本没有汇差,或只有微小的差率,但不足以抵补资金调度成本,套利将无利可图;若乘积不等于1,说明存有汇率差异,此时套汇有利可图。举例说明如下:

例如,某年某月某日,纽约、香港及上海市场的即期汇率如下:

纽约市场:　　1美元=7.82港币(标价为港元/美元)

香港市场:　　1港币=0.97元人民币(标价为人民币/港币)

上海市场:　　1美元=6.75元人民币(标价为人民币/美元)

先换成同一标价法,也就是说换算成港币/美元、人民币/港币、美元/人民币(间接标价)或者美元/港币、港币/人民币、人民币/美元(直接标价)的形式。

如果统一换算成间接标价形式:

上面的例子中需要把上海市场价换算一下,换算为:

$$1元人民币=(1/6.75)美元(美元/人民币)$$

开始计算:

(港币/美元)×(人民币/港币)×(美元/人民币)=7.82×0.97×(1/6.75)
$$=1.125>1$$

所以操作方式:纽约市场1美元买进7.82港币,香港市场用7.82港币买7.82×0.97=7.585 4人民币,上海市场上用7.585 4人民币买7.585 4×(1/6.75)=1.124的美元,这样就赚了0.124的美元,方向是买港币卖人民币。

如果统一换算成直接标价形式,则上面的例子需要把香港市场和纽约市场的价换算一下:

纽约市场:　　1港币=(1/7.82)美元(美元/港币)

香港市场:　　1人民币=(1/0.97)港元(港元/人民币)

开始计算:

(美元/港币)×(港币/人民币)×(人民币/美元)
$$=(1/7.82)×(1/0.97)×6.75=0.889\ 9<1$$

操作方式:纽约市场1美元买进7.82港币,香港市场用7.82港币买7.82×0.97=7.585 4人民币,上海市场上用7.585 4人民币买7.585 4×(1/6.75)=1.124的美元,这样就赚了0.124的美元,方向是卖美元买人民币。

计算结果一样。

注意：同直接套汇一样，间接套汇的收益应该超过花费的成本，否则，套汇就会亏损。

2）套算汇率法判断并计算

方法是：根据两个市场上三种货币间的汇率关系推算出第三个市场上三种货币间的汇率关系，若某个市场上的实际汇率与套算出来的汇率不一致，就可从事三角甚至多角套汇活动。

【例4.4】 某年某月某日，纽约、法兰克福和伦敦市场即期汇率如下：

纽约外汇市场：　　　EUR/USD＝0.981 2～0.984 4
法兰克福外汇市场：　EUR/GBP＝0.618 6～0.622 6
伦敦外汇市场：　　　GBP/USD＝1.547 0～1.551 0

现有一套汇者，手头有100万美元，有无套汇机会？如有的话，如何套汇，获利多少？

首先，计算套算汇率。可任选两个市场，如纽约外汇市场和法兰克福外汇市场，用交叉相除方法计算英镑和美元之间的汇率为：GBP/USD＝1.576 0～1.591 3。可见，与伦敦外汇市场汇率存在差异。

其次，选择套汇方向。由计算结果可知，美元汇率在伦敦市场较高，也即在纽约市场较低。根据贱买贵卖原则，所以套汇路线为：伦敦→法兰克福→纽约，对应货币为：美元→英镑→欧元→美元。

计算结果为：

100×(1/1.5510)×(1/0.6226)×0.9812＝101.61万美元（毛利润）

（二）时间套汇（或掉期交易）

1. 时间套汇的概念和特点

时间套汇(time arbitrage)也称抛补交易或者掉期交易(swap)。是指套汇者利用不同交割期限汇率的差异，在买入或卖出即期外汇的同时，卖出或买入远期外汇；或者在买入或卖出近期外汇的同时，卖出或买入远期外汇，通过时间差来盈利的套汇方式。

20世纪80年代以来，外汇掉期市场迅猛发展，全球外汇掉期日均交易量从1989年的1 900亿美元增长到2010年的17 600亿美元。我国自2005年8月2日中国人民银行下发《关于扩大外汇指定银行对客户远期结售汇业务和开办人民币与外币掉期业务有关问题的通知》以后，开始允许符合条件的商业银行开办人民币与外币掉期业务。

掉期交易的目的包括两个方面：一是轧平外汇头寸，避免汇率变动引发的风险;二是利用不同交割期限汇率的差异,通过贱买贵卖,牟取利润。外汇掉期也被中央银行作为货币政策工具,用于从市场上收回流动性或向市场投放流动性。

掉期交易往往在同一外汇市场内进行。其主要特点:
(1)买与卖是有意识地同时进行的。
(2)买与卖的货币种类相同,金额相等。
(3)买卖交割期限不相同。

2. 种类

(1)即期对远期的掉期交易(spot-forward swaps)。即期对远期的掉期交易,指买进或卖出某种即期外汇的同时,卖出或买进同种货币的远期外汇。它是掉期交易里最常见的一种形式。

这种交易形式按参加者不同又可分为两种:

第一,纯粹的掉期交易,指交易只涉及两方,即所有外汇买卖都发生于银行与另一家银行或公司客户之间。

第二,分散的掉期交易,指交易涉及三个参加者,即银行与一方进行即期交易的同时与另一方进行远期交易。但无论怎样,银行实际上仍然同时进行即期和远期交易,符合掉期交易的特征。进行这种交易的目的就在于避免风险,并从汇率的变动中获利。

(2)即期对即期的掉期交易(spot-spot swaps)。即期对即期的掉期交易是指在买进或者卖出一笔即期某种货币的同时,卖出或者买进另一笔同种货币的即期。两笔即期交易的区别在于它们的交割日期不同。根据到期日的不同,可以分为今日对明日掉期、明日对次日掉期以及今日对后日掉期。这类掉期交易主要用于大银行之间的交易,目的在于避免同业拆借过程中存在的汇率风险。

(3)远期对远期的掉期交易(forward-forward swaps)。远期对远期的掉期交易,指买进并卖出两笔同种货币不同交割期的远期外汇。该交易有两种方式:一是买进较短交割期的远期外汇(如30天),卖出较长交割期的远期外汇(如90天);二是买进期限较长的远期外汇,而卖出期限较短的远期外汇。假如一个交易者在卖出100万30天远期美元的同时,又买进100万90天远期美元,这个交易方式即远期对远期的掉期交易。由于这一形式可以使银行及时利用较为有利的汇率时机,并在汇率的变动中获利,因此越来越受到重视与使用。

【例4.5】 一美国投资者现需10万英镑进行投资,预计一个月就能收回。美投资者担心一个月后英镑汇率会下跌,如果:

NY外汇市场即期汇率GBP/USD=1.547 0~1.551 0。一月期远期为"30~20",该投资者如何做就能防范汇率风险?

做法:投资者在外汇市场买 10 万英镑现汇,同时卖出一笔一月期期汇 10 万英镑。

结果:买 10 万英镑现汇付美元:　　1.551 0×100 000＝＄155 100
　　　期满卖出期汇得:　　　　　1.544 0×100 000＝＄154 400

差额＄700 为掉期成本。

【例 4.6】　美国某银行在 3 个月后应向外支付 100 万英镑,同时在 1 个月后又将收到另一笔 100 万英镑的收入。如果市场上汇率有利,它就可进行一笔远期对远期的掉期交易。设某天外汇市场汇率为:

即期汇率:　　　　GBP1＝USD1.5960/1.5970
1 个月远期汇率:　GBP1＝USD1.5868/1.5880
3 个月远期汇率:　GBP1＝USD1.5729/1.5742

银行该如何做以防范风险?

做法:该银行可作如下两种掉期交易:

(1)进行两次"即期对远期"的掉期交易。即将 3 个月后应支付的英镑,先在远期市场上买入(期限 3 个月,汇率为 1.574 2 美元),再在即期市场上将其卖出(汇率为 1.596 0 美元)。这样,每英镑可得益 0.021 8 美元。同时,把一个月后将要收到的英镑,先在远期市场上卖出(期限 1 个月,汇率为 1.586 8 美元),并在即期市场上买入(汇率为 1.597 0 美元)。这样,每英镑须贴出 0.010 2 美元。两笔交易合计,每英镑可获得收益 0.011 6 美元。

(2)直接进行远期对远期的掉期交易。即买入 3 个月的远期英镑(汇率为 1.574 2 美元),再卖出 1 个月期的远期英镑(汇率为 1.586 8 美元),每英镑可获净收益 0.012 6 美元。可见,这种交易比上一种交易较为有利。

3. 掉期交易的作用

由于掉期交易是运用不同的交割期限来进行的,可以避免因时间不一所造成的汇率变动的风险,对国际贸易与国际投资发挥了积极的作用。具体表现在:

1) 有利于进出口商进行套期保值

例如,英国出口商与美国进口商签定合同,规定 4 个月后以美元付款。它意味着英国出口商在 4 个月以后将收入一笔即期美元。在这期间,如果美元汇率下跌,该出口商要承担风险。为了使这笔贷款保值,该出口商可以在成交后马上卖出等量的 4 个月远期美元,以保证 4 个月后该出口商用本币计值的出口收入不因汇率变动而遭受损失。

除进出口商外,跨国公司也经常利用套期保值,使公司资产负债表上外币资产和债券的国内价值保持不变。

2) 有利于证券投资者进行货币转换,避开汇率变动风险

掉期交易可以使投资者将闲置的货币转换为所需要的货币,并得以运用,从中获取利益。现实中,许多公司和银行及其他金融机构就利用这项新的投资工具,进行短期的对外投资,在进行这种短期对外投资时,它们必须将本币兑换为另一国的货币,然后调往投资国或地区,但在资金回收时,有可能发生外币汇率下跌使投资者蒙受损失的情况,为此,就得利用掉期交易避开这种风险。

3) 有利于银行消除与客户单独进行远期交易承受的汇率风险

掉期交易可使银行消除与客户进行单独远期交易所承受的汇率风险,平衡即期交易与远期交易的交割日结构,使银行资产结构合理化。

例如,某银行在买进客户 6 个月期的 100 万远期美元后,为避免风险,轧平头寸,必须再卖出等量及交割日期相同的远期美元。但在银行同业市场上,直接出售单独的远期外汇比较困难。因此,银行就采用这样一种做法:先在即期市场上出售 100 万即期美元,然后再做一笔相反的掉期买卖,即买进 100 万即期美元,并卖出 100 万远期美元,期限也为 6 个月。结果,即期美元一买一卖相互抵消,银行实际上只卖出了一笔 6 个月期的远期美元,轧平了与客户交易出现的美元超买。

二、套利交易

(一) 概念和种类

套利(Interest Arbitrage)又称利息套汇,是指利用不同国家或地区短期利率的差异,将资金由利率低的国家或地区转移到利率高的国家或地区,以赚取利差收益的一种外汇交易。其主要形式有两种:即非抵补套利和抵补套利。

1. 非抛补套利

非抛补套利(Uncovered Interest Arbitrage)又称为非抵补套利,是指把短期资金从利率较低的市场调往利率较高的市场,从而牟取利差收益。

【例 4.7】 设美国的 3 个月期国库券年利率为 8%,而英国 3 个月期国库券年利率为 10%。一美国投资者拥有 1 000 万美元可投资于 3 个月期国库券,他应该选择在美国还是在英国?

解 计算分析如下:

该投资者若将 1 000 万美元投资于美国 3 个月期国库券,则到期可获本利和为:

$$1\,000\,万 \times \left(1 + 8\% \times \frac{3}{12}\right) = 1\,020\,万(美元)$$

如果当时英镑与美元的即期汇率为 GBP/USD=1.65,则该投资者先用 1 000 万美元兑换成 $\frac{1\,000}{1.65}$ 万英镑=606.06 万英镑,再将这些英镑投资于美国 3 个月期国库券,到期本利和为:

$$606.06\,\text{万}\times\left(1+10\%\times\frac{3}{12}\right)=621.211\,5\,\text{万(英镑)}$$

若 3 个月后英镑与美元的汇率不发生变化,该投资者最终将英镑兑换成美元,可获得美元数为:621.211 5 万×1.65=1 025 万(美元)。比他用美元购买美国国库券可多获利 5 万美元。即赚取了 2 个百分点的利差。

显然,这种套利投资者需承担高利率货币贬值的风险。因为 3 个月后汇率保持不变的可能性是很小的,若 3 个月后英镑汇率下降,假设为 GBP/USD=1.6,那么,购买英国国库券所得收益兑换为美元只有 993.94 万美元,比购买美元国库券损失 26.06 万美元。因此,这种投资方式实际中使用较少。

2. 抛补套利

抛补套利(Covered Interest Arbitrage)又称为抵补套利。是指套利者在把资金从利率低的国家调往利率高的国家的同时,还通过在外汇市场上卖出远期高利货币,以防范汇率变动的风险。这是一种常见的投资方法。

例如,在上例中,该美国投资者在把美元兑换为英镑用于购买英国国库券的同时,马上在远期外汇市场上卖出期限为 3 个月,数量为在英国投资的本利和,即 621.211 5 万英镑的远期外汇。为简便起见,假设远期外汇合同中商定的英镑远期汇率仍为 GBP/USD=1.65,那么,3 个月后,无论英镑实际汇率如何变化,都可确保投资者获得 5 万美元的利差收入。

(二)抛补套利原理

抛补套利的基本原理是利率平价说。在第二章第四节的汇率理论中,我们已经知道,按照利率平价理论,在没有交易成本的情况下,远期外汇的升贴水率必定等于两地的利率差额。这时货币市场与外汇市场趋于均衡状态,套利活动即行停止。对基本利率平价说的抛补套利原理的阐述,我们仍对利率平价说作一简要说明。

设在直接标价法下:r_0 为即期汇率,r_f 为远期汇率,i_d 为本国利率,i_f 为外国利率。那么,本国投资者在国内用一单位本币投资,可获得本利和 $1+i_d$。若该投资者将这一单位本币换成外币在国外投资,则可获得本利和 $\frac{1}{r_0}(1+r_f)$。为了避免汇率风险,该投资者利用远期外汇市场进行套期保值,将在国外的投资本利和 $(1+i_f)/r_0$ 换成本币,本币额为 $\frac{(1+i_f)}{r_0}r_i$。套利活动将使在国内投资和在国外投资的本利和趋于一致,即 $1+i_d=\frac{(1+i_f)}{r_0}\cdot r_i$。经整理可得到如下推导:

$$\frac{r_i}{r_0}=\frac{1+i_d}{1+i_f} \tag{4.1}$$

$$\frac{r_i-r_0}{r_0}=\frac{i_d-i_f}{1+i_f}\approx i_d-i_f \tag{4.2}$$

(4.2)式表明远期汇率与即期汇率差额率(或升贴水率)近似等于两地的利率差额。这就是所谓的利率平价。

由于存在两地利差,套利者总要买进即期高利率货币,卖出即期低利率货币,同时为了避免汇率变动的风险,必然要卖出远期高利率货币,买进远期低利率货币。这样必然导致高利率货币贴水,低利率货币升水,并且升(贴)水不断增大,当升(贴)水率增大到等于两地利差时,套利即自行停止。因此最终远期外汇的升(贴)水率等于两地利差。这就是利率平价原理的具体运用。

因此,我们要判断套利是否可行,只要看高利货币的贴水率是否小于两地利差。现举例说明。

【例 4.8】 设纽约市场年利率为 8%,伦敦金融市场年利率为 10%,此外,纽约外汇市场英镑对美元的即期汇率为 GBP/USD=1.730 0~1.732 0,1 年期英镑贴水为 0.02 美元~0.01 美元,现有一投资者持有 \$200 万套利,试问可获利多少?

解 首先算出英镑年贴水率。

$$年贴水率=\frac{贴水\times 12\times 100\%}{即期汇率\times 月数}=\frac{0.02\times 12\times 100\%}{1.732\ 0\times 12}=1.15\%$$

年贴水率为 1.15%,小于两地年利率之差 2%,套利可进行。

其次,进行套利计算。

在纽约市场按 GBP/USD=1.732 0 汇率以 \$200 万买入英镑:$\frac{200\ 万}{1.732\ 0}=$ £115.47 万,将之存入伦敦银行,一年后可获本息 £[115.47×(1+10%)]万,即 £127.017 万,同时卖出一年期 £127.017 万,可获 \$[127.017 万×(1.730 0−0.02)]=\$217.20 万。而如果将 \$200 万存放于纽约的银行可得本息 \$200 万×(1+8%)=\$216 万。故从套利所得 \$217.20 万中减去套利成本 \$216 万,可获套利净利润 \$1.20 万。

第四章 外汇交易与外汇风险管理

第四节 外汇期货和期权交易

一、外汇期货交易

(一) 外汇期货交易的概念

期货是指买卖双方在未来某个特定日期购买或出售的实物商品或金融商品凭证。故也称为契约买卖。一般来说,凡是在数量、品质上能够标准化的商品,如谷物、橡胶、金属等都可成为期货商品,而难以标准化的商品,如服装、食品等,一般不能成为期货商品。

根据契约标准的不同,期货具体分为:一般的商品期货和金融期货,而金融期货又包括黄金期货、股票期货、利率期货以及外汇期货,等等。其中,外汇期货(Foreign Exchange Futures)交易是在20世纪70年代中期由于浮动汇率制的出现,而由传统的商品期货交易发展起来的一种新型的金融期货业务。它是指在固定的货币交易场所,交易双方通过公开竞价的方式买卖期货合约的一种外汇业务活动。目前,全世界有几十个国家和地区进行外汇和其他金融期货交易,其中,以芝加哥国际货币市场(International Monetary Market,IMM),和伦敦国际金融期货交易所(London International Financial Futures Exchange,LIFFE)规模最大,所进行的外汇期货业务交易量占世界外汇期货交易总量的50%以上。

(二) 外汇期货交易的特点

外汇期货交易是由远期外汇业务引申出来的,它们都是以事先约定的汇价,在未来某一特定日期进行交割的外汇业务,其交易目的都可作为外汇保值和投机。但是,外汇期货交易又远不同于远期外汇交易,它具有许多自身的特点,其主要表现有以下几个方面:

1. 期货合同是标准化合同

外汇期货交易所买卖的对象并不是外汇本身,而是期货合同。对于能够进行期货交易的每种货币而言,其合同除价格外,其他如合同金额、交割月份、交割日期等都具有统一的规定。比如,在芝加哥"国际货币市场"上,英镑的期货合同交易单位为£2.5万。期货交易的总额是标准合同额的倍数。交割日期具体只能在1,3,4,6,7,9,12月份的第三个星期三,因此,期货合同是标准化的合同。而远期外汇交易一般对交易数量、交割期限等无统一规定,买卖双方可自由议定。

— 151 —

2. 保证金制

凡在交易所进行期货交易的客户,都必须缴纳规定比例的保证金。一般为合约金额的5%~15%,由期货清算所掌握,而所有的期货合同都是与清算所之间的交易,因此,客户不必担心交易的另一方违约。而远期外汇交易一般不收保证金,买卖双方交易时完全根据双方的信用进行,因而风险也大大增加。

3. 清算所制

期货交易都有固定的交易场所,交易所都设有清算所,外汇期货交易每天由清算所结算盈亏,获利可以提走,而亏损超过最低保证金时,应及时通知交易人补充或退出交易。而外汇的远期交易可以在任何地点发生,通过电话或电传即可完成。

4. 日内限价制

外汇的期货交易是在交易所内公开喊价,以竞价的方式成交,为避免由于人为因素,导致短期内期货价格暴涨暴跌,出现市场失控,交易所对期货交易的外币都规定当日的价格波动的最低限额和最高限额,只要价格达到限额,交易即告终止。而远期外汇交易是以双方协商的价格交易,一般无限额规定。

5. 外汇期货合同以对冲为主

外汇期货合同最后进行实际交割的只占合同总数的1%~3%,其余绝大部分期货合同都是在合同到期之前通过买卖相反的合同予以冲销,只需交割价格涨落差,如果在到期日前没有相反的合同冲销,称为未结清权益,到期才需以合同的数量实际交割,但所占比重极小。而远期外汇交易往往只能在合同规定的日期按合同数量进行实物交割,很少能予以冲销。

(三)外汇期货交易的基本操作原理

外汇期货交易的参加者主要有两大类:套期保值者和投机者,下面分别予以说明。

1. 套期保值者及其基本操作原理

套期保值者一般是当他们将要发生预期货币收付时,为了避免收付货币汇率变动造成损失,预先买入或卖出该货币期货,等到将来实际收付时,再进行一笔同数量同交割期的反向期货买卖,冲销原来的期货合同,也即如开始为买进(或卖出),则到期之前卖出(或买进),从而赚取期货交易的好处,利用期货交易的盈利来补偿或抵销现货交易中因价格变动而带来的损失,起到了保值作用。

套期保值可分为买入套期保值和卖出套期保值。

第四章 外汇交易与外汇风险管理

1) 买入套期保值

买入套期保值,也称为多头套期保值,它是指先买入期货合约,再卖出对冲。

例如,美国某进口商与英国出口商于3月1日签订了一笔计算机交易合同,金额为25万英镑,即期汇率为GBP/USD=1.7525,交货期9月1日,若9月1日交货付款时英镑汇率上升,则美国进口商的进口成本会上升。为避免英镑汇率上升,该进口商买入10手(每份英镑合约的标准金额为2.5万英镑),12月份£25万期货10手,合约汇价GBP/USD=1.7600,则该进口商购买英镑期货合约需支付44万美元。

若9月1日英镑汇率果真上涨,GBP/USD=1.7625。根据现货价格与期货价格的趋同性关系,12月份的期货汇率也同步上升,假设上升为GBP/USD=1.7700,此时进行期货合约对冲,卖出12月份10手英镑期货,获利250 000×(1.7700−1.7600)=2500美元,而在9月1日实际付款时由于英镑汇率比3月1日订约时汇率上涨,因此要多支付250 000×(1.7625−1.7525)=2500美元。而这多支付的2500美元正好由期货市场上所获收益抵消。这里我们假设的是刚好抵消,而实际中则要么多抵,要么少抵,刚好抵消的情况不多。

若9月1日到期时英镑汇率没有上涨,反而下跌,则期货价格也同步下跌,此时进行对冲,造成期货交易损失,而这损失可通过9月1日现货交易少支付的美元数进行抵补,从而保证进口商原来框算的进口成本不变,起到了保值作用。

2) 卖出套期保值

卖出套期保值,也称为空头套期保值,是指先卖出期货合约,再买入对冲。

例如,美国某商人向英国出口价值10万英镑的商品,3月份收到货款,为防止英镑贬值,美出口商卖出4份3月份到期的英镑合同,若3月份英镑期货合同汇率为GBP/USD=1.6000,则卖出4手期货合同可收入16万美元。

若3月份收款时英镑汇率果真下跌,则出口商按当时的汇率兑换成美元数就会比原来框算的要少,利润也会相应减少,而这部分损失数可通过期货市场对冲的盈利进行补偿。比如订货时即期汇率GBP/USD=1.5770,3月份到期收款时即期汇率下降为GBP/USD=1.5000,3月份的期货价格也同步下跌为GBP/USD=1.5500,则:

出口商在现货市场要损失100 000×(1.5770−1.5000)=7700(美元)。而在期货市场上,通过买入4手英镑期货对冲可盈利100 000×(1.6000−1.5500)=5000(美元),弥补了现货市场交易的损失。

反之,若到期时英镑汇率上涨,那么该进口商在期货市场就会亏损,而在现货市场上则必然盈利,两者相互弥补,仍然起到了规避风险的作用。这也说明期货交易在保值避险的同时丧失了获利的机会。

2. 投机者及其基本操作

由于在期货市场上,只需交纳少量的保证金和佣金即可参与外汇期货交易,因此为投机者利用少量资金进行大规模的投机活动提供了可能。

一般在外汇期货市场上,投机者现在没有,将来也不一定有交易合同的货币数量,他们仅仅是为了获取投机利润而对汇率变动进行短期或长期的预测后,朝着对自己有利的方向进行投机交易。因此,当他们预测某币汇率下跌时,先卖出该币期货而"做空",一等到该货币汇率下跌,新的期货价格也下滑,于是就买入同数量同交割期的新的期货,平仓获利;同样,如果预测某货币汇率将上涨就买入该货币期货而"做多",一等到该货币汇率上涨,新的期货价格也上扬,于是就卖出同数量、同交割期的新的期货,平仓获利。

对于期货市场而言,适度的投机对于期货市场是有利的,其主要作用体现在以下几个方面:

(1)承担了套期保值者不愿承担的风险,使保值者的外汇期货合约买卖得以顺利实现。

(2)投机者的介入,对于外汇期货市场起着润滑剂的作用,大大地促进市场的流动性。

(3)促进了合理价格的形成。因为期货交易都是以公开喊价的方式竞价成交,因此,如果价格低→买进增加→需求上升→最终价格提高;相反,如果,价格高→卖出增加→供给上升→最终价格降低,从而能使价格趋于稳定合理。

二、外汇期权交易

(一)外汇期权的概念

外汇期权(Foreign Exchange Option),又称货币期权(Currency Option),或外币期权。它是指在合同规定的日期或期限内,按照事先约定的汇率购买或出售一定数量货币的权利。

期权实际上是一种选择的权利。对于购买期权合约的一方(即买方)来说,在支付了一定金额的期权费之后,就获得了一定的权利,这种权利就是在一定期限内按合同规定的汇价,买进或卖出一定数量货币的权利;如果行市对其有利,他可不履行合同,也即放弃按合同规定的汇价、数量买卖某种货币,让合同自然失效,其最大损失就是付出的期权费。而对出售期权的卖方来说,其收入就是买方付出的期权费,但一旦出售了期权,就承担了交割履约的义务。

在外汇期权交易中,出售期权合约的一方称为合同签署人,一般为外汇银行,购外汇期权合约的一方称为合同持有人,一般为企业或商业银行,统称为客户。在这种交易中,买卖双方签约,客户向外汇银行支付一定的行使选择权的费用(称之为期权费或者期权价格、保险费),则外汇银行就允许其在规定的有效期内任何交割日或在合同规定的到期日按合约规定的汇率(称之为协定汇率或协定价格)买进或卖出一定数量的某种外汇,而客户有选择执行合约或放弃合约让其逾期作废的权利。

(二)外汇期权的特点

外汇期权具有以下特点:

(1)期权业务下的保险费不能收回。由于期权的卖方一旦出售了期权就承担了汇率风险,也即不论市价如何变化,只要期权的买方要求执行合约,卖方就责无旁贷,不管行市对其是否有利。因此,为了弥补卖方在汇率上可能遭受的经济损失,期权交易规定合约的买方必须向卖方支付保险费,这笔费用在期权合约成交后第二个营业日一次性付清,而且不可退回。

(2)期权业务保险费费率不固定。保险费的多少取决于费率的高低,而期权业务保险费的费率实际中并不固定,在具体确定时要考虑多种因素,如成交当天市场上即期汇率与期权合约中协定汇率之间的差别,期权有效期的长短,汇率的波动性等等。一般来说,即期汇率与协定汇率差别越大,汇率越不稳定,到期时间越长,则保险费率就越高,反之,则越低。

(3)外汇期权是一种选择的权利,而不是义务。期权合约的买方在购买了期权后,仅仅是获得了在一定期限内执行合约的权利,如果协定汇率于己有利就执行,否则可放弃合约,因此具有较大的灵活性。它弥补了远期外汇交易和期货交易必须执行合约的不足,为客户提供了防范汇率风险的更为灵活的交易方式。

外汇期权交易产生于 20 世纪 70 年代,至 80 年代遍及各主要国际金融中心,发展甚为迅速。目前,外汇期权交易越来越规范化,已有了标准化契约,现已成为国际金融市场上极为流行的创新金融工具之一。

(三)外汇期权的类型

外汇期权按照行使权利的有效日,可分为欧式期权和美式期权。

(1)欧式期权(European-style Option)。欧式期权对期权买方何时可以行使买卖权是有一定限制的,一般情况下,期权的买方只能在期权到期日这一天纽约时间上午 9 时 30 分前,向期权卖方宣布是否行使买或卖权。

(2)美式期权(American-style Option)。美式期权十分灵活,期权的买方可以在期权到期日前任何一个工作日上午 9 时 30 分(纽约时间)之前,宣布是否行使买或卖权。不过,由于美式期权的这种灵活性,它的保险费要高于欧式期权。

外汇期权从期权买方买入或卖出某种货币的角度,又可以分为看涨期权和看跌期权。

(1)看涨期权(Call Option)。又称为买入期权,买进期权,简称为买权,是指外汇期权的买方,在合同的有效期内,有权按规定汇价买入一定数量某种货币的权利。当客户预测某种外汇的价格要上涨时,便会购买看涨期权。如果将来的外汇汇率果真上升,并且高于合同中协定的汇率,客户(即期权买方)可要求执行合同,即按照协定汇价买进一定数量的外汇;如果将来的外汇汇率低于合同中的协定汇率,客户可不执行合同。

例如,某客户按约定汇率 USD/JPY=112 购买了一定数量美元外汇的看涨期权,如在合同到期前美元汇率上升为 USD/JPY=113,则客户行使权利,买入美元,如不考虑期权费,他要比在市场直接购买每美元便宜 1 日元。如果到期美元汇率下跌为 USD/JPY=110,则他可放弃执行合约,直接在市场上购得美元。

(2)看跌期权(Put Option)。又称为卖出期权或卖权。是指外汇期权的买方,在合同的有效期内,有权按协定汇率卖出一定数量某种货币的权利。当客户预测某种外汇的价格要下降时,便会购买看跌期权。如果将来的外汇汇率果真下降,并且低于合同中的协定汇率时,客户可要求执行合约,即按照协定价卖出一定数量的外汇;如果将来的外汇汇率高于合同中的协定汇率,客户可不执行合同。

上例中,协定汇率为 USD/JPY=112,若到期日市场汇率 USD/JPY=111,则对于购买看跌期权的客户来说,执行合约,卖出一定数量的美元,如不考虑期权费,每美元可比按市场价卖出多得 1 日元,若到期美元汇率变为 USD/JPY=113,则他可放弃执行合约,直接在市场上按上升了的汇率抛出美元。

(四)外汇期权交易实例

由于外汇期权交易涉及到期权费,所以对于看涨期权和看跌期权的购买者来说,究竟何时应执行合约,何时不执行合约呢?下面结合具体例子进行详细分析。

【例 4.9】 德国某进口商预计 3 个月后将要有 100 万美元的进口付款,为了避免美元汇率上涨而增加进口成本,该商人决定购买欧式看涨期权,期权合约的协定汇率为 USD/EUR=0.987 9 期权费为每美元 0.003 0 欧元,在合约到期日,客户可能会遇到以下几种情况:

(1)现汇汇率等于协定汇率,这时客户执行合约或不执行合约没有差别,期权

第四章 外汇交易与外汇风险管理

费都是3 000欧元(即100万×0.003)。

(2)协定汇率＜现汇汇率＜(协定汇率＋期权费),这时执行合约的获利小于期权费总额,即有净损失,但是净损失小于期权费总额,而不执行合约,将会损失期权费,显然损失大于执行合约的损失。所以,这时应执行合约以减少损失。例如,如果现汇汇率为USD/EUR＝0.988 9,则执行合约的损失为:

$$(0.987\,9+0.003-0.988\,9)\times 100\,万=2\,000(欧元)$$

或者说,执行合约可获毛利

$$(0.988\,9-0.987\,9)\times 100\,万=1\,000(欧元)$$

但是期权费要付3 000欧元,因此净损失2 000欧元。损失小于期权费总额,而不执行合约要损失3 000欧元,显然执行合约较为有利。

(3)现汇汇率＝(协定汇率＋保险费),这时执行合约将不亏不盈,也就是说执行合约所赚得的利差刚好付了期权费,不执行合约将损失期权费,因此应执行合约。

(4)现汇汇率＞(协定汇率＋保险费),这时执行合约所赚得的利差除了支付期权费之外,还有剩余。例如现汇汇率为USD/EUR＝0.991 9,执行合约可获利:

$$(0.991\,9-0.987\,9)\times 100\,万=4\,000(欧元)$$

支付保险费3 000欧元,还可净获利1000欧元。因此这时应执行合约。

(5)现汇汇率＜协定汇率,执行合约的损失将大于期权费总额,这时应放弃其权利而不执行合约。因为执行合约除要支付期权费外,还要承担因协定汇率高于现汇汇率而带来的亏损。

以上为购买了看涨期权后可能遇到的情况,同样,对于看跌期权的购买者,在期权合约到期日,也可能会遇到以下五种情形:

(1)现汇汇率等于协定汇率,这时客户执行或不执行合约没有差别,都将损失期权费。

(2)(协定汇率－保险费)＜现汇汇率＜协定汇率,这时不执行合约的损失为期权费总额,执行合约的损失少于期权费总额,因此应选择执行合约。例如,将上例中的数字变为卖出期权的例子中的数字,若现汇汇率为USD/EUR＝0.986 9,执行合约的损失为:

$$(0.987\,9-0.986\,9-0.003)\times 100\,万=2\,000(欧元)$$

也即:执行合约可赚得差价利润

$$(0.987\,9-0.986\,9)\times 100\,万=1\,000(欧元)$$

但要付3 000欧元期权费,因此净损失2 000欧元。而不执行合约损失为3 000欧元,显然执行合约合算。

(3)现汇汇率＝协定汇率－保险费,这时执行合约将不亏不盈,而不执行合约的损失为期权费总额,因此应选择执行合约。

(4)现汇汇率＜(协定汇率－保险费),执行合约可获纯利,而且现汇汇率越低获利就越多,因此应执行合约。因为执行合约所赚得的价差利润扣除了支付的期权费外,还有剩余。

(5)现汇汇率＞协定汇率,执行合约的损失将大于期权费,而不执行合约的损失仅为期权费总额,因此应放弃其权利不执行合约。

从上述分析可以看出:对于购买期权合约的客户来说,通过期权交易来买卖外汇,其最大的损失不会超过期权费,但其潜在的收益是无限的,汇率越朝着有利的方向变化,其收益就越大。

第五节 外汇风险管理

一、外汇风险的种类

外汇风险(Exchange Eisk)又称汇率风险(Exchange Rate Risk),是指经济主体的资产价值或负债价值因汇率的波动而可能蒙受的损失。

自1973年3月布雷顿森林体系解体以来,许多国家特别是西方发达的工业国普遍实行浮动汇率制给经济主体尤其是涉外经济主体(企业、个人等)带来极大的不确定性。20世纪80年代以来,国际金融市场上各主要货币的汇率不仅变动频繁,波动幅度大,而且由于各国利率变动剧烈而使这些货币之间常常出现难以预料的强弱互相转化。不仅从较长的时间尺度(半年到一年)看,汇率是多变的,而且实际上,甚至每日的汇率都可能是更为易变的。

汇率的变动既可能给经济主体带来损失(不利变动造成的风险),也可能使经济主体获得利益(有利变动导致经济主体获利)但经营稳健的经济主体(如进出口商等)通常是风险厌恶者。即使是愿意冒风险的投机者也必须了解汇率风险的前因后果。因此,为了避免汇率风险趋利避害,有必要理解汇率风险,掌握管理外汇风险的各种技术。

目前,人们通常将外汇风险分为三类:交易风险、折算风险和经济风险。

1. 交易风险

交易风险(Transaction Exposure)是指在以外币作为计价货币达成的经济交易中,由于汇率的变动直接影响预期的现金流量而使参与交易的经济主体遭受损失的可能性。它与折算风险不同,交易盈利和交易亏损对现金流量有直接的影响。因此,交易风险是一种流量风险。

交易风险常常出现于以下几种情况中:

(1)在商品与劳务的进出口交易中,以外币计价的债权债务由于汇率的变动而产生的交易结算风险。

(2)在国际信贷业务中由于汇率的变动而使以外币计值的债权债务在清偿时发生变化的风险。

(3)在外汇买卖中有多头头寸或空头头寸的外汇银行由于汇率变动可能遭受损失的风险。

【例4.10】 德国某企业以7.5%的年利率借入一笔期限为1年的50万美元资金。当时汇率为EUR/USD=1.012 2取得49.40万欧元的资金。若1年后,汇率变为EUR/USD=1.022 2,美元贬值,则该企业只需花48.91万欧元偿还50万美元债务,节约0.49万欧元。如果1年后汇率变为EUR/USD=1.002 2,美元升值,则该企业需花49.89万欧元才能清偿这笔50万美元的债务,蒙受0.49万欧元的损失。

2. 折算风险

折算风险(Translation Risk),又叫会计风险(Accounting Risk),是指经济主体对资产负债表进行会计处理中,在将功能货币转换成记账货币时,因汇率变动而可能引起的账面损失。

每个经济主体经营管理的一项重要内容是进行会计核算,通过编制资产负债表来反映其经营状况。为此,拥有外币资产负债的经济主体就需要将原来以外币度量的各种资产和负债,按照一定的汇率折算成用母国货币表示,以便汇总编制综合的财务报表。这里的"功能货币"是指经济主体在经营活动中流转使用的各种货币,"记账货币"是指经济主体在编制综合财务报表时使用的报告货币,通常是母国货币。一旦功能货币与记账货币不一致,在会计上就要作相应的折算。这样,由于功能货币与记账货币之间汇率的变动,资产负债表中某些项目的价值也会相应发生变动。

例如,美国某公司拥有英镑存款100 000英镑。假定年初英镑对美元的汇率为1英镑=1.75美元,在该公司财务报表中这笔英镑存款被折算为175 000美元。一年后,该公司在编制资产负债表时,汇率变为1英镑=1.5美元,这笔英镑存款经折算,就只是150 000美元。在两个不同日期的财务报表中,由于英镑贬值,同样的100 000英镑存款折算成美元,结果在账面上价值减少了25 000美元,这就是折算风险。

3. 经济风险

经济风险(Economic Risk),又称经营风险(Operation Risk),是指意料之外的汇率变动通过影响企业生产销售数量、价格、成本,引起企业未来一定期间收益或现金流量减少的一种潜在损失。在这里,收益是指税后利润,现金流量(Cash Flow)则指收益加上折旧额。这是用来衡量企业最关心的获利状况的两个常用指标。汇率的变动通过影响企业的生产成本,销售价格,将引起产销数量的调整,并由此最终带来获利状况的变化。值得注意的是,经济风险定义中的汇率变动仅指意料之外的汇率变动,而不包括意料到的汇率变动。这是因为企业在评测未来的获利状况而进行经营决策时,已经将意料到的汇率变动对未来获利状况的影响考虑进去,这种意料到的影响不构成一种风险。

二、外汇风险管理

(一) 交易风险的管理

1. 做好计价货币的选择

在出口贸易和借贷输出中应该选择硬币或具有上浮趋势的货币作为计价货币;在进口贸易和借贷输入中应选择软币或具有下浮趋势的货币作为计价货币,以减缓外汇收支可能发生的价值波动损失。一般做法是在进出口货款计价时,一半用硬币,一半用软币,使不同货币的急升急降的风险得以缓冲抵消,使双方互不吃亏。

2. 提前收付或拖延收付法

提前收付或拖延收付法是根据有关货币对其他货币汇率的变动情况,更改该货币收付日期的一种防止外汇风险的方法。

在提前支付货款的情况下,就一般情况而言,具有债务的公司可以得到一笔一定金额的折扣。从这一意义上说,提前付出货款相同于投资;而提前收取货款类似于借款。根据对汇率波动情况预测的结果,选择适当的时机提前结汇,可以减轻因汇率剧烈变化所受到的损失。

拖延收付是指公司推迟收取货款或推迟支付货款。尽管拖延收付与提前收付是反方向的行为,但它们所起的作用却是一样的,都是为改变外汇风险的时间结构。

3. 平衡法

平衡法是指在同一时期内,创造出一个与存在风险有相同货币、相同金额、相同期限的资金反方向流动。例如,A 公司在 3 个月后有 100 000 美元的应付款,该公司应设法出口同等美元金额的货物,使3个月后有一笔同等数额的美元应收货款,藉以抵消3个月后的美元应付货款,从而消除外汇风险。一般来讲,这种方法适合金额较大的,存在着一次性的外汇风险贸易。

4. 本币计价法

出口商向国外出口商品的计价货币一般有三种选择:以出口商本国货币计价;以进口国货币计价;以该商品的贸易传统货币计价。一国的进出口商品均以本币计价,由于不涉及货币兑换问题,因而可免除外币与本币价格比率的波动,减缓外汇风险,但是这有赖于商品市场情况,若为买主市场,则易争取;如为卖主市场,则不易实现。

5. 调整价格或利率

出口商或债权人应争取使用硬币,而进口方或债务人应争取使用软币。但在一笔交易中,交易双方都争取到对己有利的合同货币是不可能的。当一方不得不接受对己不利的货币作为合同货币时,还可以争取对谈判中的价格或利率作适当调整;如要求适当提高以软币计价结算的出口价格,或以软币计值清偿货款利率;要求适当降低以硬币计价结算的进口价格,或以硬币计值清偿的借款利率。

6. 在合同中加列货币保值条款

货币保值,是指选择某种与合同货币不一致的、价值稳定的货币;将合同金额转换用所选货币来表示。在结算或清偿时,按所选货币表示的金额以合同货币来完成收付。在签订合同时加列货币保值条款,能够防止汇率多变的风险,往往被用于长期合同。目前,各国所使用的货币保值条款主要是"一篮子"货币保值条款。使用一篮子货币保值,就是选择多种货币对合同货币保值,即在签订合同时,确定好所选择的多种货币与合同货币之间的汇率,并规定每种所选货币的权数。如果汇率发生变动,则在结算或清偿时,根据当时汇率变动幅度和每种所选择货币的权数,对收付的合同货币金额作相应调整。一般来讲,一篮子货币可选择特别提款权、欧洲货币单位和软硬搭配的多种货币等。

(二)折算风险的管理

对折算风险的管理,通常是实行资产负债表保值。这种方法要求在资产负债表上以各种功能货币表示的受险资产与受险负债的数额相等,以使其折算风险头寸(即受险资产与受险负债之间的差额)为0,只有这样,汇率变动才不致带来任何折算上的损失。

在这方面,没有特别的避免风险的方法,但是可以通过以下几点,实现对资产负债表的保值。

第一,算清资产负债表中各账户,各科目上各种外币的规模,并明确综合折算风险的大小。

第二,根据风险头寸的性质确定受险资产或受险负债的调整方向。如果以某种外币表示的受险资产大于受险负债,就需要减少受险资产,或增加受险负债,或者双管齐下。反之如果以某种外币表示的受险资产小于受险负债,需要增加受险资产,减少受险负债。

第三,在明确调整方向和规模后,要进一步确定对哪些账户,哪些科目进行调整。这是实施资产负债表保值的困难所在,因为有些账户或科目的调整可能会带来相对于其他账户、科目调整更大的收益性、流动性损失,或造成新的其他性质的风险,因此,需要认真对具体情况进行分析和权衡,决定科目调整的种类和数额,才能使调整的综合成本最小。

(三) 经济风险的管理

经济风险涉及生产、销售、原料供应以及区位等经营管理的各个方面,因此,对经济风险的管理应从全局进行考虑。经济风险的管理,是针对预料之外的汇率变动对未来现金流量的影响,采取必要的措施。在避免经济风险方面,应注意以下几个方面:

第一,经营多样化。这是指在国际范围内分散销售地、生产地以及原材料来源地等。当然,这点对于大型跨国公司才是现实的。

第二,财务多样化,是指在多个金融市场,以多种货币筹措资金来源和运用资金,即实行筹资多样化和投资多样化。这样,在有的外币贬值,有的外币升值的情况下,公司就可以使外汇风险相互抵消。另外,由于资金来源和去向的多渠道,公司具备更好的条件在各种外币的资产与负债之间进行对抵配合。

(四) 外汇风险管理的综合方法

1. 远期合同法

远期合同法是借助于远期合同,创造与外币流入相对应的外币流出以消除外汇风险的方法。

例如:一家英国公司向美国出口一笔价款为 1 000 万美元的商品,3 个月后收款。为了防止美元贬值,该公司同银行做了一笔远期外汇交易,卖出远期美元。银行报出的英镑对美元的汇率如下:

美元:即期汇率　　　1.523 4/41
3 个月远期价差　　　120/124

即三个月远期汇率为 1.535 4/65。三个月后出口商用收回的 1 000 万美元可换回：1 000 万÷1.536 5 美元/英镑＝6 508 298 英镑,有效防止了美元可能出现的贬值而导致英镑收入的下降。

2. BSI 法

BSI 法,即借款—即期合同—投资法(Borrow-Spot-Invest),指在存在外汇应收账款的情况下,借入与应收外汇相同数额的外币,再将这笔外币卖给银行换回本币,进行投资,从而既消除了外汇的时间风险,又消除了价值风险的一种方法。

在有应收账款的情况下,为防止应收外币的汇价波动,首先借入与应收外汇相同数额的外币,将外汇风险的时间结构转变到现在办汇日(spot date)。借款后时间风险消除,但货币风险仍然存在,此风险则可通过即期合同法予以消除。即将借入外币,卖给银行换回本币,外币与本币价值波动风险不复存在,消除风险虽有一定费用支出,但若将借外币后通过即期外汇交易卖得的本币存入银行或投资,可以其赚得的投资收入抵冲一部分采取防险措施的费用支出。

3. LSI 法

LSI 法,就是提早收付—即期合同—投资法(Lead-Spot-Invest),是指具有应收外汇账款的公司,征得债务方的同意,请其提前支付货款,并给其一定折扣请其提前支付货款,以消除时间风险,然后立即通过即期外汇交易,换成本币从而消除价值风险,再将换回的本币进行投资,取得的收益则可以抵冲上述风险的费用支出。这实际上是将提前收付法、即期合同法与投资法三种简单避险方法进行综合运用。

本章重要概念

外汇市场　外汇经纪人　外汇有形市场　外汇无形市场　即期外汇交易　远期外汇交易　贴水　升水　套利　直接套汇　间接套汇　抛补套利　非抛补套利　掉期交易　外汇期货交易　外汇期权　欧式期权　美式期权　看涨期权　看跌期权　交易风险　折算风险　经济风险

思　考　题

1. 简述外汇市场的结构。
2. 如何判断有利的套汇机会？
3. 外汇期货交易与远期外汇交易有何异同点？

4. 外汇期权交易的基本形式有哪些?它们进行牟利的基本条件是什么?

5. 如何防范外汇交易风险?

6. 为什么在进出口贸易中,进口要选择"软货币",出口要选择"硬货币"?请举例说明。

7. 简述外汇风险的综合管理方法。

计 算 题

1. 已知 USD/DEM＝1.8421/28;USD/HKD＝7.8085/95,求:DEM/HKD 和 HKD/DEM。

2. 已知 GBP/USD＝1.6125/35;USD/JPY＝150.80/90,求:GBP/JPY 和 JPY/GBP。

3. 已知 GBP/USD＝1.6125/35;AUD/USD＝0.7120/30,求:GBP/AUD 和 AUD/GBP。

4. 假设某银行挂牌汇率为:1 美元＝122.30/40 日元,1 英镑＝1.4385/95 美元。问 A 公司如果要以日元向银行买进英镑,汇率是多少?

5. 假设某银行挂牌汇率为:1 美元＝121.90/00 日元,1 美元＝7.8010/20 港元。问 B 公司如果要以港元向银行买进英日元,汇率是多少?

6. 假设:某日纽约市场上 1 英镑＝1.6520/40 美元;伦敦市场上 1 英镑＝227.80/90 日元;东京市场上 1 美元＝138.50/70 日元。如果不考虑其他费用,你用 100 万美元进行套汇,可获多少套汇利润?

7. 伦敦市场英镑的年利率为 12%,瑞士法郎的年利率为 10%,即期汇率£1＝SF2.7270,6 个月远期汇率£1＝SF2.7100,若套利者用 100 万瑞士法郎进行套利,套利期限为 6 个月,问套利者是否有利可图?获利多少?

第五章 国际储备

第一节 国际储备概述

一、国际储备的概念

国际储备(International Reserves)是指一国货币当局所持有的可随时用来弥补国际收支逆差和稳定该国货币汇率的各种形式资产的总称。1965年"10国集团报告"中对国际储备的解释是:"各国货币当局占有的那些在国际收支出现逆差时可以直接地或通过同其他资产有保障的兑换性来支持该国汇率的所有资产"。这一解释目前已成为西方公认的标准定义。能够作为国际储备的资产必须具有以下特点:一是官方持有。作为国际储备的资产必须是该国货币当局(中央银行或财政部)集中掌握的,而非官方的金融机构、企业和私人持有的资产均不可称为国际储备资产,故国际储备有时也被称为官方储备。二是普遍接受。作为国际储备资产必须能够被世界各国普遍认同和接受,才能够作为国际支付手段用于弥补国际收支赤字。三是充分流动。国际储备资产必须是随时都能够动用的资产,例如存放在国外银行的活期可兑换外币存款、有价证券等,当一国国际收支出现赤字时可迅速动用这些资产,否则国际储备资产就难以发挥干预外汇市场和稳定汇率的作用。

二、国际储备的构成

国际储备资产在不同的历史时期有着不同的形态,第二次世界大战后的国际储备由以下四种形态的资产构成。

1. 外汇储备(Foreign Exchange Reserve)

外汇储备是一国货币当局所持有的国际储备货币。外汇储备是当今国际储备中的主体。在国际储备中外汇储备的金额超过所有其他类型的储备,而且使用的频率最高,规模最大。一种货币能否作为国际储备的资产,必须具备三个基本条件：①普遍接受性，即它是各国普遍接受的国际通货；②其汇率和购买力应相对稳定；③在国际货币体系中占有重要地位。可见并非所有可兑换货币都可以成为储备货币。在1880～1914年间，英镑是主要的储备货币。在两次世界大战之间，英镑、美元和法国法郎是重要的储备货币，布雷顿森林体系建立后，美元成为最主要的储备货币，1973年布雷顿森林体系崩溃，固定汇率制被浮动汇率制代替，储备货币出现多元化趋势，美元、德国马克、日元、英镑、法国法郎和瑞士法郎等都成为最重要的储备货币，但直至目前美元在储备货币中仍居中心地位。

2. 储备头寸（Reserve Position）

储备头寸是会员国在国际货币基金组织（IMF）持有的储备资产的简称。它包括会员国以黄金和外汇向基金组织认缴的份额、基金组织动用的那一部分会员国以本国货币认缴的份额以及基金组织向该会员国的借款。储备头寸是一国在国际货币基金组织中的自动提款权，成员国可以无条件地使用其在国际货币基金组织中的储备头寸支付国际收支逆差，因而它构成成员国的国际储备。在动用储备头寸时，只需向基金组织提出要求，基金组织便会通过提供另一国的货币予以满足，这将增加后者在基金组织中的储备头寸，或者在该国为净借款国时可以相应减少其净负债程度。

3. 特别提款权（Special Drawing Rights 缩写 SDR$_s$）

特别提款权是国际货币基金组织创造的用于会员国之间或会员国与国际货币基金组织之间国际支付的一种国际储备资产。特别提款权是在多年研究和反复谈判的基础上在1969年引入的储备资产。其目的在于要创设一种人造的储备资产作为弥补国际收支逆差的手段，以弥补当时国际储备资产的不足。特别提款权不具有内在价值，是纯粹账面上的资产，是一种记账单位，因而不能直接用于国际支付，会员国只能凭它向基金组织兑换等值的外汇并用外汇进行国际支付，但是可直接用它偿还基金组织的贷款。会员国只有在发生国际收支逆差时才可动用特别提款权。

SDR$_s$的定值，在刚创立时其价值以黄金表示，1个SDR$_s$含金量为0.888 667 1克，与贬值前的美元等值，即1个SDR$_s$等于1美元。随着美元两次贬值，SDR$_s$与美元的比值相应调整为1.085 71美元和1.260 35美元。1973年布雷顿森林体系崩溃后，IMF决定自1974年7月1日起，SDR$_s$的定值与黄金脱钩，改为一篮子16种货币作为定值标准。1980年9月18日起又改用美元、马克、日元、法国法郎和英镑5种货币定值，5种货币在SDR$_s$中所占比重每5年调整一次。1991年1月1日起，5种货币的比重分别为美元40%、日元17%、英镑11%、马克21%、法国法郎11%；1996年1月1日起，5种货币的比重调整为美元39%、日元18%、英

第五章 国际储备

镑11%、马克21%、法国法郎11%。

4. 货币黄金储备

以黄金作为国际储备的历史比较长。布雷顿森林体系崩溃后,根据国际货币基金组织的《牙买加协议》,从1976年起,黄金同国际货币制度和各国货币脱钩,黄金不再作为货币制度的基础,不准用于政府间的国际收支差额清算,也不能直接用来支持汇率,因此已不符合国际储备的标准定义,严格说来它已不再是国际储备资产了。但是,基金组织在统计和公布成员国的国际储备时,仍然把黄金储备列入其中,其主要原因是黄金长期以来一直被人们认为是一种最后的支付手段,他的贵金属特性易于被人们接受,再加上国际上有发达的黄金市场,各国货币当局虽然不能直接用黄金进行支付,但是可以在黄金市场上将其出售,换成可兑换货币后再进行支付,可见黄金仍然间接地发挥国际储备的作用。近几十年来,世界黄金储备量变动很小,一直在10亿盎司左右,然而其价格波动却很大,已从第二次世界大战后的35美元1盎司的官价上涨到近几年的约350美元1盎司市价的水平。目前各国对黄金的计算方法不统一,有按数量计算的,有按以前官价计算的,也有按市价或按市价打折计算的。

尽管黄金在国际储备中的地位和作用逐步减弱,大多数国家仍将其作为国际储备资产之一(表5.1),而且黄金作为国际储备的历史使命还将会有相当长的一个时期,这主要是因为黄金作为国际储备资产具有自身的优点,主要表现在两个方面:①黄金是一种很好的保值手段,可以避免通货膨胀带来的贬值风险和汇率波动带来的外汇风险。②黄金直接就是一种有价值的实体,完全属于国家主权范围,可以自动控制,完全不受任何超国家权力的支配和干扰。例如,海湾战争后,国际社会对伊拉克实施了严厉的经济制裁,但伊拉克凭借手中持有的黄金储备购买进口急需物品,最大限度地抵消了制裁的压力。由于上述两个优点,再加上国际上有发达的黄金市场,各国货币当局仍持有黄金,IMF在统计和公布成员国的国际储备时,也把黄金列入其中。

表 5.1 世界国际储备结构表 (单位:亿 SDR)

	1950	1970	1985	1995	2000	2005	2006	2007
国际储备总额	484.4 (100.00)	931.80 (100.00)	4385.00 (100.00)	9800.26 (100.00)	15784.67 (100.00)	300003.39 (100.00)	34114.07 (100.00)	41108.96 (100.00)
黄金储备	334.4 (69.1)	370.27 (39.7)	332.29 (7.6)	317.62 (2.86)	332.72 (2.1)	307.65 (1.0)	303.80 (0.9)	298.55 (0.7)

(续)表 5.1

	1950	1970	1985	1995	2000	2005	2006	2007
外汇储备	133.3 (27.5)	453.33 (48.6)	3483.25 (79.4)	8958.31 (91.4)	14794.05 (93.7)	29208.17 (97.3)	33479.15 (98.0)	40485.13 (98.5)
在IMF储备头寸	16.7 (3.4)	96.97 (8.3)	387.31 (8.8)	366.73 (3.74)	473.77 (3.0)	285.61 (1.0)	175.07 (0.5)	137.33 (0.3)
SDR	— —	31.24 (3.4)	182.13 (4.2)	197.73 (2.0)	184.89 (1.2)	214.70 (0.7)	214.73 (0.6)	214.76 (0.5)

资料来源:IMF《国际金融统计》1995年、2002年、2004年年报、2009年2月刊。

注:1. 括号内数字表示该项占当年国际储备总额的百分比。

2. 黄金按每盎司35特别提款权计算。

三、国际储备与国际清偿力

除以上所述外,按照国际储备的定义和特征,国际储备还有广义的含义。广义的国际储备即国际清偿力。它既包括一国现有的狭义国际储备(即通常所说的国际储备,又叫自有储备)又包括借入储备(即一国对外的借款能力)。国际储备规模的大小反映了一国在涉外货币金融领域中的地位,而国际清偿力则反映着一国货币当局干预外汇市场的总体能力。所以国际清偿力同国际储备在含义上和数量上还是有区别的。在判断一国的国际清偿力时,应考虑以下两个因素,一是政府获得国际流动资金的可能性,二是政府利用这些资金直接偿付外债或干预外汇市场的方便性和充分性。所以国际清偿能力是指一国平衡国际收支逆差而又无需采用调节措施的能力。对它的测度范围要广阔一些,除国际金融市场外,还有其他信贷便利可以提供国际清偿力。例如:

(1)备用信贷(Stand-by credit)。有时一国为了在需要时能够有把握地从基金组织获得贷款,通过与基金组织谈判取得备用贷款安排,即可在一定时期内随时从基金组织获得贷款。

(2)借款总安排(General agreement to borrow)。这是基金组织1962年同"10国集团"设立的。当基金组织资源不足时,可通过向主要工业国借款再贷款给会员国。

(3)互换货币安排(Reciprocal currency arrangement)。这是基金组织1962年提出的一项计划,它是各国中央银行之间进行双边互借备用信贷的一种形式。在一国需要外汇时,可用本国货币换取对方货币,用于干预外汇市场,稳定汇率。

第五章 国际储备

一般在三个月后按议定的汇率换回本国货币,归还所借外汇。可见,国际清偿力是一国具有的现实清偿能力与可能有的对外清偿能力之和。

四、国际储备的作用

从世界经济发展的需要看,国际储备对于促进商品和资本的国际流动,维持国际金融秩序的稳定和保障世界经济的正常运行都发挥着重要作用。就一国而言,国际储备的作用主要表现在以下三个方面:

(1)清算国际收支逆差,维持对外支付能力,缓解国际收支变化对国内经济的冲击。这是国际储备的首要作用,这种缓冲作用可以从短期和长期两种情况来分析。当一国的国际收支因偶然性和季节性的因素而导致出口减少,出现暂时的国际收支逆差时,可动用国际储备来平衡国际收支,而无需采用减少进口等调节措施,以避免影响国内经济发展的目标。当结构性的国际收支失衡导致国际收支出现长期的巨额的逆差而不可避免地采取调节措施时,动用国际储备,可缓和调节过程,减少因采取紧急措施而付出的巨大代价。

(2)干预外汇市场,维持本国货币汇率的稳定。在市场经济国家,货币当局通常利用国际储备建立"外汇平准基金"和"外汇稳定基金"制度,对外汇市场进行干预。当本国货币汇率在外汇市场上发生不利于本国的变动,或因投机性因素引起本国货币汇率剧烈波动时,动用外汇储备进行干预,可以缓和汇率的波动或改变其变动的方向。例如,在本国货币贬值太快的情况下,通过出售储备购入本币,以使本国货币汇率上升;而在本币受到国际资本冲击升值过快的情况下,通过购入储备抛出本币,增加外汇市场上本币的供应,以使本国货币汇率下降。

(3)维持国内外对本国货币信心,为国际信用提供保证。国际上将一国的国际储备状况作为评估国家风险的重要指标,一国拥有充足的国际储备可以为本国货币在国际上的信誉和地位提供有力的支持,加强该国的资信,吸引国外资金流入。国际储备还是一国政府对外借款的信誉保证,在国际金融机构或政府贷款时,最关心的是借款国的债务清偿能力,而清偿能力大小的物质保证就是该国的国际储备,因而它是一国货币信用的基础。

第二节 国际储备多元化

一、国际储备多元化的发展趋势

国际储备多元化是受国际货币体系变化的影响经过一系列演变的结果。在最初国际金本位制度下,黄金是国际货币体系的中心,当时的英国在世界工业和金融中居统治地位,因此英镑与黄金便成为国际上普遍使用并广泛储备的货币,由此形成了这一时期的黄金—英镑储备体系。第二次世界大战以后,美国取代英国而成为世界最大的债权国和黄金储备国,1944年布雷顿森林体系的确立,使美元等同于黄金,并成为新的国际货币体系的中心,美元成为最重要国际储备资产,从而形成了美元—黄金国际储备体系。上述两个时期的国际储备体系均是以黄金和单一国家货币构成的,1973年,布雷顿森林体系崩溃后,美元—黄金国际储备体系被打破,马克、日元、法国法郎、瑞士法郎等货币的国际储备地位迅速提高,美元的储备货币地位逐渐下降。从而使国际储备走向多元化。1999年1月,欧元的启动更是对美元在国际储备体系中的主导地位构成了潜在的威胁。一个以美元、欧元、日元为中心的多元化的国际储备体系的发展趋势日益明显(见表5.2)。

表 5.2 IMF 成员国外汇储备的货币构成   (单位:%)

	1998	1999	2000	2001	2002	2003	2004	2005	2006
美元	67.9	67.5	67.5	67.5	64.8	65.9	65.8	66.7	64.7
日元	5.4	5.5	5.2	4.8	4.5	3.9	3.9	3.6	3.2
英镑	3.9	4.0	3.8	4.0	4.4	2.8	3.4	3.6	4.4
瑞士法郎	0.7	0.6	0.7	0.6	0.7	0.2	0.2	0.1	0.2
欧元	—	12.3	15.9	16.4	18.7	25.2	24.9	24.2	25.8
其他货币	9.3	9.3	6.9	6.6	7.3	2.0	1.9	1.7	1.7

资料来源:陈雨露.国际金融[M].北京:中国人民大学出版社,2008.

二、国际储备多元化的原因

多元化的国际储备体系的形成主要是由以下因素作用的结果。

(1)"特里芬难题(Triffin Dilemma)"是导致国际储备体系多元化的重要原因。在美元—黄金储备体系中,美国作为储备货币发行国必须以国际收支顺差的缩小或逆差扩大为前提,不断输出储备货币,满足世界各国对储备货币的需求,但国际收支逆差的扩大又必须会降低美元的信誉,引发储备货币的危机;反之美国要维持美元的信誉,又必须以减少国际收支逆差为前提,这样就必然减少了美元储备的供给,从而使国际储备短缺影响国际清偿能力。这种两难选择的"特里芬难题"反映了美元—黄金储备体系自身存在的不可克服的内在矛盾。同时"特里芬难题"又具有普遍意义,因为任何试图将一国的信用货币与黄金挂钩的货币制度,都会同样面临这种两难选择。

(2)美国与西欧和日本经济实力变化是国际储备多元化的根本原因。20世纪60年代末以来,西欧和日本的经济迅速恢复和发展,而美国的经济实力相对下降,从而使世界经济格局发生了明显的变化。在这种变化中,美国经济的增长速度相对减慢,国际收支不断恶化,通货膨胀日趋严重,导致美元信用危机不断爆发。而日本和西欧特别是前西德在经济高速增长的同时保持了相对较低的通货膨胀率和相对较高的国际收支盈余,从而使日元和西德马克的购买力稳定,成为世界各国国际储备的选择对象。同时在许多国家预期美元贬值时,也纷纷将美元储备兑换日元、德国马克、瑞士法郎等硬通货。

(3)各国在浮动汇率制下管理国际储备的需要是储备体系多元化的内在原因。1973年,西方国家普遍实行了浮动汇率制以后,国际主要外汇市场汇率的变动日趋激烈。为了防止外汇风险,保持储备资产的价值,各国只能选择多样化的储备货币,以分散汇率变动带来的风险。

(4)欧洲货币市场的迅速发展,特别是欧元的诞生加快了国际储备体系多元化的进程。

三、国际储备多元化的影响

(一)积极影响

国际储备多元化对国际经济关系产生了多方面的影响,这些影响既有积极的一面也有消极的一面,其积极的影响主要表现在:

(1)多元化的储备体系有利于摆脱对美元的过分依赖及其产生的困境。在布雷顿森林体系的美元—黄金储备体系下,国际储备的增长依赖于美国持续的国际收支逆差,因此受到很大的限制。在多元化的国际储备下,由于以几个国家的货币作为中心货币,就可以利用几个国家的国际收支逆差来共同支持国际储备的增长,从而减轻世界各国对单一储备货币需求压力,缓和美元危机,相对缓解了"特里芬难题"对储备货币发行国所造成的困境,有利于国际经济和金融关系的稳定与发展。

(2)多元化的储备体系为各国调节国际储备结构,维持国际储备价值的相对稳定提供了有利条件。在单一的美元国际储备体系中,一旦发生美元危机,持有美元储备的国家就无法逃避美元危机带来的压力和损失,而多样化的国际储备,由于同时以若干个经济强国的硬通货作为中心货币,就可以根据各类储备货币的强弱变化,适时地进行较为灵活的储备结构的调整。例如,在美元疲软的情况下,可通过抛售美元购进其他坚挺的货币,或通过事先将国际储备分散化的方法,来保持国际储备价值的相对稳定,以避免和减少因美元或其他任何一种储备货币贬值而造成的储备价值损失。

(3)多样化的储备体系有利于改善国际金融关系,促进国际间的协调与合作。在美元黄金储备体系下,美元在国际金融领域的垄断地位使各国的经济受制于美国经济,美国则无视国际货币纪律,任意享受储备货币发行国的种种利益,所谓"无忧伤的逆差"正是这一状况的写照。多元化储备体系的建立,使国际货币体系不再过分依赖美元,美元作为普通储备货币的一种,同其他多种储备货币形成相互竞争的关系,就会限制美元储备的创造和美国对其他国家转嫁危机,同时也会加强国际货币纪律,使任何储备货币国都不能对其国际收支逆差的任意扩大漠不关心,为了维护多元化储备体系的正常运转和国际金融局势的稳定,储备货币国必须相互协调与约束,共同干预管理国际金融秩序,从而促进国际金融领域的国际合作,改善国际经济与金融关系。

(二)消极影响

上述积极作用使多元化国际储备体系成为布雷顿森林体系崩溃后国际货币体系的基石,并且成功地经受住了两次石油危机、"黑色星期一"(第二次世界大战后最严重的金融危机)以及发展中国家严重的债务危机等一系列严峻考验。然而这一储备体系也存在许多难以克服的消极影响,主要表现在:

(1)多元化储备体系并未从根本上解决"特里芬难题",只是将这一矛盾分散化,因而仍然具有内在的不稳定性。从表面上看,储备货币多元化似乎克服了"特里芬两难",但是实际上一个国家的货币同时充当世界货币的矛盾依然存在,所不同的是由原来的单一国家扩散到多个国家。储备的分散化必然使国际储备的增长依赖于几个储备货币发行国国际收支持续的发生逆差,而任何国家的国际收支如果持续的存在逆差,都必然削弱该国货币的信用基础,反之,如果任何储备货币发行国要保持国际收支平衡,又必然会给其他储备货币增加压力,可见这种储备体系仍存在着内在的不稳定性。

(2)多元化储备体系使国际储备盲目增长的趋势增强,从而加重了世界性的通货膨胀。国际储备必须随着世界贸易的增长而增长,如果储备不足会导致世界经济紧缩,如果储备过多又会加剧世界性的通货膨胀。布雷顿森林体系的一个重大缺陷就是在这方面没有明确制定出一套方法,以使国际储备的增长适应世界贸易和经济发展的需要。多元化的储备体系由于将其他硬货币与传统储备货币一同作为国际储备,因此不但没有克服上述缺陷,反而加强了国际储备盲目自发增长的趋势。例如,在原德国马克趋于坚挺的情况下,在外汇市场上各国便会抛售美元购入马克,为了防止马克汇率上涨过高,德国中央银行须采取抛出马克购进美元的干预措施,这样便会产生新的外汇储备。这种在汇率机制作用下所增加的国际储备,是世界国际储备在20世纪70年代急剧增长的重要原因之一,由此加重世界性的通货膨胀。

(3)多元化储备体系带来了国际游资大量的盲目流动,加剧了国际金融市场的动荡。从1973年西方各国普遍实行浮动汇率制以来,各国汇率的经常波动使国际金融市场处于不断的动荡之中,而多样化的储备体系则必然进一步加剧这种动荡。在多元化的储备体系下,在外汇市场上竞相追逐趋于坚挺的储备货币成为各国保持国际储备价值的必然选择,当某种储备货币趋于坚挺时,其他的储备货币就会大量的竞相换购这种货币,而当这种储备货币变得疲软时,又会被大量地抛售,由此出现了各国国际储备从某些储备货币转向另一些储备货币的频繁变动,带来了国际间资本大规模的盲目流动,从而加剧了国际金融市场混乱。

(4)对那些实际与某种储备货币挂钩或钉住某种货币的国家特别是广大发展中国家来说,多元化的储备体系使他们既要受该储备货币国家货币政策的影响,同时还要受多个国家之间货币政策的影响。因为储备货币之间汇率的变动、利率的升降必然会带来外汇市场的不稳定甚至剧烈的震荡。1996年以来,美元对日元、欧洲国家货币的汇率不断上升,给钉住美元的东南亚国家带来了压力,这也是引发东南亚金融危机的重要原因之一。有不少学者认为,东南亚未能及时调整与美元的钉住汇率制,是一种严重失误,其实这正是储备货币多元化本身的缺陷。

(5)多样化储备体系也给储备货币国家造成许多困难,这也不利于世界经济的稳定与发展。首先,储备货币国的货币政府难以贯彻。例如,该国为了控制通货膨胀而采取紧缩信贷的措施,但利率提高后,就会使大量资金涌入该国,这样便削弱甚至抵消了该国政府紧缩的货币政策的效力。其次,从长期看储备货币的强弱是由储备货币国的经济实力决定的,但在短期因受到许多偶然因素的影响而表现为无规则的变动。储备货币强弱地位的偶然变动会导致国际资金流向的突然变动,这会对储备货币国的国内经济产生不良的影响。例如,在1980年前联邦德国马克和美元的相对地位发生了偶然性的变化,在几个月之内,前联邦德国中央银行就因资金外流而损失了其货币储备的$\frac{1}{5}$,这极大地影响了前联邦德国的经济。同时,因储备货币国通常在世界经济中占有极重要的地位,这些国家经济的波动就必然会影响到世界经济的稳定与发展。

第三节 国际储备管理

国际储备的管理既是一种资产管理,也是一种政策选择。自20世纪70年代国际货币体系发生重大变革以来,面对浮动汇率和多元化的国际储备体系,各国货币当局管理国际储备的难度增大了,使得国际储备管理比以往任何时候都显得更加重要,成为当今世界各国货币当局面临的重要任务。一国的国际储备管理总体上包括两个方面:一是国际储备水平的管理,其核心在于确定适度的国际储备数量;二是国际储备结构的管理,其核心在于安排出合理的储备结构。

一、国际储备水平(总量)的管理

(一)保持适度国际储备水平的必要性

所谓国际储备水平,是指一国持有的国际储备量同一些经济指标的对比关系,例如,一国的国际储备总量同该国的国民生产总值之比,国际储备额同国际收支差额之比,国际储备额同外债总额之比等。所谓适度国际储备水平,是指适时制定出适合本国国情的最适储备规模及其增长率,以防止因国际储备较少而对经济稳定产生不利的影响,或因国际储备过多造成资源浪费,影响本国经济增长的速度。具体而言,保持适度国际储备水平的必要性,可以从一国经济的外部平衡与内部平衡两个方面来考察。

首先,适度的国际储备水平有利于一国经济的外部平衡。如前所述,国际储备的最基本功能是平衡国际收支,因此一国的国际储备水平不能过低,否则难以满足对外平衡的需要,也使本币汇率难以稳定,还会造成国际清偿力不足,并可能付出更大的代价。但是也不能过高,超出平衡国际收支的需要,这样会产生资源的低效配置与浪费,增加机会成本。

其次,适度国际储备水平有利于内部平衡的恢复。一国的内部平衡,主要是指国内流通的商品与劳务的数量同货币流通量之间的平衡。如果发生不平衡,就会出现通货膨胀或商品滞销,不利于经济的平稳运行。而一国的国际储备水平高低同内部平衡有密切关系,因为储备水平的高低,主要是贸易收支顺差或逆差累计的结果,如果贸易收支不平衡则会打破内部平衡,这是因为当贸易收支顺差会使国内流通的商品减少,并增加国内的货币投放量,当贸易出现收支逆差,一方面会使国际储备额减少,另一方面会增加国内流通的商品量和回笼货币量,从而引起和扩大内部的不平衡。因此适度的国际储备有利于恢复内部平衡。如在国内通货膨胀急剧发展的情况下,如该国被迫实行紧缩性的货币财政政策,则会对国民经济带来不利的影响,但是如果该国有充足的国际储备,就可以通过扩大消费品的进口和适当减少储备的办法,增加流通的商品量和回笼货币,从而有利于内部平衡的恢复。

第三,适度的国家储备水平有利于维持本币的外汇汇率的稳定。本币币值的稳定是本币外汇汇率稳定的基础,适度的国际储备水平一方面有利于使本币的国内供应量保持在较合理的水平上,从而稳定本币在国内的币值,另一方面使货币当局能够保持干预外汇市场所需的必要的外汇储备,以便能够及时地抑制汇率的剧烈波动。

(二) 确定适度国际储备水平应考虑的因素

从以上分析可见,国际储备总量的管理其实就是要保持适度的国际储备量,只有保持适度的国际储备水平,才能实现一国的国际储备利益的最大化,但是目前并没有一个世界各国普遍适用的确定适度国际储备水平的模式。国家不同,适度国际储备的衡量标准也不同。而分析影响一国的国际储备水平的因素,是研究这个问题的基础。综合二次世界大战后世界各国的情况,确定一国的国际储备水平应考虑的因素主要有:

(1) 对外贸易状况。这包括对外贸易在国民经济中的地位与作用、贸易条件和出口商品在国际市场上的竞争潜力等。对外贸易状况是决定一国国际储备规模的首要因素,因为贸易收支往往是决定其国际收支的最重要因素,而国际储备的最基本作用也是弥补国际收支逆差。一国的对外开放程度越高,对外贸易在国民经济中所处的地位和发挥的作用越大,就需要越多的国际储备。反之,则需要较小规模的国际储备。一国在贸易条件上处于不利地位,其出口商品又缺乏竞争潜力的国家,需要较多的国际储备,反之,则需要较少规模的国际储备。

(2) 外汇管制的程度。在实行较为严厉外汇管制的条件下,汇率、进口用汇和资本流动都受到管制,并且还在一定程度上控制和利用居民的私有外汇,因而保有较少的国际储备就能够满足需要。如果实行较为宽松的外汇管制,实行浮动汇率,则需要较多的国际储备。

(3) 货币的地位。这是指一国货币是否处于储备货币地位而言的。如果一国货币处于国际储备货币地位,那么它就可以通过增加本国货币的对外负债来弥补国际收支逆差,而不需要较多的储备;如果本国货币处于非储备货币地位,则需要较多的储备。这是美国等少数发达国家的储备水平较低的一个重要因素。

(4) 对外融资能力。如果一国有较强的借用外国资金的能力,则其国际储备水平可以低一些,因为其国际清偿能力不致因此而降低;反之则需要较高水平的国际储备。但是需指出的是,如果储备水平过低,就不具有较高的国际借款信誉,从而其借用国外资金的能力也会降低;此外靠借用国外资金来增大其储备余额,这种战略存在着明显的代价。这是因为,借款边际成本超过储备上的收益,通常为一或二个百分点,而信贷的未用部分还涉及到承诺费。进一步说,借款还增加未来的偿债负担。

(5)外债的规模。一般而言,一国的外债规模特别是还本付息额越大,则需要较高水平的国际储备,反之其国际储备水平可以低一些。

(6)持有国际储备的机会成本。由于持有国际储备意味着放弃相应部分的国内投资和消费,且国际储备的收益低于一般的投资收益,因而存在持有国际储备的机会成本。在该成本过高时,国际储备量即应降低。

除上述因素外,在确定国际储备水平时,还需要考虑到应付不测事件的需要,即国际储备要留有一定的余地。

(三) 适度国际储备量的测定方法

根据适度储备理论,在实际管理中,对适度国际储备量的测定,通常采用以下方法:

1. 比例分析法

比例分析法是以某些重要的经济指标为参照体来确定适度储备量的方法。常用的作为适度标准的比例有三个:

(1)国际储备与国民生产总值之比:RI/GNP。
(2)国际储备与外债总额之比:RI/FDt。
(3)国际储备与月平均进口额之比:RI/Im。

在这三个标准中,第三个标准是最常用的。一般来说,国际储备最少要能满足三个月的进口支付额的需要,但据国际货币基金组织的统计结果表明,发达国家的储备只需保证两个月的需要。上述第三个标准也可修改为国际储备与年进口总额之比。根据统计分析,按上述比例分析方法所测定的适度国际储备的参照指标值为:

$$RI/GNP = 0.1$$
$$RI/FDt = 0.3$$
$$RI/Im = 0.25$$

比例分析方法简便易行,但存在以下缺陷。一是比例值是衡量是否适度的尺度,但是这种"尺度"本身缺乏客观依据。二是不同国家和同一国家的不同发展阶段,因经济实力的大小、对国际经济的依赖程度、国际融资能力的强弱、在国际经济关系中的地位、本位币是否为储备货币等多种因素的变化,决定了上述三个标准都是变量,这就使确定适度的国际储备量更加困难。三是上述三个标准是相互独立的,如果按某一标准来测量已经达到适度值,而用另外的两个标准测量没有达到适度值时,这时就很难做出正确的判断。

2. 盈亏平衡分析法

自20世纪60年代末以来,一些经济学家根据微观经济学中关于生产某种商品的边际成本等于其所获得的边际收益即可实现利润最大化的理论,将边际成本与边际收益的分析方法引入到对适度国际储备量的分析中,由此产生盈亏平衡分析法。假定储备是外汇或特别提款权,实际生产储备的成本很低,且固定不变,则生产储备的边际成本便是一个常数,在图形上表现为与横轴平行的直线,如图5.1中的 MC 线。因为持有储备是作为保证未来安全的一种形式,所以储备量越大提供的安全保障就越大,但同时所需的额外储备也减少,额外储备所追加的安全程度也变小。可见持有储备的边际收益是递减的,如图5.1中的 MB 线。MC 与 MB 相交于 K,K 点所对应的储备量便是最适度储备。在 K 点的左方,储备量 $<Q$,$MB>MC$,即由额外储备引起的边际收益大于储备的生产成本,表明储备不足,如果形成额外储备就会增加社会福利;在 K 点的右方,储备量 $>Q$,$MB<MC$,此时生产储备的边际成本超过其边际收益,从而形成过剩的储备。但是,这种方法只是一种理论分析工具,在实际运用上还存在较多的困难。

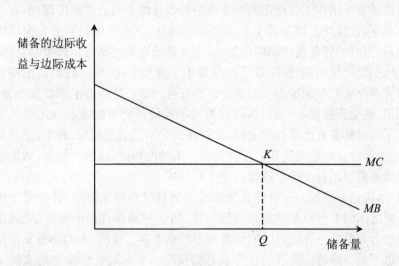

图 5.1

3. 数量方法

数量方法是将制约国际储备需求的各个因素均作为约束条件和变量加以综合考虑,以持有储备的成本最低化为目标,通过建立一定的数学模型,借助计算机数据处理技术以寻求最优解。在数量分析方法中所涉及的主要因素包括:

(1)经济规模;

(2)本国所处的国际环境与经济开放程度;

(3)国际金融市场的发达程度;

(4)本国贸易条件和利用国际货币市场信贷的能力;

(5)稳定汇率的其他机制;

(6)对运用储备和稳定措施的投机性反映;

(7)本国出口商品货源的供给弹性与市场的需求弹性;

(8)本国货币是否充当储备货币及其效应;

(9)贸易管制、外汇管制等政策性调解的影响状况。

二、国际储备结构管理

对国际储备结构的管理,具体包括储备货币种类的比例安排和储备资产流动性结构的确定。

(一)储备货币币种的安排

对储备货币结构的管理需要是随布雷顿森林体系的崩溃而出现的,在布雷顿森林体系下,世界外汇储备基本上都是美元储备,各国货币只同美元保持固定的比价关系,当时的储备资产结构的管理,主要是处理美元储备与黄金储备的关系。自20世纪70年代初期,国际货币制度发生了重大变化,单一的固定汇率制度转变为以管理浮动汇率制度为主的多种汇率安排。储备货币的汇率波动频繁,其各自的利率、通货膨胀也不一致,从而使持有不同储备货币的收益和风险的不确定性增大了。对储备货币币种的安排,就是在研究不同国家汇率、利率、通货膨胀率的基础上,及时合理地调度和搭配储备资产币种的构成,以减少损失,增加收益。

对储备货币币种安排应遵循以下主要原则:

(1)币值稳定原则。分析储备货币币值的稳定性和保值性,首先要考虑不同储备货币之间的汇率以及相对通货膨胀率,当一种储备货币汇率下浮(或预期下浮),必然会有另外一种(或几种)储备货币汇率上浮。其次,不同储备货币的通货膨胀率也不是一样的。管理的任务就是要根据汇率和通货膨胀率的实际走势和预期走势,经常地转换货币,搭配币种,以达到储备收益最大或损失最小。

第五章 国际储备

(2)盈利原则。不同储备货币资产的收益率是不同的,比较收益率高低的标准是实际收益率。实际收益率等于名义收益率减去通货膨胀率再减去汇率的变化,通过研究各种储备货币过去实际收益率的变化,以预测其未来的变化趋势;另外,同一币种的不同投资方式,也会导致不同的收益率。因此要适当地搭配币种和投资方式,以实现在较低的风险下获得较高的收益率。

(3)方便国际经贸往来的原则。各国在对外经贸往来的地区结构不同,从而决定了经常使用的清算货币币种的不同,例如,一国在对外经贸往来中大量使用美元作为支付手段和清算手段,则该国需经常性地保持适当数量的美元储备。若该国在其对外交往中大量使用日元,则必须经常性地保持一定数量的日元储备。由于当前国际外汇市场的发达和货币兑换的便利,方便性原则在决定币种选择中的重要性已大为降低。但是仍然是各国货币当局在安排储备货币币种时需要考虑的因素之一。

(二) 储备资产流动性结构的确定

国际储备资产的流动性与盈利性成反比。流动性高的资产盈利性差;而盈利性高的资产流动性差。为了便于对储备资产流动性的管理,一般根据流动性将储备资产划分为三个档次:

(1)一级储备或流动储备资产:指流动性非常高的资产,即活期存款和短期票据(例如90天国库券),平均期限为三个月。

(2)二级储备:指收益率高于一级储备,而流动性低于一级储备但仍然很高的储备,例如中期国库券,平均期限为2～15年。

(3)收益率高但流动性低的储备资产:如长期公债和其他信誉良好的债券,平均期限为4～10年。

如何对上述三个档次的储备资产做出具体安排,要根据各国的具体情况而定。大体上说,一国应当留有足够的一级储备以满足储备的交易性需求。这部分储备随时可以动用,充当日常干预外汇市场的手段。在满足这种交易性需求的前提下,货币当局就可以将剩余的储备资产主要在各种二级储备与高收益储备之间组合投资,以期在保持一定的流动性条件下获得尽可能高的预期收益率。

安排储备资产的流动性结构,还应将黄金、特别提款权和储备头寸考虑进去,以保持整个国际储备较优的流动性结构。从流动性程度看,会员国在IMF的储备头寸随时可以动用,类似于一级储备。特别提款权的使用尽管不附带限制条件,但必须向IMF申请,然后由IMF安排接受特别提款权提供可兑换外汇的国家,这一过程需要一定的时间,故可以将特别提款权视同二级储备。而黄金的投机性最强，一国货币当局只有在合适的价格水平上才愿意出售，以换得所需要的储备货币，因此黄金应列为高收益低流动性的储备资产。

由于国际储备本身的性质，各国大都尽量限制储备资产投资于世界银行和存在国家风险的国家或投资于公司证券。

第四节 中国的国际储备

一、我国国际储备的构成

改革开放之前，我国对内实行高度集中的计划经济体制，对外较少参与国际经济事务，国际储备规模有限，而且外汇资金实行统收统支，因此，国际储备问题一直未引起人们足够的重视。党的十一届三中全会以后，我国开始实行改革开放政策，对外经济贸易往来和吸收利用国外资金规模不断扩大，国际储备在国民经济中的重要性日益突出。

1980年，我国政府恢复了在IMF和世界银行的合法席位并按规定缴纳了应缴的份额，享有了在基金组织的普通提款权和接受基金组织分配的特别提款权，从而纳入了世界储备体系。1981年正式对外公布了国家黄金外汇储备，其中黄金储备由国家黄金库存中划出400吨（约合1 280万盎司）黄金构成，外汇储备则由国家外汇库存和中国银行外汇结存两部分组成。国家外汇库存是指国家通过中国银行兑进和卖出外汇相抵之后的余额；中国银行外汇结存是指中国银行的自有外汇资金加上中国银行在国内外吸收的外币存款和对外借款，然后减去中国银行在国内外的外汇贷款和投资后的余额。按照国际惯例，这两种资金不能混为一谈。国家外汇库存是我国货币当局持有的对外债权，国家对其拥有所有权，可以无条件地随时动用。而中国银行的外汇结存是该银行的本金和对外负债，国家不能无条件地随时动用。为了与国际惯例接轨，我国自1992年底开始改变外汇储备的统计口径，改为仅包括国家外汇库存。

我国国际储备的构成，同IMF其他会员国一样，包括黄金、外汇储备、在IMF的储备头寸和特别提款权四个部分。从表5.3可以看出我国的国际储备具有以下特点：

(1)黄金储备的数量保持稳定，并有所增加。

黄金储备除了随市场黄金价格上涨而自动增值外没有任何收益，因此，多年来我国一直实行稳定的黄金储备政策。自1981年到2000年，我国黄金储备长期保持在1 267万盎司的水平，2001年和2002年两次增持之后，黄金储备量达到

第五章 国际储备

1 929万盎司一直没有变化,2009年4月,我国增持黄金储备75.6%,达到1 054吨(3 389万盎司),在世界各国中排名第五。

(2)外汇储备数量增长迅速。

我国外汇储备的增长,大致可以分为三个阶段:

第一阶段(1978～1993年),为外汇短缺期。1979年我国国家外汇库存只有8.4亿美元,1989年之前的所有年份,外汇储备规模都非常小,不到100亿美元,而且年度之间变动较大,没有明显的增长趋势。1990年外汇储备首次超过100亿美元达到110.93亿美元,到1993年外汇储备为211.99亿美元。外汇储备一直保持在低水平的原因是经济发展造成进口增加和国际收支逆差,此时,外汇储备不足也成为我国经济发展的最大制约因素之一。

第二阶段(1994～2000年),为稳定增长时期。1994年,国家取消了企业外汇留成,实行银行结售汇制度,建立银行间统一的外汇市场,加上我国经常项目和资本项目国际收支长期保持双顺差,外汇储备的数量随之大幅度增加。1994年外汇储备达到516.20亿美元,比1993年增长了143.50%;1996年外汇储备突破1 000亿美元,成为仅次于日本的外汇储备第二大国。1997年东南亚金融危机爆发,但对我国外贸形势及引资状况的影响并不明显,加之政府进一步采取了鼓励出口和优惠外资的政策,全年外汇储备增量超过1996年,增幅达到348.41亿美元。1998～2000年,在当时国内处于通货紧缩和国际市场疲软的情况下,外汇储备增长缓慢。

第三阶段(2001至今),为爆发性增长时期。2001年后,中国经济的强劲增长迅速推动了外汇储备的飙升,2001年底跨过了2 000亿美元的门槛。2006年超过日本,成为世界第一大外汇储备国,并首次突破10 000亿美元。截至2014年第1季度外汇储备余额达到了3.95万亿美元。

表5.3 中国国际储备的构成(1979～2008年)

	黄金储备（万盎司）	外汇储备(亿美元)			在IMF储备头寸(亿SDRs)	SDRs余额(亿SDRs)
		国家外汇库存	中国银行外汇结存	总额		
1979	1 280	8.4	13.14	21.54	—	—
1980	1 280	−12.96	35.58	22.62	1.5	0.72
1981	1 267	27.08	20.65	47.73		2.36

(续)表 5.3

	黄金储备（万盎司）	外汇储备(亿美元)			在 IMF 储备头寸(亿 SDRs)	SDRs 余额(亿 SDRs)
		国家外汇库存	中国银行外汇结存	总额		
1982	1 267	69.86	41.39	111.25	—	19.4
1983	1 267	89.01	54.41	143.42	1.68	3.20
1984	1 267	82.20	62.00	144.20	2.61	4.14
1985	1 267	26.44	92.69	119.13	3.03	4.40
1986	1 267	20.72	84.42	105.14	3.03	4.65
1987	1 267	29.23	123.13	152.36	3.03	4.51
1988	1 267	33.72	141.76	175.48	3.03	4.36
1989	1 267	55.50	114.72	170.22	3.03	4.11
1990	1 267	110.93	175.01	285.94	3.03	3.95
1991	1 267	217.12	209.53	426.25	3.03	4.04
1992	1 267	194.43	—	194.43	5.51	3.05
1993	1 267	211.99	—	211.89	5.13	3.52
1994	1 267	516.20	—	516.20	5.19	3.69
1995	1 267	735.97	—	735.97	8.1854	3.92
1996	1 267	1 050.49	—	1 050.49	9.71	4.27
1997	1 267	1 398.90	—	1 398.90	16.82	4.47
1998	1 267	1 449.60	—	1 449.60	25.23	4.80
1999	1 267	1 546.75	—	1 546.75	16.84	5.40
2000	1 267	1 655.74	—	1 655.74	14.62	6.13
2001	1 608	2 121.65	—	2 121.65	20.61	6.77
2002	1 929	2 864.07	—	2 864.07	31.88	8.2
2003	1 929	4 032.51	—	4 032.51	22.56	7.41
2004	1 929	6 099.32	—	6 099.32	3 320	1 247

(续)表 5.3

	黄金储备（万盎司）	外汇储备（亿美元）			在 IMF 储备头寸（亿 SDRs）	SDRs 余额（亿 SDRs）
		国家外汇库存	中国银行外汇结存	总额		
2005	1 929	8 188.72	—	8 188.72	1 391	1 251
2006	1 929	10 663.44	—	10 663.44	1 081	1 068
2007	1 929	15 282.49	—	14 969.06	840	1 192
2008	1 929	19 460.30	—	19 460.30	2 031	1 199

资料来源：国家外汇管理局。

从作用上看，1994 年以前，我国国际储备的作用仅限于弥补国际收支赤字和作为对外偿还外债的保证，而没有发挥干预资产的作用。从 1994 年 1 月 1 日起，我国开始实行以市场供求为基础的、单一的、有管理的浮动汇率制度，我国的国际储备才具有了干预资产的作用。通过在外汇市场上抛售或买进外汇，来保持人民币汇率的基本稳定。

(3) 在 IMF 的储备头寸和特别提款权在我国国际储备中不占重要地位。

IMF 董事会于 2010 年 11 月 5 日通过了份额改革方案，中国的份额将从之前的 3.72% 升至 6.39%，超越德国、法国和英国，位列美国和日本之后，居全球第三位。随着我国经济实力的不断提升，我国在 IMF 份额的规模和比例不断增加，但是与我国庞大的外汇储备规模相比，在 IMF 储备头寸和特别提款权在我国国际储备中的占比依然很小。

三、中国国际储备资产的管理

（一）外汇储备规模管理

我国外汇储备的规模管理就是要将外汇储备的规模维持在一个适度规模水平上。近年来，我国外汇需求主要来自以下几个方面：维持正常进口用汇需求；偿还债务用汇需求；外商直接投资赢利返还用汇需求；政府干预汇市的用汇需求和其他用汇需求（包括居民出境旅游、求学、就医等）。此外，还必须考虑满足特殊需求的外汇储备量，如防范国际金融风险、特殊的政策目标、政治动荡、突发事件和自然灾害等。如果能满足上述用汇需求并略有结余，则外汇储备规模就是适度的。

预计 2014 年第 2 季度,国家外汇储备将突破 4 万亿美元大关。巨额的外汇储备显示了我国经济的快速发展和综合国力的不断增强,意味着我国有充裕的国际支付和应对投机攻击的能力。但外汇储备并非越多越好,过多的外汇储备会带来高昂成本:第一,持有巨额外汇储备导致资源浪费。官方外汇储备大多投资于发达国家债权,债权的收益率一般低于直接投资收益率,因而我国持有过多外汇储备具有很高的机会成本。第二,巨额外汇储备面临汇率风险。中国外汇储备机构中美元资产比重较大,如果美元贬值,外汇储备价值就会缩水。第三,高额外汇储备给货币政策自主性带来压力。外汇储备积累将导致以外汇占款形式发放的基础货币存量增加,加大国内通货膨胀压力,易引起股票市场和房地产市场泡沫,给宏观调控带来困难。第四,加大了人民币汇率改革的难度。外汇储备大量增加,加大了人民币升值的预期,来自海外要求人民币升值的压力此起彼伏,大量热钱流入中国,使人民币升值变成事实并加速上升。第五,失去了获得国际组织优惠贷款的权利。国际金融公司自 1997 年起就已经停止了向中国发放优惠贷款。第六,国际收支顺差,易遭他国不满甚至报复。国际上针对中国的贸易摩擦、反倾销诉讼案件逐年增多。

为解决我国高额外汇储备问题,中国人民银行提出了三项解决措施:调整"宽进严出"的外汇政策取向、变"藏汇于国"为"藏汇与民"、构建完整的"走出去"外汇管理体系。

(二) 外汇储备结构管理

1. 外汇储备币种结构的管理

目前,我国外汇储备的币种结构不平衡。从外汇储备的币种结构来看,我国外汇储备的币种构成历来以美元为主。据统计,目前中国外汇储备资产中美元资产占 70% 左右,日元资产约占 10%,欧元和英镑资产约为 20%。近年来美元汇率呈明显的下跌趋势,导致我国外汇储备价值大幅缩水。

我国外汇储备的币种结构管理需要坚持三个原则:坚持储备货币多元化,以减少汇率变动可能带来的损失;根据对外支付的需要确定该货币在储备中的比重;随时根据外汇市场汇率变动趋势调整各储备货币的币种结构。

2. 外汇储备资产流动性结构的管理

我国拥有巨额外汇储备,但其成本与收益存在着严重的不匹配现象。这种成本与收益的不匹配主要来自两个方面:一方面,中国自改革开放以来,为吸引外资,鼓励出口,各种各样不计成本的优惠政策层出不穷,使资本账户和经常账户的外汇流入的成本与收益明显不平衡;另一方面,由于缺乏高回报、大规模的投资渠道,中国在外汇储备的运用上只能依赖于美国国债等少数投资工具,投资渠道单一,收益率较低,机会成本较大。

我国外汇储备资产流动性结构管理的原则是以安全性和流动性为主,适当兼顾赢利性。为此,要合理安排储备资产的短期、中期和长期投资结构,适时调整外汇储备的投资策略。当前,我国外汇资产主要用于购买美国国债等短期投资,可适当调整外汇储备投资的期限结构,进行一些中长期投资。同时将外汇储备分散化存放,可选择进入欧洲货币市场,因为境外货币被冻结的政治风险较小,且存款利率往往高于货币发行国利率。此外,可考虑提高外汇储备在国内的运用效率,如动用部分外汇储备资产发行美元债券,允许企业和个人以人民币购买美元,建立专项基金;发展境内外币债券市场,以减少到国际市场筹集资金,并替代部分外商直接投资。

本章重要概念

国际储备　国际清偿力　外汇储备　储备头寸　特别提款权　适度国际储备水平

思考题

1. 国际储备和国际清偿力有何区别?各自包含哪些内容?
2. 试述国际储备的作用。
3. 特别提款权的性质、特点和测度方法是什么?
4. 试述国际储备多元化的现状与趋势及其影响。
5. 一国确定国际储备水平应考虑哪些因素?
6. 测算国际储备最适度水平的方法有哪些?

分析讨论题

从1994年起,我国外汇储备一直呈现出强劲增长的态势,从而引起了对我国适度外汇储备规模的讨论。请谈谈你对该问题的看法。

第六章 国际金融市场

伴随经济全球化、国际经济一体化和现代通讯技术的发展,国际资金流动的规模逐渐超过国际贸易额,从而形成了日趋庞大的国际金融市场。当前,国际金融市场在国际间的资金借贷与投资中起着极为重要的作用。

第一节 国际金融市场概述

一、国际金融市场的含义

所谓金融市场就是资金融通的场所,意指因经常发生多边资金借贷关系而形成的资金供求的市场。从这一含义引伸:如果市场上资金借贷关系发生在本国居民之间,就是国内金融市场;而这种借贷关系如果涉及到其他国家或超越国界,成为国际性的资金借贷,即为国际金融市场。因此,国际金融市场(International Financial Market)是居民和非居民之间,或非居民相互之间进行国际性金融业务活动的场所。

根据传统的定义,非居民相互之间进行国际金融业务活动的场所又称"离岸金融市场"(Offshore Financial Market)或"境外金融市场",其一般含义为在原货币发行国境外进行各种货币的金融交易的场所。由于是境外交易,其参与者只能是交易地点所在国的非居民。据此,金融市场可分为国内金融市场、在岸金融市场(On-shore Financial Market)和离岸金融市场三部分,其中后两部分统称为国际金融市场,参见图6.1。

随着国际金融市场的发展,离岸金融市场的特征发生了很大的变化。现在的"岸"或"境"多指东道国的金融法规和有关管制,其含义已从有形的国境位移到无形的东道国的法规和管制,离岸金融的含义已不再局限于非居民间的金融活动,也包括了居民和非居民之间的金融活动。其特征为:

(1)市场内的金融活动基本不受东道国金融法规的约束并享受其宽松和优惠的政策待遇,是一个经营高度自由的市场。

(2) 业务活动主要遵循有关国际惯例,并在一定程度上与东道国国内的货币活动相隔离。

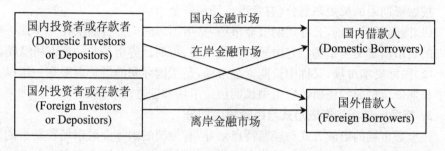

图 6.1 金融市场的构成

(3) 金融业务的参与者有居民和非居民,金融交易所涉及的货币为世界上主要的国际货币。

(4) 各离岸金融市场之间联系紧密,形成一个世界范围的、统一和开放的、高效率的一体化市场。

因此,可将离岸金融市场定义为:在一定程度上与东道国国内金融市场相隔离的,其金融活动基本不受东道国金融法规约束并享受税收等政策优惠的,可进行自由交易的高度发达的市场。虽然离岸金融市场有其特定的含义,但从广义上看,应视为国际金融市场的一个组成部分。

此外,就交易内容的不同,国际金融市场这一概念还有广义和狭义之分。广义的国际金融市场,是指进行各种国际金融业务活动的场所。这些业务活动包括长、短期资金的借贷,外汇与黄金的买卖。分别形成了资本市场(Capital Market)、货币市场(Money Market)、外汇市场(Foreign Exchange Market)和黄金市场(Gold Market)。而狭义的国际金融市场,则是仅指从事国际资金借贷和融通的市场,因而亦称"国际资金市场"(International Capital Market)。本章从狭义的概念上来探讨国际金融市场。

国际金融市场是随着国际贸易的发展、资本输出和生产的国际化而发展起来的。部分国家的政策法令和通讯技术手段的日益现代化也是其发展的重要原因。此外,主要西方发达国家的纸币取代黄金充当世界货币也是国际金融市场得以迅速发展的原因。

二、国际金融市场的类型

根据不同的标准,可以将国际金融市场分为不同的类型,目前主要依据两种方法划分,即按融资期限的长短和形成方式与经营特点的不同来划分。

1. 按融资期限的长短划分

按融资期限的长短来划分,有货币市场和资金市场。

(1)国际货币市场,又称短期资金市场,是指国际间的借贷期限在一年或一年以内的货币借贷交易市场。它由短期信贷市场、短期证券市场和贴现市场组成。

(2)国际资本市场,又称中长期资金市场,是指国际间的借贷期限在一年以上的中长期资金融通的场所。它由中长期信贷市场和证券市场组成。

2. 按金融市场的形成方式与经营特点划分

按金融市场的形成方式与经营特点划分,有传统的国际金融市场和新型的国际金融市场。前者是指从事市场所在国货币的国际信贷,并受市场所在国政府政策与法令管辖的金融市场,像伦敦、纽约、苏黎世、巴黎、法兰克福、米兰等都属于这类国际金融市场或金融中心,它们一般均经历了由地方性金融市场到全国性金融市场,最后发展为世界性金融市场的历史过程;后者是指第二次世界大战后形成的欧洲货币市场,它是在传统的国际金融市场基础上形成的,与受本国货币当局控制的传统的国际金融市场相比,欧洲货币市场是更具国际意义的金融市场。

三、国际金融市场的形成条件

传统的国际金融市场或金融中心的形成,往往与该国(或地区)的经济发展状况和经济实力有关。而在现代,国际金融市场的形成,主要应具备以下几个条件:

(1)稳定的政局。这是最基本的条件,即只有当一国或地区政局稳定,资本交易等国际金融活动才有安全感,国际资本才会流向那里,才能积聚向外国借款者提供贷款所需的资金,因而才会形成国际金融市场;相反,如果一国或地区政局不稳或动荡不定,国际资本就不会流向那里,因而也不会形成国际金融市场。

(2)完整的市场结构和金融制度。这里指既有完备的金融机构网络,又有发达的国内金融市场,还有能从事国际金融活动的专门人才,以及组织起相当规模的金融资产交易的能力。同时,也要求信用制度比较完善、金融管理制度及其法律法规比较健全,并且要尊重金融秘密。

(3)良好的国际通讯设施和完善的金融服务设施。国际金融市场的业务活动一般都由各种银行等金融机构的柜台业务来进行,交易的双方主要通过电话、电报、电传、传真和电子计算机等电信设备和邮政设施相互联系(当前则主要是通过国际互联网,即INTERNET因特网),进行货币买卖、融资、票据及有价证券的发行、承购、转让或交易等业务活动。

(4)宽松的金融政策与优惠措施。例如不实行或较少实行外汇管制,货币自由兑换,没有资金流动和信贷控制;金融管理也较松,在存款准备金、税率、利率等方面的待遇较优惠。

(5) 优越的地理和时区位置。即所处的地理位置位于一个适宜的时区,这也是一个重要的条件。

从第二次世界大战后的情况来看,如果一国(或地区)具备了上述条件,即使本身没有巨额资金的积累,也能形成重要的国际金融市场。

四、国际金融市场的作用

国际金融市场是世界经济的重要组成部分。第二次世界大战以来,世界经济发生了巨大而深刻的变化。随着新技术革命和社会生产力的迅速发展,生产的国际化有力地推动了资本的国际化,使国际金融市场得到了迅速的发展,这无论对发达国家还是对发展中国家乃至整个国际社会都发挥着日益重要的作用。国际金融市场的作用主要体现在以下几个方面:

1. 加速生产和资本的国际化

国际金融市场通过世界各国的银行和非银行金融机构,广泛地组织和吸收世界各国以及国际社会的各种资金,将大量的闲散资金积聚起来变为有效资本。特别是跨国公司、跨国银行的发展,使国际金融市场的功能和效率大大拓展和提高,更进一步拓宽了融资渠道,使经济资源能够重新优化配置,促进了生产和资本的国际化,从而促进了世界经济的发展。

2. 调节国际收支

调节国际收支,即国际金融市场在调节国际收支方面发挥着重要的作用。第二次世界大战后,特别是进入 20 世纪 70 年代以来,世界性国际收支不平衡日益加剧,美国国际收支逆差日趋扩大,日本、德国等连年出现大量国际收支盈余,许多发展中国家也需要大量资金去弥补国际收支逆差,国际金融市场的存在一方面为顺差国的盈余资金提供了出路,另一方面也为逆差国筹集资金弥补逆差提供了场所。同时,国际金融市场还可以通过汇率变动来影响国际收支状况,这是因为国际金融市场上外汇供求的变化直接导致外汇汇率的变动,而汇率的变动又会影响国际收支状况。

3. 促进经济全球化的发展

商品、资金流通全球化是近年来世界经济发展的显著特征之一。全球化的前提是要求各国之间能够提供各种形式的不同货币的国际结算服务。尤其是金融电子化进程的迅速加快,有力地推动了金融一体化进程,金融交易的高效率和低成本使国际金融市场职能日臻完善,营运效率的不断提高和市场规模日益扩大,不仅能提供高效能的国际结算服务,而且能迅速满足各类资金融通的需求;不仅极大地便利了国际贸易活动的开展,也为国际投资的扩大创造了条件,进而有力地推动了经济全球化的发展。

4. 支持世界各国的经济发展

国际金融市场积极发挥世界资本再分配的职能,为各国经济发展提供了资金。例如,第二次世界大战后欧洲货币市场为促进日本和欧洲经济的复兴发挥了重要的作用。特别是发展中国家经济发展所需的大量资金通过国际金融市场来筹措,国际金融市场为此作了积极的贡献。

总的来看,国际金融市场的迅速发展对世界经济的影响是积极的,但是也产生了一些负面影响。主要表现在:

(1)数额巨大、频繁和不规则的国际资本流动往往会冲击一些国家国内金融政策的实施效果,并引起国际金融市场的动荡。

(2)大量的资本流动也会加大汇率的波动幅度和助长外汇市场的投机行为,从而增加了国际贸易及国际投资活动的风险。

(3)汇率、利率等的大幅度波动扭曲了价格机制,不仅影响了世界范围内的资源优化配置,还有可能加剧世界性通货膨胀。

(4)国际金融市场利用得不合理,不仅发展不了国民经济,还会背上沉重的债务负担。

第二节 国际货币市场

国际货币市场(International Money Market)是指交易期限在一年或一年以下的国际资金借贷交易的金融市场,又称"国际短期资金市场"。其主要职能是便利短期资金在国际间转移和融通,它不仅可以满足各国资金需求者的短期资金需要,也为资金盈余者的暂时闲置资金提供能够获取盈利的机会。同时,货币市场的存在和发展对一国政府来说也非常重要。一方面,政府在货币市场发行的国库券和各种短期债券是政府财政收入的重要来源;另一方面,一国的中央银行能否有效地贯彻其货币政策,控制经济起伏波动,在市场经济条件下很大程度上就取决于货币市场能否为其提供一个有效的传导机制。目前,主要西方国家的货币市场都是高度国际化的,众多的跨国性商业银行和证券投资机构,利用先进的电子技术,将各国的短期金融工具交易连为一个整体,形成统一的国际货币市场。

与专门从事中长期资金贷放和投资的国际资本市场相比,国际货币市场具有以下一些特点:

第六章 国际金融市场

(1)主要功能是为短期资金流动提供方便,而不是把实际储蓄转化为实际投资。

(2)银行间同业拆借占主导地位,而且其交易多为无需交纳抵押品的信用交易,各种交易均无需签订贷款协议,手续相当简便。

(3)市场上的证券大多具有准货币或近似货币的性质,流动性相当高,易转化为现金或银行活期存款,故一般为中央银行实施其货币政策的主要对象。

(4)该市场对参加交易者的资信要求较高,借款期限短而数额巨大,借贷风险较小且成本较低。

(5)资金流量大,周转速度快。

(6)短期信贷在提供时不限定用途,可由借款人自行安排。

银行同业借贷主要是为了获取利差收益,最终才贷给需要短期资金的公司企业;政府借入短期资金,是为了弥补本国国际收支逆差或满足临时性财政支出的需要;公司企业借入资金,是为了满足流动资金的周转需要;进出口商是为了支付进口货款或为商品的出口获得资金融通;投机者则是为了进行套汇、套利活动等以获取利差和汇差。按照借贷方式的不同,国际货币市场可分为银行短期信贷市场、贴现市场和短期证券市场。

一、银行短期信贷市场

它是指国际银行同业间的拆借或拆放,以及银行对工商企业提供短期信贷资金的场所。可见,银行短期信贷市场包括银行对客户的信贷市场和银行同业之间的拆放市场(Inter-Bank Market)两部分,其中,银行同业间拆放市场处于重要地位。

(1)银行对客户的信贷市场是指商业银行与企业、跨国公司等客户之间的短期资金存放活动所形成的市场。商业银行一方面吸收客户的闲散资金,另一方面对其提供短期放款,以满足客户在经营过程中临时性、周转性的资金需求,贷款利率一般在银行同业拆放利率基础上加上一定幅度。

(2)银行同业拆放市场是指银行同业之间为调拨资金头寸而进行的短期资金借贷活动所形成的市场,也称银行同业拆借市场。银行同业拆借的金额较大,但期限较短,大多在三个月以内。伦敦的银行同业拆借市场是最典型的,也是世界上规模最大的同业拆借市场,其参加者为英国的商业银行、票据交换银行、海外银行和外国银行等。银行同业拆借业务,一部分通过货币经纪人(Money Broker)进行,一部分则是在银行之间直接进行;拆借的期限可以是隔夜,或者是日拆(Day Call),以日计息,经提前通知后归还,还可以是定期的,如1周、3个月、半年、1

年等。

银行之间的借贷全凭信誉,无需任何抵押品;所使用的利率称为银行同业拆放利率。目前,在国际金融市场上最有影响的同业拆放利率是伦敦银行同业拆放利率(London Inter-Bank Offered Rate, LIBOR),其他国际贷款或债券发行通常以此作为基准利率,在此基础上,再根据借款人的信誉、借款期限等,酌情增加一定幅度加息率(Spread 或 Margin)。近年来,由于国际金融中心广为扩散,除了 LIBOR 作为国际金融市场基准利率之外,在其他主要国际金融中心,经常使用的银行同业拆放利率还有香港银行同业拆放利率(HIBOR)、新加坡银行同业拆放利率(SIBOR),以及巴林、布鲁塞尔、卢森堡等银行同业拆放利率。银行同业拆借活动中,拆借期限不同、货币不同,使用利率也就不同。表 6.1 为伦敦银行同业拆放市场几种主要货币、不同期限的拆借利率。另外,自 20 世纪 80 年代以来,除了银行同业拆放利率以外,某些重要的国内货币市场利率,如美国优惠利率(Prime Rate)、美国 CDs 利率、日本长期优惠利率、加拿大优惠利率等,也经常作为国际信贷的基准利率。

表 6.1 伦敦国际银行间拆放利率(年利率,%)

(2011 年 4 月 5 日)

货币名称	一个月	二个月	三个月	六个月	一年
美元	0.2355	0.2663	0.2938	0.4565	0.7778
欧元	0.9450	1.0631	1.2075	1.5219	1.9756
日元	0.1500	0.1613	0.1981	0.3463	0.5688
英镑	0.6263	0.7019	0.8238	1.1338	1.6125
瑞士法郎	0.1383	0.1567	0.1800	0.2567	0.5567

资料来源:中国人民银行,2011 年 4 月 5 日。

二、贴现市场

贴现市场(Discount Market)是经营贴现业务的短期资金市场。贴现是指持票人以未到期票据向银行兑取现款,银行或其他金融机构从票面额中按照一定的贴现率扣除自贴现日起至该票据到期日止的利息,将余款支付给持票人的资金融通行为。贴现对于持票人来说,等于提前取得尚未到期的票款;对贴现公司等金融机构来说,等于为持票人提供了一笔贷款。贴现市场主要由贴现公司或贴现行、商业票据行、商业银行和中央银行组成。贴现交易的对象,除政府短期债券外,主要是商业承兑汇票、银行承兑汇票和其他商业票据。贴现公司等还可持票据向中央银行办理再贴现,中央银行通过其贴现率政策来调节货币市场利率的高低及可贷资金的松紧。贴现市场主要发挥提供短期资金融通、便利银行调节头寸余缺、平稳市场银根的作用。

目前,世界上最大的贴现市场在英国,伦敦贴现市场在伦敦短期资金市场占有特别重要的地位。贴现市场也是英格兰银行与商业银行间的桥梁,成为英国金融制度的一个特色。

三、短期证券市场

短期证券市场(Short Security Market)是进行短期证券(或信用票据)发行和交易的市场。该市场的交易对象种类繁多,主要包括国库券、商业票据、银行承兑票据、可转让定期存单等。简要介绍如下:

1. 国库券(Treasury Bills)

国库券是指一国政府发行的短期债券。在西方国家,国库券与一般债券的主要区别在于:债券的票面一般带有利率或附有息票,而国库券的面值是到期收取的货币金额,发行时则采取折价的方式,折价多少主要取决于当时的市场利率水平。国库券的面值与购买时支付的价格之间的差额,就是国库券购买者到期获得的实际收益。西方国家发行的国库券期限,一般可分为 3 个月、6 个月、9 个月和 1 年期四种,其面额起点各国不一,多采用招标方式发行。

国库券是非常重要的货币市场金融工具,许多西方国家货币市场的形成之初,交易对象主要是政府的国库券。在目前的各类短期金融工具中,国库券的数量也是最大的。比如在美国的货币市场上,联邦政府国库券约占美国各类短期债务额的 80%,占国债总额的 40% 左右;在加拿大的货币市场上,国库券占联邦政府全部债务的 25% 左右。主要西方国家政府发行的国库券信用最高、流动性最好,因而交易量也非常大,它们都具有国际金融工具的性质。特别是美国联邦政府发行的国库券,不仅是美国人,而且也是外国政府、跨国银行和公司或个人投资者重要的投资对象。

2. 商业票据(Commercial Papers/Bills)

商业票据是指非银行金融机构或工商企业为筹措短期资金而发行的短期金融工具,期限一般在 30 天到一年不等,但以 30 天~60 天居多。这种票据由发行人担保,可以转让;多数没有票面利率,以折价形式出售,但也有的商业票据带有票面利率或附有息票。信誉高的大公司可直接向一般公众发售商业票据,直接进入流通;但多数商业票据的发行还是通过大商业银行或证券投资商等中介机构,采用间接发行方式出售。

3. 银行承兑票据(Banker's Acceptances)

银行承兑票据是指经银行承兑过的商业票据。一般企业在货币市场发行短期票据筹集资金需要有较高的信誉,而银行承兑票据的发行,则是基于借款人及承兑银行双方的信誉,就更易于发行和流通,从而银行承兑票据的出现为一般的中小企业进入货币市场打开了方便之门。在主要西方国家的货币市场上,银行承兑票据的面额一般没有限制,其持有人可在到期之前到承兑银行处办理贴现,或者在二级市场上进行转售,交易价格按面值打折,其与面值的差额为持票人的收益。银行承兑票据的期限一般在30天至180天,最长的可达270天。

4. 大额可转让定期存单(Certificates of Deposit, CDs)

CDs是指银行发行的,记载一定金额、期限和利率并可流通转让的存款凭证。CDs最先于1961年出现在纽约。这种存单期限固定,多在1年以内;金额固定且较大(目前也有较小面值的CDs);不记名但可转让流通。因此,投资于CDs,不仅可以获得定期利息,又可随时转让变现,颇受投资者欢迎。目前,在西方国家,CDs是银行和非银行金融机构获得短期资金的重要渠道,也是金融机构和跨国公司等进行短期投资的理想方式。

作为国际金融市场组成部分的国际货币市场,是由各个主要西方国家的货币市场组成的。值得注意的是,一方面,在各西方国家货币市场上经常交易的主要短期金融工具不尽相同,除了上述主要货币市场金融工具以外,实际上还有许多其他短期金融工具;另一方面,各主要西方国家货币市场的结构也有差别。比如英国的货币市场可以分为贴现市场和平行市场(Parallel Market,由银行同业拆借市场和CDs市场构成);美国的短期信贷市场和短期证券市场比较发达。

第三节 国际资本市场

国际资本市场(International Capital Market)是指从事期限在1年以上的国际性中长期资金借贷和投资的金融市场,又称"国际长期资金市场"。其主要功能是沟通国际间中长期资金流动,把各国的实际储蓄转化为投资。该市场的资金供应者主要是各类金融机构,以及跨国公司、企业和私人投资者,乃至西方发达国家的国内资本市场也是其资金来源;各国政府、金融机构、工商企业(主要是跨国公司)和国际金融组织等是国际资本市场的主要需求者。

与国际货币市场相比,国际资本市场具有下列特点:

(1)主要功能是通过自身市场机制,组织和吸收利用国际和各国国内资金,对其中长期的分配和再分配。

第六章 国际金融市场

(2)融资交易更注重安全性、盈利性和流动性。

(3)涉及的风险较多,除了政治风险、违约风险外,还存在利率风险、汇率风险、价格风险和经营风险等。

(4)不确定的影响因素更复杂,其市场状况既受资金供求关系、各国(特别是西方发达国家)的货币政策和资本流动限制政策等因素影响,又受通货膨胀、国际贸易状况、外汇市场供求和国际政治局势变化的影响。

(5)由于汇率、利率变化频繁,致使外汇风险较大,在选择货币时,必须把货币的软硬、汇率与利率、收入与还款结算用货币的区别等考虑在内。

按照借贷方式的不同,国际资本市场由国际中长期信贷市场和国际证券市场构成,后者又可分为国际股票市场和国际债券市场。

一、银行中长期信贷市场

银行中长期信贷市场是指国际银行提供中长期信贷资金的场所,资金供求双方通过这一市场得以进行融通。其特点是数额大,期限长,一般不受地域和用途的限制。借贷期限1年～5年的一般称作中期贷款,5年以上称作长期贷款;利率由多方面因素决定,一般包括经济形势、资金供求量、通货膨胀率、金融政策等。贷款种类主要有商业贷款、出口信贷、政府贷款、国际金融机构贷款、混合贷款等。在对大型工程项目提供贷款时,国际上通常采用银团贷款方式,即由某一大银行牵头组织其他几家甚至数十家银行联合提供贷款。

银行中长期贷款的营运方式与做法通常是:

(1)借贷双方需签订贷款协议,该协议详细规定了与贷款有关的重要事项。

(2)由借款人所属国家的官方机构提供担保。

(3)金额较大且期限较长的贷款,往往由数个国家的多家银行组成银团共同提供,一般称这为"辛迪加贷款"(Syndicated Loan)。

(4)贷款利率多为浮动利率,即随市场利率变化,3个月或6个月调整一次。借贷双方确定利率时,以 LIBOR 为基础,再加一定的附加利率。

(5)贷款人除收取贷款利息外,还要收取管理费、代理费、杂费和承担费等。

(6)金额较大、期限较长的贷款,在整个贷款期内,往往划定一个不还本而只付息的宽限期,在宽限期满后开始还款,一般每半年还本和付息一次。至于金额相对不大和期限较短的中期贷款,也可到期一次偿还。

二、国际证券市场

国际证券市场(International Security Market)是国际间从事股票、公司债券和国家公债等有价证券发行和交易的市场。它是国际金融市场的重要组成部分,包括国际债券市场、国际股票市场等。

(一) 国际债券市场

国际债券(International Bonds)是一国政府或居民(金融机构、企业等)为筹措外币资金,在国外发行的以外币计值的债券。从事国际债券的发行和交易的市场称为国际债券市场,其参与者由借款人和投资者以及中介人所构成。国际债券市场是国际金融市场的一个重要组成部分。这个市场在20世纪80年代以前发展十分缓慢,其融资额在1974年仅有68亿美元,到1980年也只有419亿美元。而进入20世纪80年代以后,国际债券市场的发展十分迅速,1985年的净融资额迅速增至1 230亿美元,1989年增至1 743亿美元。20世纪90年代以来,在融资证券化趋势的推动下,国际债券市场已成为国际资本市场的主导力量,市场规模进一步扩大,1990年到1997年国际债券市场的融资总额高达37 914亿美元,年平均融资额达4 739亿美元,比20世纪80年代后期(1985～1989年)的年均融资规模2 117亿美元高出2 622亿美元,增长了124%。1999年国际债券市场的融资额更是达到13 490亿美元。

国际债券市场一般可分为外国债券市场和欧洲债券市场两大部分,但都是通过国际金融市场发行债券的方式来筹集资金。外国债券于19世纪初问世发行,而欧洲债券则是在20世纪60年代才出现的。

外国债券(Foreign Bonds)是指国外借款人在一国国内资本市场发行的,以该国货币标价的一种国际债券。如中国银行在东京市场发行的日元债券、日本筹资者在纽约发行的美元债券等。其特点是发行者属于一个国家,而债券面值货币和债券发行地点则同属另一个国家。从事外国债券的发行和买卖的市场,即为外国债券市场。目前,世界最主要的外国债券市场是纽约、法兰克福、东京和苏黎世,它们的业务量几乎占全部外国债券市场的95%以上。某些外国债券有其常用的名称,如在美国市场上发行的外国债券称作"扬基债券"(Yankee Bonds),而在日本和英国市场上发行的外国债券则分别称作"武士债券"(Samurai Bonds)和"牛狗/猛犬债券"(Bulldog Bonds),等等。

欧洲债券(Euro Bonds)是指借款人在本国境外发行的,以债券市场所在国以外的可自由兑换货币标价的一种国际债券。如日本筹资者在纽约发行的马克债券等。其特点是债券发行者(即借款人)、债券面值货币和债券发行地点分属不同的国家或地区,而且该类债券往往是在多个国家或地区同时发行。从事欧洲债券的发行和交易的市场,即为欧洲债券市场。虽然欧洲债券的历史比外国债券短得

第六章 国际金融市场

多,但其发展极为迅速,在短暂的时间里其发行量就远远地超过了外国债券。如1995年,国际债券市场上外国债券与欧洲债券的发行额分别为960亿美元和3 713亿美元,比重分别为20.5%和79.5%。可见,欧洲债券市场已成为国际债券市场的主体,是目前最大的国际债券市场。

在金融市场全球化的推动下,1989年5月由世界银行首次发行了一种新型的国际债券全球债券(Global Bonds)。它是在全世界各主要资本市场同时大量发行,且可在这些市场内部和市场之间自由交易的国际债券。它具有三个特点:一是全球发行。外国债券仅局限在某一国发行,欧洲债券在几个主要资本市场发行,而全球债券强调在全球发行,其发行范围往往能覆盖全球的主要资本市场。二是能在全球交易,是高流动性的债券。三是发行全球债券的借款人信用级别很高,多为政府机构。全球债券的发行规模从1989年的15亿美元,扩大到1994年的490亿美元,5年间增长了近32倍,虽其总量还远不及欧洲债券和外国债券,但其规模的增长却十分迅速,发展的势头很好。

(二) 国际股票市场

国际股票市场是各国间进行股票发行和交易的市场。它为世界各国的工商企业通过发行股票的形式,吸收国外中长期资金,提供了重要的融资场所,也是国际金融市场的一个重要组成部分。

在国际股票市场中,股票的发行和交易是分别通过一级市场和二级市场实现的。一级市场即股票的发行市场,它是在决定发行股票的公司或企业经所在国政府批准其向国外发行后,由投资银行、金融公司或证券商组成发行市场。主要是上述机构组成承销机构将新发行的股票买下(即包销)再转卖给投资者。一级市场一般没有固定的场所,只是通过承销机构所在地发行。一般国际股票发行是与上市相连的,但其详细制作的募股说明书必须符合所在地国家的法律和证券监管机构的要求。二级市场是指对已发行的股票进行转让交易的市场,它包括有形市场和无形市场两部分。前者是指有组织的证券交易所;后者则是在证券交易所之外形成的电子化、网络化的证券自动报价系统形成的市场,如纳斯达克股票市场,即美国的"全国证券交易商自动报价协会"(National Association of Securities Dealers Automated Quotations System,NASDAQ),成立于1971年,它是由相互联结的6 000多家证券投资机构组成。NASDAQ通过其遍布全国各地的计算机终端网,可以迅速准确地报出所有从事场外交易的证券机构的股票价格。

自20世纪60年代以来,西方发达国家股票市场国际化日趋发展,至20世纪80年代尤其是90年代以来,股票交易超越国界的成交量急剧上升,但其在国际融资总额中所占的比重仍显较低。如 1997 年国际股票发行额已达 851 亿美元，占整个国际金融市场融资总额的 4.81%。目前，国际股票市场的特点是：

(1) 主要投资者是机构投资者，包括各种基金组织、金融机构、公司企业等。

(2) 股票交易活跃，价格波动频繁，并受政治、经济、金融及市场因素影响。

(3) 一级市场与二级市场联系越来越密切，股票的发行与上市紧密相联，两个市场的价格也越来越趋于一致。

(4) 国际股票市场的交易在主要交易所分布地点和交易时间上已经形成全球化全天候(24 小时)交易。目前世界有 60 多个国家设有股票交易市场，其中伦敦、纽约、东京、法兰克福、香港等是世界著名的国际股票交易市场。

第四节　欧洲货币市场

一、欧洲货币市场的形成与发展

(一) 欧洲货币市场的概念

欧洲货币(Euro-currency)是指在货币发行国境外流通的货币，亦称"境外货币"(External Money)。因而，欧洲货币市场(Euro-currency Market，以下简称 ECM)则是指各种境外货币存贷和境外货币债券发行、交易的市场。它是离岸金融市场的核心部分。

ECM 起源于 20 世纪 50 年代末的英国伦敦，其货币是欧洲美元(Euro-dollars)，因而也称欧洲美元市场(Euro-dollar Market)。后来这个市场逐渐扩大，其主要借贷货币不仅有欧洲美元，还有其他国家的货币，如英镑、德国马克、法国法郎、瑞士法郎和日元等。可见随着市场规模和经营范围的不断扩大，ECM 的名称和含义在区域和货币等概念方面发生了重要变化。今天的欧洲美元市场已发展成为一个更加多样化的 ECM。

(1) 货币概念，不再限于境外美元。任何可自由兑换的货币，只要在该国的管辖之外都可以称为"欧洲货币"，如欧洲德国马克、欧洲英镑、欧洲日元、欧洲法国法郎等。"欧洲"这个词本身成为"境外"和"离岸"等词的同一用语。不过由于欧洲美元在 ECM 中占主要地位，且 ECM 是由原来的欧洲美元市场发展而成的，而其他欧洲货币只是后来才增加的，因此，至今仍有人习惯称之欧洲美元市场。但应注意，这个意义上的欧洲美元市场与其字面的表述意义已相距甚远。

(2) 区域概念，已不再限于以伦敦为中心的"欧洲市场"。除欧洲的伦敦、巴

第六章 国际金融市场

黎、法兰克福、苏黎世等地外,ECM 的范围也扩展至开曼群岛、巴哈马、巴林、新加坡、香港、东京和纽约等金融市场。值得注意的是,1981 年 12 月 3 日纽约国际银行设施(International Banking Facilities,IBFs,亦称国际银行便利)的设立,虽然把在美国的欧洲美元业务与其国内的业务严格分离开来,保持欧洲美元是美国境外美元这一概念特征,但是就地理位置上看,欧洲美元已能在美国境内经营,这是自 ECM 出现以来的一次重大发展,为把大量 ECM 业务吸引到美国创造了条件。事实上,目前纽约所经营的欧洲货币业务已超过了卢森堡、巴黎、东京等地,成为仅次于伦敦的经营欧洲货币的金融市场。可见,今天的 ECM 已是一个全球性的、真正的国际金融市场,它不属于任何一个国家,也不受任何一国政府的管辖。

(3)市场概念,已大大扩展。目前,ECM 这一概念已由短期货币市场逐步扩展到将中长期信贷和债券市场也包括在内,如欧洲信贷市场、欧洲债券市场等。可见,ECM 和我们通常所说的货币市场的市场概念是不同的,通常所说的"货币市场"是短期(一年或一年以下)资金交易市场,而 ECM 绝对不能理解为是短期资金市场,因为在 ECM 上,不仅有短期资金的交易,更有中长期资金的交易。

(二)欧洲货币市场的形成与发展

ECM 的形成与发展的根本原因,在于第二次世界大战以后,世界经济和科技革命的迅速发展促进了国际分工的进一步加深以及生产和资本国际化的发展,这使得传统的国际金融市场不能满足需要,借贷关系必须进一步国际化。但是具体来说,还有一些促使 ECM 形成和发展的直接原因。

1. 马歇尔计划的实施和东西方冷战

1947 年,美国政府实施"马歇尔计划"的结果,使巨额美元资金流向欧洲。马歇尔计划的目的是给欧洲经济提供资本使其复兴,并在军事上成为反苏同盟。再加上美国还要大量支付驻西欧美军的军费开支,这就使得巨额的美元资金不断地流入欧洲,这些美元主要存放在伦敦的银行,形成了最早的欧洲美元。此外,20 世纪 50 年代初期,由于东西方"冷战",前苏联和东欧国家将其美元存款由美国转移至伦敦和巴黎等地,这也在一定程度上增加了境外美元的数量。

2. 一些主要西方国家的资本流动控制与调整

(1)为对付 1957 年出现的英镑危机,英国政府禁止用英镑为非英镑使用国提供贸易融资,所以英国银行开始用美元发放贸易贷款,从而促进美元存贷业务的发展和欧洲美元市场的形成。

(2)从 1958 年起,一方面西欧国家放松外汇管制,实现货币自由兑换,使储存于各国市场的境外美元与境外欧洲货币能够自由买卖,并在兑换后可自由调拨移

 国际金融学

存;另一方面,西方各国的中央银行、商业银行以及公司企业等,鉴于欧洲美元不需要提缴存款准备金,也不必就所得来源扣缴所得税等有利因素,纷纷将其美元资金转入欧洲美元市场,以赚取较高的收益。这些都为ECM的营运与扩展提供了不可缺少的条件。

(3)1958年以后,美国的国际收支开始出现赤字,且规模逐渐扩大,于是美元资金不断地流向国外。进入20世纪60年代以后,因越南战争的庞大军费支出和同期对外贸易的巨额赤字,使美国国际收支呈现大幅度逆差,迫使美国政府采取一系列措施来限制资金的外流,而这些限制性措施却使美国的跨国公司和商业银行加强其海外分支机构的经营活动,以逃避美国政府的金融法令管制。如规定商业银行储蓄和定期存款利率最高限的联邦储备法案"Q项条款",商业银行必须向联邦储备体系缴纳存款准备金的"M项条例",对居民购买外国在美发行的有价证券要征收"利息平衡税"(IET),银行和跨国公司要限制对外贷款以及对外直接投资规模的"自愿信贷控制计划"(FCRP)。凡此种种都促使美国企业及金融机构将资金调至海外,再向世界各地贷款,或满足扩大投资的需求,从而大大地推进了境外美元存贷业务的发展与扩大。

(4)20世纪60年代西欧一些国家对本币存款实施"倒收利息"的政策。当时,西方各国通货膨胀日益严重,国际间短期资金充斥。有关当局为减缓通货膨胀的压力,一般采取鼓励持有外币的金融措施,以减少本国的货币流通量。例如,瑞士和联邦德国货币当局曾规定对境外存户的瑞士法郎、联邦德国马克存款不仅不付利息,有时甚至倒收利息,或强制将新增加的存款转存至中央银行予以冻结,但如以外币开立账户则不受这一限制。为了获取瑞士法郎和联邦德国马克升值的利益,又逃避上述倒收利息的损失,一些资金拥有者将手中的瑞士法郎和联邦德国马克等欧洲货币存储于他国市场,从而促进境外市场欧洲货币的存储与贷放的发展。

此外,美国政府的放纵政策,也使境外美元得以持续广泛的融通周转。因为欧洲美元在美国境外辗转存储和贷放无须兑换成外国货币,也就不会流入外国的中央银行,从而减轻了外国中央银行向美国兑换黄金的压力。这不仅对美国日益减少的黄金储备产生了一些缓冲作用,也给美国政府转嫁通货膨胀开辟了一条新的途径。所以美国纵容欧洲美元市场的发展。

3. 欧洲货币资金供求量急剧扩大

20世纪70年代以后,由于资金供应和资金需求的急剧增加,使得ECM获得了进一步的发展。

从资金供给方面来看,第一,美国巨额和持续的对外军事开支和资本输出,增

第六章 国际金融市场

加了美元的境外供应；第二，石油输出国两次提高油价，其石油收入急剧增加，其中一部分存放于 ECM；第三，ECM 的金融管制较松，条件优越，各国商业银行将资金调整到欧币市场使用；第四，由于放款转为存款，具有倍数效应，使欧洲货币的派生存款大量增加。

从资金需求方面来看，第一，1972 年，西方经济出现高涨，工商企业资金需求激增；第二，产油国两次提价，非产油国普遍出现国际收支逆差，增加了对境外资金的需求；第三，20 世纪 70 年代，一些发展中国家以及前苏联及东欧国家为发展经济，纷纷到 ECM 举债；第四，浮动汇率制度的实施，导致汇率波动频繁和汇率风险加大，为避险或牟利，外汇交易日趋频繁，进而刺激对外汇资金需求增加。

二、欧洲货币市场的特点

ECM 是一个自由的、完全国际化的市场，是国际金融市场的主体。由于其经营的是境外货币，因此它具有许多与各国国内金融市场以及传统的在岸金融市场所不同的特点。这些特点可归结为以下几点：

(1) 市场范围广阔，不受地理限制，交易币种繁多，交易规模巨大（通常以批发为主进行交易），竞争激烈。

(2) 交易品种繁多，金融创新极其活跃。有银行短期贷款，也有中长期贷款；有固定利率贷款，也有浮动利率贷款；有短期证券交易，也有中长期证券交易，等等。

(3) 有自己独特的利率结构。ECM 的利率体系的基础是 LIBOR。LIBOR 同各国的利率有一定联系，但又不完全相同。它除与各国货币市场利率相互影响外，还受 ECM 供求关系的影响。一般而言，ECM 上的存贷款的利差仅为 0.25%～0.5%之间，这比各国国内市场存贷款的利差要小，这一利率上的优势使 ECM 吸引了大批客户。

(4) 由于是从事非居民的境外货币借贷活动（即存贷交易均以外币计值），所受管制较少；同时，交易手续简便，借贷条件灵活。

(5) 税赋较轻，银行等机构各种服务费平均较低，从而降低了融资者的成本负担。

(6) 同外汇市场交易紧密地联系在一起。

三、欧洲货币市场的基本业务

ECM 的业务主要由欧洲银行贷款和欧洲债券两部分构成，现分述如下：

（一）欧洲银行贷款

欧洲银行贷款在这里是指贷向一般非银行客户的欧洲货币资金。能使用欧洲银行贷款的客户通常有较高的信誉，如一国的政府机构、大型跨国公司，或是由政府出面担保偿还的借款人。欧洲银行贷款主要有两种形式：期限贷款和转期循环贷款。期限贷款(Term Credits)的期限是固定的，在约定的期限内，借款人按约定逐步提取贷款资金，经过一段宽限期后，逐步偿还本金，或到期一次偿还。利息通常是每三个月或半年支付一次，利率以 LIBOR 或其他约定的基础利率作为参考，可以是固定利率，也可以是浮动利率，即每三个月或半年付息的同时按当时的市场利率调整贷款利率。转期循环贷款(Revolving Credits)则是指银行同意在未来一段时期内，连续向借款客户提供一系列首尾相接的短期贷款。即银行给予客户一个信用额度，在此限额内得依本身对资金的需求情况，随时动用所需资金，并且只需对已动用的部分支付利息，而未动用的部分仅需支付少量的承诺费。欧洲银行贷款，如按期限，可分为短期欧洲信贷和中长期欧洲信贷两大类。

1. 短期欧洲信贷

它是指期限在一年以下的欧洲货币放款业务。其特点主要是：

(1)期限短。最长不超过 1 年，一般是 1 天、7 天、30 天、90 天期最为普遍。

(2)起点高。每笔贷款金额的起点为 25 万美元或 50 万美元，但一般为 100 万美元；借贷金额高达 1000 万美元，甚至 1 亿美元等也时有所见。

(3)条件灵活，选择性强。借贷期限、币种、金额、交割地点等均可由借贷双方协商确定，不拘一格，灵活方便；加以资金充足，借贷双方均有较大的选择余地。

(4)存贷利差小，但利息先付。ECM 存款利率一般略高于国内市场，而贷款利率一般略低于国内市场，因而存、贷款的利差较小，两者一般相差 0.25%～0.5%；短期贷款利息一般需先付，即在借款人借款时就由贷款银行将利息从贷款总额中预先扣除，将扣除了利息后的余额付给借款人，贷款到期时，借款人则应按贷款额偿还。对借款人来讲，利息先付要比利息后付的成本负担重。

(5)无需签订贷款协议。短期借贷，通常发生在交往有素的银行间或银行与企业间进行，彼此了解，信贷条件相沿成习，双方均明悉各种条件的内涵与法律责任，无需签订书面贷款协议；一般通过电信联系，双方即可确定贷款金额与主要贷款条件，手续非常简便。

2. 中长期欧洲信贷

中长期欧洲信贷是指期限在一年以上的欧洲货币放款业务。其特点主要是：

(1)签订协议。中长期贷款，由于期限较长，贷款金额较大，一般均签订书面

第六章 国际金融市场

的贷款协议。

(2)联合贷款。即一笔贷款往往由数家甚至数十家银行共同提供,也称银团贷款或辛迪加贷款。采取联合贷款的主要原因,一是中长期贷款金额较大,一家银行无力提供;二是可以分散风险,万一贷款到期不能收回,诸多银行分担损失。银团贷款的形式有两种,即直接和间接银团贷款。在直接银团贷款下,银团内各贷款银行直接向借款人贷款,贷款工作由各贷款银行在贷款协议中指定的代理行统一管理;在间接银团贷款下,由牵头银行(可以不止一家银行)向借款人贷款,然后由该行再将参加贷款权分别转售给其他银行(参加贷款银行),贷款工作由牵头银行负责管理。

(3)政府担保。中长期贷款如果没有物质担保,一般均由借款人所在国政府有关部门对贷款协议的履行与贷款的偿还进行担保。

(4)利率浮动、费用较高。一般贷款协议规定每半年或三个月调整一次利率。

中长期贷款协议的主要内容(即贷款条件)有利率及主要费用负担、贷款期限及偿还方式等。

(1)利息构成。贷款利息一般按 LIBOR 计收,但由于 LIBOR 是短期利率,所以借取中长期贷款还要在 LIBOR 的基础上,计收一定的附加利息。附加利率的高低取决于资金供求状况、借款期限长短、借款人资信状况等,一般随贷款期限的延长,附加利率逐步提高。

(2)各项费用。贷款涉及的主要费用,一是管理费。它是借款人付给牵头银行或经理银行作为对其组织和安排贷款的酬金,其性质近似手续费,根据贷款金额,按一定费率收取。二是代理费。它是借款人向支付给代理行作为其提供服务的酬金。代理费的高低视贷款金额的多少以及组织贷款事务的繁简情况而定。三是杂费。即贷款协议签订前所发生的一切费用,这些费用由牵头银行提出账单由借款人一次付清。收费标准无统一规定。四是承担费。指借款人在贷款协议签订生效后,对未提用的贷款余额所支付的费用,也称承诺费。承担费根据未提用贷款余额的多少,按一定费率计收。

(3)贷款期限。它是指贷款连借带还的期限,一般由宽限期(Grace Period)和偿还期(Repayment Period)两部分组成。宽限期指借款人无需偿还贷款本金但要支付约定利息的期限;偿还期则指宽限期结束后偿还本金的期限。银团贷款的期限一般为5年~12年,多则可达20年。如贷款期限为7年,则宽限期一般为3年,偿还期为4年。一般而言,宽限期越长对借款人越有利,因为他有较充分的回旋余地,可以充分利用外借资金从事生产经营,获利后再偿还贷款。此外,与贷款期限有关的概念还有一个提款期(Drawdown Period),它是指签订贷款协议后借款人可以支用款项的期限。在提款期内支用的款项需支付约定利息并偿还本金,超过提款期过后,则一般不能支用款项,当然无需支付利息及偿还本金,但要支付承诺费。

(4)偿还方式。银行中长期信贷的本金偿还方式主要有三种:一是到期一次偿还。即贷款期限内,分期付息,到期后一次偿还本金。这适用于金额相对不大、期限较短的中期贷款。二是分次等额偿还。即在宽限期满后开始还本,每半年还本并付息一次,每次还本金额相等。这种方式适用于金额较大、期限较长的贷款。三是逐年分次等额偿还。与第二种方式类似,但无宽限期。即在贷款期限内逐渐分次、等额偿还贷款本金及相应的利息。

此外,中长期贷款协议的内容还包括贷款金额、贷款货币、利息期、提前偿还、保证、违约及法律适用条款等。

(二)欧洲债券

1. 欧洲债券的类型

欧洲债券种类繁多,而且处于不断创新过程中。按发行条件,常见的欧洲债券主要有以下四种:

(1)普通债券(Straight Bond)。亦称固定利率债券或直接债券,是指利率固定、期限固定、不可转换的欧洲债券。这种债券在利率相对稳定的条件下比较通行,目前仍是第一大欧洲债券品种。

(2)浮动利率债券(Floating Bond)。这种债券的利率在偿还期限内是不固定的,一般是随有关货币市场银行同业拆放利率(如 LIBOR 等)再加一定幅度的加息率定期(如 3 个月或 6 个月)调整一次。从规模上看,这种债券是仅次于普通债券的第二大国际债券。自 1970 年首次发行后,在国际市场上的比重日益增大。

(3)可转换债券(Convertible Bond)。即债券持有人可在规定的期限内按一定的价格转换为发行公司普通股票或其他资产的债券。由于这种债券的投资者拥有将债券进行转换的特权,也有利于发行公司获取稳定的资金,从而很受欢迎。

(4)附有认股权证的债券(Bond with Equity Warrants)。即允许债券投资者按具体价格购买发行人拟定比例股票的债券,也称授权证债券。该种债券的利率一般低于市场利率,认股权证可以在二级市场流通。这种债券是作为可转换债券的竞争物而出现在欧洲债券市场上的,它与可转换债券的主要区别在于认股权证(亦称授权证)可以与债券分开单独在市场上交易。

2. 欧洲债券的发行

与其他国际债券发行的做法一样,一般是债券的发行者先与欧洲债券市场的

第六章 国际金融市场

银行集团进行联系,洽商条件,达成协议,由一家或数家银行(即牵头银行)为首,十几家或数十家银行(组成承销集团)出面代为发行(多采用"包销"方式)。债券上市后,这些银行首先购进大部分,然后再转至二级市场或调往国内市场出售。商业银行、公司企业、保险公司、基金组织及团体或个人等,为了投资牟利,或周转保值,成为欧洲债券的主要购买者。

3. 欧洲债券市场的特征

欧洲债券市场诞生于20世纪60年代的ECM,这使欧洲债券市场具有ECM的一些特点,并使这个市场在发展过程中始终保持着金融创新的活力。为适应不同市场条件下融资者的需要,这个市场近年来不断推出特征各异的金融产品,市场经营体制日臻完善,市场深度大大增加,市场规模迅速扩大。综观欧洲债券市场的发展,可将其特征归纳为六个方面。

(1)自由度高。它不属于某一特定国家,是一个"境外市场",在债券的发行和流通过程中几乎不受各国金融政策和法规的约束,债券的发行和包销都是由金融机构所组成的辛迪加银团承担,发行手续简便,筹资成本较低。

(2)无记名发行和免税。欧洲债券通常为不记名债券,转让时无需经过转移登记手续,因此具有隐蔽性;同时,欧洲债券的投资者通常免缴利息所得税。因此,欧洲债券在流动性和税收方面对投资者较为有利。

(3)债券面值货币多种多样。目前欧洲债券市场上债券面值货币已达十余种之多,从过去的欧洲美元债券独占天下变为现在的许多其他欧洲货币债券异军突起,比重逐年增加的局面,从而增强了货币的选择性。

(4)市场效率高。欧洲货币市场营运机制的功能完善和清算系统电子化的特征使这个市场能够准确、迅速、及时地提供国际资本市场现时的资金供求和利率、汇率的动向,并使债券交割的时间缩短、手续减少,极大地便利了融资者,也使得交易速度加快,市场效率提高,交易成本降低。

(5)安全性高、流动性强。由于欧洲债券的发行者多为资力雄厚的大公司或政府机构,承销者通常是资信很高的辛迪加银团,因而对欧洲债券投资者来说,具有相对可靠的安全性;同时,由于二级市场富有活力,并具很高的市场效率,因而欧洲债券的流动性也较强。

(6)金融创新活动持续不断。欧洲债券市场是最富创新活力的市场。近年来,该市场新的债券品种或交易工具日益增多,债券融资日趋活跃。持续不断的金融创新活动,把国际股票市场、国际票据市场、外汇市场、黄金市场,甚至还有商品市场更紧密地联系在一起,从而有力地推动了国际金融和全球经济的一体化。

四、欧洲货币市场的作用和影响

从20世纪60年代到70年代初,欧洲货币市场的主要功能是,向进出口商提供短期资金融通。1973年石油危机以后,欧洲货币市场对回流石油美元,调节国际收支的大范围失衡,起了重要的作用。目前,欧洲货币市场的参加者可以说是非常广泛的,并且其功能和业务种类也是十分齐全的,但是跨国银行等金融机构仍然是市场的组织者和核心力量。

(一)欧洲货币市场的积极作用

(1)成为国际资本转移的重要渠道,最大限度地解决了国际资金供需矛盾,进一步促进经济、生产、市场、金融的国际化。

(2)扩大了信用资金的来源,扩充了商业银行的贷放业务和外汇业务。

(3)弥补国际收支逆差的补充手段,部分地缓解了某些国家国际支付手段的不足。

(4)促进生产设备和先进技术的进口,促进经济的发展。

(5)引进资金、扩大投资、发展经济,对较大项目尤其起作用,扩大投资、保证资金供应。

(二)欧洲货币市场的不利影响

首先,ECM成为国际金融市场动荡的因素。一是由于管制松,主要储备货币经常发生汇率波动,从而带来不利影响;二是国际资金持有者经常将贬值货币调换成欧洲美元存储,或调动(含借入)欧洲美元抢购有升值趋势的货币;三是巨额欧洲货币到处流动,加剧各国货币汇价不稳;四是汇率的波动常引起西方国家外汇市场的关闭或停市,并给外汇投机提供了条件,导致市场更加不稳。其次,ECM加剧了西方国家的通货膨胀。ECM的存在,也给通货膨胀的国际传递带来方便。再次,ECM削弱了各国货币政策的效能。ECM资金的流动,破坏了各国为刺激生产和缓和经济危机的放宽和紧缩的金融政策。

五、亚洲货币市场

亚洲货币市场(Asian Currency Market)是指亚太地区的银行用境外美元和其他境外货币进行借贷交易所形成的市场,是欧洲货币市场在亚太地区的延伸,是欧洲货币市场的一个重要组成部分。因为交易额的90%以上为美元,所以又称亚洲美元市场(Asian Dollar Market),它以新加坡为中心,以东京、香港、马尼拉和曼谷等为基地,业务范围覆盖于整个亚太地区,推动了这一地区的经济发展。

(一)亚洲货币市场的形成与发展

亚洲货币市场是以新加坡为中心发展起来的。1968年10月1日,美洲银行新加坡分行首次获准在银行内部设立"亚洲货币单位"(ACU)账户,专门办理非居民的外币存放款业务。1970年,新加坡又批准了花旗银行、汇丰银行等16家外国银行从事境外货币业务。至此,亚洲货币市场初步形成。此后,香港、东京和马尼拉等地也形成了重要的亚洲金融中心,从而使得亚洲货币市场得到较大发展。综观亚洲货币市场迅速发展的原因,主要有三个:一是20世纪60年代中期以来亚太地区经济得到迅速发展,特别是日本和亚洲"四小龙";二是具有良好的客观条件,如优越的地理位置和时区差等;三是有关政府采取了一系列鼓励性政策与措施。

(二)亚洲货币市场的业务活动

亚洲货币市场的业务活动主要包括短期资金交易和中长期资金交易两部分。其资金来源主要有:
(1)外国中央银行的部分储备资产和财政盈余。
(2)跨国公司调拨的资金和闲置的流动资金。
(3)因战争、政治动乱及经济不稳而外逃的资本。
(4)外国侨民、进出口商等非银行客户的外币存款。

在资金运用方面,亚洲货币市场主要是一个银行间的市场。对非银行客户的贷款主要是贷给亚洲国家的政府、企业以及其他金融机构,很少贷放给个人。中长期资金交易的具体形式主要有:美元可转让存款证、亚洲债券和银团贷款。1~5年期的中期资金交易以美元可转让存款证为主,其特点是面额大、期限长和可转让等。20世纪70年代初,新加坡出现了亚洲美元债券,香港则在1976年以后也发行了亚洲美元债券。1983年以后,发行债券成为亚洲货币市场的主要筹资方式。亚洲货币市场的银团贷款始于1972年,目前香港已发展成为亚洲货币市场银团贷款的中心,借款人主要来自东南亚国家或地区,既有对政府的贷款,也有对石油、采矿、造船、钢铁、化工等行业的公司提供的贷款。

(三)亚洲货币市场的影响

亚洲货币市场的发展为亚太地区的经济发展提供了大量的资金,有力地推动了本地区的经济建设,有利于该地区一些国家弥补国际收支赤字,也为跨国公司在这一地区的经营活动提供了融资便利。但亚洲货币市场也对亚太地区的经济和金融带来一定的消极影响。这主要表现在:一是使得该地区的一些国家对于世界市场特别是西方国家市场的依赖性日益增加,经济共振性明显和债务负担加重是其集中体现;二是在某种程度上方便了国际资金的投机性流动,从而加剧了国际金融的动荡;三是货币资金的频繁流动冲击了所在国的经济金融稳定。最典型的案例就是发生于1997年7月的东南亚金融风波进而引发的亚洲金融危机,导致有关国家,如泰国、印度尼西亚、马来西亚、韩国和日本等,出现严重的货币动荡、股市暴跌和经济衰退。因此,如何有效地抑制亚洲货币市场的消极影响,充分发挥该市场的积极作用,已成为该地区有关国家及国际社会日益关注的问题。

第五节 主要离岸金融中心

与国际金融市场密切相关的一个概念是国际金融中心。国际金融市场强调的是交易,而国际金融中心则偏重于从事国际金融交易的地理区位。随着欧洲货币市场的迅速发展,目前在全球范围内已形成了几十个形式各异的离岸金融中心。

一、离岸金融中心的类型

(一) 按功能划分

1. 内外混合型

内外混合型中心是指该市场的离岸金融业务和国内金融业务不分离,目的在于充分发挥内外两个市场资金和业务相互补充和相互促进的作用,又叫一体型中心。它是最早出现的离岸金融市场,以伦敦、中国香港为代表,其特点是资金的出入境不受限制,离岸市场和国内金融市场是一个整体,享有同等的国民待遇,市场的参与者可以是居民也可以是非居民,经营的业务可以是离岸金融业务或国内金融业务。离岸金融业务不单独设立的账户,与国内金融业务并账操作,即非居民的存贷款业务与居民存贷款业务在同一账户上进行运作。

2. 内外分离型

内外分离型中心是指离岸金融业务与国内金融业务相分离,这种分离可以是地域上的分离,但更主要的是账户上的分立,且离岸账户和在岸账户之间的资金流动受到比较严格的限制,目的在于防止离岸金融业务影响或冲击本国货币金融政策的实施。美国纽约的离岸金融市场是一个典型的代表,其主要特征是存放在离岸银行账户上的美元视同境外美元,与国内美元严格分开。此外,东京、新加坡和巴林也接近美国离岸金融市场的类型。根据分离程度的不同,内外分离型金融中心又分为两类:一是彻底的内外分离型中心,即严格禁止资金在境内和境外、在岸账户和离岸账户之间自由流动。日本离岸市场(Japanese Offshore Market,JOM)的海外特别账户和新加坡离岸市场的亚洲货币单位(ACU)的发展初期,以及美国的国际银行设施(IBFs)都属于此类型。二是分离渗透型中心,即设立分离的离岸账户和在岸账户,将非居民业务和居民业务分开,但允许资金在一定的限额内相互渗透,或者开辟一个资金单向进出的通道。例如,新加坡的 ACU 已经允许居民参加交易;日本的 JOM 也已取消了资金从境内流出的限制,只保留了流入境内的限额;马来西亚的纳敏岛和泰国的曼谷正好与日本相反,允许将吸收的非居民存款在本地进行放贷,但禁止资金流出。这种以分离为主、渗透为辅的模式,被认为是彻底的内外分离型向一体型发展的过渡形式。

内外混合型中心与内外分离型中心都属于功能型中心,即从事具体金融业务,如信贷、保险及结算业务等,并具备业务范围内的核心竞争力的离岸金融中心。

3. 避税港型

避税港型中心是指在不征税的地区,只是名义上设立机构,通过这种机构在账簿上中介境外与境外的交易活动,以逃避税收和管制。这类离岸金融市场的特点是在不需要纳税的城市虚设金融机构,一般不进行实际的资金交易,实际业务仍在母国进行,只是通过注册的机构在账簿上对由其他地区安排或管理的资金交易进行登记或记录,起一个记账中心的作用,提供簿记业务,主要是为了避税,故称为是避税港型离岸金融中心,又称"走账型"或"簿记型"离岸金融中心,大多位于北美、西欧、亚太等经济发达地区附近。典型的避税港型离岸金融市场有加勒比海的开曼群岛、巴哈马及百慕大、巴拿马和西欧的海峡群岛等。这些国家或地区的共同特点是政局稳定,税赋低,没有金融管制,可以使国际金融机构达到逃避资金监管和减免租税的目的。这种空壳中心虽然生存至今,但备受非议,毕竟其存在对于正常的金融业务是一种很大的冲击,也不利于世界金融秩序的稳定。在此次金融危机之后,避税型离岸金融市场再一次成为大家讨论的焦点。

(二)按资金的来源和运用、市场的流动性和交易的类型划分

1. 主导型

主导型(primary)中心,又称世界型中心、全能中心,由英国的伦敦、美国的 IBFs 和日本的 JOM 组成,目前最典型的是伦敦。这类金融中心能为全世界的客

户提供全方位的金融服务并在它们的市场区域内同时安排资金的来源和使用,功能多样化。它们都是具有先进的国际结算与支付体系,提供全球性全能金融服务的金融中心,具有流动性充足的金融市场以满足国际金融机构筹资和投资的各种需要,并在国际利率和汇率的决定、国际资金的配置方面都发挥着主导性作用。

2. 次要型

次要型(secondary)中心,又称区域型中心,主要服务于所在区域,在功能上又可分为两种类型:①资本输入型。又称筹资中心、基金型中心,离岸金融中心的金融机构从本中心之外的地区吸收资金,融通给中心所在地区的内部筹资人,起着为本地区融资的功能。这类金融中心以东亚地区的中国香港、新加坡为典型。②资本输出型。又称供资中心、收放型中心,离岸金融中心的金融机构主要动员和筹集本地区非居民的剩余资金,然后向区域外放款。比较典型的有中东地区的巴林、科威特等。

3. 簿记型

簿记型(booking)离岸金融中心,即避税港型离岸金融中心。

(三) 按形成动力划分

1. 自然形成型

自然形成型离岸金融中心是顺应国际资本流动的需要而自然形成的,时间跨度达几十年,如伦敦离岸金融中心就是自然形成的。

2. 政策推动型

政策推动型离岸金融中心是市场所在国为了争取更高的国际地位,重视利用国际资本流动的优势,通过政策扶持,积极推动本国或者本地区离岸金融市场的建设,在较短时间内建立和发展起来的。在伦敦之后,现代离岸金融中心几乎无一例外都是中心所在国(或地区)政府顺应经济、金融发展的客观要求推动组建的。如美国的IBFs、日本的JOM、新加坡的ACU、泰国和马来西亚等的离岸金融中心的形成,政府都起到了主导作用,其形成时间较之自然形成型要短得多,多则8~10年,少则3~5年。

二、世界重要离岸金融中心简介

(一) 伦敦

伦敦是20世纪60年代最早出现的离岸金融市场,也是欧洲美元市场的发源地和欧洲货币市场的中心。1979年英国取消了资本项目的管制,进一步促进了

第六章 国际金融市场

伦敦离岸金融市场的发展。1986年10月27日,伦敦证券交易进行了世界著名的"大爆炸"或"大震"(Big bang)式改革,其主要内容是废除了许多不合理的规章制度,采用了许多新的交易方式,并实行了证券交易系统的电子化,推出了伦敦证券交易所"证券交易自动报价"系统和"国际证券交易自动报价"系统,通过卫星线路与纽约、东京等地证券交易所的电子计算机中心相连,从而实现一天24小时的全球证券交易。

由于伦敦离岸金融市场的金融活动不受任何国家金融法规的约束,通过不断的金融创新形成的自由宽松和高效率的金融环境,使得伦敦离岸金融市场获得了更加迅速的发展,其国际金融中心的地位日趋突出。主要体现在:

(1)伦敦是世界上最大的国际银行业中心之一,其银行业务额占国际银行业务总额的20%,银行总数达480家以上,这在各大世界金融中心名列第一。

(2)伦敦是世界最大的国际债券市场之一,又是欧洲债券市场的发源地和中心,世界上大部分欧洲债券的发行和二级市场的交易都集中在伦敦。

(3)伦敦拥有目前世界上最大的外汇市场,在该市场的日外汇交易额自1989年至1995年间一直雄居首位,1995年为4 638亿美元(超过纽约和东京外汇市场交易额的总和),占全球外汇交易总额的30%。

(4)伦敦是主要的国际股票发行和交易中心,伦敦证券交易所是历史最悠久的证券市场之一,无论是从证券交易量还是从交易额上看,都与纽约、东京证券交易所不分上下。

(二)纽约

第二次世界大战结束时,美国的纽约以本国雄厚的经济和金融实力为后盾,凭借其适中的地理位置和发达完善的金融机制等优势,成为第二次世界大战后世界上最大的国际金融中心。进入20世纪60年代以后,由于欧洲美元市场的兴起和发展,导致美国银行业和国内资本纷纷外流,致使美国国内金融市场萎缩,金融实力下降。为扭转这一不利局面,增强纽约国际金融市场的竞争力,1981年6月9日,美国联邦储备局正式批准在纽约设立"国际银行设施"(IBFs),并于同年12月3日生效。纽约的IBFs具有三个特点:

(1)所有获准吸收美元存款的银行均可申请加入IBFs,成为其会员银行,IBFs的交易严格限于会员机构与非居民之间,交易的货币既有欧洲货币,又有美元(包括欧洲美元)。

(2)该市场内的交易可豁免存款准备金、存款保险和利率上限的限制,交易者还豁免地方税和利息预扣税。

(3)存放在纽约 IBFs 账户上的美元视同离岸美元,与国内(在岸)美元账户严格分开。虽然该市场的金融管理较国内市场要宽松得多,但业务活动仍然受到一定的限制,如规定非居民客户的存取款金额不能低于 10 万美元(因关闭账户而提款除外),且存款至少要存两个营业日;不能发行可转让票据,例如,大额可转让定期存单等,也不能向联邦保险公司投保,等等。可见,其交易的自由程度低于伦敦离岸金融市场。

纽约离岸金融市场中最负盛名的是证券市场,该市场信息量大,透明度高,证券的选择性强,极富流动性,它由证券交易所和场外市场所组成,其中纽约股票交易所(NYSE)是世界上最大的证券交易所,其上市股票交易量占美国证券交易所交易总量的 80% 左右;纽约也是世界上最大的外国债券市场;同时,以纽约离岸金融市场为中心的美国政府债券市场也是世界上最大的政府债券市场。纽约外汇市场的交易规模仅次于伦敦,居世界第二位,外汇的日交易额占全球日外汇交易总额的比重一直保持在 16% 左右的水平上;同时,纽约还是全世界美元交易的清算中心。

(三)东京

东京离岸金融市场于 1986 年 12 月 1 日正式建立并开始运作。由于历史的原因,日本的金融市场是个闭关自守、限制较多的金融市场。所以在创设东京离岸市场初期,很难做到像其他离岸市场那样几乎无任何限制。根据日本政府的有关规定,东京离岸市场的特点是:

(1)只能对非居民进行资金交易,这类交易另设独立账户,不同国内市场进行资金交易。

(2)可以处理欧洲货币市场的各种货币交易,但业务种类仅限于存放款,禁止发行大额存款证筹资,也不许将资金投资于证券。

(3)在日本的本国银行和外国银行均可办理离岸业务,但证券公司除外。

(4)豁免存款利息预扣税,取消对存款准备金的要求,但在法人税、地方税和印花税等方面没有任何优惠。

东京离岸金融市场的创设,不仅是日本金融市场进一步开放和日元国际化的重要一步,也为流转于国际金融市场的离岸金融资产增加了一个可供选择的落脚点。进入 20 世纪 90 年代,东京一跃而成为与纽约、伦敦并列的世界第三大国际金融市场。20 世纪 90 年代初期,东京证券交易所上市的证券达 3 000 种以上,其中股票在 2 000 种左右,股票交易量居世界首位(近年来由于日本经济不景气等原因,其地位有所下降)。相对而言,东京债券市场的规模较小,但发展较快。东京外汇市场的日交易额仅次于伦敦和纽约,居于世界第三位,但多为日元和美元之间的交易。

(四) 香港

自20世纪70年代以来,香港以其独特的地理位置、自由开放的经济制度和便利的交通运输条件,成为亚太地区资金供求双方的会合地,使香港迅速发展成为一个重要的银团贷款中心,并逐步演变成举世瞩目的国际金融中心。香港实行自由放任的经济政策,在金融管制上比各类离岸金融市场更为宽松,如该市场没有中央银行,没有准备金要求,不存在外汇管制,税制简单且税率低,对货币的使用没有规定,居民和非居民可以用外国货币和港币自由地进行金融和资本交易。因此,由于没有"离岸"交易和"在岸"交易之分以及交易币种的限制,若从这一角度来考察,香港不是由定义界定的离岸金融市场。

20世纪90年代以来,香港的国际金融中心地位日趋突出。首先,从金融机构的规模上看,1995年初香港共有243家银行,其中有148家在外国注册的银行,当时世界上最大的100家银行中有85家在香港开办金融业务,其金融机构的规模仅在纽约、伦敦之后,是世界第三大国际银行中心。其次,从金融机构的资产规模上看,香港的金融机构在1994年底共有5 900亿美元的境外资产,占全球总额的8%,是世界上排名最高的地区之一。再者,从金融市场的规模上看:①外汇市场的日交易额在1996年为910亿美元,外汇衍生工具市场日交易额为560亿美元,分别在全球排名第五、亚洲排名第三(次于东京和新加坡);②股票市场总市值1996年达到35 000亿港元,为世界第六大股市和亚洲第二大股市(仅次于东京);③1993年的银团贷款规模达到294亿美元,是世界第四大国际银团贷款中心(在纽约、伦敦和巴黎之后);④黄金市场交易量世界第三(次于纽约和伦敦),亚洲第一。

第六节 国际黄金市场

一、国际黄金市场的概念与分类

国际黄金市场(International Gold Market)是金商、银行、对冲基金等金融机构和私人投资者以黄金作为特殊商品进行交易的场所,是国际金融市场的重要组成部分。黄金市场具有悠久的历史,并经历了很多的变迁。早在19世纪初期,世界上就已经出现了较为健全的黄金市场。在典型的金本位制度下,黄金作为国际本位货币,可以在世界各国之间自由输出入。金本位制度崩溃后,各国纷纷实行外汇管制,黄金的自由输出入受到了一定的限制,但国际黄金市场仍以各种方式发展,且规模迅速扩大。尽管布雷顿森林体系崩溃后,黄金的流通手段职能大大减弱,但黄金仍然被世界上绝大多数国家作为国际储备资产、价值的最终储藏手段。在通货膨胀严重、政治经济危机时期,黄金的价值更会增加。

国际黄金市场根据不同的情况可作不同分类。

(1)按照影响程度的不同,国际黄金市场可分为主导性市场和区域性市场。

主导性市场是指在国际黄金交易中发挥主导作用,其价格的形成、交易规则的制定以及交易量的变化等市场行为直接影响其他黄金市场的市场,如伦敦、苏黎世、纽约、芝加哥和香港等地的黄金市场。

区域性市场是指交易规模小,并且集中在本地区,对其他黄金市场影响不大的黄金市场,如巴黎、法兰克福、布鲁塞尔、卢森堡、新加坡和东京等。

(2)按照管制程度的不同,国际黄金市场可以分为自由交易黄金市场和限制交易黄金市场。

自由交易黄金市场是指黄金可以自由输出入,居民和非居民均可自由买卖黄金的市场,如苏黎世黄金市场。

限制交易黄金市场是指对黄金的输出入和市场的交易主体实行某种限制的黄金市场。可分为两种情况:一种是对黄金的交易主体进行管制,只准非居民自由买卖黄金,而不准居民进行交易,如 1979 年 10 月英国取消全部外汇管制前的伦敦黄金市场;另一种是对黄金的输出入实行管制,只准许居民自由买卖的国内黄金市场,如巴黎黄金市场。

(3)按照交易形式的不同,国际黄金市场可分为有形黄金市场和无形黄金市场。

有形黄金市场是指有固定交易场所的黄金市场,又可以分为美式市场和亚式市场两种类型。美式市场是建立在典型的商品期货市场的基础之上,黄金交易是在商品交易所内进行的,其交易类似于该市场上进行交易的其他商品,这类黄金市场以美国纽约商和芝加哥的黄金市场为代表,如:纽约黄金市场设在纽约商品交易所(COMEX),芝加哥黄金市场设在芝加哥商品交易所(IMM)。亚式市场一般设有专门的黄金交易场所,同时进行黄金的现货和期货交易,以中国香港金银业贸易市场和新加坡黄金交易所以及新兴的中东 BUDAI 等为代表。

无形黄金市场是指无固定交易场所,黄金买卖是通过现代化通讯工具联系成交的黄金市场,以伦敦黄金市场、苏黎世黄金市场以及香港的伦敦金(LGD)黄金市场为代表,又称为是欧式黄金市场。在伦敦黄金市场,金商与客户之间通过电话、电传等进行交易;苏黎世黄金市场,则由三大银行为客户代为买卖黄金并负责结账清算。伦敦和苏黎世黄金市场上的买家和卖家都是较为保密的,交易量也都难以真实估计。

二、国际黄金市场的交易对象与交易方式

(一) 交易对象

1. 各种成色和重量的金块

这是私人或企业集团开采出来的未经加工的黄金。黄金的成色是指金币、金块及黄金饰品的纯度,一般以百分比表示,还可用"开"或"K"表示。二者换算的方法是:百分比成色=K数×4.15%(每K含金量)。就黄金条块而言,目前可买到的最纯金块其纯度为99.99%,即专家所称的"四九纯金"。国际上计算黄金重量的基本单位是金衡盎司。1金衡盎司=31.103 477 克=0.622 07 市两(中国10两制)=1.097 14 常衡盎司=0.831 010 6 司马两。

2. 大金锭

大金锭一般是重量为400盎司、成色为99.5%的金锭。由于黄金的成色与重量并非肉眼所能鉴别,因此进入世界黄金市场的大金锭,必须有国际公认的鉴定机构的印记,标明黄金的成色、重量、注册编号以及生产公司的名称或标记等,用以"验明正身"。世界上的主要产金国,如南非、加拿大、前苏联等,所开采的黄金一般都以这种形式投放市场。各国金库储存的黄金,也大多是这种规格的金锭。

3. 金条和金币

金条一般是成色和重量不等的长形条块。最常见的是1千克重的金条(合32.150 742 盎司),成色分为99.5%、99.9%和99.99%几种,其售价要高于大金锭。金币有旧金币和新金币两种。旧金币是实行金本位制国家流传下来的当时的货币,可供量有限,一般为古玩收藏家购买的对象,其价值远远高于其本身所含黄金的实际价值。近年来各国政府、国际组织、宗教团体甚至企业,纷纷发行纪念金币,这种金币不仅有特定的纪念意义,而且限量发行。新金币价格的涨落直接依存于黄金市场黄金价格的变动,一般也高于其本身所含黄金的实际价值。

4. 黄金券

黄金券是黄金的凭证,持有人可随时向发行银行兑换黄金或与其等价的货币。黄金券的面额有多种,最小的仅0.5盎司。黄金券有编号和姓名,不得私自转让,遗失可以挂失。对于购买人来说,由于黄金券可以随时兑现,与持有黄金实

物无异,既可以用于保值,又可以用于投资,而且比持有黄金实物更为安全,所以很受欢迎。对于发行银行来说,由于黄金交易规模逐渐增大,而黄金的可供量有限,往往不能满足交易的需要。而通过发行黄金券,不仅可以扩大黄金交易量,还可以增加自身的收益。所以,近些年来黄金券的交易量逐年增加。

(二)交易方式

1. 现货交易

所谓现货交易,是指交易双方成交后于两个营业日内进行交割的一种交易方式。欧式市场,如伦敦、苏黎世等是以现货交易为主。现货交易按成交单位是否标准化和数量的不同可分为批发交易与零售交易。批发交易以金条为标准,成交起点为 4 000 盎司(约 113.4 千克)。现货交易按价格的不同可分为定价交易和报价交易,定价交易由伦敦黄金市场实行,每日上午 10:30 和下午 15:00 向客户提供单一交易价,无买卖差价,只收取少量佣金,目的是使黄金交易手续简便,吸引客户的大宗交易。定价交易只在规定的时间里有效,短则一分钟,长则一个多小时,具体时间视供求情况而定。报价交易则是在定价交易时间以外,按照交易商报出的买入价与卖出价进行。

2. 期货交易

所谓期货交易是指交易双方签订黄金买卖合同并交付保证金后,在未来指定日期办理交割的市场。在设有具体交易场所的美式市场,如纽约、芝加哥等黄金市场,是以期货交易为主的。在国际黄金市场上进行的期货交易,又分保值交易和投机交易两种。保值交易即利用黄金期货价格与现货价格涨跌方向和幅度基本一致的特点,同时在期货与现货市场做方向相反的交易来对现货黄金的价格风险进行保值。投机交易即通过对期货价格的判断和预测,在期货市场做买空或卖空交易获取差价收入。

3. 期权交易

期权交易即黄金交易双方签订期权合同,买方付出一定保险费,获得在合同规定的期限内按照协定价格买进或卖出一定数量黄金的权利,同时在市场价格不利时放弃这种合同权利,而卖方收取手续费,在合同期限内承担价格。黄金期权交易有欧式期权和美式期权等。目前在世界主要黄金市场上,都有一定数量的黄金期权交易。

4. 其他交易方式

黄金交易方式还包括黄金借贷、黄金互换、黄金抵押贷款、黄金远期合约、掉期交易和黄金远期利率协议等。

三、影响国际黄金市场价格的因素

（一）黄金供求数量的变化

(1)国际黄金市场黄金的供给。国际黄金市场黄金的供给主要来自以下方面：①黄金生产。这是黄金市场黄金的主要来源。南非一直是世界最大的产金地，其黄金年产量的变化，对世界黄金市场的供应量的增减有着举足轻重的影响。美国、俄罗斯、澳大利亚、加拿大和中国也都有大量黄金生产。②国际经济及金融组织出售黄金。③拥有黄金要抛售的集团和私人等抛售的黄金。④各国政府为解决外汇短缺和支付困难，或在黄金市场上营运黄金而抛售的黄金。⑤黄金投机商人预测金价下跌做"空"头而抛售的黄金。

(2)国际黄金市场黄金的需求。国际黄金市场上的黄金需求主要来自以下方面：①工业用金。主要是指以黄金作为工业生产原料的企业购买黄金，涉及的范围十分广泛。②各国政府和中央银行为增加官方储备或在黄金市场上营运而购买黄金。③私人或企业为保值或投资而购买黄金。④国际货币基金组织和国际清算银行购买黄金作为国际储备资产。⑤黄金投机商预测到金价上涨，做"多"头购买黄金。

黄金供求数量的变化，对国际黄金市场黄金价格的涨跌有着直接的影响。在需求量较大、供不应求的时期，国际黄金市场上的金价就会上涨；反之，金价就会下跌。一般地说，黄金供应量有限，在短期内很难有较大增长，而对黄金的需求量却逐年增加。这种供不应求的局面，给世界黄金市场造成了巨大压力，促使国际黄金市场的金价呈现强势上涨。当然，这种总量供应不足和金价呈强势上涨势态，是从总体上讲的，实际上黄金价格在很大程度上，还要取决于国际黄金市场上瞬时供求的变化。

（二）经济因素

(1)世界经济周期发展趋势。一般来说，在经济危机或发生经济"衰退"的时期，利润率会降低到最低限度，人们对经济前景缺乏信心，于是纷纷抛售纸币去抢购黄金，以求保值。这时对黄金的需求就会增加，从而刺激黄金价格上涨。反之，在经济复苏和增长时期，由于对资金的吸收量大，利润率增高，人们反过来愿意把黄金抛出，换成纸币进行投资，以获得更多的利润。这时候如果持有黄金非但不能获取利息，还要支付保管费等。因此，在这一时期，人们对黄金需求就会减少，黄金价格便会呈现疲软局面。

(2)通货膨胀率和利率对比关系变化。一方面,通货膨胀会使人们手中持有的货币无形地贬值,当利息收入不足以抵消通货膨胀所带来的损失时,人们就会对纸币失去信心,认为持有黄金比持有纸币更稳妥、更安全,对黄金的需求增加;在通货膨胀率较低时期,人们将资金投入证券市场或存入银行,不仅可以保值,而且还可以获取较高的收益,这时候不仅会抑制金价的上涨,甚至可以迫使金价下跌。另一方面,利率的变化对于黄金衍生产品交易影响较大。如果利率提高,交易成本上升,投机者风险增大,就会减少黄金投机交易,使交易量减少;如果利率降低,黄金投机交易成本下降,交易量就会放大。

(3)石油价格变动。自西方工业革命后,原油一直充当着现代工业社会运行的重要战略物资,它在国际政治、经济、金融领域占有举足轻重的地位。黄金和原油主要是用美元来计价,二者的价格既紧密联系又相互制衡,在彼此的波动之中隐藏着相对的稳定。如果石油价格上涨,美元就会贬值,而美元的贬值又会导致人们抛售纸币抢购黄金来保值,进而刺激黄金价格上涨。从中长期来看,黄金与原油价格波动趋势基本一致,只是大小幅度有所区别。

在20世纪70年代初期,1盎司黄金兑换约10桶原油。布雷顿森林体系解体后,黄金与原油曾达到1盎司黄金兑换30桶以上原油的比例。随后,在整个20世纪70年代中期到80年代中期,尽管黄金与原油的价格都出现过大幅上涨,但二者的兑换关系仍保持在10倍到20倍之间。20世纪80年代中期以后,原油价格骤跌,一度又达到1盎司黄金兑换约30桶原油的水平。按照2005年原油的平均价格56美元/桶和国际黄金均价445美元/盎司计算,这个比例平均约维持在1盎司黄金兑换约8桶原油的水平。

(4)外汇市场变动。当某种货币疲软,汇率下跌时,人们就会急于抛售持有的该种货币去抢购黄金,以求保值。由于美元仍是目前国际清算、支付以及储备中使用最多的货币,其国际货币市场中所占比例亦最大,所以,国际金价通常用美元表示。当美元汇率出现波动时,国际黄金市场上的黄金价格,就会相应地出现波动。当美元汇价出现"疲软"时,往往会引起大量抛售美元抢购黄金的风潮,从而导致金价的大幅度上涨。反之,当美元汇价出现"坚挺"时,金价一般都处于比较平稳或稳中略有下降的趋势。

(三)政治局势与突发性重大事件

黄金是一种非常敏感的投机商品,任何政治、经济的大动荡,都会在国际黄金市场的金价上反映出来。如1979年11月,美国和伊朗的关系恶化后,伊朗停止向美国出售石油。美国则采取了冻结伊朗在美国存款的报复行为,伊朗扣留美国

第六章 国际金融市场

人质的问题也迟迟得不到解决。同年12月,前苏联出兵阿富汗,立即加剧了中东地区的紧张局势,美苏关系也呈现出紧张状态。由于上述两个政治事件的发生,增加了西方人士的忧虑,他们害怕政治局势的恶化使自己的美元财产遭到损失,便大量抢购黄金,从而使金价急剧大幅度上涨。

(四)投机因素

投机者根据国际国内形势,利用黄金市场上的金价波动,加上黄金期货市场的交易体制,大量"卖空"或"买空"黄金,人为地制造黄金供求假象。在黄金市场上,几乎每次大的下跌都与对冲基金公司借入短期黄金在即期黄金市场抛售和在COMEX黄金期货交易所构筑大量的空仓有关。在1999年7月黄金价格跌至20年低点的时候,美国商品期货交易委员会(CFTC)公布的数据显示在COMEX投机性空头接近900万盎司(近300吨)。当触发大量的止损卖盘后,黄金价格下泻,基金公司乘机回补获利。

四、世界主要国际黄金市场

世界上可以自由买卖黄金的国际市场有40多个,主要分布在欧、亚、北美三个区域,其中最大的有五个,即伦敦、苏黎世、纽约、芝加哥和中国香港。这五大金市规模大,国际性黄金交易集中,其市场行为对世界其他黄金市场影响很大,在世界黄金市场中占主导地位。

(一)伦敦黄金市场

伦敦黄金市场历史悠久。1804年伦敦取代阿姆斯特丹成为世界黄金交易的中心。1919年伦敦金市正式成立,每天进行上午和下午的两次黄金定价,成为一个组织比较健全的世界黄金市场。第二次世界大战前,伦敦是世界上最大的黄金市场,黄金交易的数量巨大,约占全世界经营量的80%,是世界上唯一可以成吨买黄金的市场。第二次世界大战爆发后,伦敦黄金市场受战争影响而关闭。第二次世界大战结束后,英国的政治、经济地位下降,经济尚未恢复,英镑大幅度贬值,黄金市场价格大大超过国际货币基金组织规定的35美元1盎司的黄金官价水平,英国被迫实行外汇管制,伦敦黄金市场也因此关闭。进入20世纪50年代后,英国和世界各国经济都趋于好转,1954年3月,伦敦黄金市场重新开放。不过开放后的伦敦黄金市场,其交易局限于境外居民用几种指定的货币,并设立专门账户进行。1979年10月,英国废除了全部外汇管制,英国居民可以自由买卖黄金,伦敦黄金市场才真正恢复其自由交易市场的国际性功能和地位。1982年4月,

伦敦黄金期货市场开业。伦敦黄金市场上的现货交易由美元计价,期货交易由英镑计价。1986年3月,西欧掀起抢购黄金的风潮,伦敦金市无法维持稳定,被迫将一部分黄金交易转移到苏黎世黄金市场,使伦敦金市的地位受到一定影响。

伦敦黄金市场的主要特点是:

(1)没有实际的交易场所。伦敦黄金市场并不是地理意义上的概念,即该市场不是以交易所形式存在,而是OTC市场。从交易方式来讲,其是指以电话或路透等电子交易系统联接起来的全球交易网络。伦敦黄金市场上会员与会员之间,以及会员与客户之间均采用的是主体对主体(principal to principal)的交易模式,交易者通过电话或路透等电子网络完成报价和交易过程,所有风险由交易双方承担。

(2)高度开放。狭义地说,伦敦黄金市场主要指伦敦金银市场协会(LBMA),其运作方式是通过无形方式——会员的业务网络来完成。LBMA的会员分布在20多个国家和地区,涵盖了黄金和白银生产、仓储、运输、加工到销售以及交易和经纪等整个产业链条。协会会员分为两个层次:第一层次是做市商会员。做市商会员对黄金的即期交易、期货交易和期权交易进行连续报价,保证市场的流动性。目前共有9家机构,均为知名投行,分别是巴克莱银行、德意志银行、汇丰银行、法国兴业银行、加拿大丰业银行、高盛国际公司、JP摩根大通银行、瑞士银行和三井贵金属公司。第二层次是普通会员,目前共有60家机构,包括商业银行、投资银行、经纪商、黄金白银企业、加工厂、提炼厂及运输公司。目前,我国只有中国银行为其会员,属于普通会员。LBMA黄金的最小交易量为1 000金衡制盎司,标准金成色为99.5%。

(3)以黄金现货交易为主。伦敦黄金市场是世界主要的现货市场,其黄金期货市场1982年4月才开业。现货交易以美元计价,分为定价交易和报价交易两种。早在1919年伦敦黄金市场就引入了定盘价交易,它是伦敦市场上特有的交易形式,又是世界黄金行市的晴雨表。黄金定盘价在上午10:30和下午15:00左右形成。黄金定价行一直由5家机构承担。期间,机构有所变化,但数量没有变化。目前,黄金定价行分别为加拿大丰业银行、巴克莱银行、德意志银行、汇丰银行和法国兴业银行。报价交易价格水平很大程度上受定价交易的制约,并在成交量上要多于定价交易。

(4)交易量巨大,主要是批发业务。相对于苏黎士黄金市场,伦敦黄金市场是一个批发市场,主要是机构之间进行黄金交易的场所。黄金交易单位最低要求是400盎司(12.44千克),最低纯度99.5%。做市商会员和普通会员之间进行的黄金交易,现货交易一般要在5 000至1万盎司之间(155.52至311.04千克);远期

第六章 国际金融市场

交易黄金的最低额度为5万盎司(1.56千千克),交割的黄金要在伦敦金银市场协会制定的伦敦合格交割名单中。

(5)黄金账户分类设置。伦敦黄金市场的黄金账户有两类:未分配账户(Unallocated Account)和分配账户(Allocated Account)。这两类账户的根本区别在于是否对应实物。未分配账户不对应实物,只是一个记账单位,主要用于相互之间的交易和在不同交易者之间划转头寸。交易者要提取实物,则需要将未分配账户转为分配账户。分配账户则与实物一一对应,账户上详细注明了投资者所持有的黄金数量和金锭编号,开户人对账户上的黄金享有绝对的所有权和支配权,可以随时提取黄金,但要支付相应的保管费和保险费。即使银行倒闭,所有人仍有权拿回自己的黄金。

伦敦黄金市场现在虽然不是世界最大的黄金市场,但仍不失为世界主要的黄金现货交易市场,其价格变化,被看作国际黄金市场价格的晴雨表。此外,伦敦黄金市场还在以下两个方面发挥着其在国际黄金市场上的影响力:①制订并公布伦敦合格交割名单。可参与伦敦黄金白银市场进行交割的金锭和银锭,须符合成色、重量、标识和外观等方面的相关标准。伦敦金银市场协会对能加入这个名单的产品和机构有严格的鉴定,并对外公布。这一制度使伦敦金银市场协会成为国际黄金白银市场标准的制订者,也有效地降低了交易成本和信用风险,方便了实物清算,提高了市场效率和伦敦金银市场协会在国际黄金和白银市场上的影响力。②向全球黄金市场提供清算服务。伦敦在黄金和白银市场上的清算地位相当于纽约在美元中的清算地位,其中,黄金的清算通过未分配账户进行。清算行目前有加拿大丰业银行、巴克莱银行、德意志银行、汇丰银行、JP摩根大通银行和瑞士银行。参与伦敦市场的交易者会在这几家银行开立黄金账户,清算彼此间的交易。伦敦市场的这6家清算行在英国中央银行——英格兰银行开立黄金账户,完成彼此之间的清算。以我国黄金市场为例:中国银行和工商银行等银行是我国黄金市场最主要的参与者,他们通过路透等交易系统与境外交易对手开展境内交易头寸平盘和套利交易。为清算与境外交易对手的头寸,他们会选择在以上6家清算行开立黄金账户进行清算。

综上所述,伦敦黄金市场通过定价、合格金银锭认证、账户服务、清算和做市商等制度安排,集中了国际黄金市场上场外交易和清算,制订了国际黄金现货市场交割标准。伦敦金银市场协会通过开放式的会员管理体系,将国际主要参与黄金市场的金融机构、重要黄金生产商、精炼商和使用商、相关咨询机构以及其他一些大宗商品市场参与者纳入其市场体系。

伦敦黄金市场也存在若干不足。首先,由于各个金商报的价格都是实价,有时市场黄金价格比较混乱,连金商也不知道哪个价位的金价是合理的,只好停止报价,伦敦金的买卖便会停止;其二,伦敦市场的客户绝对保密,因此缺乏有效的黄金交易头寸的统计。

(二)苏黎世黄金市场

苏黎世黄金市场兴起于是第二次世界大战后,当时伦敦金市因战争而关闭,临近的苏黎世以其永久中立国的优势和健全的金融制度逐渐接手了伦敦的黄金交易。目前就黄金现货交易而言,其地位仅次于伦敦。苏黎世黄金市场的主要特点是:以现货交易为主;从事金币交易,是世界上最大的金币市场;经营零售业务,由于瑞士银行的保密传统,使苏黎世成为世界主要黄金储藏地之一,也是世界上最大的私人黄金的存储与借贷中心;黄金市场与银行业务联系紧密,主要由瑞士三大银行,即瑞士银行、瑞士联合银行和瑞士信贷银行从事黄金交易,与伦敦金商不同的是,他们不但充当经纪人,还掌握大量黄金储备进行黄金交易。

瑞士是著名的西方各国的资金庇护所以及由于瑞士特殊的银行体系和辅助性的黄金交易服务体系,为黄金买卖者提供了一个既自由又保密的环境。每逢国际政治局势发生动荡或货币金融市场发生波动时,各地大量游资纷纷涌向瑞士,购金保值或从事投机活动。加之,瑞士利率低,持有的黄金可以列为现金项目,市场交易没有任何限制。目前,苏黎世在国际黄金市场上的地位日益提高,苏黎世市场的金价和伦敦市场的金价一样受到国际市场的重视。

(三)纽约黄金市场

美国黄金市场是 20 世纪 70 年代中期才发展起来。美国黄金市场由纽约、芝加哥、底特律、旧金山和水牛城共五家交易所构成。美国黄金市场以黄金期货交易为主,目前纽约黄金市场已成为世界上交易量最大和最活跃的的黄金期货市场,也是世界黄金期货交易中心,每年有 2/3 的黄金期货契约在纽约成交,但实际黄金实物的交收占很少的比例,交易水分很大,大部分属于买空卖空的投机交易。

纽约商品交易所(The New York Mercantile Exchange,Inc.)是由 The New York Mercantile Exchange 和 The Commodity Exchange,Inc. 于 1994 年合并组成,是世界上最具规模的商品交易所,同时是世界最早的黄金期货市场。根据纽约商品交易所的内部界定,它的期货交易分为 NYMEX 及 COMEX 两大分部。NYMEX 负责能源、铂金及钯金交易,其余的金属(包括黄金)归 COMEX 负责。COMEX 目前交易的品种有黄金期货、迷你期货、期权和基金。COMEX 黄金期货每宗交易量为 100 盎司,交易标的为 99.5% 的成色金。迷你黄金期货,每宗交易量为50盎司,最小波动价格为0.25美元/盎司。参与COMEX黄金买卖以大型的对冲基金及机构投资者为主,庞大的交易量吸引了众多投机者加入。

纽约黄金市场的发展历史很短,但发展速度相当快。1974年在纽约商品交易所黄金交易开业之初,每月黄金买卖数量不超过4万笔,而到1976年初,每月成交数达50万笔。1977年底,每月上升到100万笔。1979年上升到每月650万笔。1981年每月成交数达1 040万笔,日交易量达30 000~40 000笔,成交额约70千千克黄金。1980年,纽约黄金市场交易量达8亿盎司,约25 000千千克黄金,而世界黄金供应量每年只有1 700千千克。

纽约黄金市场的建立和发展,使得世界黄金市场的格局发生了重大变化。由于美国黄金期货交易量巨大,期货价格对现货价格产生很大影响,使伦敦黄金市场的每日定价制的权威受到影响,COMEX的黄金交易往往可以主导全球金价的走向。除了黄金期货交易之外,黄金期权交易也是美国黄金市场的主要交易方式,黄金期权交易由于其较大的灵活性和选择性,而使其具有较大吸引力。

(四) 香港黄金市场

香港黄金市场于1910年正式开业,自1974年1月香港取消《禁止黄金进口条例》,撤销黄金进口管制后获得迅速发展。由于香港黄金市场在时差上刚好填补了纽约、芝加哥市场收市和伦敦开市前空挡,可以连贯亚、欧、美,形成完整的世界黄金市场。其优越的地理位置条件引起了欧洲金商的注意,伦敦五大金商、瑞士三大银行以及日本、美国、德国的金融机构等纷纷来港设立分公司,参与香港的黄金交易。香港市场黄金大多来自欧洲,主要销往东南亚。如今香港成为了远东主要的黄金分销和结算中心,也是世界五大黄金市场之一。目前,香港黄金市场由三个市场组成:

(1)香港金银贸易市场。这是香港传统的黄金市场,可以看做是主体市场,以华资金商占优势,有固定的买卖场所。香港金银贸易市场以黄金现货交易为主,兼营黄金期货交易。黄金交易以港元计价,买卖单位为100司马两(3411.5克),含金成色为99%。交易方式为公开喊价,所有交易凭双方一言为定,信用为凭。

(2)本地伦敦金市。形成于20世纪70年代,以外资金商占主体,没有固定交易场所,是一个无形市场,以伦敦黄金市场经营方式交易,通过电信手段成交。黄金交易以美元计价,成色为99.5%,重量为400盎司(约11.34千克),交收地点设在伦敦现货市场。实际上是伦敦黄金市场在亚洲的批发市场。

(3)期货市场。于1980年8月开业,按纽约、芝加哥方式交易,这是一个正规的市场,其交投方式正规,制度也比较健全,可以弥补金银贸易市场的不足。黄金市场内买卖以广东话叫价,交易以美元计价,买卖单位为100盎司(约2.835千克),含金成色为99.5%,交收地点在香港。

这三个市场中,成交额最高的是香港金银贸易市场,影响最大的是本地伦敦金市。三个市场表面上各自独立,但实际上彼此都有密切联系,它们共同构成了一个具有地方特色的完整的黄金市场。

香港黄金市场交易量很大,黄金的进口和转口均很活跃。促进香港黄金市场发展的原因很多:第一,香港金市采用国际上成熟的运作模式,提供了诱人的套利机会。第二,时差的优势,香港居于欧洲与美洲之间,使投资者一天24小时都可以买卖黄金。第三,香港无外汇管制,黄金外汇进出口自由,属最自由的黄金市场。第四,香港资金充裕,通信设备完善,有各种税负优惠。

本章重要概念

国际金融市场　在岸金融市场　离岸金融市场　国际债券　外国债券　欧洲债券　欧洲货币　欧洲货币市场　可转换债券　LIBOR

思 考 题

1. 简述国际金融市场的构成与发展特征。
2. 国际金融市场形成的基本条件是什么?
3. 国际金融市场有何重要作用?
4. 欧洲货币市场是如何产生的?它有何特点?
5. 试比较外国债券与欧洲债券的异同。
6. 影响黄金价格变动的因素有哪些?

分析讨论题

试结合国际金融市场形成的条件,分析上海建立国际金融中心的可行性。

第七章 国际资本流动

第一节 国际资本流动概述

一、国际资本流动的概念

国际资本流动(International Capital Flows)是指资本从一个国家或地区转移到另一个国家或地区。这里所说的资本包括货币资本或借贷资本,以及与国外投资相联系的商品资本和生产资本。这种资本的转移一般总是以资本流出和流入的形式反映在各国国际收支平衡表的资本与金融项目中。

（一）资本流出

资本流出(Capital Outflow),是指本国资本流到国外,亦称本国的资本输出,属于支付项目。它包括以下几层含义:外国对本国的债务增加(例如,外国在本国发行债券);本国对外国的债务减少(例如,本国偿还外债本息);外国对本国的债权或在本国的资产减少(例如,外国在本国投资资本的撤离);本国在外国的债权或在外国的资产增加(例如,本国在外国投资)。

（二）资本流入

资本流入(Capital Inflow)是指外国资本流入本国,亦称本国的资本输入,属于收入项目。它包括以下几层含义:外国对本国的债务减少(例如,外国偿还本国的债务本息);本国对外国的债务增加(例如,本国在外国发行债券);外国对本国的债权或在本国的资产增加(例如,外国对本国的贷款或在本国投资);本国对外国的债权或在国外的资产减少(例如,收回对国外的贷款或投资资本)。

在一定时期内,如果一国输出的资本额大于输入的资本额,该国为资本净输出国;反之,则为净输入国。一国的资本净流动对该国国际收支会产生一定影响。一般来说,当一国国际收支中的经常项目发生逆差时,应争取以资本项目的顺差

国际金融学

(即资本净流入)来弥补;当国际收支经常项目出现顺差,则说明该国进行资本输出,扩大对外经济活动具有有利的条件。

国际资本流动是当代国际经济交往中经常发生的一种经济活动。它的顺利进行,必须具备一定的条件。通常情况下,在没有外汇管制或外汇管制较松,并且有较发达的国际金融市场的国家或地区,国际资本的流动比较自由和顺利。反之,在外汇管制严格,又缺乏健全完善的金融市场的国家或地区,国际资本的流动往往会受到较大的限制和阻碍。

二、国际资本流动的类型

国际资本流动按照流动期限的长短,可分为长期资本流动和短期资本流动。

(一)长期资本流动

长期资本流动是指使用期限在一年以上或在没有规定期限的资本在国际间的流动。由于长期资本数量大,而且期限长,因此在一定程度上会对世界经济发展产生直接影响。它包括直接投资、证券投资和国际中长期贷款。

1. 直接投资

直接投资是指一国的政府、企业或私人对另一国的厂矿、企业等进行全部或部分投资,从而取得对该厂矿、企业的全部或部分管理控制权的行为。直接投资主要有三种类型:

(1)创办新企业。例如在国外设立子公司、附属机构,或者与多国资本共同在投资东道国设立合营企业等。这类直接投资往往不局限于货币形态资本的投资,特别是创办合资企业时,机器设备、存货甚至技术专利、商标权等等都可以折价入股。

(2)收购国外企业的股权达到一定比例以上。比如美国有关法律规定,拥有国外企业股权达到10%以上,就属于直接投资。

(3)利润再投资。投资者在国外企业投资所获利润并不汇回国内,而是作为保留利润对该企业进行再投资,虽然这种投资实际并不引起一国资本的流入或流出,但是它也是直接投资的一种形式。

投资者为获取可靠的高额投资利润,十分注意东道国的投资气候与投资条件。所谓投资气候,包括:政局与政策是否稳定,投资的法律保障是否健全,等等。投资条件包括:经济状况与经济发展前景是否良好,基础设施与通讯设施是否完善,税收是否优惠,工人技术水平如何,工资是否相对低廉,等等。从总的方面说,发达国家比发展中国家在这些方面占有较大的优势,这是决定当今发达国家吸收国外直接投资多的一个重要因素。

2. 证券投资

证券投资又称为间接投资,是指通过在国际债券市场购买中长期债券,或者在国际股票市场上购买外国公司股票来实现的投资。对购买证券的国家来说,这是资本流出;对证券发行国来说,则是资本流入。

证券投资与直接投资的区别在于证券投资者对于投资对象企业并无实际控制和管理权,即使是购买股票的投资也没有达到能够控股的比重,所以证券投资者只能收取债券或股票的利息或红利,而直接投资者则持有足够的股权来管理经营投资对象企业,并承担企业的经营风险和享受企业的经营利润。

3. 国际中长期贷款

国际中长期贷款主要是指一年以上的政府贷款、国际金融机构贷款、国外商业银行贷款和出口信贷。

(1)政府贷款。它是一国政府对另一国政府提供的贷款。这种贷款的资金来自贷款国的财政预算,因而数额不大,但利率却较低(年利率一般为1%~3%),有的还是无息贷款,期限也较长(一般为10~30年),故属于援助性贷款,只能提供给友好国家。政府贷款大多数指定用途,如限定借款国必须将贷款资金的全部或一部分用于购买贷款国的商品。除指定用途外,政府贷款往往附有政治条件,如要求借款国必须采取特定的经济政策,贷款国要对资金的使用进行监督等。

(2)国际金融机构贷款。它是国际金融机构如国际货币基金组织,世界银行集团和地区性开发银行等向其成员国政府提供的贷款。这种贷款一般不以直接盈利为目的,具有援助性质。贷款利率视其资金来源以及贷款接受国的国民收入水平而定,通常要比私人金融机构的贷款利率低,期限也相对长。国际金融机构贷款也是专项贷款,即与特定的建设项目相联系,手续非常严格。具体内容将在第十一章中介绍。

(3)国际商业银行贷款。它是指一国公司、银行或政府在国际金融市场上向外国商业银行借入中长期货币资金的商业贷款。向一家银行借入的是双边贷款,向多家银行借入的是银团贷款或辛迪加贷款。所谓辛迪加贷款是指由一家银行牵头,多家银行参加,共同对一个借款人提供贷款,并且共同分担贷款风险。国际银行贷款不仅数额大,而且期限也可以很长,但是与其他类型的国际贷款相比,国际银行贷款的利率高,不带有任何援助性质,是以直接盈利为目的的。

(4)出口信贷。这是一种与国际贸易直接相关的中长期信贷。是指商业银行对本国出口商,或者国外进口商及其银行提供的贷款,其目的是为了解决本国出口商的资金周转困难,或者是满足外国进口商对本国出口商支付贷款的需要。出口信贷的一般特点是:贷款指定用途,必须用于购买贷款提供国的出口商品;贷款利率低,其低于国际金融市场的差额通常由出口国政府或政府金融机构予以补贴;有偿还担保,一般由出口国的官方或半官方的信贷保险机构承担,例如英国的"出口信贷保险部"(ECGD)、美国的"外国信贷保险协会"(FCIA)等等,都为本国商业银行提供的出口信贷承担还款保险。

(二)短期资本流动

短期资本流动是指到期期限为一年或一年以下,或即期支付的资金流动。它包括财务资金、信贷资金和现金的流动。短期资本流动一般都是借助各种信用工具来进行的。这些信用工具主要有政府短期债券(国库券)、可转让银行定期存单、银行活期存款凭证以及其他票据等。短期资本流动大致可以分为以下几类:

1. 贸易资金流动

国际间进出口贸易往来中由商业信用和银行提供的短期资金融通和资金结算,必然会引起进出口国的资金流入和流出,导致短期资本流动,这是国际短期资本流动中的最主要部分。

2. 银行资金流动

各国经营外汇业务的银行,由于业务和牟取利润的需要,经常不断地进行资金调拨,比如国际间银行同业往来的收付和结算,短期外汇资金的拆放,利用不同市场的汇率差、利率差进行套汇、套利等活动,都会频繁地引起国际短期资本的流动。

3. 保值性资本流动

这类资本流动又称资本逃避,即资本抽逃。发生资本逃避的原因主要有三:一是某一国家的政局动荡不安,于是资本外逃,以求安全;二是某一国家经济衰退,国际收支持续逆差,货币有贬值之可能;三是某一国家实施外汇管制,使资本的运用受到限制,或者颁布新税法,使企业经营无利可图,于是资本外逃,以免遭受损失。

4. 投机性资本流动

这类资本流动是投机者根据其对国际金融市场行情的预测,在不采取抛补性交易的情况下,利用汇率、金融资产价格的波动,伺机买卖、牟取高利而引起的短期资本流动。如果投机者的预测正确,他就能获利,否则,就会遭受损失,在此过程中,必须引起短期资本的流动。影响投机的因素主要有:

(1)利率变动。这种资本流动是在两国的货币汇率比较稳定的情况下,人们为了获得高额利息收益将资本从利润较低的国家流向利率较高的国家。有些国家为了改善国际收支状况而提高贴现率就是吸引这类短期资本的流入。

(2)汇率变动。由于汇率变动引起投机性资本流动有以下几种情形:一是对暂时性的汇率变动做出反应的资本流动。在这种情况下,一国暂时性的国际收支逆差就会导致资本内流,因为国际收支逆差会对汇率产生下浮的压力,由于人们认为这种下浮是暂时的,不久就会回升,这样就可吸引短期资本内流,投机者按较低的汇价买进该国货币,等待不久汇价上升后再卖出,就可以从汇率变动中获取利润。相反,一国暂时性的国际收支顺差就会发生资本外流的情况,因为投机者会在汇价高时卖出该国货币,等到汇价下跌时再买进。这种资本流动起着稳定汇价的作用,并有助于纠正国际收支不平衡的情况。二是预测汇率将有永久性变化的资本流动。一个国家的国际收支出现持续顺差时,这个国家的货币汇率将会持续坚挺。如果投机者预期该国货币将升值,于是卖出其他货币,买进该国货币,对该国来说,这是资本流入。该国货币如升值,他就获利。相反,如一个国家的国际收支出现持续逆差时,这个国家的货币汇率将会持续疲软,如果投机者预期该国货币将贬值,于是卖出该国货币买进其他货币,对该国来说,这是资本流出。虽然,这种资本流动会增加汇率的不稳定性,并加剧一国国际收支不平衡状况。三是与贸易有关的投机性流动,通常称为"超前与掉后"。所谓"超前与掉后"就是指人们认为币值将变化而加速或延迟外汇抵补交易的过程。如果预期某种货币将升值,需要该货币支付进口货的商人将加速以该货币支付债务,这就是超前交易;反之,如果预期某种货币将贬值,需要以该货币支付进口货的商人将尽量延迟付款,这就是掉后交易。通过这种"超前与掉后"的贸易支付方法,进出口商能在日常的国际贸易中进行投机,因为通常在付款方面都有几个月的回旋余地,进出口商将根据对今后某一特定货币价值的估计而要求客户尽快支付货款或准许客户延迟支付货款。由于"超前与掉后"是根据当事人对某种货币汇率的预测而进行的,带有投机性。因此列入投机性资本流动。

(3)各种价格变动。如国际市场股票、黄金和某些重要商品价格的大幅度涨落,促使投机者伺机买进或卖出,以便从价格变动中获利。这同样可能在短时期内发生大规模的国际短期资本流动。

三、当代国际资本流动的特点

随着世界经济一体化、国际化的发展,国际资本市场与国际资本流动也日趋活跃,不仅市场规模不断扩大,业务品种不断创新,而且市场结构和资金流向也发生了非常大的变化。目前国际资本流动的规模已远远超出了国际贸易的规模,成了活跃的国际经济舞台,对世界经济产生影响的一支重要力量。无论是各国政府,还是国际社会,都对国际资本流动表现出极大的关注。

近十几年来,国际资本流动取得了突破性进展,从根本上改变了投资追随贸易的古老现象,并显示出以下几个特点:

(1)资本流量增大,国际直接投资发展迅猛。

20世纪90年代后,随着东西方冷战的结束,各国之间的竞争转变为以经济实力为核心的综合国力的竞争。各国为适应新的形势不断调整对外政策,国家之间的相互依赖日益加深,国际资本市场全面复兴。据经合组织统计,1990年国际金融市场融资总额为4 349亿美元,到1996年则创下历史新高,达15 718亿美元,年均增长速度为37%,大大超过同期国际贸易和世界经济增长幅度。与此同时,国际直接投资在经历了1991年和1992年的下降后,随着经济的复兴开始缓慢回升,1993年为1 950美元,1994年为2 257亿美元,1995年为3 149亿美元,1996年在国际金融市场相对平静的背景下,也达到了2 180亿美元。

(2)资本结构改变,证券融资方兴未艾。

虽然各种形式的资本流量在20世纪90年代都有所增加,但资本证券化趋势已成为当前国际资本流动的主流。从国际金融市场的资金来源来看,国际贷款的比重下降,而证券的比重上升。1988年至1993年,国际信贷金额从2 187亿美元增长至2 888亿美元,但所占比重却从48%下降至36%;债券发行总额从2 271亿美元增长至4 810亿美元,比重从50%上升至60%;股票融资虽数额较小,发展却十分迅速,融资总额从90亿美元增长至366亿美元,比重从2%上升至4%。

融资证券化已经成为当前国际金融市场发展的一大趋势,特别是随着发达国家放松金融管制和发展中国家加快金融自由化发展以后,证券融资的比重将会愈来愈大。

(3)资本流向仍以发达国家为主,但发展中国家地位有显著上升。

当前,国际融资中发达国家仍处于绝对垄断地位。例如,1994年6 345亿美元的国际债券和信贷融资中,发达国家占了5 542亿美元。尽管如此,流向发展中国家的资本却在不断增长。1983年~1987年间,发展中国家年均吸引外资183亿美元,1990年上升至310亿美元,此后增幅明显加快,1995年达900亿美元,占世界对外直接投资总额的38%。1996年仅1月~10月,流入发展中国家的资金量就达810亿美元,占世界对外直接投资总额的41%,比1995年同期增长了9.4%。在流入发展中国家的直接投资中,流入亚洲地区的占56%,流入拉美地区的占接近30%。与此同时,流入非洲和东欧国家的直接投资呈上升趋势,分别比上年增长了9%和7.8%。据世界银行的报告,到2004年,亚洲债券市场将增长到1.1万亿美元,融资比例将由1994年的10%上升为30%。

第七章 国际资本流动

(4)跨国公司成为国际资本流动的重要载体。

跨国公司是19世纪60~70年代产生的一种以全球市场为投资和经营目标的集团企业形态,是资本主义高度发展及其进行海外投资的产物。跨国公司已成为集贸易、投资、金融和技术于一身的"无国籍"巨型经营主体,成为进行国际贸易和技术转让、扩大国际直接投资的主要力量,在国际经济生活中发挥着重要作用。现在西方跨国公司的年生产总值已达到资本主义世界生产总值的50%,控制和掌握了50%以上的国际贸易,垄断了80%以上的新技术、新工艺专利和70%以上的国际技术转让、90%以上的海外直接投资,其掌握的流动资金已超过所有发达国家官方外汇储备总额。可以预料,跨国公司凭借雄厚的实力,在进入跨世纪发展的世界经济中,必将成为国际资本尤其是生产资本在全球范围运动的主要载体和主导力量。

(5)资本行业分布变化。

资本投向产业结构的转变是世界产业结构和国际分工深化等内力合成的必然趋势。近年来,各国第三产业发展迅速,其产值在国民生产总值中所占比重不断上升。与此相适应,国际投资也逐渐向该产业倾斜。1970年发达国家对外直接投资的分布是:第一产业120亿美元,第二产业440亿美元,第三产业170亿美元;到1990年分别为940亿美元、4390亿美元和4990亿美元,所占比重分别由16.4%、60.3%、23.3%变化为9.1%、42.5%、48.4%。目前发达国家对国外服务业的投资已占其对外投资总额的60%,主要原因是各国奉行开放政策,服务业在各国国内生产总值中的地位上升,外国资本特别是跨国公司资本迅速扩充了在服务业的直接投资。除了房地产和建筑项目外,电信、信息、金融保险也成了国际投资的新领域。

(6)投资主体多元化。

20世纪80年代以来,随着各国经济不同程度的发展,国际市场竞争的不断加剧,对外投资在涉外经济中的地位也逐步提高,国际投资的主体明显地呈现出多元化趋势。愈来愈多的国家和地区参与对外投资活动,打破了第二次世界大战后由少数几个发达国家垄断对外投资领域的局面。按其在对外投资领域中地位的重要性,由这些国家和地区组成的投资主体,可大致分为四个不同的层次:①发达国家。发达国家经济发展水平高,有很长的资本输出历史,其对外投资的特点是资本雄厚、规模大和分布广。到1994年底,美国对外投资的累计余额为6101亿美元,居世界第一,以下依次为日本2841亿美元,英国2812亿美元,德国1997亿美元,法国1833亿美元,荷兰1462亿美元。②石油输出国及新兴工业化国家和地区。石油输出国,如沙特阿拉伯、科威特、伊拉克等大量输出石油,积累了庞大的财富,出于其政治和经济上的需要,它们纷纷步入对外投资者的行列。新加坡、韩国以及我国香港、台湾等新兴工业化国家和地区 20 世纪 70 年代后经济增长快,对国外市场的依赖性加大。为开拓国外市场,特别是欧美市场,他们不断扩大对外贸易的规模。这些国家和地区对外投资的特点是潜力大,开拓性强。③一般发展中国家。这些国家,如巴西、阿根廷、墨西哥、委内瑞拉和印度等近十年来经济得到不同程度的发展,它们以积极的态度参加国际分工和交换,其在对外投资方面也取得了一定的进展。它们对外投资的特点是资本较少、实力较弱,只能小规模、有条件地向海外输出资本。④发展迅速的国家。如东欧国家和中国,随着东西方关系趋于缓和,特别是 20 世纪 80 年代后,这些国家的改革开放进一步深入,越来越多地介入国际经济生活,并且加快了对外投资的步伐。这些国家是国际投资领域中的新生力量,其对外投资的特点与一般发展中国家基本相同。

四、国际资本流动的原因

(一)国际资本的迅速增长是国际资本流动的前提条件

从前述分析中可以看到,20 世纪 90 年代以来,国际资本呈现出迅速增长态势,这主要是由以下原因促成的:

(1)西方主要工业国家经济增长速度放慢,加剧了资本过剩,从而使国际资本迅速膨胀。

(2)一些工业国家财政赤字难以消除。从而扩大货币发行量,加剧了国际资本的膨胀。

(3)欧洲货币市场的发展和融资技术的创新,吸引了大量的国际游资,并加速了国际资本的流通。

(4)浮动汇率制为投机活动提供了方便条件,从而从事外汇投机的货币数量迅速增长,使国际资本进一步扩大。

在国际上,能够提供资金的都是一些富裕的发达国家,他们的收入多,积累的资金也多,这样,一方面国际剩余资金增多,另一方面,国际资金需求旺盛,国际银行贷款急剧增加,特别是一些发展中国家迫切需要资金来加速民族经济的发展,这为国际资本的流动创造了条件。

(二)国际资本流动的根本原因及其影响因素

马克思指出:"如果资本输往国外,那么,这种情况之所以发生,并不是因为它

第七章 国际资本流动

在国内已经绝对不能使用,而是因为它在国外能够按更高的利润率来使用。"[1]第二次世界大战后的实践证明,获取高额利润仍然是国际资本流动的内在动力和根本原因,即由于世界经济发展的不平衡性,各国资本的预期收益率必然形成差异,资本的本性——追求利润最大化,驱使它从一国流向另一国。资本的预期收益是资本追逐的目标,因此,资本的预期收益率水平是影响资本流动最基本因素之一。若一国资本的预期收益率高于他国,在其他因素相同的情况下,资本便会从他国流向该国;反之,若一国资本的预期收益率低于他国,且有较大风险,不仅国外资本会从该国抽走,而且本国资本也势必大量外流。可见,资本从预期收益率低的国家或地区流向预期收益率高的国家或地区,这是国际资本流动的最基本原因。当然,过剩资本所追求的不仅仅是较高的收益率,更为重要的是追求利润的最大化。正如马克思所说:"超过一定的界限,利润率低的大资本比利润率高的小资本积累得更迅速。[2] 第二次世界大战后,尽管在发展中国家投资的平均收益率要高于在发达国家投资的收益率,但国际资本流动主要是在发达国家之间进行,原因正基于此。

追求较高的资本预期收益率,尤其是追逐高额利润是国际资本流动的内在动因。同时,还有一系列因素也对国际资本流动产生重大影响,主要有:

1. 利率水平

利率的高低直接影响到资本收益率,从而导致资本从利率较低的国家或地区向利率较高的国家或地区流动。当然,由国际利率差异引起的资本流动并不是无条件的,它还受到货币的可兑换性、金融管制和经济政策目标等因素的制约。

2. 汇率预期

汇率的高低与变化通过改变资本的相对价值,对国际资本流动产生影响。如果一国的货币贬值,以该国货币表示的金融资产价值就会下降;相反,若一国的货币升值,则以该国货币表示的金融资产价值就会上升。为避免贬值造成的损失,或获取增值带来的收益,在汇率不稳定时,投资者将根据自己的汇率预期,把手中的金融资产从一种货币形式转换成另一种货币形式,进而导致资本从一个国家或地区转移到另一个国家或地区。

3. 通货膨胀差异

一般而言,通货膨胀相对严重的国家或地区,其居民为避免他们的资产因通货膨胀而贬值,通常要将国内资产转换为外国债权,以减少通货膨胀带来的损失。

---

[1] 马克思,恩格斯. 马克思恩格斯全集:第25卷[M]. 北京:人民出版社,1972:285.
[2] 马克思,恩格斯. 马克思恩格斯全集:第25卷[M]. 北京:人民出版社,1972:279.

因此,通货膨胀差异程度也是导致国际资本流动的因素之一。

4. 投资环境

一国或地区投资环境的好坏,也是影响国际资本流动很重要的因素之一,具体表现在以下三个方面:

(1)政治和社会文化因素。例如,政局稳定性,政策是否具有连续性;法律制度的完备性,有关投资的法律、法规及条例是否健全和完善;消费水平、传统文化、社会价值观和民族习俗等方面的差异性等。

(2)经济因素。例如,经济发展水平及吸纳资本的容量和潜力;基础设施是否完善;金融市场条件状况;对外资的政策和措施等。

(3)风险因素。在现实经济生活中,由于市场的缺陷和各种消极因素的存在,造成投资者经济损失的风险随时可能出现。为减少风险损失,大量资本就会从高风险的国家或地区转向低风险的国家或地区。

第二节 国际资本流动的影响与控制

一、对资本输入国的影响

1. 资本输入国的积极影响

国际资本流动对资本输入国的积极影响表现在:

(1)缓和资金短缺的困难。由于经济发展水平低、居民储蓄率不高等原因,资金短缺往往是许多国家、特别是发展中国家经济发展中的主要困难。通过输入外国资本,可以在短期内获得大量的资金,一方面可以解决资金供不应求的状况,另一方面又能加大经济建设中的资金投入,从而促进经济的发展。例如,1962年至1984年,韩国引进外来直接投资21.23亿美元。这笔资金对于韩国在第二次世界大战后较快地恢复经济,实现经济起飞发挥了十分重要的作用。

(2)提高工业化水平。一国工业化水平的高低,主要体现在产业结构和技术装配两个方面。国际资本行业分布重点从种植业和采掘业,转向制造业、银行、金融和保险等知识密集行业,在很大程度上推动了输入国的产业结构升级。同时,资本输出国为充分吸取新技术、新工艺和新产品所能带来的利润,或迎合输入国对外来资本中新技术、新工艺和新产品的偏好,往往以技术入股、技术转让等方式向输入国提供比较先进的技术、工艺和产品,从而能够改善输入国的技术装备状况。日本在20世纪60年代后迅速加快工业化的进程,就是与产业倾斜和高技术含量的资本输入分不开的。

第七章 国际资本流动

(3) 扩大产品出口。发达国家通过资本输出,把劳动、能源和原材料密集的生产工序和一般消费品的生产过程迁往发展中国家和新兴工业化地区,并把在那里生产的许多产品销到本国市场和国际市场,这对扩大输入国的产品出口是有利的。同时,输入国也可利用外资所带来的先进技术和海外销售渠道,提高自己产品的出口创汇能力。例如,20世纪70年代后,泰国大力引进外资兴办进口替代和出口导向企业,使其出口规模不断扩大,年均增长速度超过10%,这在世界上是不多见的。

(4) 创造就业机会。资本输入能够为这些国家带来资金、技术、设备和其他生产要素,在较短的时间内创造出较多的就业机会。例如,20世纪70年代末,美国在西欧各国开办的企业数达6 625家,共吸纳了210万人就业。

此外,资本输入还有利于输入国增加财政收入、改善国际收支等作用。

2. 对资本输入国的消极影响

当然,资本输入对输入国而言,也有消极作用,其表现主要有:

(1) 在一定程度上加深了对国际资本的依赖程度,有些经济领域甚至可能为国际垄断资本所控制。对于那些外资依附性较高的国家,一旦世界经济情况发生逆转或国际金融市场发生重大变化,外资就会抽走,势必导致该国经济陷入困境。更有甚者,一些资本输入者还可能利用其强大的经济实力从事动摇资本输入国政府的政治活动,左右其经济发展的方向。

(2) 资本输入过多,还会使外债负担加重,甚至陷入债务危机。1995年震惊全球的墨西哥金融危机就是一典型例子。据统计,1994年底,墨西哥金融危机开始时,其外债总额高达854.35亿美元,占该国当年国内生产总值的50.1%,同时,到期需偿付的外债高达280亿美元。

(3) 资本输入国的某些尖端技术、科技情报、技术诀窍可能为资本输出国获得,从而使输入国丧失在某些部门的领先地位。

(4) 对资本输入国的国内外市场形成某种程度的威胁。例如,20世纪80年代以来国际资本大量涌入美国的意图就是要避开各种关税和非关税壁垒,打入美国国内市场,同时挤占美国国外市场。

此外,从长远看,资本输出国将投资收益汇回母国,将不利于资本输入国的国际收支平衡。

二、对资本输出国的影响

1. 对资本输出国的积极影响

国际资本流动对资本输出国的积极影响表现在:

(1)显示输出国的经济实力,加强国际经济地位。在当今世界,一个国家在国际社会中的地位越来越取决于该国的经济实力和经济影响力。向国外输出长期资本,一方面显示了该国强大的经济实力,另一方面,又可以直接影响资本输入国的经济、政治甚至整个社会生活,从而有利于提高输出国的国际地位。日本今天之所以成为世界上有重要影响的国家之一,与它庞大的资本输出是密切相关的。

(2)能够提高资本的边际效益。资本输出国都是生产力发达、国内市场竞争激励、资本相对过剩的国家。在这些国家,资本的边际效益递减,新增投资的预期利润率比较低,如果把利润率较低的资本和社会上闲散的资本转移到资本短缺或投资机会较多的国家和地区,就能够提高资本使用的边际效益,增加投资的总收益,为资本输出国带来更多的利润。

(3)可以带动商品和劳务的出口。特别是出口信贷,往往是与购买本国成套设备和大宗产品相联系的。因此,通过联系特定项目的限制性贷款或其他资本输出,有助于扩大输出国的出口规模,推动国内经济的发展。

(4)有助于克服贸易保护主义壁垒。利用资本输出对外直接投资在当地生产和销售,就能绕过该国的贸易壁垒,而且可以利用当地的对外贸易渠道扩大对其他国家的出口。

此外,大量对外输出资本可加强本国垄断资本的实力,且巨额利润汇回,对扩大资本积累及改善国际收支等起着重要的作用。

2. 对资本输出国的消极影响

国际资本流动对资本输出国的消极影响表现在:

(1)面临较大的投资风险。除了一般的业务风险外,还可能出现政治风险、经济风险。比如,资本输入国发生政变、爆发内乱、实施不利于外资的法令、没收外国投资资产以及陷入债务危机等,都可能降低输出资本的安全性,减少输出资本的实际价值和收益。

(2)可能妨碍国内经济的发展。任何国家的资本都是有限的,如果资本输出过多,就可能会削弱输出国的国内投资项目和生产部门的资金供给能力,导致就业机会减少、财政收入降低,甚至引起经济衰退和社会动乱。

(3)增加潜在的竞争对手。输出国把大量资金、先进技术装备和现代管理方法带进输入国,这对资本输入国是有好处的。一旦输入国的经济发展起来,产品竞争能力得到提高,它们就可能与资本输出国自身的产品在国内外市场上展开竞争,甚至取而代之。日本和亚洲其他新兴国家昔日积极引进外资,今日成为欧美主要发达国家的强劲对手,就是典型的例证。

三、对世界宏观经济的影响

1. 有利影响

国际资本流动对世界宏观经济的有利影响表现在:

(1)有利于生产要素在全球范围内优化配置,促进全球经济效益的提高。因为国际资本流动不仅仅是资金在国际间的流动,它还包括资源、技术和管理技能等生产要素的国际转移。从而使得生产要素在更大范围内优化配置,提高世界的总产量和投资收益率,促进全球经济效益的提高。

(2)有利于促进国际贸易和国际经济合作的加强。一方面,国际资本流动拓展了国际贸易的领域,扩大了国际贸易的规模;另一方面,国际资本流动的发展,增加了世界各国经济的相互联系和依赖,扩大了国际经济合作的深度和广度,加速了世界各国外向型经济的发展,进而加强了世界经济国际化的趋势。

(3)有利于国际金融市场日趋成熟。首先,资本输出和输入增加了国际间货币资本流动的数额,从而为国际金融市场规模的扩大提供了前提条件;其次,国际资本流动涉及到投资、证券、借贷、外汇和黄金等许多方面,这进一步拓宽了国际金融市场的业务范围;最后,随着国际资本流动,各种金融机构也发展起来。它们克服各种困难,建立起自己全球性的经营网络,而且在相互间展开激烈的竞争,从而极大地提高了国际金融市场的效率。目前,资本规模大,业务范围广和经营效率高的国际金融中心不断出现,就是国际资本流动的必然结果。

2. 不良影响

国际资本流动对世界经济也有不良影响。主要表现在:

(1)增加了国际交易风险。资本在短期内大规模流动,很可能使利率和汇率出现频繁波动,这对贸易双方债权债务的结算带来很大风险。

(2)对国际金融市场造成冲击。国际资本,尤其是短期资本在国际间的频繁流动,会使利率和汇率大起大落,造成国际金融市场的动荡不安。目前,在国际金融市场上存在着数万亿美元的游资,它们脱离了生产领域。在国际上游来游去,随时可能对资金市场、证券市场、外汇市场和黄金市场形成强大的冲击。

四、国际资本流动的控制

由前述分析可知,资本在国际间的流动既有积极作用,又有消极影响。为了有效地利用其积极作用,避免和消除其破坏性影响,世界各国往往根据本国在不同时期的需要,在鼓励资本流动的同时,还采用一些限制性措施控制资本在国际间的流动。控制资本流动的方法很多,不同性质的资本流动可以采取不同的控制

国际金融学

措施。

1. 实施外汇管制

一国实行外汇管制之后,其所有外汇交易都必须经过外汇管理当局的批准。由于国际资本流动涉及到外汇交易,实行外汇管制可以对国际资本的流动进行有效控制,允许那些有利于本国经济发展的资本流动,严格限制那些冲击本国经济和市场的资本流动。

2. 颁布限制国际资本流动的法令条例

通过颁布适当的法令条例限制国际资本流动,也是各国政府普遍采用的方法。如美国政府曾通过 Q 条例和 M 条例,分别规定美国商业银行存款的最高利率、吸收外国银行的存款必须缴纳存款准备金,对非居民存款不支付利息甚至倒收利息等。又如日本政府曾规定,日本商业银行向外国银行或企业贷款,期限在一年以上的,必须经过大藏省批准等。这些措施都是为了限制资本流动,所不同的是,前者主要是用以限制资本输入,后者则是限制资本输出。

3. 运用干预资本流动的财政货币政策

在货币政策方面,中央银行可以运用利率政策、公开市场操作等手段,通过在外汇市场和证券市场的操作,提高或降低利率,达到吸引或限制外资流入、限制或鼓励资本输出的目的。在财政政策方面,对资本流入的限制,可以通过采取紧缩性财政政策和对资本流动征税来实现。紧缩性财政政策主要包括压缩财政开支和增加税收。紧缩财政开支只对国际长期资本流动产生抑制作用,而对短期资本的作用不明显。增加税收既可以减少投资者的可支配收入,从而抑制其对国外资本的需求,又可以引导投资者的投资行为,使其投资决策更容易接近政府意图,这对限制资本流动也是有益的。对资本流动征税是由美国经济学家詹姆斯·托宾提出来的。托宾主张对外币兑换进行征税的建议受到广泛关注,对外汇交易所征的税也因此被称为托宾税。对资本流动征税可以有效抑制短期资本流入,但对长期资本的流入所起的作用不大。这符合多数国家尤其是发展中国家促进长期资本流入、限制短期资本流入的政策。这是因为流入的短期资本具有潜在的逆转性,容易造成金融市场的动荡。同时,短期资本流入往往会直接增加流入国银行短期存款,并进而通过银行的资金运用流入证券市场和房地产市场进行炒作,这容易刺激经济泡沫,造成经济繁荣的假象。

关于托宾税,目前理论界尚对其持有不同看法:一是认为托宾税会增加交易成本,这使投资者更倾向于持有金融资产而不愿交易,因而会降低市场效率;二是认为如果托宾税只针对特定资产,则会使投资者转向未征税的资产,从而扭曲税收体系。

第三节　国际资本流动理论

一、借贷资本国际流动理论

古典的国际资本流动理论是以借贷资本的国际流动为考察对象的,这种传统理论认为资本国际流动的主要原因在于各国资本要素的价格(即利率)存在着差异,而利率的这种国际差异又是各国资本要素的相对供应量不足造成的。在完全竞争的条件下,资本总是从资本供给相对丰富、利率较低的国家流向资本供给相对稀缺、利率较高的国家,这种流动将持续到两国利率水平相等为止。由于强调各国利率差异是借贷资本跨国流动的决定性原因,所以,这一理论又被称为利率论。

实际上,证券资本国际流动的理论也是以利率论为基础的。这一理论认为,资本国际流动取决于各国证券(股票或债券)收益率的差异。当一国的证券资产价格为一定时,利率越高,其收益就越高;反之,利率越低,其收益就越低。若两国利益不同,同样价格的证券也就有不同的收益率,证券投资者就会抛售收益率低的证券,转而购买收益率高的证券,从而引起资本在国际范围内的流动。

利率论强调利率的国际差异对借贷资本和证券资本国际流动的导向作用和杠杆作用。但在当今浮动汇率制为主导的国际货币体系条件下,筹集成本的高低,不仅仅取决于利率水平,它还取决于汇率水平及其走势。因此,在对外筹资时,必须把利率水平和汇率水平综合起来考虑,才能做到正确地决策。

二、国际直接投资理论

20世纪60年代开始,以跨国公司为主体的国际直接投资急剧增长,成为资本国际流动的主要形式。一些西方经济学家从各种不同角度对国际直接投资进行了研究,提出了各种不同的看法,形成了众多的理论派别,其中主要有以下几种理论。

(一)垄断优势理论

垄断优势理论是美国经济学家海默(Stephen H. Hymer)于1960年在其博士论文中首先提出,后经其导师金德尔伯格以及约翰逊·凯夫斯等学者补充,发展成为完整的理论。这一理论是在研究美国跨国公司对外直接投资行为基础上产生,是最早研究对外直接投资的理论。

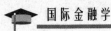 国际金融学

海默等人认为,要解释第二次世界大战后的对外直接投资,必须放弃国际资本流动传统理论中关于完全竞争的假定,应从不完全竞争的角度进行研究。所谓不完全竞争,是指由于技术垄断、商标、产品差别及规模经济等引起的,偏离完全竞争的市场结构。一个企业或公司之所以对外直接投资,是因为它具有东道国同类企业或公司有利的垄断优势,从而在东道国生产能获得更多的利润。这种"垄断优势"包括知识资产优势、企业规模优势和区位优势。知识资产优势是指技术、管理与组织、销售等在内的一系列知识与技能优势。企业规模优势是指由于企业规模扩大而产生的规模经济优势。区位优势是指某遥远场所针对外国或本国其他场所在交易、原料、生产等地理位置上的优势。区位优势是企业跨国投资决策中的重要因素。具备上述优势或部分优势的企业仅靠国内生产无法解决产品的销售问题,出口虽然能解决一部分产品的销售,但是它要受到许多方面的限制。因此,解决大量产品的销路的最佳途径之一是通过直接投资开拓市场,即将产品系列分配到生产成本最低的国家去进行生产,以此通过生产要素在全球范围内的合理配置而取得经济竞争优势。上述三种垄断优势指出了对外直接投资的方向,即企业应到不具备垄断优势的国家和地区投资建厂,组织生产经营。

垄断优势论的突破在于:它用垄断和不完全竞争代替完全竞争,并将国际直接投资同国际证券投资区别开来研究,从而成为跨国公司理论的基石。但是,这一理论也有不足和局限性。最突出的缺陷是:它不能解释发达国家的一些没有垄断优势的企业之间相互投资不断增加的现象,更不能解释发展中国家的企业对外直接投资的行为。

(二)产品生命周期论

产品生命周期论是根据产品周期不同阶段的特点来研究对外直接投资的形成过程。它由美国经济学家维农(R. Vernon)于1966年首先提出。维农认为对外直接投资与产品寿命周期有关。产品生命周期是产品市场运动的普遍现象。当企业在市场上推出新产品时,产品的周期就开始,并先后经历导入期、成长期、成熟期、衰退期等不同阶段。企业的对外直接投资,是企业在产品周期运动中由于生产条件和竞争条件的变化而做出的决策。

在产品导入期和成长期,企业的生产集中在国内。这是因为国内拥有改进新产品设计和功能所必需的科技力量、技术设备、熟练劳动力以及吸纳新产品的广阔市场。企业可以利用其在生产技术上的垄断地位,通过出口贸易,而不是通过对外直接投资,打入国际市场。同时产品逐渐标准化,生产逐渐规模化。稳定的原料和零部件的供应来源问题、市场问题开始突出起来。从而迫使生产企业开始

第七章 国际资本流动

向国外直接投资,以直接占领国外市场,排除潜在竞争者。这一阶段的对外直接投资往往是投向市场需求结构同母国大致相近的发达国家,目的是抵制这些发达国家的仿制品和替代品,因而是一种防御性投资。

在成熟阶段,产品的生产已经完全标准化。在国际竞争中,其相对优势已不是技术,而是生产成本。但随着新产品出口扩大,一方面进口国会设置更多的贸易障碍,使出口产品的边际成本逐步超过国外生产的平均成本;另一方面,企业原有的技术垄断地位不复存在,低价格和低成本成为竞争的重要因素,这就促使企业大规模地对外直接投资,把生产基地转移到国外,既发挥企业本身技术优势,又利用东道国某些生产要素成本低廉的优势,从而使其产品在国际竞争中处于优势。所以,产品周期论者认为,产品成熟阶段是企业大规模对外直接投资阶段。

产品的衰退阶段。产品的标准化使企业的特殊优势逐渐丧失,有的已被淘汰出市场,有的不得不采用产品差异化或组织卡特尔实行协调定价来维持部分市场。当海外分公司生产的产品,其生产成本加上返销母国所需的各种费用,低于母国国内生产的平均成本时,就会大量返销母国。从而完成了母国企业的出口转向,对外直接投资的过程。该产品在母国进入衰退阶段,其生命周期即告结束。

产品寿命周期理论从企业垄断优势和特定区位优势相结合的角度深刻地揭示了企业从出口产品转向直接投资的动因、条件和转换的过程。对跨国公司理论的发展产生了很大影响。但是这一理论有很大的局限性。事实上,产品的创新并不是一次完成的,而是一个不断改进和完善的过程。因此,不能完全机械地按照产品周期的阶段来解释对外直接投资的形成。更为重要的是,在国际分工越来越细密的条件下,同一产品的不同零部件,甚至不同工序之间的分工,已成为推动国际直接投资的重要因素,产品周期理论难以解释这种国际直接投资行为。

(三)市场内部化理论

内部化概念最早由科恩(R. H. Kern)于1937年提出,后经英国经济学家巴克莱(P. J. Buckley)和卡森(M. C. Casson)等人补充和发展,形成了一套比较系统的理论。

市场内部化理论的主要内容是:由于市场不完全,跨国公司为了保障其自身的经济利益,要克服外部市场上交易障碍或弥补市场机制的内在缺陷,而将交易改在公司所属各企业之间进行,从而形成一个内部市场。

市场内部化使得跨国公司获得多方面的利益:通过内部市场,可以使公司内部资源转移的交易成本最小化;可以把相互依赖的生产经营活动置于统一的控制之下,以保证建立稳定的长期供需关系;可以避免买方的不稳定性,消除市场不完

国际金融学

全的不利影响；尤其是可以利用转移价格获得最大的经济效益。

跨国公司的转移价格，是跨国公司体系内母公司与子公司、子公司与子公司之间进行内部交易时使用的一种价格。它包括两种类型：一是有形产品的转移价格，如公司内部相互提供的设备、原材料和零部件等价格；二是无形产品的转移价格，如技术使用费、贷款利息、商标使用费、佣金、管理费等。实行转移价格的目的在于逃避东道国的税收，避开外汇风险和政治风险，对付东道国的外汇、价格和资金管制，获取竞争优势和减少各种麻烦。因此，它一般不受市场供求关系的影响，也不是买卖双方在市场上独立竞争的原则确定的，而是根据跨国公司的全球战略目标和谋求最大限度利润的目的，由公司少数上层人士确定的。

内部化理论是对垄断优势理论的发展，而且将国际贸易同国际投资结合起来，是跨国公司理论研究的一个重要转折，为今后跨国公司理论的进一步发展奠定了良好的基础。海默等人以垄断引起的市场不完全作为跨国化的前提并强调技术等垄断优势对跨国经营的重要意义。而内部化理论则相反，认为市场机制内在的缺陷导致市场的不完全，从中间产品的性质与市场机制的矛盾运动来论证内部化的必要性，并强调企业管理能使交易成本极小化，从而保证跨国经营的优势。但是内部化理论也存在一些缺陷，最大缺陷就是不能解释对外直接投资的地理方向和跨国经营的布局。

（四）折衷理论

折衷理论是由英国经济学家邓宁（Duning）综合其他经济学家的理论所形成的一种折衷范式。邓宁认为，一国的对外经济活动是由商品贸易许可证安排和国际直接投资有机结合而成的。因而要阐明国际直接投资的动因，就应该同对外经济活动的其他形式结合起来考察。他认为企业之所以能够进行对外直接投资，是因为企业具有所有权优势、内部化优势和区位优势。正是这些优势的综合作用，推动着企业的对外直接投资。

所谓所有权优势，是指一国企业拥有或能获得的资产及所有权方面的优势。所有权优势包括技术优势、企业规模优势、组织管理能力的优势，以及融通资金方面的优势。

所谓内部优势，是指企业将所拥有的所有权优势在内部使用而带来的优势，既可以转让给外部供其他企业使用，也可以在本企业内部使用。在跨国经营条件下，这些所有权优势将用于国外分公司、子公司，从而形成内部化优势。

所谓区位优势，是指企业在投资区位方面所具有的优势。在拥有所有权优势和内部化优势的情况下，企业要投资生产，还要选择最佳区位。首先要选择的是在国内投资生产还是到国外去投资生产,如果在国外投资生产比在国内获利更多,那么企业就会到国外投资生产。其次,企业一旦决定到国外投资生产,还要选择的是到甲国更有利,还是到乙国更有利。区位优势既可以是由东道国的某些有利条件直接构成的,也可以是由投资国某些不利条件间接形成的相对区位优势。

按照邓宁的分析,一个企业的对外直接投资行为,应该是由上述三种优势共同决定的。这三种优势中,所有权优势是基础条件。如果一个企业没有任何所有权优势,就缺乏对外直接投资的基础。但是如果只有所有权优势而无其他两种优势,企业就会通过许可证安排的方式来获利。如果只拥有所有权优势和内部化优势而无对外投资的区位优势,企业就会在国内投资生产,通过出口贸易来参加国际经济活动。只有兼具以上三种优势,企业才能对外直接投资。这三种优势的结合,不仅使对外直接投资成为可能,而且决定着对外直接投资的部门结构和地区结构。

折衷理论使企业经理形成更全面的决策思路,用整体的观点去考虑与上述三种优势相联系的各种因素,以及诸多因素之间的相互作用,从而把握好国际经营全局。

三、两缺口理论

第二次世界大战以后,政治上获得独立的发展中国家纷纷走上经济发展的道路。但是,发展经济又受众多因素制约。其中一个重要因素是资本不足。如何解决这一问题呢?1966年,美国经济学家钱纳里和斯特劳特在一篇题为《外援和经济发展》的论文中,提出了"两缺口理论",试图从经济理论上说明发展中国家利用外资来弥补国内资金短缺的必要性。

"两缺口理论"的基本内容是,为了维护经济的一定增长速度、投资与储蓄之间的差额(储蓄缺口)同进口与出口之间的差额(外汇缺口)必须保持平衡。由于投资、储蓄、进口、出口这个因素都是独立变动的,因此,这两个缺口不一定能平衡。为了使其达到平衡,可以有两种调整办法。

一种是不利用外资条件下的调整办法。当国内储蓄缺口大于外汇缺口时,就必须压缩投资或增加储蓄;当外汇缺口大于储蓄缺口时,就必须缩减进口或增加出口。按这种调整方法,除非有可能增加储蓄和出口,否则就会减缓经济发展的速度。

另一种调整办法是在缺口之外寻找财源,使其达到平衡,这就得利用外资。例如,利用外资进口机器设备,一方面,这项进口暂时不必用出口来抵付;另一方面,这项投资又不需要国内的储蓄来弥补。可见,利用外资可以同时增补两个缺口,可以减轻因加紧动员国内资源满足投资需求,支付进口费用而出现的双重压力,从而保证经济的增长。但是,利用的外资最终都是要偿还的。因此,必须提高外资的利用效率,使其直接或间接地促进出口增加,促进储蓄增加,增强偿还能力。

第四节 中国利用外资和国际资本流动

随着经济对外开放步伐的加快和经济全球化的进一步深入,我国将更多地受到跨境资本流动的影响。特别是近年来中国经济出现了国际收支持续大额双顺差、外汇储备巨额增长、资本流动性过剩、人民币汇率升值、国内资产价格迅猛上涨等一系列问题。对于正处于新旧体制转换时期的中国来说,大规模的资本流动极易对经济产生冲击,一定条件下还有可能触发货币金融危机甚至是政治、经济和社会危机。因此,结合中国资本流动的现状加强国际资本流动管理对中国金融安全和经济发展具有重要的现实意义。

一、中国利用外资的方式

外资亦称引进外资,是指非本国来源的资金或资本,包括以货币表现的现金和以物质技术表现的固定资产。以货币表现的现金包括外国政府的资金,外国私人、私人银行和私人企业家的资金,国际金融组织的资金,国际金融市场的资金,本国银行吸收的国外存款等等。以物质技术表现的固定资产包括先进技术、设备、管理经验和人才等内容。

我国利用外资的具体方式很多,归纳起来主要有以下一些类型:

(一)外商直接投资

所谓外商直接投资是指境外投资者将资本直接投入我国境内的实际生产经营性企业,用以投资的资本可以采取现金、机器设备或知识产权等形式。

我国的利用外资在1979年之前是微不足道的。1979年实行对外开放政策后,根据"积极稳妥"的方针全面利用外资。在我国所利用的外资中,外商直接投资比重较大。它是中国对外开放和加快市场经济建设的重要组成部分,也是中国顺应经济全球化趋势、主动参与国际分工的重要举措。三十多年来,随着中国的投资环境和市场运行环境日益改善,吸引了越来越多的外商来华投资,使中国成为目前世界上吸收外商直接投资最多的国家之一。

我国利用外商直接投资的具体形式有:

(1)合资经营企业。所谓合资经营企业是指两国或两国以上的投资者在一国境内依所在国的法律,通过签订合同,按一定的比例或股份共同投资建立、共同管理、分享利润,分担风险的股权式企业,具有法人资格。合资企业由投资双方共同组成董事会,负责经营管理,双方要共担风险、共负盈亏,并按股份分取收益。这类企业受到东道国法律的保护和管辖。

(2)合作经营企业。所谓合作经营企业是指由两国或两国以上合营者在一国境内根据东道国有关法律通过谈判签订合约,共同投资、共担风险所组成的合营企业,双方的权、责、利均在契约中逐项明确规定。它和合资企业的区别是:这类企业不用货币计算股权,因而不按股权比例分配收益,而是根据契约规定的投资方式和分配比率进行收益分配或承担风险。所以合作经营企业是一种契约式的合营企业。

(3)外商独资经营企业。外商独资经营企业,是由国外投资者在一国政府的特区和开放城市独资建厂,独自经营,并按照东道国法律纳税,利润全部归投资者所有的投资经营实体。

(4)合作开发。合作开发是资源国通过招标方式与中标的一家或几家国外投资开发公司签订合作开发合同,明确各方的权、责、利,联合组成开发公司对资源国的石油等矿产资源进行开发的一种国际经济合作的经营方式。合作开发期限通常不超过30年,一般分两个阶段进行。第一个阶段为地质勘探阶段,其风险由外商承担;第二阶段为开发阶段,双方共同投资,在开始商品性生产后,除操作费外,东道国将有固定的留成,余下的部分偿还双方的投资、利息和给外商一定的报酬。

(5)外商投资合伙企业。2010年3月1日,《外国企业或者个人在中国境内设立合伙企业管理办法》正式实施。它是在中国继续应对国际金融危机、保持经济平稳较快发展、加快转变经济发展方式的新形势下,通过立法吸收外商投资的一种新的方式,是中国继续推进改革开放、稳定和扩大吸收外资的重要步骤,是不断优化外商投资环境,保持经济平稳较快发展的重要举措。江苏昆山太阳城园艺中心是中国首家外商投资合伙企业。

(二)外国贷款

外国贷款包括外国政府贷款、国际机构贷款和外国商业银行贷款。

1. 外国政府贷款

政府机构提供的贷款具有援助的性质,资金来源于政府的预算支出,利率较低,期限较长。但是,政府贷款一般数额有限,而且一般附有条件,或指定用途。

2. 国际机构贷款

主要是国际金融机构的贷款,包括国际货币基金组织、世界银行及其所属的国际金融公司、国际开发协会等机构以及亚洲开发银行等地区性的机构。国际机构的贷款也属于优惠贷款,但是一般要经过严格的审查。

3. 国际商业银行贷款

商业银行贷款的特点和优势是灵活,期限、数额和贷款的用途都不受限制,但是商业银行贷款一般利率较高,还款期限较严格。我国向国际商业银行借款一般由中国银行、中国国际信托投资公司等专业金融机构进行,一般不允许企业自行对外举债。

(三)外商间接投资

我国境内金融机构和企业在国际资本市场发行有价证券,包括债券和股票,筹集中长期的建设资金。通过发行有价证券的方式筹集资金,好处是期限长,数额大,所筹资金可以自由使用,没有附加条件的限制。但是,发行有价证券的手续比较复杂,债券的利率通常也比较高。

(四)出口信贷

出口国的出口信贷机构,通常是官方机构或受到官方资助的金融机构,向本国出口商或国外进口商提供贷款,以解决出口时的资金缺乏问题,推动本国出口。出口信贷有两种具体形式:

1. 买方信贷

由出口国的出口信贷机构对进口方提供贷款,用以支付进口的贷款。买方信贷可以直接贷给我国的进口企业,也可以贷给我国的银行,由我国银行再转发。我国多采用后一种方式。

2. 卖方信贷

出口国的出口信贷机构贷款给本国的出口商,使他能够用赊销或延期付款的方式向进口商供货。

由于出口信贷机构可以得到政府的贴息或信用担保,因此,出口信贷的利率一般较市场利率低,但是,出口信贷只限于购买贷款国的出口商品。

(五)补偿贸易和国际租赁

1. 补偿贸易

补偿贸易是进口者在缺乏资金的情况下购买国外设备,货款主要是用所购技

第七章 国际资本流动

术设备生产的产品分期限偿还的一种贸易信贷紧密结合的特定利用外资方式。归还贷款和支付利息的形式有三种:①直接产品补偿,又称反销。即用投产项目的部分产品或全部产品分期偿还;②间接补偿。它是设备的买方偿付买方的设备贷款,不是用该项进口设备直接生产的产品,而是用双方商定的其他产品偿还;③利用投产后的销售收入或利润分期偿付。

2. 国际租赁

境外出租人将机器设备等提供给境内承租人在一定时期内使用,承租人依约按期交纳租金,拥有使用权,出租人拥有所有权。租赁期满,承租人可以支付设备的残值购买设备的所有权。国际租赁可以使境内企业减少一次性支付全部货款的压力,是一种利用外资的有效方式。

(六)利用境外资本市场创新利用外资

创新利用外资方式是提高我国开放型经济水平的迫切需要。当前我国利用外资的内外部条件都发生了质的变化,现有的引资方式不能完全适应经济发展的要求。我国以前单纯地引进外资,而不着眼于提高利用外资的质量,并购环境不完善,跨国并购的法律体系不健全,知识产权得不到保护等等,严重限制了我国经济的发展、技术的提高。只有创新利用外资方式才能更好地发挥技术共享、合作研究、人才交流等方面的溢出效应,提高我国承接国际服务外包的水平,有效利用境外资本市场,鼓励具备条件的境外机构参股国内证券公司和基金管理公司,逐步扩大合格境外机构投资者(QFII)规模。

2008年世界爆发全球性的金融危机,这对于中国来说既是机遇、又是挑战。面对这场危机,中国更应创新对外投资和合作方式,积极稳妥地实施"走出去"战略。创新对外投资和合作方式是构筑我国参与国际经济合作和竞争新优势、积极稳妥地实施"走出去"战略的重要路径。

二、中国的国际资本流动现状

中国是一个对资本进行管制的国家,20世纪80年代前,国际资本流动规模很小,大规模的资本流动是在80年代之后。开始的国际资本流动主要以银行借贷的形式出现,90年代之后外国直接投资才急剧扩张,成为流动的主要形式。亚洲金融危机对中国的国际资本流动影响并不大。2002年到2003年FDI维持在500亿元左右,而在2004年达到了610亿元。随着2005年我国汇率改革后人民币升值压力的加大,国际资本开始加速流入中国。2007年达到了82 658亿元,到2010年中国吸收外商直接投资规模首次突破1 000亿美元,达到1 057.4亿美元。

与此同时,随着中国外汇储备的剧增,特别是金融衍生工具的大量创新,资本流入中国的渠道也变得更加多样化,各种长短期资本尤其是投机资本(游资或者热钱)进一步导致了外汇储备的急剧增长,加大了人民币潜在升值的压力,影响了中央银行货币政策的自主性和独立性。

现阶段国内对热钱的测算方法有很多种(具体测算方法见本章下一节),本书采用国家统计局所倾向的残差法,即:热钱流入量=新增外汇储备-贸易顺差-FDI(外商直接投资)。根据这一公式,我们可以算出从2001年到2010年的热钱流入量。如表7.1所示。

表7.1　2001~2010年度流入我国热钱规模　　（单位:亿美元）

年度	新增外汇储备	贸易顺差	FDI	热钱流入量
2001	466	225	468	-227
2002	742	304	550	-112
2003	1 168	255	562	351
2004	2 067	320	641	1 106
2005	2 089	1 019	638	432
2006	2 853	1 775	713	365
2007	4 609	2 622	837	1 190
2008	4 783	2 900	1 583	300
2009	3 821	1 961	1 165	695
2010	4 696	1 831	2 510	355

数据来源:根据外汇管理局和中国金融网(经整理)。

从表7.1数据可以看出,国际游资净流入始于2003年,并在2004年达到一个小高峰,为1 106亿美元。2007年次贷危机爆发后,国际经济陷入低迷期,而我国由于管理有方,经济发展受到的影响较小,国际热钱流入量剧增,达到另一高峰,为1 190亿美元。国际热钱的大规模流入引起了国家决策层的高度关注,并积极采取有效措施加强对热钱的监管,因此,从2008年开始,热钱流入量有所下降,但数量依然庞大,2010年净流入依然达到355亿美元。值得我国审慎对待。

三、国际热钱流入中国的的途径和原因

国际热钱是短期国际资本的俗称,也被称为国际游资,是指以追逐国际间的

利率差、汇价差或者是资产价格差为目的的,期限在一年以内的短期频繁流动的国际投机性资金。对于像我国这样的资本账户受到管制的国家而言,短期国际资本通常是指非合规的短期国际资金流动,通常是指超过 QFII 额度之外的外国证券投资,既包括通过地下钱庄等非法渠道流入的国际性资金,也包括通过 FDI、外债渠道或虚假贸易流入的国际性资金。

(一)国际热钱流入中国的的途径

1. 通过经常项目流入

一是通过高报出口价格,低报进口价格实现外汇资金流入;二是通过各种形式的预收货款或延期付款方式实现流入;三是通过服务贸易流入。由于服务贸易特殊的定价方式,其必然会成为热钱流入的渠道。主要是指企业从事跨境服务所获得的劳务费,如运输、通讯、建筑、金融等;四是通过收益和经常转移项目,如捐赠、赔偿、赡家款等也是热钱流入的渠道;五是通过个人渠道,比如个人汇款,个人把海外的钱,美元或其他的外币汇到国内亲戚朋友的账上,亲戚朋友再把它换成人民币,然后再投到股市,房地产市场。此外,在个人方面还可通过两个"合法"漏洞进行流入,即国内每人每年 5 万美元的换汇额度,香港每天可向内地汇款 8 万元人民币的制度安排。

2. 通过资本和金融项下流入

资本项目下的 FDI、证券投资、贸易信贷融资等都可能为热钱流入的渠道。长期以来,中国内地对 FDI 采取优惠和鼓励政策,FDI 的外汇既可在银行开立账户保留现汇,也可以在银行结汇。这就为热钱通过 FDI 流入提供了便利,通过在银行结成人民币,在中国国内进行投机。同时,国外热钱可以假借 FDI 之名流入国内,如国外集团公司可以通过投资国内子公司的形式引入热钱,兑换为人民币之后再投资于国内市场。此外,在现行制度下,我国并不要求 FDI 的注册资本等于投资总额,规定不足部分可以用外债补足。这种"投注差"形成的外债逐渐成为热钱流入的通道。目前 FDI 的外债主要有三个来源:一是国外银行贷款;二是在华外资银行贷款;三是国外出口商、国外企业和私人的贷款。第三种是其最主要的外债来源。而且对 FDI 的外债没有担保限制,加上对国际商业贷款的指标控制不严,热钱可以通过外债形式流入国内。

3. 通过地下钱庄流入

地下钱庄由于其隐蔽性,成为国际游资进入我国的重要渠道。这种模式是先将外汇打入地下钱庄境外账户,地下钱庄在收到外币后,在境内按委托人指定的账户存入相应量的人民币。这样境外资金就进入境内了,地下钱庄从中收取手续费。地下钱庄最早在广东的珠三角地区一些地方出现,是为了满足珠三角地区大量民营企业和外资企业在外汇管制下的用汇需要而产生的。如今,地下钱庄也成为国际游资进入中国套取人民币升值利润的重要渠道。其中,以非法买卖外汇为主要业务的地下钱庄主要分布在广东、福建、山东等沿海地区,在广东、福建等地以非法买卖港币为主,在山东等地以非法买卖韩币和美元为主。

(二) 国际游资流入中国的成因

导致国际游资流入中国的原因是多方面的,主要表现在以下几个方面:

1. 人民币升值的预期以及美元贬值预期的影响

自 2005 年 7 月 21 日汇改以来,人民币对美元汇率不断升值,2009 年 3 月以来,欧美发达国家为使经济早日复苏,普遍采取了量化宽松货币政策,不惜一切代价向金融市场投放流动性,特别是美联储直接购入国债的举措对美元市场信心的打击将持续影响市场,美元中期弱势将持续,进而造成市场投资者对美元、欧元以及英镑不断贬值的预期,这种贬值预期会促使国际资本离开欧美地区进入新兴经济体,套取其货币的升值收益。人民币升值预期构成了热钱流入的基本利益驱动。

2. 我国经济的持续高速发展

从 2003 年以来,我国经济增长进入一个高速增长的周期,GDP 年均增长都超过或接近两位数,并带动了房地产市场和证券市场的繁荣,各类资产价格不断膨胀为大量境外热钱涌入我国逐利提供了机会。另外,受全球金融危机的冲击,周边国家经济普遍下滑,但我国没有发生较大的经济震荡,2009 年 GDP 仍然保持着 8.7% 的高速增长。根据国内及国际相关权威机构预测,中国经济在面临下行压力较大的情况下,2014 年 GDP 仍将会达到 7.8% 的高速增长。由于推动热钱流动最根本的动力,是此消彼长的各国经济实力。因此,只要中国保持较高经济增长,自然成为国际热钱的追捧者。

3. 西方发达国家宽松的货币政策

以美国和欧盟为首的西方发达国家近来纷纷推出扩张性的财政和货币刺激方案,向市场注入大量流动性。这些扩张的资金很可能流向新兴市场国家,中国将成为国际资本包括国际热钱热捧的对象。

4. 中国资产价格的潜在增值空间和溢价效应

自 2009 年以来,随着刺激经济一揽子计划与政策的逐一落实,中国经济逐步探底回暖,市场流动性逐步宽松,带动了房地产市场和证券市场的大幅上涨,各类资产价格也不断攀升。特别是房价、地价止跌回升后迅速超越上次的价格高点,部分城市、部分地区的房地产市场甚至出现了更大范围、更大程度的泡沫。这里面不排除有热钱推动的因素,同时飞速上涨的资产价格又会进一步吸引热钱更多地流入。

第五节 国际资本逃避

一、国际资本逃避的概念

资本逃避(Capital Flight),也叫资本外逃,是衡量一国经济增长的稳定性,反映一国金融体系潜在的危机程度的重要指标。世界银行的一份研究报告表明,拉美及加勒比海地区、东亚和太平洋地区、南亚地区都面临着资本逃避的问题。因此,如何科学界定资本逃避的含义,准确测算资本逃避规模,了解资本逃避的途径,有效地防范和控制资本逃避,成为许多国家在金融全球化背景下需要研究和解决的重要问题。

理论界对资本外逃至今尚无一个标准概念。不过有一点已得到认同:这是一种"异常的"(Abnormal)而非"正常的"(Normal)资本流动,但划分"正常"与"异常"的标准是什么?国外文献至少有以下几种定义:

1. "避险"与"投机"

金德伯格(Kindleberger,1937)将资本外逃描述为"投资者出于恐慌或怀疑所导致的短期资本流出。""异常"是指资本由利率高的国家流向利率低的国家。卡丁顿(Cuddington,1986)则定义为"短期投机性资本(Short-term Speculative Capital)即'游资'(Hot Money)的外流"。"异常"之处在于,它不是进行长期投资,而是对政治或金融风险、税赋加重、预期资本管制加强、货币贬值或通货膨胀恶化等因素作出迅速反应,以获短期收益。

2. "福利损失"说

20世纪80年代,拉美债务危机之后,世界银行专家和一些"民族主义"经济学家将资本外逃扩大到"债务国的居民将其财富转移到国外的任何行为(the World Bank,1985)"。此时的资本流失无异于国家财富的损失,并大大降低了社会福利及国民效用(National Utility)。托尼尔(Tornell,1992)则定义为"生产资源由贫穷国家向富裕国家的流失。"

3. "规避管制"说

金(Kim,1993)将资本外逃限定为"从发展中国家流出的、躲避官方管制和监测的私人短期资本"。类似地,杜利(Dooley,1986)的定义是"居民希望获得不受本国当局控制的金融资产和收益的愿望所推动的资本流出。"

4. "违背契约"说

伊格·沃尔特(Ingo Walter,1985)将资本外逃比作是私人投资者对一种隐含的社会契约(An Implied Social Contract)的违背。所谓的"社会契约"系指政府和私人部门达成的一种默契。政府的目标函数关注的是多元的宏观经济目标,包括经济增长、通货膨胀率、汇率水平、收入分配以及物价等。而私人投资者的目标函数是由预期收益、风险、信息和交易成本等因素组成。当私人投资者的资产再调配(Asset Redeployment)威胁到政府目标或增加了其实现成本时,即被认为是违背了社会契约。这种违背可能是非法的,比如逃避了当局的外汇管制;也可能仅仅是"不道德的"(immoral)或"无责任心的"(irresponsible)。沃尔特的"契约"理论从全新的角度解释了资本外逃,但"社会契约"的含义比较模糊。

综合上述观点,可以将资本逃避定义为:资本逃避是指由于恐惧、怀疑成为规避某种风险和管制所引起的资本向其他国家的异常流动。可见,资本逃避不同于资本流出,它是一种出于安全或其他目的而发生的,非正常的资本流动。

二、国际资本逃避的测算方法

由于资本逃避行为的隐蔽性以及各国国际收支统计的不完善,它并不能完全反映在资本输出账户中。精确测算资本逃避的数量是很困难的,常用的估算方法有四种:

1. 直接法

又叫卡廷顿法(Cuddington),即通过国际收支平衡表直接估算。估算模型为:

资本逃避=错误与遗漏账户余额+私人非银行部门短期资本流出

这种方法比较简单,但也存在一些问题。例如,错误与遗漏账户余额并不仅仅包括那些隐蔽的未记录的资本流动,还包括了真实的统计误差,同时,长期资本中也存在着逃避问题。

2. 间接法

这是世界银行提出的测算资本逃避的方法,即将一国外资来源和外资运用之间的差额视为该国资本逃避的规模。估算模型如下:

$$资本逃避=(\Delta D+\Delta FDI)-(\Delta CAD+\Delta R)$$

其中,ΔD 表示外债增加额,ΔFDI 表示外国直接投资净流入,ΔCAD 表示经常账户赤字,ΔR 表示储备资产增加额。

3. 摩根法

美国摩根保证信托公司对世界银行的方法进行了修正,摩根公司认为银行系统和货币当局所持有的短期外币资产主要是为了进行外汇交易,不构成恐慌或怀疑性的资本逃避,应予以扣除。因此,估算模型为:

$$资本逃避=(\Delta D+\Delta FDI)-(\Delta CAD+\Delta R)\\-银行体系和货币当局所持有的外币资产$$

摩根法曾被成功地运用于对 20 世纪 80 年代初拉美国家的资本逃避规模的估算。

4. 克莱因法(Cline)

克莱因认为,外国直接投资收入中的再投资部分不应计入资本逃避,经常项目的旅游净收入和边境贸易部分因不通过官方市场也不应计入,由此可得资本逃避的估算模型为:

$$资本逃避=(\Delta D+\Delta FDI)-(\Delta CAD+\Delta R)-银行体系和货币当局持有的外币资产\\-旅游和边贸收入-其他资本收入$$

有学者采用上述 4 种估算模型对发展中国家的资本逃避进行实证研究的结果表明,世界银行和摩根公司提出的方法得出的估算值比较接近实际,卡廷顿法由于仅考虑了国际短期资本流动,因而结果偏小。克莱因法则由于剔除了非恐慌性资本逃避,往往能更好地反映一国外汇方面的变化对资本逃避的真实影响。比如,有人运用卡廷顿法、世界银行法、摩根法和克莱因法对我国 1995 年资本外逃规模测算的结果分别为 173.3 亿美元、267.8 亿美元、189 亿美元和 59.8 亿美元。

三、中国资本外逃及其防范

(一)中国资本外逃问题

据权威学者测算,1982～1999 年期间,我国资本外逃额累计约达 2 328.65 亿美元(参见表 7.2),年平均约为 130 亿美元。而经合组织(OECD)的一项研究报告认为,中国 1989～1995 年间国际资本外逃的规模累计超过 1 000 亿美元。这些数据表明中国已存在较大的资本外逃风险,资本逃避问题因此受到越来越多的关注和重视。

表 7.2　中国资本外逃规模估算表　　　　　（单位：亿美元）

年　份	1982	1983	1984	1985	1986	1987	1988	1989	1990
资本外逃额	94.23	154.97	55.24	25.33	74.81	124.77	29.31	13.85	122.66
年　份	1991	1992	1993	1994	1995	1996	1997	1998	1999
资本外逃额	60.26	163.38	72.50	174.43	249.81	96.39	364.74	386.37	303.88

资料来源：《金融研究》2000 年第 8 期，第 79 页～第 80 页。

　　进入 20 世纪 90 年代，尤其是 1992 年以后，我国进入了利用外资的黄金时期，多年连续成为世界上仅次于美国的第二大利用外资国。随着利用外资规模的扩大，资本外逃的规模也越来越大。据有关资料显示：我国 1985～2008 年间，累计资本外逃为 4 861.96 亿美元，占同期实际利用外国直接投资净流入（8 314.17 亿美元）的 58.48%，是同期借用外债增额（3 626.10 亿美元）的 1.34 倍，大大超过每年新增的外债。与同期资本流入（9 729.02 亿美元）相比，比重竟然达到了 49.97%。表明我国的资本外逃问题已经相当严重。

　　虽然我国大量的资本外逃未给我国经济造成很明显的危害，但其潜在破坏性不容低估。之所以未对我国经济造成很大破坏，是由于我国多年来一直保持着举世瞩目的经济增长率，使得大量外国直接投资流入我国，同时贸易收支保持较大盈余，外汇储备充足掩盖了资本外逃带来的危害。若一旦我国的外资流入降低或逆转，出口创汇能力降低，资本外逃的危害将会逐渐体现出来。

（二）中国资本外逃的动因

1. 规避汇率风险

　　一方面，由于人民币不能完全自由兑换，以及本币实际汇率高估造成外汇风险增大，使国内居民产生保值的动机，从而采取行动利用资本外逃将资产转移到国外，规避人民币汇率下跌造成的损失。另一方面，由于我国外汇市场没有完全放开，使国内企业和金融机构不能利用金融工具进行保值和投机活动以抵补汇率风险，反而刺激了资本外逃，这就是所谓的"老鼠夹子效应"（Mouse Trap Effect），即为了不丧失用汇的灵活性，居民不愿将外汇汇回或留在国内。此外，一些投资者对国内金融体系信心不足，在预期上缺乏对政府稳定人民币汇率的信心。在这些因素的作用下，为了规避外汇风险，不少企业和机构将其在国外收入的外汇留在了境外，造成资本逃避外汇管制而外逃。

2. 政府财政赤字的增加

　　一国政府财政赤字的状况往往会直接影响到该国的资本外逃。20 世纪 80

第七章 国际资本流动

年代以来,我国政府所追加的内外债资金呈现逐年攀升,尤其是我国财政收支平衡对于外债的依赖还有逐渐增强的趋势。由于以往财政赤字的相当一部分是靠发行货币来弥补的,这就等于对居民征收了一笔"通货膨胀税"。因此,在一定程度上,财政赤字使国内居民对国家债务产生忧虑,而这种忧虑又导致了国内居民以各种形式增加持有外国资产,形成资本外逃。

3. 资产的保密性

伊格·沃尔特(Lngo Walter)发现,私人投资在一定程度上受保密性(confidentiality)的影响。由于资产和财富拥有信息的暴露,可能给资产拥有者造成损失或带来负效用,他们会谨慎地考虑投资的规模、地点和结构,甚至以收益作代价。由此产生了所谓的"避风港"(Heavens)。这些"避风港"能为非居民提供"保密账户"(Confidential Account)和金融与实物资产投资的安全法律保护(如瑞士、巴拿马等国)。在目前国内收入严重不均的情况下,一些拥有巨额财产的人不敢"露富",将资财转移到国外;另有一些企业的领导为安全地化公为私,利用政策的漏洞有系统地将国有资产转移出去。有数据显示:在北京,资产总额超过500万元的私营企业主中,向国外抽逃资本者已占3成以上,而且这个数字还在呈上升趋势。

4. "过渡性"的资本外逃

"过渡性"外逃资本指通过非法渠道流出国内,再以外资形式流入国内的资本。长期以来,我国为吸引外资以弥补国内建设资金的短缺,对外资实行"超国民待遇",使得外资与内资在竞争上处于不平等地位。为了享受外资身份所带来的"超国民待遇",同时也为了趋利避险,国内企业居民存在着极大的动力把资金向国外转移。国内一些企业居民将外汇资金转移境外后又作为外资流回国内,以享受各种税收和其他优惠待遇。可以断定,在考虑到风险和成本因素后,只要市场上存在着这种制度性"租金",这一现象将会一直持续下去。

5. 转移非法所得

我国在建立社会主义市场经济的过程中,某些权力阶层及与其有千丝万缕联系的人利用中国体制转轨过程中的漏洞和法制的不健全,实现化公为私,从中攫取非法财富。为了永久占据这部分财富,把相当一部分资金用于购买不动产或存入私人"地下钱庄"。

随着近年来国家对金融监管的加强以及反腐力度的加大,这些不法资产的占有者感到把钱放在国内实在不安全,于是千方百计地转移非法所得,通过如投资移民身份,在境外购买房地产,将子女送出国外等各种渠道将其转移出国内,从而发生资本外逃。据不完全统计,国内资本外逃的主力军就是这些不法资产的占

有者。

6. "洗钱"因素

在当前经济全球化、资本流动国际化的情况下,洗钱活动愈演愈烈,洗钱已成为国际社会的一大公害。在我国,贪污腐败和洗钱有着密切的关联。

有调查表明,近年来我国洗钱活动日益增多,数额也在不断上涨,犯罪分子将通过贩毒、走私、贪污和受贿等非法交易活动所获得的"黑钱"通过各种途径套取外汇资金汇往国外。从一些已经暴露出的案例来看,腐败分子把贪污腐败得来的钱转移至境外,再利用我国对外资的优惠政策,以外商的身份回国投资。这样,形成一个权力与金钱互相依存的、里应外合的洗钱链,从而实现对国家和社会财富的赤裸裸的循环侵占。因此,"洗钱"因素也是导致我国资本外逃的一个重要因素。

(三)中国资本外逃的途径

1. 现金转移与地下结算系统

这类渠道即通常所说的"黑市","优点"是不留痕迹。一是通过化整为零、逃避海关监管,将人民币或外币携带出境(或者换成古董、贵金属或其他贵重物品带到国外再变现)。据外汇管理部门估计,在香港,有数百亿的人民币在流通。二是通过一些"地下钱庄"汇出。一般是境内外以电传方式或电脑联网各自兑付。

2. 借经常项目支付之名转移资本

一是通过非贸易渠道,如以支付佣金或国外旅游费用、投标保证金、海运、航运部门的国际联运费、国际邮政、电信业务费、外国投资者在我国的投资收益等为名购汇汇出或从其外汇账户中支出。而此类合同、文件和清单的真伪银行均难以核查。二是通过贸易渠道,主要方式有:①制作货到付款、信用证及托收项下的假合同和假进口单据,骗购外汇汇往国外。特别是异地购付业务中,由于进口付汇核销的"二次核对"时间长、管理难度大,"假委托、真骗汇"、重复购汇现象十分突出。②假报货值。一种方式是高报进口(Import Overinvoicing),由国外供货商开出高于实际货值的发票,国内进口商向银行申请售汇并汇往国外,国外出口商将多收差额部分存入进口商在国外的账户。另一种方式是低报出口(Export Underinvoicing),由国内出口商开出低于实际货值的发票,国外进口商将应付差额存入国内进口商在国外的账户。

3. 投资和融资渠道

(1)在境外投资中大量转移资本。1992~1996年国内统计在香港投资的非贸易企业为35家,累计金额12 310万美元;而在香港注册的国内投资的制造业企业为179家,累计金额折合265 500万美元。此外,澳大利亚政府统计的1994年底中国在澳投资存量为19.56亿澳元,约合14.31亿美元,而中国的统计数字仅为3.26亿美元;新加坡政府统计的中国投资企业数为150家,而中国的统计仅为48家。美国商务部统计的中国在美投资的企业逾1 000家,而中国的统计仅为218家。国有企业将资金转移到境外的主要方式有:对外投资时低估资产的价值;隐瞒、截留境外投资收益和溢价收入,用于再投资;通过内部价格转移,抬高从国外公司进口的设备,原材料和中间产品的价值,而压低国内出口产品的价格。

(2)借助境外融资实现资本外逃。一是先通过外商投资制造"外债",将验资后的投资款或资本金以外的资金再作为外债登记,使得下一步的资本流出成为合法;二是通过"平行贷款"(Parallel Lending)在国外投资;三是在向境外筹资过程中改变借款或证券认购与包销条件,将部分资金留在境外。

(四)中国资本外逃的防范对策

(1)协调货币政策、财政政策和汇率政策,保持宏观经济政策的一致性。稳定的政治、经济环境既是我国经济稳步发展的前提,也是我国吸引外资的首要条件。保持财政政策与货币政策的稳健性和协调性,维持货币流通与币值的稳定,为国内外资本创造安全可靠的投资环境。同时,健全能源、交通、通讯、市政公用设施的投资体制,完善非物质形态领域的条件,如保持政策的连续性,健全法制,简化手段,减少干预等。

(2)深化国有企业改革,从机制体制上解决化公为私的国有资产转移问题。深化国有企业产权改革,健全现代公司治理机制,调动不同所有者对国有控股企业经营者监督的积极性。对不同所有制企业实现平等待遇,保障私营企业在市场经济条件下的平等竞争,在市场机制的引导下实现资源的最优配置。

(3)有效控制银行不良资产,保持物价水平的稳定,减少居民的风险预期。深化金融体制改革,加快推进利率市场化和人民币汇率形成机制改革,减少在金融资产价格、市场准入、投资限制等方面的直接管制和行政干预。

(4)加大力度严厉打击"外汇黑市"和"地下钱庄"。配合国家整顿和规范市场经济秩序的大环境,抓紧研究并制定与并购重组、证券投资、投资基金等利用外资新方式相配套的外汇管理办法,继续严厉打击"地下钱庄"等外汇非法交易,维护正常的外汇市场秩序,遏制资本外逃。

(5)积极开展反跨国洗钱、反资金外逃的国际合作。全球性的规模浩大且越来越深入的反"洗钱"行动,无疑为我国反跨国洗钱、反资金外逃工作创造了良好的国际环境。加强在该领域的国际合作,从而有效地遏制资金外逃犯罪活动的升温。

本章重要概念

国际资本流动　FDI　保值性资本流动　投机性资本流动　垄断优势理论　市场内部化理论　折衷理论　资本逃避

思考题

1. 长期资本流动与短期资本流动各包括哪些形式？
2. 试析影响投机性资本流动的因素。
3. 试界定资本流动与资金流动、资本外逃的含义。
4. 简述当代国际资本流动的主要特点。
5. 简述国际热钱流入中国的途径和原因。
6. 试结合我国实际，分析资本逃避的原因与途径，如何防范资本外逃？

分析讨论题

查阅我国20世纪90年代以来的各年国际收支统计资料，然后运用四种估算方法对我国资本外逃规模进行测算，并得出你的分析结论。

第八章 国际金融危机

纵观世界经济发展历史不难发现,世界经济总是在不稳定中曲折发展的。金融危机则是影响世界经济稳定的重要因素。尤其是金本位制度在第一次世界大战期间崩溃以来,世界经济始终受到金融危机的困扰,而且汇率制度的崩溃往往与反复无常的投机性攻击联系在一起。20世纪70年代,布雷顿森林体系的崩溃以及金融全球化发展,金融危机频繁爆发:1982年的拉丁美洲国家债务危机,1992年的欧洲货币体系危机,1994年的墨西哥金融危机,1997年的亚洲金融危机,2001年的拉丁美洲债务危机,2007年发端于美国次贷危机的全球金融危机以及2010年发生的欧元区债务危机。接连不断的金融危机给世界经济造成了巨大危害,也引起国际社会的广泛关注和忧虑。尤其是这次全球金融危机,可谓百年一遇,其波及面之广,影响之深,持续时间之长,原因之复杂,堪称历次国际金融危机之最。

第一节 金融危机概述

一、金融危机的含义

金融危机是一种十分复杂的经济现象,其表现形式多样,内涵丰富,而且随着时代的变化而变得越来越复杂。因此目前国际金融界对金融危机含义的解释尚未形成统一的共识,不同经济学家和机构从不同的角度对金融危机做出了不同的解释。其中有代表的定义主要有以下几种。

(1)雷蒙德·戈德史密斯(Raymond Goldsmith)认为金融危机是所有或绝大部分金融指标——利率、资产(股票、房地产)价格、企业破产数和金融机构倒闭数等的急剧、短暂、超周期的恶化。金融危机是一个与金融景气相对的概念。金融危机的一个特征是基于预期资产价格下降而大量抛出不动产或长期金融资产,金融景气的特征则是基于资产价格上涨而大量购买不动产或长期金融资产。在金融景气与金融危机之间有一个"困难时期",期间对资产价格上涨的预期逐渐消退,但尚未逆转。这个困难期可能很短也可能很长,可能酿成危机也可能不会。

(2)布拉德福特·德龙(J. Bradford Delong)认为金融危机是指经济中大量的银行和公司破产或即将破产,当一个正在运营中的银行或公司资不抵债或无力完成各项支付时,危机就爆发了。当金融危机来临时,银行不愿意再向正在运营的公司发放贷款,也可能公司已经破产或即将破产,无法再偿还贷款。

(3)迈克尔·楚苏道夫斯基(Michael Chossudovsky)认为现代金融危机以一个国家的货币贬值为特征,而货币贬值是在大规模的投机活动冲击下造成的,并且在资本市场和外汇市场同时展开。机构投资者不仅能控制股票价格,而且还能占有中央银行的大量外汇储备,威胁政府的霸权地位,给整个经济造成极大的不稳定。

(4)杰弗里·萨克斯(Jeffery D. Sachs)认为金融危机不外乎三种形式:一是财政危机,即政府突然丧失延续外债和吸引外国贷款的能力,这可能会迫使该国政府重新安排或者干脆不再履行相关义务;二是汇兑危机,即市场参与者突然将需求从本币资产向外币资产转换,这在一国采用钉住汇率制度条件下可能耗尽其外汇储备;三是银行业危机,即商业银行突然丧失延续其市场工具的能力或者遭遇突然发生的存款挤兑,从而导致流动性下降并最终破产。尽管金融危机的上述三种形式在某些情况下可以被清楚地区分开来,但是在现实中它们往往以一种混合形式出现,这是因为公债市场、外汇市场和银行资产市场的冲击或者预期往往都是同时发生的。

(5)国际货币基金组织(IMF)认为金融危机是对金融市场潜在的严重破坏,它可以损害市场有效运行的能力,从而对实体经济产生较大的负面影响。

概括起来,金融危机是由于金融制度不完善、市场机制不健全、货币政策失误、投机性交易过度以及国际游资冲击等原因所导致的整个金融体系或某个金融体系组成部分的混乱和动荡现象。表现为货币市场银根奇紧、资本市场价格暴跌、货币严重贬值、企业资金链断裂而被迫破产、银行发生挤兑而倒闭、失业率上升等,人们对经济前景的悲观预期增加,信心普遍下降,整个社会陷入经济萧条,甚至伴随社会政治动荡。

二、金融危机的分类

历史上发生过的金融危机不计其数,据统计,20世纪90年代开始至今,就已发生过120多次,但每次金融危机爆发的原因各不相同,其影响程度也有差异,危机所持续的时间也有长有短。我们可以依据不同的标准,对历史上发生过的金融危机作一个分类。

(一)按影响范围划分

按影响范围划分,金融危机分为国内金融危机、区域金融危机和全球金融危机。

1. 国内金融危机

国内金融危机是指由于一国国内经济、金融因素而引起的金融动荡,其影响局限于一国国内,一般通过整顿所在国的经济、金融秩序,由政府金融管理当局出面采取某种形式进行救助,就可以得到化解。

2. 区域金融危机

区域金融危机是指最先爆发于某个一体化组织内部的某个成员国,由于高度的经济贸易一体化水平而传染到其他成员国,一般对一体化组织外的国家没有或者较少有影响。这类危机的化解主要依靠一体化组织内部成员国金融管理当局在政策协调方面的共同努力。

3. 全球金融危机

全球金融危机是指无论一国金融危机或地区性金融危机爆发后,通过某种传导途径迅速蔓延至许多国家,引发全球金融市场和各国经济系统的大震荡,进而诱发世界性经济危机。化解这类危机需要世界各国,特别是主要国家的政策协调,以及有关国际金融机构的救助。

(二)按照性质和内容划分

按照性质和内容划分,金融危机可分为债务危机、银行危机、货币危机和系统性危机。

1. 债务危机

债务危机是指一国由于外债规模过度膨胀,超出自身偿债能力,到期无力偿还外债本息,导致债权债务国大规模金融动荡。外债危机主要源于过度利用外资导致一国支付能力不足和国际收支严重失衡,由此削弱了投资者信心,引起资本外逃,引发债务危机。

2. 货币危机

货币危机是金融危机的一种,是指对某种货币的投机性冲击导致该货币大幅度贬值或国际储备急剧下降的情形。发生货币危机的国家通常都实行某种形式的固定汇率制或者带有固定汇率制色彩的钉住汇率制,货币危机首先就起源于固定汇率制度下的汇率高估。货币高估可能是国内经济出现了严重的货币供求失衡、资金借贷失衡或国际收支失衡。投机性攻击造成的资本外逃和投资者信心崩溃,会迅速加剧国际收支失衡和本币汇率大跌,进而引发货币危机。

3. 银行危机

银行危机是指实际的或潜在的银行破产致使银行纷纷终止国内债务的清偿,或者迫使政府提供大规模援助以阻止事态扩大。银行危机源于金融机构的内在脆弱性以及由此发生的各种风险,特别是由于过度信贷导致的大量不良资产,当经济基本面出现明显缺陷或资金借贷严重失衡时,人们信心下降乃至挤兑存款,引发银行危机和全面的金融恐慌。

4. 系统性金融危机

系统性金融危机是指整个金融体系出现的严重混乱局面,表现为货币危机、外债危机和银行危机同时或接连发生,从而波及所有金融领域或经济系统,最终升级为全面的金融危机或经济危机甚至政治危机。

货币危机、银行危机和债务危机三者之间是密切联系且相互交织在一起的。债务危机、银行危机可以促使货币信用危机的爆发,债务及货币信用危机亦可加剧银行危机。而银行倒闭、货币大幅度贬值也会影响外债偿还,引发债务危机。系统性金融危机往往是上述三者的综合反映。

(三)按危机爆发的周期性划分

按危机爆发的周期性划分,金融危机可分为周期性危机和非周期性危机。

1. 周期性金融危机

周期性金融危机是指经济经过一段时间的发展后,由于各种非常因素的作用所造成的恐慌性金融动荡。周期性金融危机具有以下特点:一是带有一定的规律性,并且通常伴随着周期性经济危机的发生。二是爆发的前期经济有一段快速增长期,在经济快速增长中,经济体系存在的各种问题日益突出,最终通过金融危机来强制调整。三是一般会影响到一个国家、一个地区乃至世界的整个金融体系,而不只是金融体系的个别环节,因此,其影响程度和广度都超过非周期性金融危机。

2. 非周期性金融危机

非周期性金融危机是指由于经济发展过程中某些特殊因素的作用引发的金融动荡。非周期性金融危机的特点:一是一般在时间上没有规律性,只要条件具备就有随时爆发危机的可能。二是不带定期性质,它不是有规则地经过一定时间重复发生的。三是一般不是表现在金融体系的所有环节上,而只是表现在金融体系的个别环节上,其影响程度和蔓延的趋势一般要小于周期性金融危机。例如,1839年的英国货币信用危机,是因粮食歉收而爆发金融危机,1995年8月俄罗斯

第八章 国际金融危机

金融市场爆发的"金融市场八月危机",1997年阿尔巴尼亚因非法集资事件而酿成的金融危机等都是由于突发事件而诱发的金融危机,均属非周期性的金融危机。

三、金融危机的特征

透过历次重大金融危机产生、发展规律可以发现金融危机具有以下几个特征:

(1)金融危机往往肇始于对宏观经济体系的外部冲击。这些外部冲击可能是突发的政治事件、总需求或总供给的巨幅波动、大规模的技术变迁或未被预期到的货币政策的变动。

(2)金融危机是经济运行周期中出现的一种金融动荡,这种动荡往往会引起人们不同程度的蔓延性金融恐慌,如发生抽逃资本和抛售本币的狂潮、本币大幅贬值、国际储备枯竭等,造成国际清偿力严重不足;国内金融市场银根紧缩、金融机构流动性严重缺乏,人们对金融机构丧失信心、大量金融机构因挤兑而接连倒闭;股市和房地产价格猛跌等。

(3)金融危机产生的原因比较复杂,既可能源于经济的周期性波动,也有可能源于国际收支逆差和财政赤字、外债规模超过一国承受能力、金融体系和金融监管制度不完善以及宏观经济政策失当,还可能源于国际投机资本的恶意冲击,等等。

(4)金融危机会对社会经济造成巨大危害。金融危机带来的后果往往是灾难性的,它会损坏一国银行信用体系、金融市场、对外贸易、国际收支,使整个国民经济陷于瘫痪,甚至导致国际货币体系的崩溃和国际金融市场的动荡,使全球经济遭受重创。

第二节 国际债务危机

一、国际债务及其衡量

(一)国际债务的概念

一国的国际债务亦即该国的外债。而关于外债概念的解释至今尚无完全统一的定义。不同国家、不同机构在管理、讨论外债问题时,往往使用不同口径的外债概念。有的将外债视为一个国家的所有对外负债,有的将外债理解为一个国家的对外净债务,还有的认为外债就是以外币计值的境外货币等。国际货币基金组织、世界银行、国际清算银行和经济合作与发展组织等国际组织将外债可定义为一国居民欠非居民的以外币或本币计值的,已使用尚未清偿的具有契约性偿还义务的全部债务。判断一国债务是否属于国际债务或外债主要看这笔债务的偿还是否直接影响一国的外汇储备。该定义包含了国际债务或外债的四个要素:①必须是居民与非居民之间的债务;②以偿还义务为条件,且必须具有契约性,通过具有法律效力的文书明确偿还责任等;③是一个时点的外债余额;④外债的计值既可用外币,也可用本币,还可以是用实物形态构成的债务。

国际货币基金组织和经济合作与发展组织计算国际债务的口径大致分为以下几项:①官方发展援助,即经合组织成员国提供的政府贷款和其他政府贷款;②多边贷款(包括国际金融机构的贷款);③国际货币基金组织的贷款;④债券和其他私人贷款;⑤对方政府担保的非银行贸易信贷(卖方信贷);⑥对方政府担保的银行信贷(买方信贷等);⑦无政府担保的银行信贷(银行同业拆借等);⑧外国使领馆、外国企业和个人在一国银行中的存款;⑨公司、企业等从国外非银行机构借入的贸易性贷款。

我国1987年公布的《外债统计监测暂行规定》对外债作了明确界定:外债是指中国境内的机关、团体、企事业单位、金融机构或其他机构对中国境外的国际金融组织、外国政府、企业或其他机构用外国货币承担的具有契约性偿还义务的全部债务,包括各类国际贷款、买方信贷、发行外币债券、国际金融租赁、延期付款、补偿贸易中以现汇偿还的债务等。

(二) 外债偿还能力的衡量

一国通常根据国内经济发展的需要,确定一段时期利用外债的规模与增长速度。合理的外债规模受外债需求的影响,与国内经济发展速度、投资规模、国际收支状况等因素有关。

目前国际上衡量外债偿还能力的标准有两类:一是生产能力,即债务国拿出一部分国民收入偿还外债本息后仍然持续发展的能力;二是资源转换能力,即债务国将部分国民收入转换为外汇用于还债的能力。

按照上述标准,通常采用下列指标衡量一国偿债能力:

1. 负债率

负债率是指外债余额与当年国民生产总值之比,从静态衡量生产对外债的承受能力。一般认为警戒线为20%,而世界银行认为,安全的负债率应低于40%,外债余额的增长速度应不高于国民生产总值的增长速度。

第八章 国际金融危机

2. 债务率

债务率也叫外债率,是指外债余额占当年外汇收入的比率,从静态衡量资源转换能力对外债的承受能力,该比率不高于100%。外债余额增长速度应不超过外汇收入增长速度。

3. 偿债率

偿债率是指外债当年还本付息额占当年外汇收入之比,也是从静态衡量资源转换能力对外债的承受能力。该指标应控制在20%以内为宜。据世界银行对45个债务国的分析,偿债率超过20%的17个国家中,15个国家出现了严重的债务问题。

4. 短期债务比率

短期债务比率是指短期外债占全部债务的比例。由于短期债务受市场波动影响较大,因而短期外债不宜过多,其比值一般为20%～25%。

在上述四项指标中,偿债率被认为是一国债务信誉和偿债能力最直接、最核心的指标,是显示一国未来债务是否出现问题的"晴雨表"。从表8.1可以看出,印度尼西亚、巴基斯坦、阿根廷、巴西、墨西哥等国的偿债率均在30%以上,而其中多数国家在20世纪80年代和90年代都遭受过债务危机或金融危机。

表 8.1 部分发展中国家外债偿债率(%)

	1980年	1990年	1994年	1995年	1996年	1997年
孟加拉国	23.7	28.9	14.1	14.8	11.8	10.6
印度	9.3	31.4	27.5	27.9	23.1	19.6
印度尼西亚		33.3	30.7	29.9	36.6	30.0
韩国	20.2	10.8	7.9	8.6	9.4	8.6
马来西亚	6.3	12.6	8.9	7.0	9.0	7.5
蒙古			9.3	9.1	9.9	11.7
巴基斯坦	18.3	23.3	35.0	25.9	27.3	35.2
斯里兰卡	12.0	13.8	8.2	7.4	7.2	6.4
土耳其	28.0	29.4	31.4	27.7	21.9	18.4
越南		8.9	5.7	4.9	3.9	7.8
埃及	13.4	27.8	14.1	12.3	11.5	9.0
尼日利亚	4.1	22.6	17.9	13.8	14.0	7.8
阿根廷	37.3	37.0	31.0	34.3	44.1	58.7
巴西	63.3	22.2	30.6	36.8	42.3	57.4

(续)表 8.1

	1980 年	1990 年	1994 年	1995 年	1996 年	1997 年
墨西哥	44.4	20.7	28.1	27.8	35.4	32.4
保加利亚		19.4	13.0	16.5	19.3	14.4
匈牙利		34.3	49.3	39.1	41.0	29.7
波兰		4.9	11.9	11.1	6.8	6.1
俄罗斯			4.4	6.3	6.7	6.5
罗马尼亚	12.6	0.3	8.5	10.2	12.6	15.7

注:外债偿债率指外债还本付息额与当年商品和服务出口额之比。
资料来源:世界银行《世界发展报告》,1999 年。

值得指出的是,利用上述指标尤其是偿债率来衡量一国的外债偿还能力有着重要的参考作用,但并不是惟一的或决定性的指标,因为它们本身存在一定的局限性:首先,它们所显示的只是过去的情形,并不反映将来形势的发展。国际市场的变化、出口商品价格的涨跌等因素,直接影响一国未来出口收入的增减。而这些不确定性情况是上述指标所无法预见的。其次,偿债率只显示了国际收支一个方面而未考虑国际储备状况,而国际储备也是影响一国国际支付能力的重要因素。如果一国偿债率超过警戒线,而外汇储备充足,人均收入水平较高,未来经济增长速度快,外债偿还也不会出现问题。第三,能否持续地、有保证地借入外债也是保证一国偿债能力的重要前提。因此,应多层次、多角度地评估一国外债水平及其偿还能力。

二、国际债务危机

(一)国际债务危机的概念

根据《新帕尔格雷夫货币金融大辞典》,债务危机(debt crisis)是指任何不能按计划还本付息并由此损害其他债权人财务健康的情况。通常,债权人会接着切断进一步的贷款,从而使最初的情况加剧。如果无力偿还是一个长期情况,它就会被归结为"无力偿付"(insolvency)问题。如果它是由暂时的现金短缺造成的(如由于罢工、自然现象或价格的暂时下降等引起),那么可以将它看成是流动性不足(inliquidity)问题。在高利率条件下,流动性不足问题可以迅速变为无力偿付问题。所以,国际债务危机是指由于国际债务负担日趋加重,债务人无力偿付到期国际债务本息的状况。

第八章 国际金融危机

（二）国际债务危机概况

自20世纪70年代以来,一些国家外债急剧增长,债务负担日趋严重,发展中国家出现了三次国际债务危机高潮,发达国家出现了一次主权债务危机。1981年3月,当波兰政府宣称无力偿付到期外债本息时,国际金融界并未给予足够的重视,而仅仅将其看作发生在低效率的计划经济国家中的局部问题。1982年8月,墨西哥政府首先宣布无力偿还到期债务,随后,巴西、阿根廷、委内瑞拉、智利等拉美国家纷纷跟进,一场席卷全球的债务危机爆发。1983年有40多个债务国因无法支付到期的借款本息而被迫请求债权国予以延期偿付,个别国家甚至出现赖债不还的现象,造成债权国银行出现大量呆账。这场债务危机对债权人和债务人造成了沉重打击,尤其是严重拖累了债务国的经济发展,其影响持续了近10年,以致于20世纪80年代被称为拉丁美洲"失去的十年"。同时,这次债务危机爆发后,迅速蔓延到全球50多个国家,在发展中国家持续了近20年,对国际金融形势产生了深远的影响。

受全球金融危机影响,冰岛、迪拜、欧元区国家于2008年及其后相继爆发主权债务危机,甚至导致"国家破产"。债务危机不仅扰乱了国际金融秩序,也对世界经济生了严重影响,受债务危机困扰特别严重的拉丁美洲国家,其人均国内生产总值倒退了十年以上,有些非洲国家人均国内生产总值倒退至20世纪60年代的水平。虽然国际金融组织和西方债权国家对爆发国际债务危机的国家采取金融挽救计划,对债务作了重新安排,使债务危机得到一定程度的缓解,但是危机的阴影远未消除,债务规模仍然很大。

下面以20世纪80年代初爆发,迄今为止影响面最广、持续时间最长的拉美国家债务危机为主要对象,就国际债务危机的特点、原因及解救措施等问题进行介绍。

（三）国际债务危机的特点

1. 债务规模巨大且持续增长

20世纪80年代爆发的债务危机,实际形成于20世纪70年代。自1973年起,发展中国家外债规模之大,速度之快,令人触目惊心。据IMF的统计,1973年~1982年,非产油发展中国家的债务总额从1 031亿美元增加到6 124亿美元,负债率从115.4%增加到143.3%,偿债率从15.9%增加到23.9%。并且,债务危机爆发以后,发展中国家的债务总额持续增加。1982年发展中国家债务总额约为8 000亿美元,1990年达到12 000亿美元,1998年高达21 800亿美元(含转轨国家 3 048 亿美元）（参见表 8.2）。联合国贸发会议的年度报告显示，1997 年发展中国家外债占 GDP 比重 32%，而最不发达国家的相应比重在 1994 年就已高达 75%，这不仅远远超过国际公认的负债率安全警戒线，而且大大超出了世界银行划定的 50% 的重债国界线。巨额外债的存在使得发展中国家的还本付息额成了天文数字。1983 年发展中国家的外债的还本付息额为 932 亿美元，1989 年为 1 388 亿美元，1998 年高达 3 520 亿美元以上。

表 8.2 全球外债余额及历年支付汇总表

	1989	1990	1991	1992	1993	1994	1995	1996	1997	1998
发展中国家（单位：×10 亿美元）										
外债余额	1118	1182	1251	1338	1451	1576	1698	1760	1791	1875
占 GDP(%)	39.6	37.8	39.0	38.1	38.9	38.2	36.4	34.2	32.0	31.3
年还本付息额	139	141	151	173	180	201	232	254	274	252
付息占出口(%)	11.6	9.4	9.7	9.3	9.1	8.6	8.7	8.5	9.4	9.0
摊本占出口(%)	12.9	11.9	13.0	14.4	14.5	14.5	13.9	13.9	13.1	10.2
债务重组结果（单位：亿美元）										
延缓付本息	123	168	126	46	169	−39	−43	−49	—	—
债务免除	35	138	11	3	16	12	26	6	—	—
本息重新安排	168	122	106	144	196	148	174	140	—	—
转轨国家（单位：亿美元）										
外债余额	1539	2009	2106	2126	2316	2468	2578	2735	2820	3048
年还本付息额	283	364	371	237	170	192	260	290	339	354
债务重组结果（单位：亿美元）										
延缓付本息	8	9	6	86	36	34	−126	−5	—	—
债务免除	4	—	9	24	21				—	—
本息重新安排	15	83	72	97	166	156	258	91	—	—

资料来源：IMF《国际债务统计》，1996 年，1997 年。1997 年和 1998 年为预计数。

2. 债务结构不合理

据 IMF 的统计数字，债务危机爆发之初，发展中国家的债务中，长期贷款占 80% 以上，这容易出现偿债高峰，其中，又以国际商业性贷款为主。随着债务问题的日趋严重，债务的期限不断缩短。由表 8.3 可知，印度尼西亚、韩国、马来西亚等国的短期外债所占比重超过了 $\frac{1}{4}$。而这些国家也是 1997 年东南亚金融危机中受冲击最大的国家。不利的债务结构加深了发展中国家偿付外债的困难。

第八章 国际金融危机

表 8.3 部分发展中国家短期外债占全部外债的比重(%)

	1980年	1990年	1994年	1995年	1996年	1997年
孟加拉国	5.0	1.2	1.2	1.2	1.0	1.2
印度	6.2	10.2	4.2	5.3	7.2	5.3
印度尼西亚	13.3	15.9	18.0	20.9	25.0	26.4
韩国	35.8	48.5	42.7	51.3	49.9	37.5
马来西亚	20.5	12.4	20.4	21.2	27.9	31.6
蒙古			1.2	2.7	1.3	3.8
巴基斯坦	7.4	15.4	7.1	10.7	9.4	8.4
斯里兰卡	11.9	6.9	6.8	6.5	7.1	6.3
土耳其	13.1	19.2	17.1	21.3	25.1	24.8
越南		7.7	10.7	12.9	14.3	10.8
埃及	21.1	13.5	6.0	7.1	7.5	10.0
尼日利亚	39.8	4.5	14.6	16.6	18.1	19.4
墨西哥	28.2	15.4	28.3	22.4	19.0	19.0
阿根廷	38.2	16.8	8.9	10.8	11.6	14.6
巴西	18.9	19.8	20.8	19.2	19.7	18.6
保加利亚		9.7	4.5	5.2	8.9	7.8
匈牙利	34.3	13.8	8.5	10.2	12.4	13.8
波兰		19.4	2.0	4.9	6.1	9.6
俄罗斯		19.7	8.1	8.6	9.7	4.9
罗马尼亚	23.6	79.8	17.5	19.5	8.8	9.1
南斯拉夫	11.6	2.9	12.9	16.4	15.8	27.2

资料来源:世界银行《世界发展指标》,1999年。

3. 卷入危机的国家多、涉及面广

随着发展中国家外债的积聚,债务危机的形成与发展,债务重新安排频繁出现,所涉及的国家日益增多。据 IMF 提供的资料,1956~1974年的18年间,第三世界国家只发生过30次重新安排债务的谈判,仅涉及11个国家。1975~1980年的6年间,重新安排债务的谈判为16次,涉及9个国家,而1981~1982年,同类谈判增27次,涉及16个国家。到了1983年,重新安排债务的谈判猛增至30次以上,卷入的国家达29个。频繁和大规模的债务重新安排已成为国际债务危机的一个重要特点。

4. 债务的地区和国家高度集中

从地区分布看,发展中国家的债务大部分集中在拉丁美洲和非洲(参见表8.4)。如1982年,拉美国家的外债总额约占发展中国家债务总额的39%,非洲国家约

占 15%。

表 8.4 发展中国家债务规模(债务/GDP,%)

	1973	1975	1977	1979	1981	1982	1983	1985	1987	1989
发展中国家*	22.4	23.8	24.9	24.7	27.8	31.0	32.9	35.6	37.5	31.8
非洲	19.4	21.6	32.4	30.6	31.4	34.9	37.6	45.6	48.3	49.7
亚洲	19.7	20.4	15.9	16.7	18.6	21.9	23.1	26.4	28.3	22.3
欧洲	24.5	22.8	23.7	30.9	34.2	32.8	34.3	40.3	44.8	40.4
拉丁美洲	23.0	25.5	31.8	32.2	39.8	43.0	46.8	45.4	43.7	36.7

* 1973~1975 年指非石油生产的发展中国家;1977 年指负债发展中国家;1979~1989 年指所有的发展中国家。

资料来源:国际货币基金组织《世界经济展望》各期。

从国家分布看,在 100 多个发展中国家和地区中,主要债务国有 25 个(参见表 8.5),其债务总额在 1983 年达 6 000 多亿美元,约占发展中国家债务总额的 80%,其中重债国的外债额占发展中国家外债总额的 50% 以上,两个最大重债国(巴西、墨西哥)的债务几乎占发展中国家外债额的 $\frac{1}{4}$。此外,在债务额最大的拉丁美洲,其 70% 的外债又集中在巴西、墨西哥、阿根廷等少数国家。

表 8.5 1991 年外债到期数最大的 15 个发展中国家 (单位:亿元)

国 家	总到期债务数	债务/GDP 比率	国 家	总到期债务数	债务/GDP 比率
巴西	1165	29	埃及	406	130
墨西哥	1017	37	韩国	405	14
印度尼西亚	737	66	泰国	358	39
印度	716	29	尼日利亚	345	109
阿根廷	637	49	委内瑞拉	344	65
中国	608	16	菲律宾	319	70
波兰	525	61	阿尔及利亚	286	70
土耳其	503	48			

资料来源:世界银行《世界债务统计 1992~1993》。

从经济发展水平看,大部分债务集中在中等收入国家,高收入和低收入国家的外债数额不大,尤其是人均收入 350 美元以下的 35 个低收入国家,它们在 1983 年的外债总额为 880 亿美元,只占发展中国家债务总额的 10% 略多一点。

(四)国际债务危机的成因

IMF 在 1984 年的《世界经济展望》中,总结了造成 1982 年发展中国家对外支

第八章 国际金融危机

付危机的三个原因,即:

(1)20 世纪 70 年代初以来借款规模越来越大,累积的数量巨大,债务结构发生变化。

(2)债务国不适当的国内政策,借入资金的生产率低,出口产品竞争力差。

(3)遇到了不正常的外部条件,即严重的经济危机和高利率等。

上述看法归结起来就是内部和外部两方面原因导致了 20 世纪 80 年代的国际债务危机。

1. 内部因素

(1)盲目大量举债。外资的流入有助于发展中国家扩大投资与消费,提升经济增长速度。发展中国家为外资的这种作用所鼓舞,将对外举债作为谋求经济发展的重要手段。20 世纪 70 年代国际信贷的膨胀更加刺激了发展中国家大规模举债。一些产油的发展中国家从两次石油提价中获利不匪,对出口市场作出了过于乐观的判断,过高估计了自身维持出口收入的能力,外债的安全问题没有引起足够重视。当外部条件变化时,外债的安全隐患必然显露出来。

(2)不适当的经济发展战略。拉丁美洲国家一直采取进口替代的工业化政策,着力发展那些可以生产替代进口产品的产业。进口替代的工业化政策较快地建立起了这些国家的民族工业体系,增强了本国的生产能力。但是,长期推行进口替代的政策,不可避免地出现了一些政策层面的偏差。这些偏差主要集中于以下几个方面。

第一,为了维持经济的高速增长,长期推行扩张性的财政与货币政策,国内通货膨胀奇高,财政赤字不断扩大。1970~1981 年,阿根廷的年均通货膨胀率高达 103.8%,1981~1988 年,进一步攀升至 340.1%。在墨西哥,相应的数字是 17.5% 和 70.1%,1982 年,墨西哥的财政赤字占 GDP 的比例高达 18%(世界银行《世界发展报告》,1989 年)。扩张性的经济政策导致国际收支出现大量赤字,不得不依靠外债弥补。另一方面,国际收支状况恶化,又导致对这些国家货币贬值的预期,于是,在政府借入大量外债的同时,又有相当大量的资金外流(见表 8.6)。据统计,1981~1982 年间,阿根廷、墨西哥、委内瑞拉三国的资金外逃占同期所借外债总额的比率分别高达 64%,40% 和 137%。

第二,为了保证进口替代的推进,这些国家实行了贸易保护和汇率高估的政策。在受到保护的国内市场中成长起来的企业,缺乏国际竞争力,高估的汇率更加阻碍了出口。

表 8.6 拉丁美洲国家的资本逃避

国 家	资本逃避（×10 亿美元）			资本逃避/外债（%）
	1976~1982 年	1983~1985 年	1976~1985 年	
阿根廷	27	−1	26	62.7
巴西	3	7	10	12.0
智利	0	1	1	6.4
墨西哥	36	17	53	64.8
秘鲁	−1	1	0	0.0
委内瑞拉	25	6	31	101.3

资料来源：杰弗里·萨克斯,等.全球视角的宏观经济学[M].上海：上海三联书店,上海人民出版社,1997.

(3)外债的利用效率不高。发展中国家偿还外债有两个互相联系、缺一不可的基础,其一,外债可以形成实际的生产能力,只有如此,外资、外债才能真正促进东道国经济发展。其二,外债是要以外汇偿还的,因此,外债的利用不仅要能增加产出,还必须可以增加出口创汇。总而言之,外债要得到高效的利用。

但是,陷入债务危机的国家对外债的利用效率却不高。问题主要集中在三方面。一是利用外债建设的项目往往规模庞大,建设周期很长,一些项目甚至根本没有形成生产能力；二是与这些国家的进口替代工业化政策相联系,利用外债形成的生产能力主要集中于替代进口,满足国内消费,出口能力弱；三是有的国家对外债的管理不善,出现了管理人员私人挪用的现象。这样,外债对债务国经济的积极作用并没有达到债务国政府举债时的期望,在世界经济形势突变之时自然难以应付,无法如期偿还债务。

2. 外部因素

国际经济环境和金融市场形势的变化是诱发危机的重要原因。主要体现在如下几方面。

(1)国际资本市场借贷形势的变化加大了发展中国家寻求继续融资的困难。20 世纪 70 年代,发达国家的通货膨胀政策向国际间"溢出",美国等国家的国际收支逆差形成美元外流,加上大量的"石油美元"回流到发达国家的货币市场,国际资本市场上的资本供给很充裕,欧洲货币市场也是在这一时期获得快速的发展。而同时,发达国家正陷入"滞胀",经济发展迟缓,资金需求量比较低。因此,国际商业银行采取了宽松的信贷政策。正是在这样的条件下,发展中国家积累了

第八章 国际金融危机

大量的外债。

20 世纪 80 年代之后,国际信贷市场的形势发生了很大的变化。发达国家在 1981 年经济危机之后先后采取了控制通货膨胀的政策,同时石油输出国的经常账户在 1981 年之后由盈余转而出现赤字(参见表 8.7),"石油美元"的供给消失了,这两个因素导致了国际信贷供给的收缩。另一方面,发达国家控制通货膨胀的努力,改善了自身经济发展的前景,降低了国际信贷的风险(参见表 8.8)。于是,发展中国家获取贷款较之 70 年代要困难得多了,流入发展中国家的国际信贷迅速下降。一些原先可以依靠借新债还旧债来偿还的债务,这时难以获得新的融资了。

表 8.7 各类国家的经常账户余额 (单位:×10 亿美元)

	1973 年	1975 年	1977 年	1979 年	1981 年	1982 年	1983 年	1984 年	1985 年
主要石油出口国	6.82	34.13	20.78	53.07	32.15	−17.86	−16.97	−5.23	−0.70
其他发展中国家	−3.46	−31.08	−13.03	−32.12	−70.45	−60.07	−41.24	−27.77	−25.21
工业化国家	14.09	11.11	−12.86	−16.25	−2.34	−26.72	−19.17	−56.61	−65.87

资料来源:IMF,转引自:保罗克鲁格曼.国际经济学[M].北京:中国人民大学出版社,1998:640.

表 8.8 主要发达国家通货膨胀率变化(%)

	1961~1971 年平均	1981 年	1982 年	1983 年	1984 年	1985 年
美国	3.1	10.4	6.1	3.2	4.3	3.5
英国	4.6	11.9	8.6	4.6	5.0	6.1
加拿大	4.3	13.4	11.8	9.6	7.4	5.8
法国	4.3	13.4	11.8	9.6	7.4	5.8
德国	3.0	6.3	5.3	3.3	2.4	2.2
意大利	4.2	19.5	16.5	15.0	10.6	8.6
日本	5.9	4.9	2.7	1.9	2.2	2.0

资料来源:经济发展与合作组织《主要经济指标》各期。

(2)国际金融市场汇率和利率的变化加重了发展中债务国的债务负担。为了摆脱"滞胀",美国在 20 世纪 80 年代初期采取严格的反通货膨胀政策,导致美元短期利率和美元汇率上升,全球货币市场利率也在 20 世纪 80 年代攀升到了较高的水平。美元汇率和世界利率水平的变化加重了发展中债务国的债务负担,这与发展中债务国的债务结构有关。

发展中国家外债的币种集中于美元。20 世纪 70 年代中后期,美元持续疲软,无形中刺激了发展中国家更多的举借美元外债。但是,20 世纪 80 年代初期开始,美元汇价开始强劲上升,1979~1981 年间,美元对德国马克升值 23.2%,对其他主要国家货币也有不同程度的上升。发展中国家的美元外债大多没有进行抛补,美元汇率的上升直接导致这些国家实际的债务清偿负担加重了。

另一方面,发展中债务国的许多外债都是采取浮动利率的,1980~1981 年,拉丁美洲国家浮动利率负债占总债务的 64.5%,其中,阿根廷为 58.3%,巴西 64.3%,墨西哥 73%。而且浮动利率债务高度集中,据英格兰银行统计,1982 年 75%的浮动利率贷款由墨西哥、巴西、阿根廷和韩国所借。可见,拉美国家之所以成为债务危机的"重灾区",利率风险是一个重要因素。

(3)国际商品市场的变化影响了发展中国家的出口收入。经过 20 世纪 70 年代的"滞胀"之后,1981 年主要发达国家爆发了一次严重的经济危机,这不仅削弱了发达国家的进口能力,更使贸易保护主义抬头,发展中国家出口受到很大影响。同时,受到 20 世纪 70 年代两次石油危机的刺激,发达国家积极开发初级商品的替代品,导致国际市场初级产品需求减少,价格下降,这对以出口初级品为主的发展中国家来说,无疑是雪上加霜。出口收入的减少加大了这些国家的偿债困难。

(五)解决国际债务危机的措施

自 1982 年国际债务危机爆发以来,国际金融机构、债权国政府、债权银行和债务国政府从各自的利益出发,相继采取了一系列挽救措施,对缓解债务危机起到了积极作用。

1. 国际金融机构采取的措施

当发展中国家出现国际收支危机时,国际货币基金组织通过提供紧急贷款的办法提供救助。但这种贷款是有条件的,即债务国必须执行由基金组织核准的经济调整政策。近年来,由于债务国为了调整经济所采取的紧缩政策影响了长期经济开发和经济增长。因此,基金组织做了改进,随时修改政策,除紧急贷款外还提供中长期经济结构调整贷款。在基金组织提供的贷款中,有些贷款条件非常宽,如石油贷款、出口波动补偿贷款等;有些贷款则以严格的经济调整为前提,条件非常苛刻。这些贷款对一国经济调整有一定的作用。1987 年 12 月建立的国际货币基金组织结构性调整基金,约有 60 亿美元特别提款权的新增优惠贷款用来帮

第八章 国际金融危机

助贫困的成员国进行为期3年的宏观经济结构调整,以改进它们的国际收支状况,促进经济增长,缓解债务危机。

世界银行也通过快速拨付政策性贷款对债务沉重的中等收入发展中国家给予资金支持。1988~1990年,世界银行实施了一项"特别援助计划",即向债务沉重的国家提供优惠的资金和采取减免债务的措施,以帮助这些国家调整经济结构,实现经济增长。

2. 债权国政府缓解国际债务危机的方案

发展中国家债务危机的加深最终会影响发达国家的经济增长,为此,一些主要债权国提出了解决国际债务问题的多种方案。

1) 贝克计划

该计划是美国前财政部长贝克(James A. Baker)于1985年10月在国际货币基金组织和世界银行第40届年会上提出的一个方案。其主要内容是:

(1)债务国应在国际金融机构的监督和支持下,采取综合的宏观管理和结构调整政策,促进经济增长,平衡国际收支,降低通货膨胀。

(2)国际货币基金组织继续发挥中心作用,与多边开发银行协力增加提供更有效的结构性和部门调整贷款,对采取"以市场为导向"的债务国给予金融上的支持。

(3)以美国商业银行为主,联合其他发达国家的商业银行,在1986~1988年由大商业银行向15个重债国提供200亿美元贷款,由官方机构提供90亿美元的贷款。

贝克计划具有三个特点:一是强调债务国发展经济,提高经济增长率;二是强调债权国、债务国、商业银行和国际金融机构的通力协作;三是规定一个固定的贷款数额。

贝克计划的目标是试图将债务国的偿债负担降到其经济增长能够承受的水平,曾得到国际金融机构和部分商业银行的支持,成为发达国家在债务问题上的共同立场,但在具体实施时存在很多问题,如债务国的经济调整政策并非都能实现经济增长;债务的重新安排与基金组织和世界银行的贷款相联,而多方协作并非十分顺利;相对于巨大的外债规模,该计划提出的贷款额度只是杯水车薪,无法凑效。所以,贝克计划从未正式被官方所采纳。

2) 布雷迪计划

该计划是于1989年3月,美国财政部长尼古拉斯·布雷迪(Nicholas A. Brady)在华盛顿举行的国际经济研讨会上提出的减债方案。计划的核心内容是削减债务国的债务积累余额和减轻债务国支付利息的负担。具体内容是:

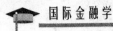

(1)商业银行削减发展中国家的债务,债权与债务双方根据市场原理,就削减累积债务余额和减轻利息负担达成协议,并付诸实施。

(2)债务国应继续实施以长期经济增长导向的调整改革,并采取措施来鼓励外逃资本的调回。

(3)多方减免债务国的债务负担,基金组织、世界银行和债权国政府应为削减债务本息提供资金支持。

(4)债务国政府和国际商业银行应继续对各自的债权进行重新安排,并继续为正在实施全面调整计划的债务提供新贷款。

与贝克计划不同,布雷迪计划将债务政策的重点从贝克计划的"增加新贷"转移到"宽减原有债务和偿债开支",而且承认国际债务问题是债务国偿付能力的危机,而非暂时的资金周转失灵。提出减免债务,主张把削减债务本息放在首位,而不是以往所主张的借债还债,所以,该方案受到债务国的较普遍欢迎,并在墨西哥、菲律宾、哥斯达黎加、委内瑞拉等国进行试验,所有这些国家经过一段时间,国内经济调整都取得显著进展,但具体的实施过程和减债协议因各国不同的国内经济环境而有所不同,但总的来说,布雷迪计划的初步尝试是成功的。

当然,布雷迪计划的全面实现也面临不少困难。首先,债务减免的程度和数量是实现该计划的关键,而债权银行是不会轻易让步的。其次,债务减免主要集中于本金减免,而近年来发展中国家每年的应偿本金和应付利息差不多,这在一定程度上削弱了该计划的作用。其三,减免债务的途径受债务国证券市场发育等条件的制约,一些债务国还不具备这些条件。

3. 菜单方案

菜单方案始于贝克计划时期,它所包含的许多金融创新方式在布雷迪计划中成为削减债务的重要手段。在国际金融市场上,不同类型的银行有着不同的目标,大银行希望继续留在拉丁美洲的市场上,从而愿意提供新的长期贷款,而小银行则希望尽快摆脱债务风险。金融创新给了债权银行一定的选择权,这在一定程度上有助于布雷迪计划的成功。

1)债务—股权转换(Debt-equity Swaps)

债务—股权转换的基本做法是:债权银行用折扣办法在债务国出售一笔对发展中国家企业提供的未清偿贷款,投资商按一定折扣买进该笔贷款凭证,并交给债务国中央银行,中央银行按市场汇率以本币偿还全部或大部分贷款面值,投资商在债务国利用当时本币获得一笔股权。可见,在这种转换中,债务国中央银行事实上是不良贷款的最终买家,并承担了大部分风险,而且债权国银行并不直接持有债务企业的股权,而由另外的投资者持有。1985 年,智利首先采用债务—股

第八章 国际金融危机

权转换计划来减少债务,此后,墨西哥、阿根廷、巴西等国相继采用。1985~1990年期间共有100多亿美元债务通过这种转换得以消除。

2) 债务—出口转换(Debt for Export Swaps)

这是指进口商从某债务国进口货物时在二级市场上按一定折扣用外币购买该债务的外国贷款债权,并付给债务国中央银行取得大部分贷款的面值本币,然后用本币支付给当地出口商。

3) 债务—自然环境转换(Debt for Nature Swaps)

这是指在政府机构和发展中国家之间,自然环境组织按折扣在二级市场上购买发展中国家欠外国的债务,以交换关于保护自然环境问题的政策承诺(如保护热带雨林),有时是直接捐赠给债务国政府,取得环境承诺,政府可用之还债。这种转换的数额不大,到1990年底,拉丁美洲只有9 000万美元的转换额,实际支付只有1 400万美元。

4) 债务交换(Debt Exchanges)

这是指以现存债务工具折扣交换以本币或外币计值的新债务工具。例如,新债权的面值可以比旧债权的面值打一个折扣,或者面值不变,但新债权规定的利率比旧债权低。1987年,墨西哥在美国政府和摩根银行的协助下制定了一项债务交换计划。墨西哥政府以20亿美元现金向美国财政部购买100亿美元利息为零、期限20年的国库券,并将其存入纽约联邦储备银行,作为墨西哥发行100亿美元新债券的担保。然后债权银行按50%的折扣,将对墨西哥的200亿美元旧债务转换成新债券。这样,墨西哥以较少的现金换回了较大的债务,缓解了债务负担。

5) 债务回购(Buyback)

债务回购是允许一些债务国按一定折扣以现金购回其债务。在回购活动中,一般需要债权银行免去贷款的某些条款,或重新安排债务协议,债务国可以使用以官方、国际组织或私人来源捐赠或借入的外汇回购其债务。

由于上述挽救债务危机方案的实施以及债权债务国政府、债权银行和国际组织的多方努力,发展中国家的债务问题暂时得到了缓和,局势基本上得到控制,危机本身并没有进一步恶化。但距债务危机的根本解决还相去甚远。事实上,20世纪90年代发展中国家外债的持续增加以及21世纪初以来一些拉美国家出现的金融动荡,说明解决发展中国家债务问题将是一个十分艰难和曲折的过程。

4. 解决债务问题的长期发展计划

债务危机的实质是一国债务负担超过了它的偿债能力,以上所讨论的各种创新的金融安排,实际上是旨在降低一国的债务负担,但从长期看,更好的解决办法是如何提高一国的负债能力,即提高一国的投资收益率。一种建议是,发达国家减少对发展中国家出口商品的贸易壁垒。但事实表明,问题的根源仍在于错误的国内政策,例如,规模庞大而又不切实际的长期建设项目,盲目的进口替代战略等,即使外部环境非常有利,这些计划也难以长期维持,更不用说持续的经济增长了。今天,在金融市场安排逐渐完善的同时,许多国家政府也采取了稳健和强劲的国内经济政策。世界银行的研究报告提出,以下四项政策是支持发展中国家经济长期增长的核心。

(1)人力资源投资。经济发展的必要条件是,对基础教育、基本的保健条件和家庭的足够支出。在许多国家,人力资源投资要求大量削减不必要的军费开支。

(2)改善企业经营环境。如果政府减少对工农业产品定价和市场进入的干预,而将精力集中于改善基础设施与制度安排(如法律制度),那么,经济增长率将会提高。

(3)开放的国际贸易和国际投资。发展中国家应大幅度降低关税和消除其他非关税的贸易壁垒,积极吸引外国直接投资。

(4)强有力的宏观经济政策,政府须保证低的通货膨胀率和低的财政赤字,并将汇率维持在一个合理的水平。以市场为基础的对国内储蓄和投资的激励是保证国内资源用于支持经济发展的重要条件。

对60个发展中国家的宏观分析研究表明,大量投资于教育并消除了经济扭曲的国家,GDP年均增长率达5.5%,而未采取上面两项措施的国家,GDP增长率只有3%。对1 200个银行融资项目的微观分析表明,投资收益率在外汇市场扭曲程度非常低的国家为18%,而在外汇市场扭曲程度高的国家只有8%。

总体来看,对国际债务危机的解决,需要良好的外部融资环境与恰当的国内经济发展政策相结合。

第三节 国际银行危机

一、银行危机的界定

(一)银行危机的判断标准

从本章第一节对银行危机的定义可知,银行危机实质是由于各种原因导致银行的流动性或清偿性的过度丧失所带来的金融恐慌。理论上讲,判断一个国家(地区)是否发生了银行危机,可依据以下几个标准:①依靠自身的资源难以支付到期债务;②出现了大规模的银行挤兑(Bank Runs);③大量银行倒闭;④政府大规模强制性援救。只要这四种情形中的任何一种出现,就可以认为发生了银行危机。

(二)银行危机的种类

银行危机有多种类型,主要有以下几种:

(1)按照危机的范围区分,银行危机可以分为单个银行危机和银行业危机。

前者是指某个特定银行的危机,是非系统性危机;后者则是指整个银行体系的危机,是系统性危机。单个银行危机往往容易演变为银行业危机。

(2)按照危机的性质区分,银行危机可以分为流动性危机和清偿力危机。

流动性危机是指银行无法以合理的价格从外部获得资金以支付到期债务。清偿力危机是指银行已陷入资不抵债的境地,已濒临破产清算的边缘。区分流动性危机和清偿力危机很重要,这是各国中央银行行使最后贷款人职能的标准。大多数国家中央银行只对暂时陷入流动性危机的银行予以救助,而对已经陷入清偿力危机的银行则一般放弃支持。

(3)按照危机的表现形态区分,银行危机可以分为财务危机和非财务危机。

财务危机主要是由于财务状况极度恶化所导致的危机;非财务危机则主要是由于财务之外的因素而导致的危机,如参与跨国洗钱等犯罪活动所带来的信誉危机等。

(4)按照危机与经济周期的关系区分,银行危机可以分为周期性危机和非周期性危机。

前者是指由于经济周期性的扩张和收缩而导致的银行危机,这种危机往往是系统性的。后者是指不具备经济周期性质的银行危机,多表现为非系统性危机。

(5)按照引致危机的因素区分,银行危机可以分为内生性危机和外生性危机。

内生性危机是由银行自身原因导致经营失败所产生的危机。外生性危机是指由于外生性因素所导致的银行危机,例如战争、经济危机、公众信心及其他不可抗拒等因素所带来的危机。

(三)银行危机的特征

1. 突发性

从表面上看,银行危机的形成是一个银行风险逐步累积的过程。受内外因素的影响,银行面临的各种风险逐步加大,盈利受损,资本金亏蚀,流动性问题逐步显现,最后超过了银行自身的承受力,酿成危机。但是从各国银行危机的发生来看,又确实具有突发性特点。这是因为:第一,银行业信息的不对称和不透明,往往容易掩盖事实的真相,从而延缓了问题的暴露;二是危机银行的所有者、管理者在问题出现时,往往存在道德风险增加的情况,为了挽回损失,极力掩盖真相或提供虚假的信息;三是银行业是一个高度依赖于公众信心生存的行业,在信息不对称的情况下,存款人个体的提取存款行为会很快演变成群体的非理性行为——挤兑,从而带来银行恐慌。银行危机形成的累积性和爆发的突然性往往使得监管当局措手不及,以至延误最佳处理时机,造成重大损失。

2. 传染性

传染性是银行危机最突出的特点。首先,现代金融业的发展,使得各家金融机构紧密相连,互为依存,金融机构之间存在密切而复杂的债权债务链条,一旦某家金融机构的金融资产价格发生贬损以致其不能保证正常的流动性头寸,则单个或局部的金融困难往往会通过支付清算系统、金融市场、存款人行为等各种渠道广泛传播,很快便演变成全局性金融动荡,其次,银行业信息不对称的存在,使存款人无法分辨好银行与坏银行,结果都一起挤兑,加大了传染性;再次,金融自由化、全球化、电子化和金融创新等进程的深入,客观上为银行危机更大范围、更快速度的传播提供了便利。

3. 周期性

银行业对经济具有很强的依赖性。受经济周期性因素的影响,银行的竞争程度、盈利水平、资产质量、生存环境也会产生周期性变化,从而导致银行危机也带有一定的周期性特点。在经济处于上升时期,银行资金来源与运用的矛盾相对缓和,盈利上升,抗御风险的能力提高,金融风险被暂时的景气所掩盖,公众的心态平稳,银行危机发生的概率也相对较小。在经济处于下降时期,各种矛盾逐步显现和加剧,影响金融机构安全性的因素逐渐增强,金融风险加大,发生银行危机的概率增加。银行在繁荣期内常常发放一些风险很大的贷款,而这些风险大的贷款到了萧条期就极易变成呆账。

4. 破坏性

现代市场经济的货币化、信用化、金融化程度不断提高,金融业在经济发展中的作用明显加大,在经济的发展中处于核心地位。银行作为金融体系中的主体,是国民经济活动的中枢和社会资本运动的中心,也是社会信用链条中的最重要和核心环节,一旦银行发生危机,整个社会的信用体系就会遭到破坏,不仅使银行体系陷入瘫痪,而且会对整个虚拟经济以及实体经济带来巨大冲击,造成全面经济衰退,甚至引发社会政治危机。

5. 自我强化性

银行危机爆发后,由于信用基础发生动摇而会呈自我强化的态势并愈演愈烈。一是金融资产随着时间推移加速恶化;二是公众信心加速受损;三是危机借助支付清算系统加速向同业扩散;四是危机银行的管理层"挽回损失"的冒险心态加速膨胀,更加倾向于从事风险活动,道德风险加速积累。

二、银行危机的产生原因

(一) 银行间的债权、债务链条是引起银行危机的基础原因

银行之间的债权、债务链条使一家银行出现经营失败,并可能会引起其他银行经营失败。由于银行是整个社会的支付与结算中枢,大量的支付与结算业务使银行与银行之间会产生债务关系,一家银行流动性资金如果不足,就会在同业之间进行拆借,同业拆借也是产生银行间债权、债务关系的重要原因。这样,一家大银行的失败可能会引起许多债权银行的资产损失,如果该笔损失占一家债权行的资产的比重较大,债权行就会失败;一家小银行的失败也可能会引起对其提供了较多资金的大银行的失败。银行间的债权、债务链条会使一家银行的失败,引起其他银行的失败,进而引起更多的银行失败,银行危机爆发。如果大多数银行把对一家银行的债权控制在相对较小的数额内,整个银行业的资产质量较高,银行失败引起银行危机的概率就较小。

(二) 存款人的挤兑是引起银行危机的直接原因

在没有存款保险制度的情况下,一家银行的经营失败会引起存款人对该银行的挤兑;而信息不充分使存款人无法区别健全的银行与不健全的银行,于是对其他银行的挤兑就是存款人理性的经济行为。对所有或大多数银行的挤兑使整个货币市场的流动性紧张,可能会导致多家银行停止支付,于是爆发银行危机。

(三) 银行业的"过度借贷综合征"是引起银行危机的内在原因

迫于竞争的压力,各家银行都可能存在着"过度放贷综合征"。美国经济学家麦金农指出,20世纪70年代和80年代初,以阿根廷、智利、乌拉圭为代表,几乎所有欠发达国家商业银行都借贷过度,陷入了债务危机的泥潭。银行家们之所以会犯同样的过度放贷的错误,是由于银行家们过度追求效用最大化。而银行家的效用是由银行的盈利水平决定的,那么银行家的全部决策都会以盈利为目标,利

润愈高,银行家愈满意。但是,任何决策都有一定的不确定性,银行家所作出的决策如果能使银行获利,其效用就会得到提高;如果使银行亏损,银行家的报酬就会降低,甚至可能被解雇,这样银行家的满意度就很低。

实际上银行家的效用不仅取决于银行的盈亏,还取决于银行所有者(委托人)的评价。委托人在评价银行家时,主要是将他的经营成果和其他的银行家进行比较,如果其他银行亏损,即使被评价的银行家也出现亏损,委托人也不会降低对他的评价,这意味着与其他银行家采取一致的行动,即使决策失败,银行家也可以维持其效用水平;如果盈利的话,银行家的效用更不会下降。考虑到委托人的评价,银行家在做决策时,除非有很大把握才会作出独立的决策,否则他总是采取与其他银行家相一致的经营决策。结果就出现了许多银行同时对一个国家或地区提供过度贷款的情况,并可能出现许多银行同时失败的情况。银行家既是经济人,又是社会人。在决策风险相同的情况下,即使不存在委托人的评价,银行家也会考虑到银行家市场对他的评价,而采取与其他银行家相同的决策。这便是银行业存在"过度放贷综合征"的原因。

(四)系统性风险是引起银行危机的外部原因

利率风险、汇率风险、通货膨胀风险和政策风险都是系统性的,都会对整个银行业产生影响。如果一家银行由于利率风险或汇率风险的头寸过大而破产,相应的风险也会打击其他银行,使整个银行体系脆弱性增加,爆发银行危机的可能性大大提高。

一家银行的经营失败之所以会引发银行危机,或者许多银行之所以同时出现经营失败,原因就在于上述四个方面。存款保险制度消除了储蓄者的挤兑使以流动性短缺为特征的银行失败减少。但银行的过度放贷导致银行资产组合的质量较低,以清偿力不足为特征的银行失败增加。银行失败会引起银行危机,反过来银行危机也会使银行失败的可能性提高。一旦银行危机爆发会使利率急剧上升、存款人的储蓄倾向降低、借款人的财务状况变得脆弱,因而银行获得资金的成本提高、资金的来源减少,同时银行的资产价格下跌。这样,银行经营失败的可能性就会大幅度提高。

三、世界历次重要银行危机概览

(1)1346~1347年,英国银行危机,英王爱德华三世拒绝偿付银行债务。
(2)1522年,意大利银行危机,意大利银行业走向衰落。
(3)1557年,法国和西班牙银行危机,两国国王拒绝还债。

第八章 国际金融危机

(4)1636年,荷兰郁金香球茎狂热。
(5)1667年,英国银行危机,发生对金匠银行挤兑事件。
(6)1720年,"密西西比泡沫"与"南海泡沫"破裂。
(7)1772年,英国、荷兰银行危机。
(8)1836年,英国、美国银行危机。
(9)1873年,美国、德国、奥地利银行危机。
(10)1890年,英国巴林银行危机。
(11)1929~1933年,世界经济大萧条。
(12)1973~1974年,英国次级银行危机。
(13)1974年6月,德国赫斯塔特银行倒闭。
(14)1974年10月,美国富兰克林银行倒闭。
(15)1977~1983年,西班牙银行危机,109家银行中48家倒闭。
(16)1980~1982年,阿根廷银行危机,1980年不良贷款比率为9%,关闭168家金融机构。
(17)1981~1987年,智利银行危机,1983年底,19%的贷款为银行不良贷款。
(18)1982~1987年,菲律宾银行危机,1986年的不良贷款比率为19%。
(19)1982年,墨西哥债务危机,政府接管私人银行。
(20)1980~1992年,美国有1 142家储贷协会和1 395家银行破产。
(21)1983~1987年,泰国银行危机,不良资产比率为15%,15家金融公司破产。
(22)1987~1994年,北欧的挪威、丹麦、瑞典、芬兰出现银行危机。
(23)1989~1990年,阿根廷银行体系的不良资产比重为27%,已倒闭的银行拥有金融体系总资产的40%。
(24)1990~2000年,日本有超过35家金融机构破产,不良贷款数额超过100万亿日元。
(25)1992年,欧洲货币体系危机。
(26)1994~1995年,墨西哥金融危机,1995年12月不良贷款的比率为12%。
(27)1995年1~9月,阿根廷银行危机,205家金融机构中的45家被关闭或合并。
(28)1995年,英国巴林银行倒闭。
(29)1997~1998年,亚洲金融危机。泰国银行的不良资产比率约为46%,关闭56家金融机构;菲律宾关闭4家商业银行、5家储蓄银行;韩国关闭5家商业银行、10家商人银行,政府接管韩国第一银行、汉城银行,银行系统的不良贷款比率超过25%;印度尼西亚的不良贷款比率在30%以上,关闭15家金融机构;马来西亚的不良贷款比率约15%。

(30)2007年1月~2010年12月,受次贷危机影响,美国已有325家银行倒闭。其中,2008年9月,华盛顿互惠银行倒闭,成为美国历史上规模最大的一次银行倒闭。截至2010年9月30日,美国联邦储蓄保险公司登记的经营困难银行数量达到860家。

四、危机银行的救助

银行危机处置主要包括两方面的内容:一是对危机银行如何做出合理安排,即金融监管当局对危机银行进行救助还是对危机银行做出市场退出安排;二是对危机银行的债权债务如何处置。

(一)救助与市场退出的利弊

救助与市场退出是银行危机处置的两种基本方式。救助方式一般倾向于在维持原有银行法人资格不变的条件下,采取各种流量和存量的办法支持其走出危机。市场退出倾向于取消危机机构的法人资格,包括关闭、并购、破产清算等方式。在实践中,两种方式各有利弊,也各有不同的适用条件和经济后果,要求金融监管当局进行权衡。表8.8列出了两种处置方式的优缺点的对比。

表8.8 救助与市场退出的优缺点对比

	优 点	缺 点
救助	①救助的交易成本低于关闭银行的成本。如果能通过救助使银行走出危机,所需的成本往往低于破产成本,为存款保险基金节省资金;②救助提供了一种机制,将贷款和其他资产保持在原银行系统内,因为原有的借款人仍与原银行保持交易关系,而不是与破产清算人打交道;③救助方式可以保持银行服务的连续性,将银行危机的不良影响降到最低程度	①救助方式允许较弱的机构继续经营,并与其他没有接受救助的银行展开竞争,有违公平竞争的市场法则;②救助方式对危机银行的股东及债权人提供了较多的保护,助长了道德风险,削弱了市场纪律;③受救助的对象多为规模较大的银行,具有不公平性,容易招致中小银行的反感;④在一些救助交易中,兼并者享受到税收优惠,损害了纳税人的利益

(续)表8.8

	优　点	缺　点
市场退出	①有利于优化资源配置和金融结构；②有利于维护公平竞争秩序；③有助于彻底解决风险问题；④有利于提高风险意识，加强市场纪律和防止道德风险	①市场退出的直接成本和间接成本较大；②容易伤害公众对银行体系的信心；③金融介入功能消失，不利于经济发展

资料来源：胡日东，赵林海.国际金融理论与实务[M].北京：清华大学出版社，2010：150.

（二）救助的资金安排

银行危机，不论形成的原因怎样，最终大多表现为流动性或清偿力的丧失，因此，对于危机银行的处理，救助资金的安排显得十分关键。纵观世界各国的情况，一般有以下几种安排：

1. 银行自筹资金

对于盈利机制没有受到根本破坏的危机银行而言，可以通过改善银行管理，依靠自身未来的现金流，逐步弥补损失，充实资本，恢复实力。如1998年初，泰国中央银行规定，从1998年7月1日起，银行必须提取50%的呆账准备金和20%的不合格贷款准备金，并宣布各家银行必须在8月提交增资计划，否则中央银行将介入干预，因此大城银行、盘古银行、泰华农民银行等纷纷增资扩股。这种做法一般适用于本身经营状况较好，但是受到传染而导致银行危机的情况。但在大多数情况下，这种做法的空间都较小。

2. 中央银行出资

中央银行一个重要的职能是充当最后贷款人，面对陷入流动性危机的金融机构，各国银行法都规定，中央银行有权利或义务提供紧急的资金援助。中央银行一般通过抵押贷款、票据贴现、短期透支等方式帮助危机银行解决暂时流动性困难。但中央银行的救助是有限度的，一般只针对陷入临时的流动性危机的银行，对于那些陷入清算、破产境地的银行则不能给予支持。

3. 政府出资

政府筹措大批资金，向支付困难的银行注资，以解燃眉之急。例如，1993年法国政府注资35亿法国法郎救助里昂信贷银行。次贷危机发生后，美国政府向花旗集团、摩根大通公司、美国银行、富国银行、高盛集团、摩根士丹利、纽约银行和道富银行等9家商业银行注资2500亿美元。政府筹集资金有两种渠道：一是直接动用现有财政资金；二是发行国债。

4. 股东出资

一是要求原有的股东出资。例如,1996年4月,日本太平洋银行由于经营不善而发生危机。大藏省和日本银行决定由它的四大股东——日本樱花银行、富士银行、东海银行、三和银行予以资助。二是面向国内外吸纳新的股东,通过增资扩股解决。东亚金融危机之后,为了解决银行危机所带来的不良资产问题,一些国家,如日本、韩国都开放了长期以来封闭的金融市场,允许国外的投资者参股、收购国内的金融机构。开放市场有助于增加解决银行危机的资金来源,也有助于通过合理的竞争,改善国内银行的治理结构。

5. 银行同业出资

例如,奥地利所有储蓄银行合资建立了储蓄银行中央机构,一旦某家储蓄银行陷入困境,中央机构会要求所有成员银行对其提供资金帮助。

6. 存款保险体系的支持

对于建立了存款保险体系的国家,存款保险公司也对金融机构流动性问题负责。如美国联邦存款保险公司只要认定直接的资金救助能够避免该银行倒闭的危险,该银行在社会上有举足轻重的地位和作用,且这种资金支持能够减少保险公司的损失时,就可以直接对那些陷入困境的银行提供资金支持。

第四节 国际货币危机

一、货币危机的传导

在金融全球化背景下,一国爆发货币危机之后,往往迅速蔓延到其他国家。那些与危机发生国经济联系密切、经济结构和发展特征相近以及严重依赖外资的国家最容易受到波及。货币危机主要通过三条途径在国际间传导。

(一) 贸易流动及竞争力效应

贸易流动及竞争力效应主要作用于两类国家。一类是与危机国在出口市场存在竞争的国家。爆发货币危机的国家货币贬值,其他国家实际有效汇率上升,面临很大的出口竞争压力。另一类是出口市场主要集中于危机国的国家。本币贬值导致危机国家进口能力下降,导致受影响国家出口困难。货币危机影响这两类国家的贸易收支情况,造成这些国家收支恶化,市场上出现对这些国家货币贬值的预期,可能形成对这些国家的投机冲击。

（二）唤醒效应

唤醒效应是指投资者受到货币危机的震动，开始重新评价投资国的投资环境。该效应主要作用于那些与危机国家经济结构和发展模式相似的国家，一些与危机国家经济联系密切的国家也会受到"唤醒效应"的影响。一般来说，在危机爆发前，这些国家都经历过一次外国私人资本流入的高潮，外国投资者被市场显示的收益水平吸引，大量购买这些国家的财产。货币危机以极端破坏性的方式暴露了一国经济中的种种缺陷，投资者很自然地推断其他与之相似的国家也有相同或相似的问题，于是，他们会减少或撤出在这些国家的投资。投资者投资方向的改变会直接影响这些国家的国际收支状况。这时的市场信心由于货币危机的打击，已经非常脆弱，国外投资者改变投资决策会加强贬值预期，出现"羊群效应"，货币危机因此而蔓延。

（三）流动性效应

流动性效应是通过各国间的金融联系发生作用的。在危机冲击下，一国资产价值大幅降低，外部融资机会减少，该国的支付和偿债能力在危机期间及危机以后的一段时期内都很弱。如果一个国家的金融机构和企业在危机国家拥有大量债权，那么，这些机构和企业就可能因为不能按期收回债务而陷入流动性不足的困境。在金融市场一体化的今天，部分金融机构的流动性欠缺会产生连锁反应。当经济的流动性不足、支付能力缺乏时，经济的正常运作受到影响，市场对这些受影响国家的资产价值的预期就变得不乐观。当市场投资者决定减持这些资产时，资本流出可能引发货币危机。

二、几次重大货币危机回顾

（一）欧洲货币体系危机（1992～1993年）

1989年11月，东西德实现统一。统一之后的德国政府为了消除东西部经济发展差距，实施了一整套引起经济失衡的发展政策，导致通货膨胀上升。为了抑制通胀，德国中央银行不顾欧共体其他成员的经济衰退，单方面提高利率，导致汇率机制内部其他成员国陷入两难选择：若要维持其货币与马克和欧洲货币单位的固定比价，就必须调高利率；若要通过降低利率来刺激本国经济复苏，又必须被迫使其货币对马克贬值。1992年9月13日，英国和意大利首先抵挡不住外汇市场的强大压力，宣布英镑和里拉"暂时"退出欧洲货币体系的汇率机制，由此酿成欧洲货币体系史上著名的"九月危机"。此后几个月中,西班牙比赛塔和法国法郎也先后遭到冲击,被迫"暂时"退出欧洲货币体系的汇率机制或对马克大幅度贬值,从而使欧洲货币体系的汇率机制遭受沉重打击。这场危机因德国高利率的延续一直持续到1993年夏,不仅导致欧共体经济增长在1993年放缓,而且严重阻碍了欧洲经济与货币一体化的进展,在很大程度上动摇了欧共体经济货币一体化的信心。

(二)东南亚货币危机(1997~1998年)

1997年5月,泰国外汇市场出现大量抛售泰铢、买入美元的风潮。为维护固定汇率制,泰国中央银行动用有限的外汇储备买入本币、抛出美元,但终因外汇储备耗尽而未能达到目的,即于7月2日宣布放弃实行14年之久的本币与美元挂钩的相对固定汇率制。以后几个月内,危机迅速蔓延至周边国家及地区。7~10月,菲律宾、马来西亚、印尼等国及中国香港和台湾地区均受到危机的冲击;11月,危机波及韩国、日本,演变成地区性货币危机,甚至传导至欧洲和美洲,造成10月底全球股市下跌。1997年7月至1998年1月,东南亚各国和地区的汇率急剧下跌,此次危机导致东南亚国家经济严重衰退,政局不稳和社会动荡,国家经济主权受到冲击,世界经济受到沉重打击。

东南亚货币危机的发生不是偶然的,它是一系列因素共同促成的必然结果。从外部原因看,是国际投资的巨大冲击以及由此引起的外资撤离。据统计,危机期间,撤离东南亚国家和地区的外资高达400亿美元。当然,引发这次东南亚货币危机的最根本原因还是在于这些国家和地区内部经济的矛盾性。东南亚国家和地区是当时世界经济增长最快的地区之一。但在经济快速增长的同时也暴露出许多严重的问题:①以出口为导向的劳动密集型工业发展的优势,随着劳动力成本的提高和市场竞争的加剧正在下降。而东南亚国家和地区经济增长方式和经济结构未做适时有效的调整,致使竞争力下降,对外出口增长缓慢,造成经常项目赤字居高不下。比如1996年,泰国国际收支经常项目赤字为230亿美元,韩国高达237亿美元。②银行贷款过分宽松,房地产投资偏大,商品房空置率上升,银行呆账、坏账等不良资产日益膨胀。泰国金融机构出现严重的现金周转问题,韩国数家大型企业资不抵债宣告破产,日本数家金融机构倒闭,印度尼西亚更是信用危机加剧。这些经济因素从各个方面影响了汇市和股市。③经济增长过分依赖外资,大量引进外资并导致外债加重。泰国外债1992年为200亿美元,1997年货币贬值前已达860亿美元,韩国外债更是高达1 500亿美元。④汇率制度僵化。在美元对国际主要货币有较大升值的情况下,东南亚国家和地区的汇率未做

第八章 国际金融危机

调整,从而出现高估的现象,加剧了产品价格上涨和出口锐减。这必然引起这些国家和地区货币贬值。而货币贬值又导致了偿还外债的能力进一步下降,通货膨胀压力加剧,从而促使股市下跌。⑤在开放条件和应变能力尚不充分的情况下,过早地开放金融市场,盲目加入国际金融一体化,当国际游资乘机兴风作浪时,一些国家和地区无力抵抗。

(三)阿根廷货币危机(2001年)

自第二次世界大战后,阿根廷一直遭受货币危机的困扰。1991年实行货币局制度以来,阿根廷有效遏制了通货膨胀,通货膨胀从1989年的5000%下降到1994年的4%,并且1991~1994年经济连续增长。这部分归功于当时美元低利率导致的大量资本流入阿根廷和1989年的布莱迪计划。1994年,美国采取紧缩性货币政策,国际资本市场利率上升,比索币值严重高估,导致阿根廷出口乏力,外汇储备锐减。同时受墨西哥金融危机的影响,大量资本外逃。投资者将比索兑换成美元,造成外汇储备流失。从1995年二季度开始,阿根廷经济出现负增长。此后,梅内姆政府继续大力推行紧缩计划和反通胀计划,维持比索与美元的固定汇率。由于死守固定汇率,中央银行只能根据外汇储备发行等量的本币,无法实行扩张性货币政策,经济迟迟难以回暖。到了2001年,阿根廷金融形势不断恶化,终于在7月爆发危机,证券市场发生空前规模的动荡,主要股票指数和公共债券价格暴跌,国家风险指数猛升至1 700点以上,资金大量外流,国际储备和银行储蓄严重下降,政府财政赤字规模扩大。由于财政收入大幅下降,阿根廷政府实际上已无力偿付债务和支付政府工作人员的工资。2001年12月24日,政府宣布停止支付总值1 320亿美元的债务,成为世界有史以来最大的倒债国。之后,其连锁反应一直不断、且愈演愈烈,使整个拉丁美洲陷入金融动荡的漩涡当中,直至乌拉圭、巴西告急最终震动全球。据阿根廷政府2002年8月公布的报告,2002年上半年,阿根廷股票市值从333.84亿美元降至126.85亿美元,阿根廷政府被迫放弃了以美元为发行准备的货币局制度。同时,乌拉圭中央银行也放弃了钉住美元的汇率制度,墨西哥比索则累计贬值了10%,股市也出现大幅下挫。

(四)美国次贷危机(2007年~)

肆虐全球的美国次贷危机是继1929~1933年金融危机之后的一次百年一遇的金融大震荡。这场危机从2006年底次贷危机初现端倪,经过2007年4月美国新世纪金融公司破产、6月的次级债与衍生品市场的恐慌性抛售、年底一些国际金融大鳄爆出巨亏、2008年3月美国第五大投资银行贝尔斯登破产、7月"两房"

(房地美和房利美)被接管及 9 月雷曼兄弟、美林、AIG(美国国际保险集团)、盛顿互惠银行等大金融机构破产倒闭、被收购和 10 月的全球股市共振等数次冲击波的冲击,各国政府联合救市,最终演变为一场名副其实的全球性金融风暴。据报道,因金融危机影响,2008 年美国股市蒸发 7.3 万亿美元,全球股市蒸发 17 万亿美元,2009 年 1 月全球股市蒸发 5.1 万亿美元,国际货币基金组织将 2009 年全球经济增幅预期调低到 0.5%。

1. 何谓次贷危机

次贷危机又称次级抵押贷款危机或次级债券危机。它是因美国次级抵押贷款机构破产、投资银行和商业银行被迫关闭、股市剧烈震荡引起的金融风暴。

美国拥有一个庞大而发达的住房金融体系,住宅抵押贷款主要由专门的抵押贷款机构经营。住宅抵押贷款机构在发放房屋抵押贷款时,采用 FICO 信用分析系统对借款人信用评分,根据借款人的信用评级结果,将住房抵押贷款分为三类:一是优质抵押贷款,一般是面向信用等级高,信用评级分数在 680 分以上,收入稳定,还款有保障的优质贷款购房人,这些人主要是选用最为传统的 30 年或 15 年固定利率进行按揭贷款。二是接近优级(Near-prime),全称是 AlternativeA 贷款(简称 Alt-A 贷款),这类贷款的信用评级分数一般在 620~680 分,包括信用记录不错或很好,但缺少或完全没有固定收入、存款、资产等合法证明文件的借款人。Alt-A 贷款利率比优质贷款高 1%~2%。三是次级抵押贷款,一般是向信用分数低于 620 分、收入证明缺失、还款能力差、负债较重的贷款购房人发放的住房抵押贷款。

2. 美国次贷危机的演变过程

从危机发生、发展的全过程看,美国次贷危机大体经历了以下几个阶段:

第一阶段:信贷危机(2006 年底~2007 年 6 月)。自 2006 年底开始,美国国债市场和股市出现大幅波动,同时先后有 20 多家中小抵押贷款机构申请破产。2007 年 4 月 2 日,美国第二大抵押贷款公司——新世纪金融公司申请破产保护,标志着次贷危机爆发。在此阶段,次级贷款违约率不断上升。2006 年底,次贷违约率高达 10.5%,2008 年 2 月,骤升至 32:92%。受次级贷款牵连,优质贷款和信用卡违约率也大幅上升,Alt-A 贷款违约率翻了数倍;优质贷款的违约率翻了 1 倍。随着次级贷款和优质贷款违约率大幅上升,信贷市场严重恶化,许多金融机构提高了信贷审查标准,不仅把一些风险较高的次级贷款申请拒之门外,而且为防止资金链断裂,把一些信用标准很好的高质量贷款也拒之门外,导致贷款紧缩,信贷危机愈演愈烈。

第二阶段:次贷债券危机(2007 年 6 月~2008 年 3 月)。该阶段以次贷债券危机为主要表现形式,并辅之以银行业危机。2007 年 6 月,美国第五大投行贝尔斯登旗下两只对冲基金因投资债务抵押担保证券(CDO)损失惨重。7 月起,全球三大信用评级机构穆迪、标准普尔和惠誉调低部分次级债券的信用评级,引发恐慌性抛售,市场加速下跌,使危机传递至对冲基金、投资基金和商业票据市场。在这一阶段,建立在次级贷款基础上、通过复杂的资产证券化手段打包而成的各种次级债券大幅缩水甚至一文不值,给大型金融机构带来灾难性打击。美林、花旗、瑞银、汇丰以及日本的金融集团相继爆出数百亿美元巨亏,一些大型金融公司甚至陷入破产倒闭。

第三阶段:金融机构危机(2008 年 3 月～2008 年 9 月)。2008 年 3 月,贝尔斯登宣布破产并被摩根大通收购,标志着新一轮银行危机的开始。9 月,第四大投行雷曼兄弟提出申请破产保护,第三大投行美林公司被美国银行收购。短短半年时间,美国五大投行中的三大投行轰然倒塌。居全球第一、第二的高盛和摩根斯坦利则同时改型为银行控股公司,标志着美国传统投行模式的终结。美国商业银行业也再掀破产浪潮,截至 2008 年 10 月,美国已有 12 家银行破产。其中,具有近 120 年历史、总资产额达 3 070 亿美元的全美最大储蓄机构——华盛顿互惠银行破产,成为美国有史以来规模最大的一庄银行倒闭案,同时还有 100 多家银行出现在问题银行名单上。一些大型非银行金融机构也卷入危机之中:美国"两房"被美国政府接管,全球最大保险机构——美国国际保险集团(AIG)因流动性危机也被美国政府接管。

第四阶段:全球性金融危机(2008 年 9 月开始)。随着美国各大金融机构的破产、被收购和被接管,美国金融危机犹如脱缰野马,迅速演变为全球性金融危机。具体表现为:一是全球股市遭遇重挫。至 2008 年 9 月中旬,美国三大股指跌幅达 20%左右,欧洲三大股指跌幅达 25%左右,以日经、香港为代表的亚洲主要股指下跌三分之一以上。仅 10 月 6 日至 10 日的"黑色一周"中,道琼斯工业指数和标准普尔指数重挫逾 18%,纳斯达克指数大跌 15.3%,欧洲三大股指跌幅均超过 20%,恒生与日经指数分别下跌 16%和 24%。俄罗斯、墨西哥以及亚洲部分新兴市场国家和地区均因股市跌幅过大而一度停止交易。据估计,全球股票市值在短短一周内蒸发 6 万亿美元。二是不少国家面临严重金融危机,如北欧小国冰岛陷入金融动荡,其本币汇率一度贬值超过 50%,股票市场连续 3 个交易日停牌,银行债务达到其经济总量的 12 倍,面临国家破产的风险;俄罗斯在 8～9 月共有 330 亿美元资金撤离,其股市因波动过大多次暂停交易;在东欧,匈牙利和乌克兰先后向 IMF 发出援助请求,立陶宛、拉脱维亚和爱沙尼亚三国则面临国家银行体系崩溃的威胁。

3. 美国次贷危机的特点

自 20 世纪 30 年代大萧条以来,全球共发生了 7 次大规模的经济金融危机,但本次金融危机的深度和波及范围显著超越以往,具有以下几个特点:

(1) 突发性。危机发生前没有足够的征兆,美国金融市场和监管当局也未能及早发出预警,金融市场的流动性和信用度在瞬间发生逆转。2007 年 5 月,美联储主席伯南克在国会作证时还认为"次贷危机已经得到了控制"、"不会对其他经济领域或整个金融体系造成严重影响"。金融危机的突发性及应对失当导致了危机不断恶化。

(2) 复杂性。此次危机不仅呈现出信贷、债券、金融机构等诸多危机形态,而且危机所涉及的资产证券化及某些杠杆工具的创新属于新兴金融产品,并不为广大投资者所理解,甚至连一些专业金融人士和监管者也难以窥其奥妙。此外,银行表外业务和金融衍生交易的发展及金融市场一体化,进一步加剧了对于此次危机识别和救援的难度。

(3) 系统性。本次金融危机从一开始就是金融市场的系统性风险。从次级贷款机构到信用卡公司,从投资银行到商业银行,从银行金融机构到非银行金融机构,都被卷进危机漩涡之中。

(4) 持续性。这次金融危机从 2007 年 4 月爆发以来,影响日益加深且持续时间很长,至今全球经济尚未摆脱危机的影响。因为这次危机源于房地产市场价格的波动,而房价调整则是一个漫长的过程,公众消费信心的提振也会比较缓慢,消费疲软使本次危机持续的时间很长,经济运行将呈现出与以往 V 型曲线不同的扁 U 型曲线,处于低谷的时间将更为漫长。

(5) 灾难性。本次危机蔓延速度之快、波及范围之广、危害程度之大,前所未有。金融危机不仅波及全球金融业,也直接影响到各国的实体经济,西方主要发达国家的多次联手干预都未能奏效,主要经济体经济迅速下滑,陷入衰退的境地。

4. 美国次贷危机爆发的原因

这次美国金融危机爆发的原因错综复杂,归结起来主要有以下几个方面:

1) 金融机构方面的原因

(1) 忽视贷款风险、次贷过滥。面对火爆的房地产市场,抵押贷款机构降低一切贷款门槛,置风险于不顾,将抵押贷款推向那些不具备基本贷款条件的客户。有些贷款机构甚至推出了"零首付"、"零文件"贷款。次级贷款的迅猛发展在加剧房地产市场泡抹的同时,也为日后金融危机的爆发埋下了巨大隐患。

(2) 衍生金融产品开发过滥、交易过乱加剧了金融泡沫膨胀和风险积聚。以资产证券化为代表的金融创新工具被过度滥用,导致市场约束机制失灵,是此次危机的真正元凶。首先,投资银行等机构在次贷基础上设计出初级衍生金融产品抵押贷款支持债券 MBS,根据 MBS 出现违约的概率,再设计出两种第二级金融衍生品 CDO。然后在大量 CDO 产品的基础上,投资银行又进行了两个方向的产品设计:一是以 CDO 为基础资产设计出"CDO 平方"、"CDO 立方"等,其共同特点在于实现杠杆效应;另一个方向是设计出信用违约掉期 CDS,其作用在于寻找对手公司对次贷衍生品投保,从而将次贷衍生品的违约风险进一步分散,并在此基础上提高次贷衍生品的信用评级。2006 年,美国债券市场的 MBS 达到 6.1 万亿美元,CDO 发行总规模将近 2 万亿美元,CDS 的名义市值在 2007 年达到 62 万亿美元,相当于全球 GDP 水平。

(3)杠杆率过高。华尔街投资银行之所以纷纷倒闭,一个重要原因就是它们的高杠杆盈利模式的内在缺陷,以及脱离风险控制的狂热与贪婪。华尔街投资银行的杠杆率均在 30 左右,如果算上结构性工具,杠杆倍数高达 50~60 倍。而其资本充足率仅为 1%~2%。在如此高的杠杆率下,一旦房市泡沫破裂,出现严重违约,巨额亏损就不可避免。

(4)投机气氛过浓。火爆的房地产需求大大激发了市场参与者的投机心理,投资银行将次级贷款通过层层打包成的各种次级债及其衍生品,受到其他金融机构的追捧。由于金融机构的行为建立在预期房地产价格上涨的基础上,一旦市场发生逆转,链条出现断裂,危机爆发就不可避免。

2) 市场层面的原因

(1)房地产市场过热。从某种程度上讲,美国次贷危机源于房地产市场空前繁荣,进而导致次级抵押贷款规模疯狂扩张。2000~2006 年间,全美房价急剧上涨;借款人感到次级贷款有利可图,从而贷款人、借款人和投资者开始丧失理智。这些都为危机的发生播下了种子。

(2)市场利率过低。以 2001 年到 2004 年 6 月,美联储连续降息 13 次,将联邦基金利率从 6.5%一直降到 1%的超低水平。长期的低利率造成了市场流动性过剩,推动了房贷需求及房价上涨,次级贷款泛滥,房地产泡沫日趋严重。2004~2006 年,美国连续 17 次加息,联邦基金利率从 1%提升到 5.25%。其影响是多重的:一是利率上升导致企业融资成本增加,经济增长放缓,进而房地产价格下降;二是次级借款人还款负担增加,甚至失去还款能力,进而违约率上升;三是抵押贷款机构因借款人违约出现大量亏损,引发次贷危机;四是房价缩水、次贷质量下降导致以次贷支持的证券及其衍生产品市场波动,价格下跌,引起投资者恐慌。

3) 经济层面的原因

(1)经济增长依赖过度消费。长期以来,美国通过过度消费支撑和刺激经济,在创造繁荣的同时,积聚了财政赤字、贸易逆差、资产价格飙升、过度借贷、投机资金泛滥等大量的金融风险和经济泡沫,最终促使风险爆发和泡沫破灭。例如,从1913 年到 2001 年的 87 年中,美国累积了 6 万亿美元国债,2001~2006 年的短短 5 年间又增加了 3 万亿美元,达到 8.6 万亿美元,仅每年的付息就高达 4 000 亿美元。如果再将各州的债务加起来,美国总债务高达 44 万亿美元,人均负债 15 万美元,每年支付利息 2.2 万亿美元,几乎等于联邦政府一年的财政收入。

(2)虚拟经济严重脱离实体经济。美国经济最大的特点是虚拟经济,经济体高度依赖虚拟资本的循环来创造利润。虚拟经济本身并不创造价值,但可以无限放大金融资产,被放大的资产反过来又可以扩张信用。一旦预期出现问题,势必引起虚拟经济崩溃,极大摧毁信用市场和金融体系,进而对实体经济造成毁灭性打击。例如:现在全球衍生金融工具总市值估算超过 680 万亿美元,而全球的 GDP 还不到 60 万亿美元。美国的各种实物类贷款不到 20 万亿的规模,但衍生金融产品的规模却达到了 400 万亿美元。

4) 国际原因

(1)美元"一币独大"导致全球金融失衡。第二次世界大战以后,以美国为主导的国际货币体系,奠定了美元作为核心货币和世界储备货币的霸主地位,形成了许多国家对美元的依赖。使得各国许多金融机构甚至政府都将资金投向高度泡沫化美国金融市场。

(2)投资者对美国市场环境的过分乐观。美国金融市场的影响力和投资市场的开放性,吸引了不仅来自美国本土的投资者,也吸引了世界各国的投资者,从而使得需求更加兴旺。全球各国主要商业银行和投资银行均参与了美国次级房贷衍生产品的投资,金额巨大,使得危机发生后,影响波及全球金融体系。

三、货币危机理论

20 世纪 70 年代中期之前,金本位制度及布雷顿森林体系下的金融市场总体上比较稳定,严格意义上的货币危机比较少见,因此这一阶段西方经济学界对货币危机的研究是零散的。20 世纪 70 年代末以来,由于金融危机频繁爆发,有关货币危机的文献大量增加,在此后约 20 年的时间里,产生了四代货币危机模型:第一代货币危机模型认为金融危机主要源于经济基本面的恶化,可以用以解释 20 世纪 80 年代拉美国家的金融危机。第二代货币危机模型用于解释 90 年代的欧洲货币体系危机,认为货币危机与投机者预期的突然变化有关,而与经济基本面关系不大,货币危机具有自我实现(self-fulfilling)的特点。1997 年的亚洲金融危机催生了第三代货币危机模型。在此基础上,克鲁格曼(Krugman)等人又提出了一些新的解释,认为如果本国企业部门的外债水平很高,出现危机的可能性就越大,由此形成了第四代金融危机模型。

(一)第一代货币危机模型

第一代货币危机模型于 1979 年由克鲁格曼首创,1984 年被弗勒德(Flood)、伽伯(Garber)等人完善。

第一代货币危机模型认为,扩张性的宏观经济政策导致了巨额财政赤字,为了弥补财政赤字,政府只好增加货币供给量,同时为了维持汇率稳定而不断抛出外汇储备,一旦外汇储备减少到某一临界点,投机者会对该国货币发起冲击,在短期内将该国外汇储备消耗殆尽,政府要么让汇率浮动,要么让本币贬值,最后,固定汇率制度崩溃,货币危机发生。弗勒德、伽伯等人后来对其进行了改进和完善,最终形成了第一代货币危机理论。该理论从一国经济的基本面解释了货币危机的根源在于经济内部均衡和外部均衡的冲突,如果一国外汇储备不够充足,财政赤字的持续货币化会导致固定汇率制度的崩溃并最终引发货币危机。当宏观经济状况不断恶化时,危机的发生是合理的而且是不可避免的。它比较成功地解释了 20 世纪 70~80 年代的拉美国家债务危机。

(二)第二代货币危机模型

1992 年,英镑危机发生,当时英国不仅拥有大量的外汇储备(德国马克),而且其财政赤字也未出现与其稳定汇率不和谐的情况。第一代货币危机理论无法对其作出合理解释,经济学家开始从其他方面寻找危机发生的原因,逐渐形成第二代货币危机理论。最具代表性的二代货币危机模型是由奥布斯菲尔德(Obstfeld)于 1994 年提出的。他在寻找危机发生的原因时强调了危机的自我促成的性质,引入了博弈论,关注政府与市场交易主体之间的行为博弈。奥布斯菲尔德在 Models of Currency Crisis with Self-fulflling Features 一文中设计了一个博弈模型,说明了动态博弈下自我实现危机模型的特点,并呈现出"多重均衡"性质。该模型认为,一国政府在制定经济政策时存在多重目标,经济政策的多重目标导致了多重均衡。因而政府既有捍卫汇率稳定的动机,也有放弃汇率稳定的动机。在外汇市场上有中央银行和广大的市场投资者,双方根据对方的行为和掌握的对方的信息,不断修正自己的行为选择,这种修正又影响着对方的下一次修正,形成了一种自促成,当公众的预期和信心的偏差不断累积使得维持稳定汇率的成本大于放弃稳定汇率的成本时,中央银行就会选择放弃,从而导致货币危机的发生。

以奥布斯菲尔德为代表的学者在强调危机的自我促成时,仍然重视经济基本面的情况,如果一国经济基本面的情况比较好,公众的预期就不会发生大的偏差,从而可以避免危机的发生。与此同时,另一些货币危机模型则认为危机与经济基本面的情况无关,可能纯粹由投机者的攻击导致。投机者的攻击使市场上的广大投资者的情绪、预期发生了变化,产生"传染效应(contagion effect)"和"羊群效应(herding behavior)",推动了危机的爆发,货币危机之所以发生的原因恰恰是因为它们正要发生。

第二代货币危机理论较好地解释了1992年英镑危机,当时英国政府面临提高就业与维持稳定汇率的两难选择,结果放弃了有浮动的固定汇率制。

(三) 第三代货币危机模型

1997年下半年爆发的东南亚金融危机呈现出许多新的特征。这次危机发生之前,亚洲许多国家都创造了经济发展的神话,而且大多实行了金融自由化。第一、二代模型已经无法较好地解释这场金融危机,更难理解的是,这些国家和地区经济(尤以韩国为例)在危机过后很短时期内就实现了经济复苏,某些方面甚至还好于危机之前。

第三代货币危机模型是由麦金农和克鲁格曼首先提出的。该模型强调了第一、二代模型所忽视的一个重要现象,即在发展中国家普遍存在道德风险问题。道德风险归因于政府对企业和金融机构的隐性担保,以及政府同这些企业和机构的裙带关系,从而导致了在经济发展过程中的投资膨胀和不谨慎,大量资金流向股票和房地产市场,形成了金融过度(financialexcess),滋生了经济泡沫。当泡沫破裂或行将破裂时引发资金外逃,极可能引发货币危机。因此,防范危机的关键在于尽可能减少政府与金融机构之间的"裙带关系",同时加强对金融体系和资本市场的监管,减少直至取消对银行业的保护,从根本上化解道德风险。

(四) 第四代货币危机模型

第四代货币危机模型是在已有的三代成熟的货币危机模型上建立起来的。该理论认为,本国企业部门的外债水平越高,"资产负债表效应"越大,经济出现危机的可能性就越大。这是因为国内企业持有大量的外债,会使国外债权人对该国经济产生悲观预期,从而减少对该国企业的贷款,造成本币的贬值和企业财富的减少,进而造成能申请到的贷款减少,全社会投资规模萎缩,经济陷入萧条。第四代危机模型目前尚不成熟,有待进一步完善。

第八章 国际金融危机

（五）前三代货币危机理论的比较

三代货币危机理论都是在简单商品的假定下展开的，研究的侧重面各有不同。第一代着重讨论经济基本面，第二代的重点放在危机本身的性质、信息与公众的信心上，而第三代货币危机理论的焦点则是金融体系、政府与企业的联系。第一代货币危机理论认为一国货币和汇率制度的崩溃是由政府经济政策之间的冲突造成的。第二代货币危机理论认为政府在固定汇率制上始终存在动机冲突，公众认识到政府的摇摆不定，如果公众丧失信心，加上金融市场存在种种缺陷，市场投机以及"羊群行为"会使固定汇率制崩溃，政府保卫固定汇率制的代价会随着时间的延长而增大。第三代货币危机理论认为关键在于企业、脆弱的金融体系以及亲缘政治，这是东南亚货币危机发生的原因。

这三代货币危机理论的发展表明，货币危机理论的发展取决于有关货币危机实证研究的发展和其他相关领域研究工具或建立模型方法的引入与融合。这三代货币危机理论虽从不同的角度回答了货币危机的发生、传导等问题，但是，关于这方面的研究还远不是三代危机理论所能解决的。例如，这三代危机理论对各种经济基本变量在货币危机积累、传导机制中的作用，对信息、新闻、政治等短期影响投资者交易心理预期因素的研究都显得有很大欠缺；同时，这三代货币危机理论对于资本管制下货币危机爆发的可能性、传导渠道等均未涉及，其中第三代货币危机理论认为紧急资本管制是应付货币危机的手段之一。

本章重要概念

金融危机　货币危机　银行危机　债务危机　系统性金融危机　次贷危机　偿债率　债务率　布雷迪计划　债务回购　债务——股权转换　唤醒效应　流动性效应

思 考 题

1. 金融危机具有哪些特征？
2. 货币危机、银行危机和债务危机之间有何内在联系？
3. 简述 20 世纪 80 年代国际债务危机的形成原因。
4. 简述布雷迪计划的内容。
5. 简述银行危机的特征及其产生原因。

6. 简析银行危机的两种处置方式——救助与市场退出的利弊。
7. 美国次贷危机的产生原因是什么？中国可以从中吸取哪些教训？
8. 试比较三代货币危机理论模型。

▌分析讨论题▐

试运用金融危机(银行危机和货币危机)理论分析引发全球金融危机的原因及其给我国金融业带来的启示。

第九章 国际货币体系

第一节 国际货币体系概述

一、国际货币体系的概念

国际货币体系是指国际货币制度、国际货币金融机构以及由习惯与历史沿革形成的约定俗成的国际货币秩序的总和。国际货币体系作为一种有规则有秩序的整合体,它既包括具有法律约束力的有关货币国际关系的规章和制度,也包括具有传统约束力的各国已经在实践中共同遵守的某些规则和做法,还包括国际货币关系中起协调、监督作用的国际金融机构—IMF 和其他全球性或地区性的多边官方金融机构。其中,传统的约定俗成的国际货币惯例与做法是基础,具有法律约束力的国际货币制度是传统惯例与做法的法律反映,而国际货币金融机构则是一种协调与监督。这样三位一体的国际货币体系,对世界经济的发展和各国国际货币行为的规范发挥着重要的制约作用。

二、国际货币体系的内容

国际货币体系涉及的主要内容有:
(1)汇率和汇率制度的确定,如汇率确定的依据、汇率波动的界限和汇率调整等。
(2)国际结算的安排,如结算货币的选择、结算方式、货币可兑换性以及政府对国际支付的限制等。
(3)国际储备的供求,如国际储蓄供应总量、各国储备资产的种类与结构等。
(4)国际收支调节机制,如市场调节机制、各国调节国际收支的政策以及调节政策的协调等。
(5)国际货币金融机构的职能等。

三、国际货币体系的作用

国际货币体系的主要任务在于促进世界经济的发展和稳定,促进各经济的均衡发展。具体言之,国际货币体系具有以下几方面的作用:

(1)确定国际收支调节机制的形式和性质。例如,在国际金本位制时期,国际收支的调节通过"物价—现金流动机制"来实现;在布雷顿森林体系下,国际收支的调节主要通过"支出转移"和"支出减少"机制进行;在浮动汇率制下,国际收支的调节则主要通过汇率机制来进行。

(2)确定储备本位标准,即确定各国货币对外汇价的计值标准和国际债权债务的最后工具。

(3)通过多边支付制度,促进世界经济的一体化。各种类型的国际货币体系为了协调各国的政策行动,避免各国限制国际支付的自由进行,都确立了多边支付准则,这有利于促进国际贸易和国际投资,从而有利于世界经济的发展。

(4)促进各国与国际货币金融事务的决策与管理。国际货币体系的建立,使各国有了共同遵守的准则和惯例,各国可以通过国际金融机构发表关于国际货币问题的主张,这在一定程度上获得了参与国际货币事务决策与管理的机会。

四、国际货币体系的演进

迄今为止,国际货币体系经历了三个不同的阶段:

第一阶段是国际金本位时期。大体上从1816年英国实行金本位制开始,一直延续至1929~1933年的经济大危机金汇兑本位和金块本位制相继崩溃。其间,1880~1914年是国际金本位的鼎盛时期。第一次世界大战爆发后,金本位制崩溃,各国停止黄金的兑换。1925年之后各国相继建立了金汇兑本位制和金块本位制。

第二阶段是布雷顿森林体系时期。大体上从1945年开始至1973年结束。布雷顿森林体系在国际货币体系发展史上占有重要地位。第二次世界大战以后世界经济的重建,实际上是以该体系的建立为开端的。

第三阶段是牙买加体系时期。从1976年1月至今,各主要工业国家实行浮动汇率制。

第二节 国际金本位体系

一、金本位体系的形成

金本位是以一定重量和成色的黄金作为本位币,并使流通中各种货币与黄金建立起固定兑换关系的货币制度。在金本位制下,流通中的货币不限于金币,还有辅币和银行券等。按照货币与黄金的联系程度,金本位制包括金币本位制、金块本位制和金汇兑本位制。金币本位制是金本位制的典型形式。在金币本位制下,流通中使用的是具有一定成色和重量的金币,金币可以自由铸造、自由兑换、自由输出入。而在金块本位制和金汇兑本位制下,流通中使用的是可兑换黄金的纸币,且纸币与黄金的兑换要受数量或币种的限制。金本位制并非国际金本位体系,前者是后者的基础,后者是前者的国际化。只有当多数国家普遍采用金本位制后,国际金本位体系才算建立。从历史上看,英国最早于1816年颁布铸币条例,实行金本位制后,期间经历了半个多世纪,西方多数国家相继实行金本位制,至1880年国际金本位体系正式建立。

二、国际金本位体系的特征与功能

金币本位制本身是一种国内货币制度。从世界角度看,国际金本位体系具有以下特征:

(1)各国货币以黄金为基础保持固定比价关系,汇率由两种货币的含金量之比来确定,汇率波动受到黄金输送点的限制,是严格的固定汇率制。

(2)实行自由多边的国际结算制度,政府无需对国际支付实行直接管制。

(3)黄金作为储备资产充当世界货币职能,成为各国之间的最后清偿手段。

(4)无需国际机构监督国际货币制度的运行,因而是一个松散、无组织的体系。

在国际金本位体系下,各国国际收支失衡可以通过黄金在各国间的输出入得到自动调节。国际金本位体系要求各国遵守"竞赛三规则":

(1)货币自由兑换黄金,其含金量保持稳定。

(2)黄金自由输出入,对黄金或外汇的买卖不加限制。

(3)货币发行必须有一定的黄金准备。如果这些规则得到严格遵守,国际收支就可能自动平衡。其作用机制如下:一国国际收支逆差→黄金输出→货币供应减少→物价和成本下跌→出口竞争力增强→出口扩大,进口减少→国际收支顺差

→黄金输入。反之,国际收支顺差→黄金输入→货币供应增加→物价、成本上升→进口增加、出口减少→国际收支逆差→黄金输出。

三、国际金本位体系的缺陷及其崩溃

从理论上讲,金本位体系是一种比较理想的国际货币制度。

(1)金币的自由铸造或熔化,具有自动调节货币流通量的作用,因而能保证各国物价水平的相对稳定。

(2)它保证了汇率的固定,有助于国际贸易与金融发展。

(3)由于它主要依靠市场机制调节国际收支,政府可以节省采取干预措施所付出的各种代价。

但是,国际金本位体系由于缺乏对环境变化的适应能力,也存在着一些缺陷,表现在:

(1)随着世界经济的迅速发展,黄金生产与需求的矛盾日益突出,各国不得不增加纸币以适应经济发展的需要。

(2)国际金本位体系下的国际收支市场调节机制并不能有效地纠正国际收支失衡。

(3)在国家不断增强其经济职能的过程中,政府倾向于推行通货膨胀政策以缓解国内矛盾。这样,纸币与黄金的自由兑换便难以维持。

(4)国际政治冲突成为金本位制瓦解的催化剂。为了对外扩张和备战,政府大量发行纸币,进一步削弱了金本位体系的基础。因此,国际金本位体系主导下的真正"黄金时代",只经历了35年的时间(1880年至1914年)。

1914年,第一次世界大战爆发,参战各国先后停止金本位制,禁止本币兑换黄金及黄金的跨国流动。第一次世界大战后,这些没有黄金准备的纸币大幅贬值,汇率波动剧烈,严重损害了国际贸易,然而,由于世界黄金存量的2/3为英国、美国、法国、德国及俄国五国占有,其他国家缺乏实行金本位制的物质基础,不可能恢复第一次世界大战前的国际金本位体系。1922年主要国家在意大利热那亚召开世界货币会议,建议实行金汇兑本位或虚金本位制。除美国实行金币本位制、英国和法国实行金块本位制外(英法两国允许兑换黄金的最低货币额分别为1 700英镑、215 000法郎),其他国家都实行金汇兑本位制,本币与美元、英镑或法郎挂钩,通过这三种货币与黄金挂钩。与第一次世界大战前相比,这种金本位体系的稳定性大大削弱。由于英国国际竞争力下降,国际收支严重不平衡,从债权国沦为债务国,英镑地位动摇,美元、法国法郎也上升为国际储备货币,形成英镑区、法郎区、美元区三足鼎立局面。经过调整的金本位体系扩大了国际储备,但增

添了动荡因素,未能承受1929~1933年经济大萧条的冲击。1929~1931年,巴西、阿根廷、澳大利亚、奥地利、德国因国际收支严重失衡而相继宣布放弃金本位制,并向英格兰银行大量挤兑黄金,英国黄金面临枯竭,在强大的压力下,英国被迫于1931年9月放弃金本位制,英镑区国家也纷纷效仿。1933年3月,美元危机再次爆发,美国黄金流失惨重,不得不放弃金本位制。法国、比利时、瑞士、意大利等国组成的金本位集团,也因法郎定值过高,国际收支困难无法解决,于1936年最终放弃金本位制,至此,金本位体系彻底崩溃,资本主义世界分裂成为相互对立的货币集团和货币区,国际货币与金融陷入混乱状态之中,这为以后建立布雷顿森林体系提供了经验和教训。

第三节 布雷顿森林体系

一、布雷顿森林体系建立的背景

20世纪30年代到第二次世界大战爆发后,国际货币体系随着金本位制的崩溃而变得十分混乱,资本主义国家组成相互对立的货币集团,加强外汇管制,对外实行外汇倾销,竞争性"货币战"越演越烈,汇率变动十分频繁,严重损害了国际间正常的经济贸易往来。

第二次世界大战使各国经济遭受到严重破坏,也使帝国主义国家之间的实力对比发生了巨大变化。英国在战争期间受到巨大创伤,经济遭到严重破坏。据统计,1945年,英国工业生产缩减,民用消费品生产水平仅为1939年的一半,出口规模不到战前的1/3,国外资产损失达40亿美元以上,对外债务则高达120亿美元,黄金储备降至100万美元。尽管如此,英镑区和帝国特惠制依然存在,约40%的国际贸易仍用英镑结算,英镑仍是主要的国际储备货币,因此,英国还想竭力保持它的国际地位。另一方面,第二次世界大战结束时,美国的工业制成品占世界制成品的一半,对外贸易占世界贸易总额的1/3以上;黄金储备已增加到1945年的200.8亿美元,约占资本主义世界黄金储备的59%;美国已成为世界上最大的债权国和经济实力最雄厚的国家,这为建立美元的霸主地位创造了必要条件。事实上,早在20世纪40年代初,美国就积极策划取代英国而建立一个以美元为支柱的国际货币体系,改变20世纪30年代以来的国际货币金融关系的混乱局面。

美英两国政府都从本国利益出发,设计新的国际货币秩序,于1943年4月7日分别发表了各自的方案,即美国的"怀特计划"和英国的"凯恩斯计划"。

（一）怀特计划

"怀特计划"是美国财政部官员怀特提出的国际稳定基金方案。其要点是：

(1)采取存款原则建立国际货币稳定基金，基金总额为50亿美元，由各会员国用黄金、本国货币和政府债券缴纳，认缴份额按各国的国际储备、国民收入和国际收支差额变动情况确定。

(2)基金组织创设一种名为"尤尼塔（Unita）"的国际货币单位，其含金量相当于10亿美元，可以兑换黄金，也可以在会员国之间转移，各国货币与尤尼塔保持固定汇率。

(3)基金组织的任务主要是稳定汇率，并帮助会员国解决国际收支不平稳，维持国际货币秩序。会员国在其国际收支出现逆差时，可用本币向基金组织申请购买所需要的外币，但数额最多不得超过所认缴的份额。美国设计这个方案的目的，显然是要由其一手操纵和控制基金组织，从而获得国际金融领域的统治权。

（二）凯恩斯计划

"凯恩斯计划"是英国著名经济学家（英国财政部顾问）凯恩斯提出的国际清算同盟方案。其要点有：

(1)采取透支原则设立一个世界性的中央银行——国际清算同盟，由其发行一种叫"班柯（Bancor）"的国际货币作为清算单位。班柯与黄金之间有固定比价，各国可以黄金换取班柯，但不得以班柯换取黄金。

(2)各国在"同盟"中所承担的份额，以战前3年进出口贸易的平均额计算，会员国并不需要缴纳黄金或现款，而只是在"同盟"中设立以班柯为单位的存款账户，通过该账户的转账来清算各国官方的债权债务，当一国国际收支发生顺差时，将盈余存入账户；发生逆差时，则按规定的份额申请透支，各国透支总额300亿美元。

(3)各国货币按一定比价与班柯建立固定比率，该汇率可调整，但调整幅度达5％以上时，须经同盟批准。

二、布雷顿森林体系的主要内容

上述两个方案反映了英美两国各自的利益。怀特计划反映了美国经济实力强大、拥有巨额黄金储备的现实和力图主宰国际货币金融事务的野心，凯恩斯计划则反映了英国经济实力衰退，国际收支逆差的现实与试图维持其在国际货币金融事务中霸主地位的愿望。1943年9月至1944年4月,两国政府就有关国际货币计划在双边谈判中展开了激烈的争论,鉴于美国当时强大的政治经济实力和地位,英国被迫接受了美国的方案,而美国也做出了某些让步,最后双方达成协议。1944年7月,44个国家在美国新布什尔州布雷顿森林城召开国际货币金融会议,通过了以"怀特计划"为基础的《国际货币基金协定》和《国际复兴开发银行协定》,总称"布雷顿森林协定"。从此,布雷顿森林体系宣告成立。其主要内容有:

(1)建立一个永久性国际金融机构,即国际货币基金组织(IMF)。IMF的建立,旨在促进国际货币合作。IMF是第二次世界大战后国际货币制度的核心,其各项规定构成了国际金融领域的基本秩序,在一定程度上维持着国际金融与外汇交易的秩序。

(2)以美元作为最主要的国际储备货币,实行黄金—美元本位制,即建立以美元为中心的国际金汇兑本位制。具体表现为"双挂钩"原则:美元按每盎司黄金35美元的官价与黄金挂钩,美国承担用黄金兑回各国官方持有的美元的义务;各国货币按固定比价与美元挂钩,各国有义务维持汇率波动不超过±1%的幅度。只有在成员国国际收支出现根本性不平衡的情况下,才允许成员国货币贬值或升值。

(3)由IMF提供短期资金融通来缓解成员国之间的国际收支失衡。

(4)取消外汇管制。特别是要求成员国不得限制经常项目支付,不得采取歧视性汇率政策,并实行自由多边结算制度。

(5)实行国际收支的对称性调节。IMF有权宣布国际收支持续顺差国的货币为稀缺货币,其他国家有权对稀缺货币采取临时性的兑换限制。但这一内容并未得到实际贯彻。

由此可见,美元可以兑换黄金和各国实行固定汇率制,是维系布雷顿森林体系的两大支柱,IMF则是该体系正常运转的中心机构,它具有管理、信贷和协调三方面的职能。它的建立标志着国际协商和国际合作在国际金融领域的进一步发展。

三、布雷顿森林体系的特点

在布雷顿森林体系下,由于美元可以兑换黄金,因此有人也把布雷顿森林体系称为以美元为中心的金汇兑本位制。但与第二次世界大战前的金汇兑本位制相比,它具有以下几个明显的特点:

(1)美元发挥着世界货币的职能。布雷顿森林体系下,美元被广泛地用作国际间的计价单位、支付手段和储备手段。美元实际上已充当国际储备货币,因而布雷顿森林体系也被称为可兑换黄金的美元本位。

(2)形成了钉住美元的固定汇率。在货币比价确定方面,以美元作为关键货币,根据其他国家货币与美元的金平价之比来确定,实际上形成了钉住美元的固定汇率。而且这种固定汇率的波动界限是人为规定的,黄金输送点不再起自动的调节作用,而是在 IMF 的监督下,通过各国中央银行对外汇市场的干预予以维持。

(3)兑换黄金的程度不同。第一次世界大战前,居民可以自由兑换黄金,"一战"后实行金汇兑本位制的国家允许居民用外汇(英镑、美元等))向英、美等国兑换黄金;在布雷顿森林体系下,只同意外国政府在一定条件下用美元向美国兑换黄金。因此,布雷顿森林体系是一个大大削弱了的金汇兑本位制。

(4)国际收支失衡的调节机制不同。在国际金本位制下,依靠的是"物价—现金流动机制"的自发调节;在布雷顿森林体系下,是通过 IMF 的贷款和汇率的调整。

(5)国际货币体系运转的约束程度不同。布雷顿森林体系是通过签订正式协定,对国际货币体系的诸方面,如货币比价、国际支付与结算、国际收支调节等进行规定,并在统一的国际金融机构——IMF 的监督下实施,要求会员国遵守,否则将受到制裁,因而它具有统一性、严密性和约束性。第二次世界大战前的国际货币体系没有在各国之间订立统一的协定,也没有一个统一的国际组织监督其运行,处于松散状态。

四、布雷顿森林体系的运行和解体

(一)维持布雷顿森林体系运转的基本条件

布雷顿森林体系运行的关键是"双挂钩",即美元与黄金挂钩和其他国家货币与美元挂钩,要维持该体系,而要保持"双挂钩"原则的实现,必须具备两个基本条件:

(1)美国国际收支保持顺差,美元对外价值稳定。这是以美元为中心的国际货币体系建立的基础。如前所述,一国货币的对外价值受其通货膨胀程度和国际收支状况的制约。为了保持美元对外价值的稳定,美国应在控制国内通货膨胀的前提下,在国际收支方面保持顺差;否则,若美国国际收支出现巨额逆差,就会引起美元大量外流,导致美元贬值进而成为抛售的对象,从而丧失美元在国际货币中的核心地位,危及国际货币体系的基础。

第九章　国际货币体系

（2）美国具有充足的黄金储备，以维持黄金的官价水平。因为在布雷顿森林体系下，美国政府承担外国官方机构按官价用美元兑换黄金的义务。因此，只有美国黄金储备充足，才能维护美元的信誉，平抑黄金价格；反之，若黄金储备不足，则不能保证以官价用美元兑换黄金，会引起美元的信用危机，并且由于黄金匮乏，无力在市场上投放而导致黄金价格上涨，最终会导致抛售美元而抢购黄金，动摇以美元为中心的国际货币体系的基础。

（二）布雷顿森林体系的运转及采取的措施

布雷顿森林体系大体上经历了三个发展阶段：1944～1959年的稳定运行阶段，1960～1968年的动荡运行阶段和1968～1973年的逐渐瓦解阶段。

1. 布雷顿森林体系的稳定运行阶段

20世纪40年代后半期，美国工业产值占西方世界半数以上，西欧、日本经济遭到严重破坏。这种力量对比使世界各国迫切需要美元购买美国商品以恢复本国经济。连年的国际收支顺差，使美国的黄金储备占到了西方国家黄金储备的75%，美元地位日益上升。但与此同时，各国普遍感到缺乏美元，即所谓的美元荒，这反映出国际货币体系存在清偿力不足的问题。

1948年，美国实行"马歇尔计划"，向西欧提供经济援助，西欧和日本的经济逐渐得到恢复，它们的商品开始打入国际市场，这些国家的国际收支逆差逐渐减少，有些国家开始出现顺差。而美国继续执行对外贷款计划，在海外驻军费用开支庞大，国内低利率政策也促使资本外流，美国的国际收支逆差更为严重，各国持有的美元大量增加，这样，战后初期的美元短缺逐渐变成美元过多，即所谓的美元泛滥。这虽然解决了国际清偿力供应问题，但是却使人们对美元的信心逐渐削弱。

2. 布雷顿森林体系的动荡运行阶段

1957年～1958年，美国爆发了严重的经济危机，与此同时，西欧建立了共同市场，并恢复了货币自由兑换，这刺激了美国资本大量外流，国际收支急剧扩大。1960年，美国黄金储备由20世纪40年代中期的240多亿美元降为178亿美元。人们对美元信心发生动摇，由此导致国际金融市场上出现大量抛售美元、抢购黄金和其他货币的风潮，即第一次美元危机。为挽救美元危机，西方各国和IMF采取了以下措施：

（1）稳定黄金价格协定。第一次美元危机爆发后，为抑制金价上涨，欧洲主要国家中央银行订立君子协定，共同约定以不高于35.20美元1盎司的价格买卖黄金，以稳定黄金市场，维持美元汇率稳定。

— 307 —

(2) 巴塞尔协定。即欧洲 8 国中央银行于 1961 年在巴塞尔达成的关于货币合作的君子协定,共同承诺保持逆差国货币头寸,或向逆差国提供黄金和外汇贷款,以促进主要货币之间的汇率稳定。

(3) 黄金总库。1961 年 10 月,美国联合 7 个欧洲国家成立总价值达 2.7 亿美元的黄金总库,约定美国承担 50%,英、法等承担其余 50%,以稳定市场金价。

(4) 借款总安排。美、英等 10 个发达国家达成一项向 IMF 提供备用信贷的协议,资金总额为 60 亿美元,其中,美国为 20 亿美元,英国、前西德各 10 亿美元,其余国家从 1 亿美元到 5.5 亿美元不等。

(5) 货币互换协定。1962 年 3 月美国分别和 14 个主要西方国家中央银行签订了双边《互惠借款协定》,即货币互换协定。借款额为 180 亿美元。约定在一定时期内双方可按一定汇率互换规定数量的货币,还款时仍按原来商定的汇率偿还。

3. 布雷顿森林体系逐渐瓦解阶段

1968 年 3 月爆发了第二次美元危机,国际金融市场上大量抛售美元抢购黄金,在半个月时间内,美国黄金储备流失 14 亿美元。至此,以美国为首的西方发达国家已无力维持美元与黄金的固定比价,美国不得不解散黄金总库,实行"黄金双价制"。即在官方之间的黄金市场上,仍实行 35 美元等于 1 盎司黄金的价格,而在私人黄金市场上,不再按这一比价供应黄金,金价任凭供求关系自由波动。这意味着美元开始与黄金脱钩,布雷顿森林体系局部崩溃。

为了在黄金双价制下维持布雷顿森林体系,IMF 于 1969 年 10 月创设了特别提款权(SDRs),被称为"纸黄金",其价格为 35 个特别提款权等于 1 盎司黄金。特别提款权既是对黄金的一种节约,又是对美元的一种补充,成员国既可用以履行原来必须要用黄金才能履行的义务,又可以用之充当国际储备资产,还可以以之取代美元来清算国际收支差额。由于美国分配到的特别提款权较多,因而它提高了美国应付国际收支逆差的能力,减少了美国黄金储备的流失。

1971 年,美国出现了前所未有的巨额贸易逆差,国际收支进一步恶化,黄金储备不到对外短期负债的 1/5,因而终于在 5 月和 7 月两度引发了抛售美元,抢购黄金及主要硬币的第二次世界大战后最严重的美元危机。为了挽救美元,尼克松政府于 8 月 15 日宣布实行"新经济政策",对内冻结工资和物价,削减政府开支;对外宣布停止美元与黄金的兑换,对进口品征收 10% 进口附加税,并迫使西德、日本等国实行货币升值,以改善美国国际收支。在国际金融市场极度混乱的情况下,"十国集团"于 1971 年 12 月 18 日在华盛顿特区的史密森学会签订了一项协议,即史密森协议,其主要内容有:

第九章 国际货币体系

(1)美元对黄金贬值 7.89%,黄金官价从每盎司 35 美元提高到 38 美元。

(2)一些国家的货币对美元升值,其中,日元升值 16.9%,前西德马克升值 13.6%,瑞士法郎升值 13.9%,荷兰盾和比利时法郎均升值 11.6%,英镑和法国法郎各升值 8.6%,意大利里拉和瑞典克郎各升值 7.5%。

(3)将汇率波动幅度从±1%扩大到±2.25%。

(4)美国取消 10%的进口附加税。

但是,史密森协议并未能阻止布雷顿森林体系走向崩溃的命运。1972 年 1 月又爆发了大规模抛售美元抢购马克、日元等硬币的风潮,许多国家再度关闭外汇市场。美国政府不得不再次宣布美元贬值 10%,黄金官价由每盎司 38 美元进一步提高到 42.22 美元。但美元再次贬值并未能制止美元危机,次年 2 月,美元危机再度爆发,世界主要外汇市场纷纷关闭,黄金价格成倍上升。在此情况下,西方各国货币纷纷放弃与美元的固定比价,开始实行浮动汇率,至此,维持布雷顿森林体系的另一支柱——以美元为中心的固定汇率制不复存在。布雷顿森林体系瓦解的整个过程归纳于表 9.1。

表 9.1 布雷顿森林体系建立、危机与崩溃过程一览表

布雷顿森林体系的建立	美元同黄金挂钩,各国货币同美元挂钩 美元补充黄金,等同黄金,作为世界清偿力的主要来源
↓	
布雷顿森林体系下的美元两难	为满足世界经济增长对世界货币的需要,美元的供应必须不断增长,美元供应的不断增长,使美元同黄金的兑换性日益难以维持
↓	
布雷顿森林体系下美元的危机	美元的危机,是指美元按固定比价与黄金保持兑换性的危机,简称兑换性危机; 或指人们怀疑美元的兑换性,由此引发抛售美元的危机,又称美元信心危机
↓	
第一次危机的拯救	①互惠信贷协议 ②借款总安排 以上两项措施旨在以其他货币补充美元,来维持布雷顿森林体系的固定汇率,是以后出现的多种储备货币体系的萌芽 ③黄金总库 旨在用其他国家的黄金来补充美国的黄金,维持黄金—美元本位制
↓	

(续)表 9.1

第二次危机的拯救	①黄金双价制 旨在拯救黄金—美元为中心的布雷顿森林体系,但同时又意味着该体系的局部崩溃 ②特别提款权 旨在节约黄金和美元,补充黄金和美元,使黄金—美元本位向黄金—美元/特别提款权本位转变
第三次危机的拯救	①中止美元与黄金的兑换,该措施实际上意味着布雷顿森林体系的崩溃 ②"史密森氏协议"挽救固定汇率制度的最后一次尝试

资料来源:姜波克. 国际金融学[M]. 上海:立信会计出版社,1998:192.

五、对布雷顿森林体系的评价

作为一种国际货币制度,布雷顿森林体系对第二次世界大战后国际贸易和世界经济的发展起了很大的促进作用。

第一,它的建立结束了两次世界大战期间国际货币领域的混乱局面。由于在这一体系下实行可调整的钉住汇率制度,汇率的波动受到严格限制,因此消除了汇率变动而引起的动荡局面,不仅有助于信用关系的发展,而且有利于国际贸易的发展和国际资本的流动。

第二,在这一体系下,由于美元与黄金挂钩,美元作为黄金的替代物而成为主要的国际支付手段和储备货币,弥补了过去清偿能力的不足,克服了影响国际之间商品货币流通的种种障碍,促进了国际贸易和世界经济的发展。

第三,IMF 在促进国际货币合作和建立多边支付体系方面做出了积极贡献。IMF 确立的国际货币金融协调制调整了西方世界的国际货币关系,维持了第二次世界大战后世界货币体系的正常运转。同时,它对成员国提供的各种短期或中期贷款,很大程度上缓解了各国国际收支困难,有利于世界经济的稳定与增长。

但是,布雷顿森林体系也存在着根本的缺陷:

第一,布雷顿森林体系存在着自身无法克服的内在矛盾。在该体系下,美国必须承担两个基本责任:一是美元按官价兑换黄金,维持各国对美元的信心;二是提供足够的国际清偿力,即美元。然而,信心和清偿力是相互矛盾的。因为美元的供给主要是通过美国对外收支逆差来提供的,而美国的长期逆差就会引起各国持有的美元增多,最终使美元与黄金之间的可兑换性发生困难,使人们对美元丧失信心;而要维持各国对美元的信心,美国必须纠正其逆差,这又会使美元供给减少,最终发生国际清偿力不足的问题。这就是著名的"特里芬两难"。美国耶鲁大

第九章 国际货币体系

学教授 R·特里芬早在 20 世纪 50 年代就揭示了这一问题,他指出布雷顿森林体系是一种非常虚弱的国际货币体系,即作为基准货币国家的美国的国际收支无论是出现盈余还是出现赤字,都会给这一国际货币体系的运行带来困难,这种"先天不足"使之最终逃脱不了崩溃的命运。

第二,可调整的固定汇率制难以按照实际情况经常调整。由于没有明确的标准判断什么是"根本性不平衡",顺差国货币不愿升值,逆差国不愿贬值,因而汇率难以经常调整,造成汇率水平与实际经济状况严重脱节。汇率调整的僵化也加重了国际收支调整的困难,这可以说是这一体系的"后天失调"。

第三,各国为了维持对外平衡,维护固定汇率,不能不影响到国内均衡。由于 IMF 的贷款能力有限,调整汇率的次数很少,各国调整国际收支失衡,往往是以牺牲国内宏观经济政策自主权和国内经济发展为代价的。

第四,国际收支调节责任的不对称现象,造成了国际收支的世界性不平稳。一方面,IMF 通过贷款能促使逆差国纠正其国际收支失衡,但对于顺差国的调节责任却没有相应的制约监督机制;另一方面,由于美元作为基准货币的特殊地位,美国具有自行调节其国际收支的特权。对于逆差,它无需采取紧缩政策,但因其货币供应不受黄金限制而导致通货膨胀,并可通过固定汇率输出通货膨胀。

第四节 牙买加体系

牙买加体系是指布雷顿森林体系崩溃后逐渐形成的国际货币关系的新格局,其标志是 1976 年在牙买加首都金斯顿达成的"牙买加协定"。

一、牙买加体系的形成

布雷顿森林体系解体以后,国际货币金融关系十分混乱,国际金融形势动荡不安,国际间为建立一个新的国际货币体系进行了长期的探讨和协商。早在 1971 年 10 月 1 日,IMF 理事会便委托各执行董事着手研究改革世界货币制度的措施。1972 年 7 月 20 日成立了"国际货币体系改革及有关问题委员会",即"20 国委员会",专门负责研究世界货币改革问题。1973 年 9 月 1 日,该委员会提出了第一改革大纲草案。1974 年 6 月,20 国委员会提出了一个原则性的改革大纲,完成了第一阶段的工作。1974 年 9 月,IMF 设立国际货币制度问题临时委员会,以接替 20 国委员会的工作。

二、牙买加体系的特征

(一) 牙买加协议的主要内容

1976年1月8日,临时委员会在牙买加首都金斯顿举行会议,通过了一项关于国际货币制度改革的协议,简称牙买加协议。同年4月,IMF理事会采纳了牙买加协定的基本内容,通过了国际货币基金协定第二次修正案,从此国际货币体系进入一个新的阶段——牙买加体系。

牙买加协议对布雷顿森林体系进行了扬弃,一方面,它继承了布雷顿森林体系下的国际货币基金组织,并使其作用得到了加强;另一方面,它抛弃了布雷顿森林体系下的双挂钩制度。牙买加体系的主要内容是:

(1)浮动汇率合法化。取消原来的关于金平价的规定,允许各国根据本国情况选择汇率制度,但必须事先取得IMF的同意。IMF有权对成员国的汇率进行监督,以确保有秩序的汇率安排和避免操纵汇率谋取不公平的竞争利益。

(2)黄金非货币化。黄金与货币彻底脱钩,不再是平价的基础,也不能用它来履行对IMF的义务,成员国货币不能与黄金挂钩;IMF将其持有的黄金总额的1/6按市价出售,其超过官价的部分成立信托基金,用于对发展中国家的援助,另外1/6按官价归还各成员国。

(3)扩大特别提款权的作用。设想在未来的国际货币体系中应以特别提款权作为主要储备资产,成员可用特别提款权来履行其对基金组织的义务和接受基金组织的贷款,各成员国之间可用特别提款权来进行借贷。

(4)增加对发展中国家的资金融通。除用出售黄金所得收益建立信托基金外,还扩大了信用贷款的限额,由占成员国份额的100%增加到145%,将出口波动补偿贷款的份额由50%提高到75%。

(5)扩大基金组织的份额。从原来的290多亿特别提款权扩大到390亿特别提款权。在增加总份额的同时,对成员国的份额比例做了适当调整,总体来说,发展中国家的份额比例有所提高,美国的份额比例略有下降。

(二) 牙买加体系的特征

牙买加体系具有以下几个方面的特征:

(1)多元化的储备体系。尽管美元仍是主要的国际货币,但是其作为国际储备货币的地位在下降,而德国马克、法国法郎、日元及特别提款权的国际货币地位却日益加强。具体表现为美元仍是主要的国际计价单位、支付手段和国际价值储存手段。目前国际贸易的一些重要商品,如石油,某些初级产品和原料,甚至黄金,都是以美元计价;各国计算进出口额、外汇储备以及人均收入时,都折合美元表示;世界上约有 2/3 的进出口贸易用美元结算,美元在各国官方外汇储备中的比重仍占 60% 左右。但是,从发展趋势看,美元在国际上的地位正在逐渐下降,而其他一些主要货币的地位日渐上升。据统计,美元在 IMF 成员国官方外汇储备中所占比重已由 1973 年的 84.6% 下降到 1996 年的 58.9%,而同期的前西德马克所占比重则由 5.8% 上升到 13.6%,法国法郎、日元的比重也有较大幅度的上升。

(2) 多样化的汇率制度。据 IMF 统计,截至 1997 年 3 月 31 日,IMF 的 181 个成员国实行了 9 种汇率安排,包括可调整钉住汇率制、单独浮动、有管理的浮动、联合浮动、联系汇率制等。从汇率安排的实际情况看,发达国家多数采取单独浮动或联合浮动,也有的实行有管理的浮动汇率制和钉住货币篮子;发展中国家多数钉住美元,也有的钉住法国法郎、SDRs 或货币篮子。因此有人将这种多样化的汇率安排制度称为"无体系的体系",也有人称之为混合体制。但一般认为是浮动汇率制,因为最主要的货币都是实行单独浮动或联合浮动。

(3) 多种国际收支调节机制并行。在牙买加体系下,对国际收支失衡的调节不仅单靠某一种调节手段,而是通过汇率机制、利率机制、国际金融机构协调以及动用国际储备等手段来实现的。

三、对牙买加体系的评价

(一) 牙买加体系的积极作用

牙买加体系对维持国际经济运转和推动世界经济发展起了一定的积极作用:

(1) 牙买加体系基本摆脱了布雷顿森林体系时期基准货币国家与依附国家相互牵连的弊端,国际储备多元化缓解了国际清偿力的不足,国际储备的稳定性有所增强。在多元化储备条件下,即使美元发生贬值,也不一定危及各国货币的稳定性。由于美元与黄金脱钩,即使发生美元贬值的征兆,各国也不可能用美元储备向美国兑换黄金,因而有利于避免基准货币与依附国家之间的相互影响,不会发生"美元贬值→挤兑黄金→其他货币大幅度波动→美元剧烈动荡"的恶性循环。由于储备货币多元化,充当国际储备的好处与风险由多种货币分担,当某个储备货币国发生赤字,该储备货币发生信用危机时,它就要让位于其他储备货币;当某个储备货币国连续顺差而难以向其他国家提供足够的该种储备货币时,已有其他货币补充这种"稀缺货币"的不足。可见,多元化储备体系具有较强的适应性,即在世界经济繁荣时,可以缓和清偿力不足,反之,发生储备货币危机的可能性也较小,这有利于整个国际货币制度的稳定。

(2)以浮动汇率为核心的混合汇率体制在一定程度上适应了世界经济动荡、多变和发展不平衡的特点。牙买加体系是在世界经济相对动荡的时期建立起来的,在其运行过程中,经受了各种冲击,显示了较强的适应能力。20世纪70年代初的石油危机、80年代初的债务危机、90年代初的墨西哥金融危机到1997年~1998年的东南亚金融危机,均在世界范围内造成了剧烈动荡。正是牙买加这种"无体系"的体系安排,才可能最大限度地熨平各种冲击的震荡,维持着国际间的正常交往。

(3)灵活的混合汇率制使各国的政策自主性和有效性得到加强,并使各国减少为维持汇率稳定所必须保留的应急外汇储备。

(4)采取多种国际收支调节机制相互补充,在一定程度上缓和了布雷顿森林体系调节机制失灵的困难。

(二)牙买加体系的弊端

随着复杂多变的国际经济关系的发展,被称为"无体系的体系"的牙买加体系的弊端日益明显地暴露出来:

(1)牙买加体系下汇率波动频繁而剧烈。与布雷顿森林体系下汇率波动被限制在狭小范围相比,牙买加体系下的汇率波动幅度之大有时令人惊讶。特别是进入20世纪90年代以来,随着国际资本流动的飞速发展,汇率的剧烈波动甚至演变成货币危机,如1992年爆发的欧盟"九月危机"、1994年的墨西哥金融危机、1997年~1998年的亚洲金融危机等。这给国际金融市场、国际贸易与信用和世界经济的健康发展带来了极大的负面影响。有人估计,亚洲金融危机的影响,使世界经济增长速度平均降低近2%。

(2)随着国际储备货币多元化趋势的加强,美元国际地位的不断下降,使得美元不能很好地执行国际货币的各种职能,而国际储备货币多元化缺乏统一的货币标准,导致国际货币格局错综复杂。

(3)国际收支调节机制不健全。在牙买加体系的调节机制中,汇率运转机制不灵,利率机制有副作用,IMF又无力指导和监督顺差国和逆差国双方对称地调节国际收支,全球性国际收支失衡现象日益严重。

所以,进一步改革国际货币体系,建立合理而稳定的国际货币新秩序,已被提到议事日程上来。

第九章 国际货币体系

第五节 国际货币体系的改革

一、关于货币本位制的改革方案

(一) 恢复金本位制方案

法国政府早在20世纪60年代中期就提出了这种主张。法国经济学家吕埃夫(I. Rueff)进一步提出了建立"国家之间的金本位制"方案。他建议将金价提高两倍,以刺激黄金的生产,保证世界黄金储备的增长。同时,吕埃夫认为必须废除美元的特权地位。金价提高后,美国便可以用黄金兑换各国的美元,以后各国的国际收支逆差全部用黄金清算,世界货币体系又回复到金本位时代。1981年美国哥伦比亚大学教授蒙代尔提出要在美国恢复黄金的兑换性。为此,美国国会正式成立黄金委员会,专门研究美国恢复金本位制的可行性。

主张恢复金本位制的人认为,恢复金本位制,一是可以使货币数量的增长受制于黄金,从而可以限制美联储任意增加和创造货币的权力;二是可使公众恢复对美元的信心;三是可提高美元的国际地位。

但是,恢复传统的国际金本位制,无论是从理论上还是从实践上看,都缺乏可行性。

(1) 黄金价格难以确定。若金价过高,黄金持有者就会将它抛售给政府,导致货币供应量大增,引发通货膨胀;若金价过低,人们就会大量购进黄金,造成黄金储备锐减。

(2) 黄金产量难以适应日益增长的国际经济交易所引起的流通与支付的需要。

(3) 世界黄金储量分配极不均匀,将整个国际货币制度的基础维系在少数产金国上,会进一步加剧世界经济发展的不平衡。

(4) 导致经济政策缺乏灵活性。第二次世界大战以后,西方各国十分注重内部经济的均衡,国家干预经济的手段趋于强化。金本位制的自动调节作用正好与此相矛盾,它使一国货币政策与汇率政策缺乏灵活性。

(5) 如何将现行各种货币兑换成黄金存在着技术上的困难。

(二) 改进的金汇兑本位制方案

该方案主要是为改善以美元为中心的金汇兑本位制而提出的。英国经济学家哈罗德(R. Harrod)主张提高金价来维持国际清偿力的增长和金汇兑本位制。瑞士经济学家拉兹(F. A. Lutz)主张以黄金为基础的多种储备货币制取代黄金—美元制。IMF研究部主任伯恩斯坦(E. M. Bernstein)主张设立新的储备单位,不能兑换黄金,但具有黄金的世界货币职能,可用于国际结算。这一主张后来发展为SDRs。

(三)美元本位制方案

1973年布雷顿森林体系崩溃以后,虽然美元地位大大削弱,但它在国际储备资产中所占比重和贸易与非贸易计价结算中所占份额仍在60%以上。为使国际汇率趋于稳定,美国经济学家金德伯格(C. P. Kindleberger)、麦金农(R. Mckinnon)和德斯普雷斯(E. Despres)主张实行美元本位制,即美元与黄金脱钩,让市场力量决定世界各国所需美元数量的增长,为保持美元币值的稳定,美国必须在国内推行稳定的财政货币政策。

这种主张有一定的客观基础,但也存在一些问题:

(1)若美国国际收支大量顺差,美元供给就不能适应国际贸易发展的需要,造成清偿力不足和世界性通货紧缩,反之则引起美元汇率下跌,引发美元危机和世界性通货膨胀。

(2)国际货币关系将不可避免地随着美国政策、经济形势的动荡而变化。

(3)国际货币事务将处于美国的控制之下,这是世界其他国家,尤其是发展中国家难以接受并极力反对的。

(四)国际管理通货本位制方案

该方案是由美国经济学家特里芬在1982年所著《2000年的国际货币制度》一文中提出的。他认为国际货币制度改革的根本出路在于建立超国家的国际信用储备制度,并在此基础上创设国际储备货币。国际储备货币不应由黄金、其他贵金属或其他任何国家的货币来充当。特里芬建议目前各国应将其持有的国际储备以储备存款形式上交IMF保管,IMF将成为各国中央银行的清算机构。如果IMF或其他类似的国际金融机构能将所有的国家都吸收为成员国,则国际间的支付活动就反映为IMF的不同成员国储备存款账户金额的增减。IMF所持有的国际储备总量应由各国共同决定,并按世界贸易和生产发展的需要加以调整。储备的创造可以通过对成员国放款,介入各国金融市场购买金融资产,或定期分配新的储备提款权来实现,但不应受黄金生产或任何国家国际收支状况的制约。

特里芬的主张很有见地,在各种储备货币改革方案中影响较大。但其主张要求各国中央银行服从于一个超国家的国际信用储备机构,需要十分密切的国际货币,目前还不现实。

(五) 商品性储备通货本位制方案

该方案由英国经济学家卡尔多(N. Kaldor)和丁伯根(J. Tinbergen)提出。他们主张选用一组在世界贸易中有代表性的商品,经过加权平均后,确定储备货币与这组商品的比价。

(六) 多种货币为基础的本位制方案

法国政府于1985年提出建立多极国际货币体系的主张,其要求是让日元、德国马克、法国法郎、瑞士法郎等货币与美元一样处于"关键货币"的地位。日本经济学家小岛清主张实行"复数中心货币金汇兑本位制",即以主要国家货币为基础的复合国际货币制度。其要求是让美元、日元和德国马克三种货币取得国际无优劣差别价值的国际通货的资格;各国货币的流动性如何由市场决定;需要补充的货币是顺差国而非逆差国的货币;三种货币规定含金量,黄金可在三国之间转移,黄金流出国应采取紧缩政策,流入国则应采取扩大内需政策。

二、关于汇率制度的改革方案

(一) 实行浮动汇率制方案

美国经济学家弗里德曼(M. Friedman)、素门(E. Sohmen)和约翰逊(H. Johnson)认为固定汇率制具有调节刚性的缺点,它使一国在发生国际收支逆差时缺少一种可供选择的重要调节手段——汇率变动。为维持固定汇率制,不仅一国国内经济目标与国际收支目标会发生冲突,而且从世界范围看,固定汇率制也倾向于使国际储备需求过度增长。因此,他们主张实行浮动汇率制,以汇率浮动代替储备运用。这样,不但可减少美元输出,还有利于自由竞争和国际贸易的发展。

(二) 实行复合汇率制方案

该方案由美国学者马克路普(F. Machlup)和哈伯勒(G. Haberler)提出的。他们认为各国应根据本国情况采用恰当的汇率制度,就世界范围来讲,就有多种多样的汇率制度。

（三）设立汇率目标区方案

该方案的主要倡导者是美国学者威廉姆森(John Williamson)。所谓汇率目标区是指有关国家的货币当局选择一组可调整的基本参考汇率，制定出一个围绕其上下波动的幅度并加以维持。1983年，威廉姆森和伯格斯坦共同提出了设立目标汇率区，使实际汇率对基本汇率的偏离幅度不超过10%的建议。此后威廉姆斯又对设立汇率目标区的设想进行了修改和补充，并于1987年与米勒(Miller)一起提出了汇率目标区的行动计划。

汇率目标区体系的主要内容包括：

(1)目标区的大小，即浮动幅度的大小。

(2)目标区变化的频率，即多长时间修订一次"幅度"。

(3)对目标区予以公布的程度。

(4)将汇率保持在目标区内的承诺程度。

依据内容划分，汇率目标区分为"硬目标区"和"软目标区"。"硬目标区"的汇率浮动幅度很小，变动频率较慢，目标区的内容对外公开，要求有承诺；"软目标区"的汇率浮动幅度较大，变动频率较快，目标区内容不对外公开，不要求有承诺。

汇率目标区的特点是包含了浮动汇率的灵活性与固定汇率的稳定性。它与管理浮动汇率制的区别主要在于它为一定时期内的汇率波动幅度设立了一个目标范围，并且根据汇率变动情况调整货币政策，防止汇率波动超出目标区。它与固定汇率制的不同在于区内各国货币当局没有干预外汇市场维持汇率稳定的义务，但必须运用经济政策，特别是汇率政策进行调整，使汇率回到目标区内来。因此，汇率目标区实际上是在浮动汇率制和固定汇率制之间的折衷。IMF在讨论中对未来的汇率目标区设计了三个方案：一是严格的方案，规定的汇率变动幅度很小，不经常修订，汇率目标公开，各国承担调节汇率的责任较大。二是宽松的方案，规定的汇率变动幅度较大，可经常调整，对汇率目标实行保密，各国调节汇率的责任较小。第三种方案介于前两者之间。

国际金融学术界对汇率目标区方案褒贬不一。主张汇率目标区的人认为，这一体系具有许多优点：

(1)有利于汇率的相对稳定，并能克服各国货币汇率之间调整的不对称性。

(2)有利于各国在中期内保持经济的稳定增长和国际收支的相对平衡。

(3)有利于加强货币纪律和政策协调，从而减少各国经济政策的不确定因素。

(4)通过反映实际均衡汇率，可以对市场预期发挥正确引导作用，削弱心理预期因素对汇率波动的不良影响，避免大规模的外汇投机行为。

第九章 国际货币体系

反对汇率目标区方案的人则认为,实行汇率目标区存在一些缺点和困难:

(1)确定预期的汇率目标存在许多技术性困难,如基期的选择、均衡汇率的计算等。

(2)依靠货币政策来维持汇率的做法将影响货币政策对国内经济的作用,并为此付出高昂的代价。

(3)各国经济政策不健全、不协调,不具备实施目标区方案的条件。

各国政府对汇率目标区方案的态度也是不尽一致的。1985年6月,法国政府在东京召开的10国集团会议上提出了目标区方案,主张为主要汇率规定一个目标范围,允许5%～10%的波动幅度,一旦超过规定幅度,有关国家的中央银行就要进行干预,将汇率控制在目标区内。由于10国集团的多数成员国不赞同该方案,因而法国的建议未予采纳。1985年8月,代表发展中国家立场的24国集团发表了"国际货币体系运行与改革"报告,支持建立汇率目标区的建议。1985年9月,西方五国财长华盛顿会议标志着主要工业国家在货币汇率的国际合作方面跨入了一个新阶段——为了降低过高的美元实际汇率,它们开创了多边联合干预外汇市场的先例。1987年2月,六国财长在巴黎会议上达成"卢浮宫协议",决定继续合作,将汇率稳定在目前水平上,向汇率目标区又迈进了一步。但是这次会议只是各国对联合干预和稳定汇率的原则达成了协议,而对"汇率目标区"方案仍未达成协议,不过,各方同意保持协调一致的立场。

三、发展中国家对国际货币体系的改革要求

自牙买加体系建立以来,发展中国家提出了一系列改革现行国际货币制度的建议。其中影响较大的有:1979年由24国集团起草并由77国集团批准的国际货币改革行动计划大纲,简称"蓝皮书";1980年在坦桑尼亚阿鲁沙举行的"关于国际货币制度和国际经济新秩序的南北会议"所提出的阿鲁沙倡议;1985年24国集团向国际货币基金理事会临时委员会提交的"国际货币制度的作用与改革"的报告。这些建议有代表性地反映发展中国家对国际货币制度的改革要求,其内容包括:

(1)改革现行汇率制度,对主要货币的汇率范围规定一个目标区,建立令人满意的波动幅度较小的汇率结构。发达国家应加强对外汇市场的干预,基金组织应加强对发达国家货币政策的监督。

浮动汇率制具有不容忽视的消极影响:①汇率频繁波动增加了国际贸易与金融活动中的风险,不利于企业成本和收益的计算;②它削弱了货币纪律,使各国政府更易推行通货膨胀政策;③浮动汇率制加剧了发展中国家贸易条件的恶化,并

加大了它们的国际收支逆差;④浮动汇率助长了利率变动,加重了发展中国家的债务负担和债务管理的困难;⑤发展中国家的金融市场发育不全,浮动汇率对贸易与金融的消极影响更加明显。

(2)实行对称、有效和公平的国际收支调节原则。逆差和顺差是相互联系的,所以发展中国家单独承担调节责任是不公平的。顺差的发达国家应支持发展中国家进入其商品市场和金融市场,以分担国际收支失衡的调节责任。

20世纪80年代以来,发达国家贸易保护主义加强,尤其是限制发展中国家进入其金融市场,这大大增加了发展中国家对外支付的困难。发达国家强调发展中国家通过国内经济调整、压缩进口等调节国际收支,严重影响了发展中国家的经济发展。这种调节主张是不对称、不公平的,也不能解决国际收支失衡格局。

(3)通过国际集体行动来创设国际储备资产,使特别提款权成为增加国际清偿能力的主要手段,并改进特别提款权的分配方式。

扩大特别提款权的发行有助于弥补国际清偿能力不足,并可纠正国际收支调节不对称的情况。如储备货币国家可以直接用本币对外支付,从而逃避国际收支调节责任。特别提款权采用一篮子货币定值,所代表的价值相对稳定,以之作为储备资产可以降低风险。但是,特别提款权是按份额分配的,发展中国家要求将其分配与发展资金的提供联系起来。这种联系制度所涉及的援助无需立法程序,也无购买援助国商品的附加条件,所以它比双边援助更加优越。

(4)国际货币事务民主化,打破以美国为首的少数发达国家在国际货币事务上的垄断地位,加强基金组织的地位并增加发展中国家在该组织中的发言权。

(5)发达国家增加对发展中国家实行资源的转移,一是发达国家对官方援助做出有约束力的承诺并增加援助数量;二是将特别提款权的分配与新的发展援助联系起来;三是国际金融机构尤其是国际开发协会应增加对发展中国家的贷款;四是通过重新安排和减免发展中国家的债务负担来缓和债务问题。

在对国际货币改革的问题上,发达国家与发展中国家存在着重大分歧:发展中国家要求进行彻底改革,发达国家只要求进行完善。由于发达国家在国际货币事务中仍居支配地位,牙买加协定之后的国际货币制度改革进展比较缓慢。

四、IMF的改革方案

(一)替代账户方案

替代账户是指基金组织开设一个特别提款权存款账户,各国将各自"过剩"的美元按SDRs与美元的比价折成SDRs后存入该账户,其美元储备便变成了

SDRs 储备,IMF 则将所得的美元投资于美国,购买美国政府的债券或国库券,使该部分美元重新回到美国。该方案的目的在于扩大 IMF 的作用,使 SDRs 逐渐成为一种主要的储备资产,限制美元外流,使国际清偿力的增长能通过替代账户得到调节和控制。但由于种种原因,该方案并未能加以实施。其中,主要原因是美国政府的态度。当美元泛滥、美元汇率受到冲击时,美国政府赞同考虑实施替代账户方案;当美元汇率稳定时,美国又反对替代账户。由于美国在 IMF 拥有足够的否决权,没有美国的同意,替代账户是不可能得到通过的。另一方面,SDRs 本身还不具备优越于美元的特性。美元是国际经济交易中使用范围最广的储备货币,而 SDRs 只是一种账面资产,储备货币的职能远不如美元。特别是美元汇率在 1980 年后的一段时期异常坚挺,各国中央银行乐于持有美元而不愿交换 SDRs。此外,SDRs 存款利率与美国政府债券利率也不一致,利率风险也是一个难以处理的问题。

(二) 联系制方案

"联系制"方案,是"特别提款权分配与发展援助相联系"方案的简称,是指 IMF 把新创造的 SDRs 通过以下某一种方法用于对发展中国家的开发援助:

(1) 把新创造的 SDRs 直接分配给需要援助的发展中国家。

(2) 把新创造的 SDRs 转拨给多边开发机构,然后再由多边开发机构援助给发展中国家。

(3) 仍按各国在 IMF 的份额进行分配,然后发达国家把分到的 SDRs 以"自愿"的形式转赠给发展中国家。

"联系制"方案得到了发展中国家和部分发达国家经济学家的赞同,其理由是:

(1) 联系制有利于收入在发达国家和发展中国家之间的均等分配,有利于国际收支调节的对称性。

(2) 发展中国家收入增加和经济发展,有利于发达国家实现其国际收支目标,从而有利于发达国家的经济增长,使发展中国家和发达国家都能以较小的代价达到内部经济和外部收支的平衡。

但是,"联系制"也遭到一些经济学家特别是美国经济学家的反对,因此,"联系制"自 20 世纪 60 年代末 70 年代初提出后,经过十多年的争论,始终未能被 IMF 所采纳。

五、国际货币制度改革的途径与前景

从某种程度上说,不公正、不合理、不民主的国际货币制度是引发当今世界经济危机和国际金融危机的重要原因,因此,适应经济金融全球一体化发展趋势,变革现行国际货币制度势在必行。从国际货币制度改革的方向和未来发展的可能性来看,今后的改革将主要从以下几方面进行:

(1)召开一次新的布雷顿森林会议,重新确定国际货币制度的原则和基本框架,新的国际货币制度必须确立公正合理的原则,坚持民主管理,反对大国霸权。各国必须平等地就国际货币本位、汇率体系和国际收支调节机制问题达成广泛的一致性协议。新的国际货币本位和汇率体系必须既保证国际储备能够随着国际经济贸易的发展而增长,又能够避免国际储备的盲目增长加剧世界性通货膨胀;既能够克服汇率的僵化性,又能够纠正汇率的不稳定性。

(2)对国际资本流动实行有效的控制。国际资本的盲目流动已成为国际金融领域动荡不宁的主要原因,因此今后国际货币体系必须对资本流动制订一套国际行为准则,由国际货币基金组织贯彻执行,目的在于发挥国际资本的积极作用而限制它的消极作用。

(3)提高特别提款权的作用。世界货币应逐步走向特别提款权本位,因此在今后的改革中应不断扩大特别提款权的用途和使用范围,所有会员国的货币基本汇率的制订应采用特别提款权,同时应鼓励居民以特别提款权作为资产、债务和契约的面值货币。

(4)加强国际货币基金组织的权力和作用,健全国际收支的调节机制。国际货币基金组织是国际货币制度的中心机构,今后必须继续扩大它在加强世界储备管理、协调监督各国政策、调节全球国际收支方面的权力和作用。新的国际货币制度既要扩大基金组织提供资金的能力,又要改革基金份额的计算公式,解决份额分配不公的问题;既要放宽贷款条件,促进资金向发展中国家的实际流动,又要坚持国际收支调节的对称性原则,以解决全球国际收支的严重失衡。

从更长远的目标来看,未来国际货币制度将沿着由区域性的货币一体化向全球性的货币一体化发展的道路前进。这一发展过程将经历三个阶段:

第一阶段,世界上大多数国家或地区仍将实行管理浮动汇率制或经过修订后的汇率目标区制。欧共体国家将通过建成欧洲货币联盟最终完成欧洲货币一体化。同时北美、中南美、东亚、南亚等经济区,阿拉伯共同市场、非洲共同市场等也将先后以欧洲货币体系和欧洲货币联盟为模式开始货币一体化的进程。这一阶段估计至少要持续到2010年或更长时间。

第二阶段,实行管理浮动制的国家逐渐减少,而实行修订后的汇率目标区或可调整的钉住汇率制的国家和地区将日益增多。随着世界政治经济一体化的加强,各大经济区的货币一体化亦将明显加强。北美、中南美、东南亚、阿拉伯和非洲各经济大区将在此阶段内按照欧洲货币联盟的模式先后完成货币一体化,建立地区性中央银行,发行统一货币。这一阶段恐怕需要30~50年。

第三阶段,21世纪50年代前后,世界各大区将基本完成各自的货币一体化,并开始迈向全球货币一体化。但是在这一阶段的初期,国际货币制度的模式仍将借用欧洲货币体系,即世界各大区的统一货币将通过实行准固定汇率制形成松散的联合。世界各大区货币的紧密联合将要经历一个漫长的时期。至于世界中央银行的建立和全球统一货币的创设和发行,将是更加遥远的目标,在21世纪内也许难以实现。

总之,国际货币制度改革的目的是要建立公正的国际货币关系和健全的国际货币体系,从而更加有利于世界经济的发展。但由于不同的货币制度对各国有着不同的利害关系,因此在改革过程中存在着巨大的利益冲突。在这场改革中,少数发达国家是旧的国际货币体系的受益者。它们必然千方百计地阻挠改革的进展;广大发展中国家是其受害者,它们坚决主张改革旧的国际货币制度。它们之间的矛盾斗争以及发达国家相互之间的矛盾斗争十分尖锐,这就决定了国际货币制度的改革必然是一个长期的、复杂的和曲折的过程。但是世界经济一体化的发展趋势又决定了各国必然会为着彼此的共同需要而加强国际间的货币合作与协调。因此,通过不断地深化和扩大这种国际货币合作与协调,最后形成一个为各国所普遍能接受的相对统一、稳定、合理、健全的国际货币制度,这是全世界的共同愿望,也是世界经济发展的必然趋势和美好前景。

本章重要概念

国际货币体系　国际金本位　布雷顿森林体系　双挂钩　美元危机　黄金双价制　黄金总库　特里芬难题　牙买加体系　替代账户　汇率目标区　史密森协议

思 考 题

1. 简述国际货币体系的主要内容和作用。
2. 简述布雷顿森林体系的内容和特点。

3. 简述3次美元危机的过程和拯救措施。
4. 为什么说特里芬两难构成了布雷顿森林体系的致命缺陷?
5. 试述布雷顿森林体系崩溃的直接原因和根本原因。
6. 牙买加体系的主要内容是什么? 它有何根本特点?
7. 试析汇率目标区方案。
8. 发达国家与发展中国家在国际货币体系改革问题上争论的焦点是什么?

分析讨论题

21世纪是经济、金融全球一体化进一步发展的时代,你认为在这个世纪里,国际货币体系应该因此而怎样进行改革? 改革的方向是什么?

第十章 区域性货币同盟与欧洲货币一体化

第一节 货币一体化与货币区

一、货币一体化的含义

自从20世纪50年代末开始,随着世界经济一体化趋势的不断加强,出现了货币一体化。由于经济一体化可以分为全球一体化和区域一体化,因而与之相类似,货币一体化亦可分为全球一体化与区域一体化。前者只能是远景,而后者已初见端倪。所谓区域货币一体化是指一定地区内的有关国家和地区在货币金融领域中实行协调与合作,形成一个统一体,并最终实现一个统一的货币体系。

根据区域内各国货币合作的程度,可将区域货币一体化分为三个层次:一是区域货币合作,是指有关国家在货币问题上实行的协商、协调乃至共同行动,它在合作形式、时间和内容等方面都有较大的选择余地。二是区域性货币联盟,这是区域货币合作形式的深入发展,是指通过法律文件或共同遵守的国际协议,就货币金融的某些重大问题进行的合作。三是通货区(货币区),是指成员国货币之间的名义比价相互固定,具有一种占主导地位的货币作为各国货币汇率的共同基础,主导货币与成员国货币相互之间可以充分地自由兑换,存在一个协调和管理机构,成员国的货币政策主权往往受到削弱。

区域性货币联盟是第二次世界大战后国际金融领域中的新现象,它和20世纪30年代的货币集团完全不同。20世纪30年代的货币集团或货币区是少数强国在国际领域内控制和压迫弱小国家、附属国和殖民地的重要手段,具有明显的排他性,而各个集团之间的激烈斗争往往造成国际金融领域的严重混乱和动荡,损害了世界经济和国际货币关系的发展。第二次世界大战后情形则不同了,由于生产和资本国际化,各国在世界经济中的相互依赖和相互合作日益加强,但彼此间的矛盾依然存在,这需要协调和协作。由于各国情况迥异,难以达成全球性国际协议,因而只能先从地区着手,由少数国家和地区建立一些共同的机构,采取一些共同的措施,以增进经济合作并达到互利互惠的目的。

二、货币区的特征与经济效应

货币区作为区域货币一体化或区域性货币联盟的高级形式,它具有以下特征:

(1)汇率的统一,即各成员国货币之间的名义比价相对固定,对内实行固定的汇率制度,对外则实行统一的汇率。

(2)货币的统一,即发行单一的共同货币,这种共同货币在成员国之间的使用和兑换不受限制。

(3)机构和货币政策的统一,即建立一个中央货币机构,由该机构保存各成员国的国际储备,发行共同货币,决定联盟的货币政策,以及对联盟的其他货币金融事务进行统一管理和协调等。

如果货币联盟只具备第一个特征,则只能是一种松散的联盟,此时货币一体化尚处于较低级的阶段;如果具备后两个特征,则属于紧密型的货币联盟,即货币一体化已达到高级阶段,统一的货币体系基本实现。

建立货币区实现货币一体化可以带来许多积极的经济效应:

(1)消除了汇率的不确定性和汇率投机对贸易和物价的影响,有利于商品流通和物价稳定。同时有利于各成员国节省干预外汇市场、进行套期保值以及兑换外汇的成本。

(2)在通货区内由于实行以主导货币为中心的货币自由兑换,从而提高了区内经济的开放性,有利于商品和生产要素的自由流动和有效配置,也有利于多边支付制度的建立。各国的市场连接成一个统一的大市场,生产者可以从生产的规模经济中受益。

(3)由于有一个协调与管理机构,有利于区内成员国在货币问题上加强合作,融通资金,减少摩擦。

当然,建立货币区也是有成本的,其最大不足在于各成员国不能根据本国实际制定和实施独立的经济稳定与增长政策。

第二节 最适度货币区理论

一、最适度货币区理论的产生

最适度货币区理论是与货币一体化直接相关的一种理论,它最早产生于20

第十章 区域性货币同盟与欧洲货币一体化

世纪60年代初西方经济学界关于固定汇率制和浮动汇率制的争论。其内容主要是结合某种经济特征来判断汇率制度之优劣,并说明在什么情形下实行固定汇率制与货币同盟或货币一体化是最佳的。布雷顿森林体系建立后不久,最适度货币区理论最早由当时IMF特别研究处首席经济学家蒙代尔提出,后来麦金农等一批经济学家分别从不同角度进行了修正和补充。

二、最适度货币区的判断标准

各种最适度货币区理论的区别主要在于确定最佳货币的标准不同,即不同的判断标准形成了不同的最适度货币区理论。

(一)生产要素的高度流动性

蒙代尔主张用生产要素的高度流动性作为确定最适度货币区的标准。

蒙代尔认为,需求转移是引起一国国际收支失衡的主要原因。假定有A,B两个区域,若原来对B区域产品的需求现在转向A区域产品,则B区域的失业增加;如果A区域正巧是A国,B区域正巧是B国,则B国货币汇率的下跌将有助于减缓B国的失业,A国货币汇率的上升有助于降低A国的通货膨胀压力;但是,如果A和B是同一国家内的两个区域,它们使用同一种货币,则汇率变动无法同时解决A区域的通货膨胀和B区域的失业。因此,蒙代尔认为浮动汇率只能解决两个不同货币区之间的需求转移问题,而不能解决同一货币区内不同地区之间的需求转移,这种不同地区之间的需求转移只能通过生产要素的流动来解决。这样,若要在几个国家之间维持固定汇率并保持物价稳定和充分就业,就必须要有一个调节需求转移的机制,而这个机制只能是生产要素的高度流动。

由此可见,蒙代尔所说的"区域"有其特定的含义,即它是指这样一些地区,在这些地区内,生产要素具有流动性,在这些地区之外则不具有流动性。在蒙代尔看来,生产要素具有高度流动性的若干地区(即区域),都应组成一个货币区,这种货币区即构成所谓"最适度货币区"。

不过,在现实生活中,要各国放弃货币主权,按区域来"重新组织"货币是很难的。因此,蒙代尔也承认,只有在出现根本性的政治变动之后,才会有实际的货币重新组织。最适度货币区理论也只有在西欧和前殖民地这样一些政治结构正处于不断变化中的地区,才有实际意义。按照蒙代尔的思想,像西欧这样一些经济一体化逐步发展,相互间要素流动性较高的地区,可以组成一个货币区,区内各成员国货币之间实行固定汇率或采用共同的货币,而对区外的其他货币则实行浮动汇率。这一思想对后来欧洲货币一体化的发展产生了积极影响。

（二）经济高度开放

1963年，罗纳德·麦金农提出以经济的高度开放性作为最适度货币区的标准。

麦金农将社会总产品区分为可贸易商品和不可贸易商品。他认为，经济开放性与可贸易商品在社会总产品中的比重成正相关关系，该比重越高，经济越开放。麦金农指出，一个经济高度开放的小国采用浮动汇率的效能是低下的，其理由有三：

(1) 由于经济高度开放，市场汇率稍有波动，就会引起国内物价的剧烈波动。

(2) 由于经济高度开放的小国缺乏"货币幻觉"，即在货币贬值以后，人们会明显地感觉到消费支出的增加和实际收入的减少，这样人们会要求相应地增加工资，而这就会引起生产成本的增加，抵销汇率变动对国际收支失衡的纠正作用。

(3) 经济高度开放的小国的消费，对进口品依赖很大，因而需求弹性较低。这样，对纠正某一水平的对外失衡来说，所需的汇率变动幅度也就相对较大。所以，麦金农主张，一些相互间贸易关系密切的经济开放国家应组成一个相对封闭的共同货币区，在区内实行固定汇率，而对与其贸易往来关系不大的地区则实行浮动（弹性）汇率。

但是，麦金农理论存在明显的缺陷：

(1) 他以世界各国物价普遍稳定为前提来考察汇率变动后果缺乏现实依据，事实上，即使在物价相对稳定的情况下，发达国家也可通过固定汇率向外传递通货膨胀和经济的不稳定性，若将此前提反过来，经济高度开放的国家正好应以浮动汇率隔绝未来的不稳定影响。

(2) 他以经济开放的小国为对象，这在一个小国以某个大国为主要贸易伙伴，并且其汇率钉住该大国货币，或者几个小国在贸易关系上结成货币同盟的前提下，该标准是有意义的。但若一个小国的贸易分散于几个大国并且这些国家的货币又彼此浮动，则该标准就失去了意义。

(3) 该理论将重点放在贸易账户上，忽略了资本流动对汇率制度和国内经济的影响。

（三）低程度的产品多样性

1969年，彼得·凯南提出以低程度的产品多样化作为确定最适度货币区的标准。

与蒙代尔一样，凯南的建议也是以国际收支失衡的主要原因是宏观经济的需求波动这一假设为基础的。他认为,高程度生产多样化的国家,出口也是多样化的。在固定汇率下,某一种出口品在整个出口中所占比重不大,其国外需求的下降不会对国内就业产生太大影响;相反,对产品多样化程度越低的国家,由于出口产品的多样化程度也较低,若外国对其出口品需求下降,则必须对汇率进行较大幅度的变动,才能维持原有的就业水平。可见,出口产品的多样性使外部震荡对内部经济的影响在平均化作用下变小了,出口收益可以相当稳定。因此,产品多样化程度高的国家可以容忍固定汇率的后果,而产品多样化程度低的国家则不能,它们适宜采用汇率灵活安排的独立(最适度)货币区。

(四) 国际金融高度一体化

针对以上标准存在的某些缺陷,詹姆斯·伊格拉姆(James Ingram)于1969年提出,在决定货币区的最优规模时,有必要考察一国的金融特征,并于1973年提出以国际金融高度一体化作为最适度货币区标准的理论。

伊格拉姆认为,区内各国国际收支的不平衡同资金的转移状况有关,尤其同缺乏长期证券的自由交易有关。如果国际金融市场一体化是不充分的,则外国居民会以买卖短期外国证券为主,因为买卖短期证券的外汇风险可以通过远期市场的抛补来避免,这样,各国长期利率的结构就会发生明显的差异。但是若国际金融市场高度一体化,尤其是长期资本市场高度一体化,只要国际收支失衡导致利率发生小幅度变动,就会引起均衡性资本的大规模流动,从而可以避免汇率的波动。

该标准只强调资本要素的流动,而资本要素的流动不一定能成为国际收支的一种有效调节机制,并且忽视了经常账户。同蒙代尔一样,伊格拉姆是从固定汇率的维护机制来分析最适货币区标准的,但其局限性在于将资金融通看作平衡国际收支的唯一方法。

(五) 政策一体化

1970年,爱德华·托尔(Edward Tower)和托导斯·威莱特(Thomas Willet)提出应以政策一体化作为确定最适度货币区的标准。按照他们的观点,一个具有不太完善的内部调节机制的货币区能否成功,关键在于其成员国对通货膨胀和失业增长的看法以及对这两个指标之间交替能力的认识是否具有合理的一致性。换言之,不能容忍失业的国家难以同不能容忍通货膨胀的国家在政策取向上保持一致。

该理论是以政策合作作为国际收支平衡机制的,它要求建立一个超国家的、统一的中央银行制度和财政制度,这显然缺乏现实可操作性。同时,政策一体化标准的确切含义亦尚不明晰。

(六) 通货膨胀率的相似性

1970年和1971年,G·哈伯勒(G. Harberler)和J·M·弗莱明(J. M. Flemming)提出以通货膨胀率的相似性作为确定最适度货币区的标准。他们认为,国际收支失衡最可能是由于各国发展结构不同、工会力量不同和货币政策不同所引起的通货膨胀的离散趋势,它除了会造成国际收支基本账户的失衡外,还会引起短期资本的投机性转移,亦即通货膨胀率差异是国际收支失衡和汇率波动的主要原因。因此,如果区内各国的通货膨胀率趋于一致,就可以避免汇率的波动。

该理论将通货膨胀视为国际收支失衡的最经常最主要的原因并不完全符合现实。事实上,一国国际收支逆差是多种因素共同作用的结果,例如,滥用国际货币发行权、各国经济结构差异、国际交换关系不平等、劳动生产率差异、利率差异和通货膨胀率差异,等等。比较而言,前几项因素往往更为重要、更为基本。

第三节 最适度货币区理论的实践

一、欧洲货币一体化的进程

欧洲货币一体化被公认为是自布雷顿森林体系崩溃以来国际货币金融制度方面最有意义的事件,也是迄今为止最适度货币区理论最为成功的实践,它为未来国际货币金融制改革和国际政策的协调树立了可以借鉴的范例。欧洲货币一体化的进程大致可分为四个发展阶段:

(一) 第一阶段(1950~1971年):跛行货币区

欧洲货币一体化的起源可以追溯到20世纪50年代。1950年成立的欧洲支付同盟及其替代物——1958年欧洲经济共同体各国签署的欧洲货币协定,这促进了西欧各国货币的自由兑换,但由于尚不涉及各国汇率安排和储备资产形式的确定,因而被称为跛行货币区。跛行货币区是欧洲货币一体化进程的开端。

跛行货币区分为三个部分:英镑区、黄金集团和法郎区。英镑区是较正式的货币区,区内各成员国的储备资产主要是英镑,各国货币也钉住英镑。但由于英镑本身是钉住美元的,因而它仍是一个跛行的货币区。黄金集团是由西欧各国组成的一个不太正式的货币区,区内各成员国的主要储备资产是黄金。但由于各国货币还与美元保持着固定比价,因而也是跛行的货币区。1968年,黄金集团解体。

跛行货币区虽然开创了货币一体化的尝试,但是由于其内部缺乏支持其稳定存在的基础,在货币一体化进程中的作用相对次要。尽管在1960年3月22日的海牙会议上首次提出了建立欧洲货币联盟的概念,巴尔报告(Barre report)也强调各国应采取更有效的措施,并设想建立使逆差国从其他成员国自动获得信贷资助的体系,但欧洲货币一体化并未取得实质性进展。

(二) 第二阶段(1972~1978年):联合浮动

进入20世纪70年代以后,布雷顿森林体系瓦解已成定局,欧共体有关国家为了减少国际货币金融的混乱对区内经济的不利影响,也为了实现经济一体化的整体目标,于1969年提出了建立欧洲货币联盟(简称EMU)的建议,1970年10月,以卢森堡首相兼财政大臣魏尔纳为首的专门委员会提交了一份《关于在共同体内分阶段实现经济和货币联盟的报告》,简称"魏尔纳报告"。1971年2月9日欧共体部长通过了该报告,其内容如表10.1所示。

表10.1 魏尔纳报告提出的欧洲货币联盟计划

阶 段	时 间	主 要 目 标
第一阶段	1971年初~1973年底	缩小成员国货币汇率的波动幅度,着手建立货币储备基金,以支撑汇率的稳定,加强货币与经济政策的协调,减少成员国经济结构的差异
第二阶段	1974年初~1976年底	集中成员国的部分外汇储备以巩固货币储备基金,进一步稳定各国货币之间的汇率,并使共同体内部的资本流动逐步自由化
第三阶段	1977年初~1980年底	使共同体成为一个商品、资本、劳动力自由流动的经济统一体,固定汇率制向统一的货币发展,货币储备基金向统一的中央银行发展

尽管后来因世界经济的动荡不安,使该计划被拖延下来,但该计划的第一阶段中建立的联合浮动制、欧洲货币合作基金、欧洲计算单位等成为未来欧洲货币体系的基础,为货币一体化提供了有益尝试。1972年4月24日,共同体6国为了对付美元实行了联合浮动,成员国之间的货币汇率波动幅度由±2.25%缩小到±1.125%。同时建立了货币合作基金和欧洲计算单位。1973年布雷顿森林体系

解体后,西欧各国货币与美元脱钩,IMF 规定的±2.25%的幅度相应取消,但共同体成员国货币的联合浮动依然存在,只是过去对美元的中心汇率被对马克及以后的欧洲货币单位的平价所取代,这有利于促进区内商品和资本的流动。

(三) 第三阶段(1979～1998年):欧洲货币体系

联合浮动容易受美元汇率波动的冲击,为制止汇率的剧烈波动,促进欧共体成员国经济的发展,欧共体各国在 1978 年 12 月召开的布鲁塞尔会议上就法国总统德斯坦的新建立达成一致,决定于 1979 年 1 月 1 日建立欧洲货币体系(简称 EMS)。后因当时前西德与法国在农产品贸易补偿制度上发生争执,该体系延迟至 1979 年 3 月正式建立。有关欧洲货币体系的基本内容后面将作详细介绍。

(四) 第四阶段(1999年～):欧洲单一货币——欧元

20 世纪 80 年代下半期开始,欧洲经济一体化进程明显加快。1985 年 12 月,欧洲理事会卢森堡会议拟定的《单一欧洲法案》规定于 1992 年实现的共同体统一大市场是一个没有内部边界的地区,在该地区内实行商品、人员、劳务和资本的自由流动。这样,进一步加强欧洲货币体系便成为形成统一的内部市场和实现资本自由化的必要条件,所以卢森堡会议也将欧洲货币体系确定为深化货币合作的出发点。1988 年 6 月,欧洲理事会汉诺威会议委托 J·德洛尔(J. Delors)为首的欧洲委员会制定欧洲单一货币一体化的具体步骤。次年 6 月,该委员会向欧洲理事会马德里会议提交了《欧洲共同体经济和货币联盟的报告》,并获批准。

"德洛尔报告"继承了"魏尔纳报告"的基本框架,指出货币联盟是一个货币区,区内政策要受到共同的管理,以实现共同的宏观经济目标。报告提出了建立货币联盟必须具备的三个条件:

(1)保证货币完全和不可取消的自由兑换。

(2)充分自由的资本交易,银行和其他金融市场的完全一体化。

(3)取消汇率的波动幅度,实行不可改变的固定汇率平价。

报告虽未说明在联盟内部必定要有单一的货币,但将单一货币看成是货币联盟的一个自然和理想的进一步发展。报告明确地提出了建立一个欧洲中央银行体系(简称 ESCB)的设想。

报告提出了分阶段实现经济和货币联盟的计划:第一阶段,最迟于 1990 年 7 月 1 日起,在共同体现行体制的框架内加强货币政策的合作协调,进一步深化金融一体化,使成员国货币全部加入欧洲货币体系,消除对私人使用欧洲货币单位

第十章 区域性货币同盟与欧洲货币一体化

的限制,扩大成员国中央银行行长委员会的权力和权限。第二阶段,建立欧洲中央银行体系,由其接管原先存在的体制性货币安排,随着经验的取得,逐步扩展中央银行体系在制订和管理货币方面的职能,不能排除汇率调整手段,但只有在特殊情况下才能使用。第三阶段,实施不可改变的固定汇率,完成向单一货币政策的转变,中央银行体系将承担其全部职责,发行统一的共同货币,集中并管理官方储备,对外汇市场进行干预,为过渡到单一货币做制度和技术准备。

为了进一步加强各国经济的一体化,欧共体首脑们于1991年12月在荷兰小镇马斯特里赫特(Masastricht)召开会议,正式修订作为欧共体成立基础的《罗马条件》,并在"德洛尔报告"的基础上签署了《欧洲联盟条约》(又叫《马斯特里赫特条约》,简称"马约")。该条约勾画出了未来欧共体的宏伟蓝图和战略目标,标志着欧洲货币一体化进入一个崭新的发展阶段。其具体内容在下面有关论述中详细介绍。

二、欧洲货币体系(EMS)

(一)欧洲货币体系的主要内容

欧洲货币体系主要由三个部分组成:

1. 创设欧洲货币单位(ECU)

欧洲货币单位是一个"混合货币篮子",由欧共体12个成员国中的11种货币组成。每种货币在ECU中所占比重(权数),是根据各国在欧共体内部贸易额和国民生产总值所占份额加权确定的(见表10.2),前西德马克、法国法郎、英镑是最为重要的三种货币,其中又以前西德马克所占权重最大,因而马克汇率的变化对ECU的升降具有决定性影响。"货币篮子"的权数构成每五年调整一次,但若其中任何一种货币比重的变化超过25%时,则可随时调整权数。

表 10.2　欧洲货币单位(ECU)的定值(1992年)

货币名称	ECU中每种货币的数量	与前西德马克的交叉汇率	ECU的前西德马克成本	权数
比/卢法郎	3.431	0.049	0.168	8.11
法国法郎	1.332	0.296	0.394	19.24
意大利里拉	151.8	0.0012	0.182	10.05
荷兰盾	0.2198	0.895	0.197	9.49
前西德马克	0.6242	1.000	0.624	30.33

(续)表 10.2

货币名称	ECU 中每种货币的数量	与前西德马克的交叉汇率	ECU 的前西德马克成本	权数
丹麦克郎	0.1976	0.262	0.052	2.52
爱尔兰镑	0.0086	2.652	0.023	1.11
西班牙比塞塔	6.885	0.014	0.096	5.42
希腊德拉克马	1.44	0.008	0.012	0.72
英　镑	0.0878	2.442	0.214	12.25
埃斯库多	1.0474	0.11	0.012	0.77
总　计			1.974	100.00

资料来源：王聪. 国际金融通论[M]. 广州：暨南大学出版社，1997.

欧洲货币单位的创设与发行，是通过一种特殊的程序进行的。在欧洲货币体系创设之初，各成员国向欧洲货币合作基金提供 20% 的黄金储备和 20% 的美元储备，然后由该基金以互换形式向各成员国发行相应数额的货币单位，其中，黄金储备按 6 个月前的平均市场价格或按前一个营业日两笔定价的平均价格计算。成立之初，共创设 230 亿 ECU，1979 年 7 月增加到 270 亿 ECU。

欧洲货币单位是欧洲货币体系的核心，其作用是：

(1) 确定各成员国货币中心汇率的标准。成员国在确定货币汇率时，以 ECU 为依据，使其货币与之保持固定比价，然后再由中心汇率套算出同其他成员国货币的比价。

(2) 衡量成员国货币汇率偏离中心汇率的参考指标。

(3) 作为各成员国中央银行之间的清算手段与外汇市场的干预手段。

2. 确定稳定汇率机制

欧洲货币体系的目标是实现西欧各国货币的一体化，其重点落在稳定汇率的机制上。根据该机制的安排，汇率机制的每一个参加国都确定同 ECU 的固定比价，即中心汇率，以此为基础确定两国货币的双边中心汇率，形成一个网状的平价体系(亦称为平价网体系)，从而奠定了稳定汇率机制的基础。

(1) 平价网体系。各国货币对 ECU 的中心汇率是根据各种货币在 1979 年 3 月 12 日的市场汇率计算出来的(参见表 10.3)。而双边中心汇率则是根据各种货币对 ECU 的中心汇率来确定的。比如，前西德马克对法国法郎的双边中心汇率为 1 马克 = 2.31 法郎，是由 5.798 除以 2.511 而得的。

第十章 区域性货币同盟与欧洲货币一体化

根据规定,两种货币之间的市场汇率都有波动幅度的限制,多数货币的波幅不得超出双边中心汇率±2.25%,意大利里拉较弱,波幅可扩大到±6%。例如,前西德马克对法国法郎的中心汇率为2.31,其波幅的上、下限分别为2.362和2.258(2.31±2.31×0.0225)。如果汇率波动接近或者超过此界限,则两国中央银行必须同时进行干预,从而使之回落到容许的波幅之内。

(2) 干预机制。稳定汇率机制通过各国货币当局在外汇市场上的强制性干预,使各国货币汇率的波动限制在允许的幅度以内,实现汇率机制的稳定。欧洲货币体系干预汇率的方式主要有两种:边际干预和边际内干预。

欧洲汇率机制根据各国货币对ECU的中心汇率,规定出差异界限,这种差异界限是依据 $75\% \times (\pm 2.25 (或 \pm 6\%)) \times (1-W_i)$ 而得出来的(参见表10.3)。其中 W_i 为某国货币在ECU中所占的比重。显然,这种差异界限小于两国货币中心汇率允许的波动幅度±2.25%或±6%,而且在ECU中所占比重越大的货币,其差异界限越小。差异界限也起到了一种预警器作用,如果某一成员国货币在市场上的汇率波动达到或接近±2.25%(±6%)时,相关国家的中央银行就要出面进行市场干预。这种干预是强制性的,参加汇率机制的成员国都必须按规定执行,称为边际干预。同时各成员国中央银行也可以在某成员国货币汇率尚未达到规定限度时,采取适当措施进行干预,称为边际内干预。由于在平价网体系中,任何一种货币汇率的波动都会影响到所有成员国货币的汇率,因此欧共体根据各国具体情况制定出边际内干预的差异界限,及时对各成员国中央银行提出干预预警,这对于减少汇率波动和推动货币一体化都有重要意义。但是,边际内干预只是预防性的,对成员国没有强制性约束力。

表 10.3 各成员国货币中心汇率及各国货币与 ECU 的差异界限

货币名称	各种货币对 ECU 的中心汇率	各种货币对 ECU 的差异界限(%)
前西德马克	2.511	±1.133
法国法郎	5.798	±1.350
荷兰盾	2.721	±1.508
比利时法郎	39.458	±1.53
意大利里拉	1148.150	±4.073
丹麦克郎	7.086	±1.635
爱尔兰镑	0.663	±1.665

资料来源:同表10.2。

当成员国货币汇率偏离界限而又无法通过外汇市场干预和其他相关政策加以纠正时,就必须对整个平价网体系作出调整。

必须指出的是,并非所有欧共体成员都参加了稳定汇率机制,欧洲货币体系成立之初,除英国以外的欧共体8国都加入进来,英国直到1990年10月加入,后于1992年9月又与意大利一同退出;西班牙和葡萄牙于1986年加入欧共体,却分别于1989年6月和1992年4月加入该汇率机制。

3. 建立欧洲货币基金

为了保证欧洲货币体系的正常运转,确保各国货币汇率的稳定,欧共体于1973年4月设立了欧洲货币合作基金(EMCF),集中成员国各20%的黄金储备和美元准备,作为发行欧洲货币单位的准备金。由于各国储备的变动以及黄金、美元的价格波动,该基金每隔3个月重新确定一次。基金的主要作用是向成员国提供相应的贷款,以帮助它们进行国际收支调节和外汇市场干预,保证欧洲汇率机制的稳定。基金给成员国提供的贷款种类因期限而有所不同,期限最短的45天以下贷款只提供给稳定汇率机制参加国;9个月以下短期贷款用于帮助成员国克服短期国际收支失衡问题;中期贷款的期限为2~5年,用于帮助成员国解决结构性国际收支问题。

(二) 欧洲货币体系的性质比较

欧洲货币体系的建立,标志着在欧洲共同体(以下简称"欧共体")范围内,固定汇率论者在固定汇率与浮动汇率的争论中得到了广泛的支持。十多年的实践表明,欧洲货币体系代表了未来国际货币体系改革的方向,作为区域化货币联盟的有益尝试,与其他国际货币体系相比较既有共性,更有差异。

1. 与布雷顿森林体系的区别

从形式上讲,二者具有许多共同之处,但二者的实质不同。比如二者都是可调整的固定汇率制,但是欧洲货币体系以欧洲货币单位为核心,规定了两种中心汇率,两种波动幅度,以确保欧洲大陆多数国家的协调,并使成员国免受或少受汇率变动频繁的影响,从而可以增加开发一个大的内部市场,特别是工业品市场而取得的利益。尤其是EMS成为有效协调各国宏观经济政策机制的成功范例。因此,EMS的设计比布雷顿森林体系更为细致与严密,在区域货币合作方面的作用亦比布雷顿森林体系大。此外,在布雷顿森林体系下,中心汇率的调整可由成员国单方面决定,而在EMS下,双边中心汇率的调整需由集体协商决定。

第十章 区域性货币同盟与欧洲货币一体化

2. 与"蛇形浮动"的区别

EMS 形似 1973 年 4 月欧共体内部的"蛇形浮动",但实质是不同的,主要表现在:

(1)以前的欧洲记账单位是以黄金定值的,而 ECU 则是一篮子货币。

(2)将 ECU 作为 EMS 的核心,意味着一种货币汇率的变化将引起其他成员国的汇率以及该货币与一篮子中心汇率的变化,而欧洲记账单位则不同。

(3)差异界限起到了预警作用,而"蛇形浮动"则缺乏这样的机制。

3. 与特别提款权的区别

欧洲货币单位形似特别提款权,但是实质上也是不同的。

(1)组成 ECU 的各种货币通过汇率机制紧紧地结合起来了,而特别提款权只是几种货币的松散联系。

(2)ECU 的运用范围比特别提款权广泛得多。

三、欧洲单一货币

(一)欧洲货币联盟的发展历程

1991 年 12 月欧共体首脑会议通过的"马斯特里赫特条约"(简称"马约")是欧洲货币经济一体化的新里程碑。"马约"关于货币联盟的最终要求是在欧共体建立一个负责制定和执行欧共体货币政策的欧洲中央银行并发行统一的欧洲货币。为实现上述目标,"马约"要求分三步走:第一阶段,从 1990 年 7 月 1 日至 1993 年底,主要任务是实现所有成员国加入欧洲货币体系的汇率机制;实现资本的自由流动,协调各成员国的经济政策;建立相应的监督机制。第二阶段,从 1994 年 1 月 1 日到 1997 年,主要任务是进一步实现各国宏观经济政策的协调;建立独立的欧洲货币管理体系——欧洲货币局(EMI),作为欧洲中央银行的前身;各国货币汇率的波动要在原有基础上进一步缩小并趋于固定。第三阶段,从 1997 年到 1999 年 1 月 1 日,目标是最终发行统一的欧洲货币和建立独立的欧洲中央银行。其中,前两个阶段属于过渡阶段,目的在于促进成员国之间经济、货币与财政政策的合作、协调与趋同;最后一个阶段才真正标志着货币同盟的开始。

到 1996 年,由欧共体理事会对各国的经济状况按加入第三阶段的条件进行一次评估。如果至少有 7 个(不包括英国)国家达标,并且当时欧共体的情况允许,则这些达标国家将首先进入第三阶段,其余国家则等以后条件成熟再加入。如果到 1996 年 12 月 31 日,达标国家仍少于 7 个,或者欧共体理事会认为 1997

年实施第三阶段不适宜,则改为1999年1月1日起将已达标的国家先进入第三阶段,其余待条件成熟后再进入。为此,"马约"提出了进入第三阶段的条件(即成员国的趋同标准):

(1)通货膨胀率不能高于欧共体3个最低国家平均水平的1.5%。

(2)政府长期债券利率不能高于欧共体3个通货膨胀率最低国家平均水平的2%。

(3)财政赤字占国内生产总值的比重不能超过3%。

(4)公共债务累计额必须低于国内生产总值的60%。

(5)货币汇率必须维持在欧洲货币体系规定的幅度内,并且至少两年未发生贬值。

(6)成员国中央银行的法规法则必须同"马约"规定的欧洲中央银行的法规法则相兼容。

(二)各成员国满足"马约"趋同标准的进展

实现"马约"所规定的货币一体化,关键是欧盟各国要达到上述6项条件,而其中可以量化的是前四项指标。由表10.4可知,对照"马约"的标准,到1990年,达标的国家有4个(丹麦、德国、法国、卢森堡);基本达标的有爱尔兰和英国;满足两个标准的为比利时和荷兰;西班牙只满足一个条件;希腊、意大利和葡萄牙三国4个条件均未达到。因此,当时有人认为欧洲货币一体化难以在1990年进入第三阶段,以后的实践证明这种判断是正确的。

表10.4 1990年欧共体成员国趋同指标的满足情况 (单位:%,括号内数字表示差异)

国 别	通货膨胀率	政府长期债券利率	财政赤字占国内生产总值的比重	公共债务占国内生产总值的比重
比利时	3.4	10.1	5.5(2.5)	130.7(70.2)
丹 麦	2.6	11.0	1.6	58.9
德 国	2.7	8.9	2.5	41.2
希 腊	20.4(16.3)	n.a	20.2(17.2)	81.6(21.6)
西班牙	6.7(2.6)	14.7(3.1)	4.0(1.0)	44.1
法 国	3.4	9.9	1.7	46.5
爱尔兰	3.3	10.1	2.3	115.2(55.2)

第十章 区域性货币同盟与欧洲货币一体化

(续)表 10.4

国 别	通货膨胀率	政府长期债券利率	财政赤字占国内生产总值的比重	公共债务占国内生产总值的比重
意大利	6.5(2.4)	13.4(1.8)	10.7(7.7)	101.1(41.1)
卢森堡	3.7	8.6	−3.3	7.8
荷 兰	2.4	9.0	5.3(2.3)	79.3(19.3)
葡萄牙	13.4(9.3)	16.8(5.2)	6.0(3.0)	67.8(7.8)
英 国	9.5(5.4)	11.1	0.7	35.8
三个最低国家的平均	2.6	9.6	—	—
"马约"的要求	4.1	11.6	3.0	60.0

说明：通货膨胀率以消费物价上涨率表示。

资料来源：姜波克.国际金融学[M].北京：高等教育出版社,1999.

"马约"之所以规定以渐进方式和"动态解释"方案(即在1996年欧共体首脑会议评估各国是否达标时，以动态趋势取代静态水平来评估各国是否有条件进入第三阶段。所谓动态趋势，是指各项指标的变化趋势是否多年来一直朝着"马约"规定的绝对标准迈进，若是，就有资格进入第三阶段。)来达成货币一体化，主要原因是为了让所有有关国家有时间使其经济向"马约"的目标靠近。为达此目标，欧盟各国政府近年来不断调整各自的经济政策，努力压缩公共开支、减少财政赤字，从而为1999年第三阶段的顺利实施奠定了基础(参见表10.5)。

表 10.5　1995,1996 和 1997 年欧洲联盟成员国的趋同指标满足情况　(单位:%)

国 别	通货膨胀率			政府长期债券利率			财政赤字占国内生产总值的比重			公共债务占国内生产总值的比重		
	1995	1996	1997	1997年3月			1995	1996	1997	1995	1996	1997
比利时	1.5	2.1	2.0	5.9			−3.4	−3.4	−2.9	133.5	130.0	127.1
丹 麦	2.1	2.1	2.5	6.5			−1.9	−1.6	−0.1	72.2	69.9	67.3
德 国	1.8	1.5	1.8	5.8			−3.5	−3.8	−3.3	58.1	60.3	61.5
希 腊	9.3	8.5	6.9	10.3			−9.2	−6.6	−5.1	111.8	110.7	107.7
西班牙	4.7	3.5	2.5	7.1			−6.6	−4.4	−3.2	65.3	69.5	69.0
法 国	1.8	2.0	1.6	5.7			−5.0	−4.1	−3.3	52.9	56.3	57.8
爱尔兰	2.5	1.6	2.2	6.3			−2.4	−1.0	−1.6	84.8	76.4	72.3

(续)表 10.5

国别	通货膨胀率			政府长期债券利率	财政赤字占国内生产总值的比重			公共债务占国内生产总值的比重		
	1995	1996	1997	1997年3月	1995	1996	1997	1995	1996	1997
意大利	5.4	3.9	2.4	7.6	−7.1	−6.8	−3.3	124.9	123.0	121.5
卢森堡	1.9	1.8	2.0	6.1	0.4	−0.1	−0.1	5.4	5.9	5.7
荷兰	2.0	2.1	2.7	5.7	−4.0	−2.3	−2.2	79.7	78.8	76.1
葡萄牙	4.1	3.1	2.5	6.9	−4.9	−4.0	−2.9	71.7	70.8	69.2
英国	2.8	2.9	2.6	7.5	−5.6	−4.4	−3.1	47.3	49.3	49.4

资料来源：同表 10.4。

（三）欧洲单一货币的制度准备

"马约"在各成员国获得通过后，欧洲联盟（以下简称"欧盟"）在制度方面为欧洲货币一体化的实施做了大量准备。

1993年1月1日，欧盟实现了包括资本项目在内的四大要素（商品、劳务、服务、资本）的自由流动，建立了欧盟内部的统一大市场，并宣告其单一银行业市场的成立。设立该市场的目的在于减少各国政府对银行业市场的管制，形成统一的欧盟银行体系，保证自由竞争，提高市场效率，为1999年1月1日启动单一货币，建立货币联盟铺平道路。

1994年1月1日，欧盟在法兰克福成立了未来欧洲中央银行前身的欧洲货币局（EMI），从事欧洲中央银行的各项技术准备工作。该机构在规定时间内完成了欧洲中央银行政策运作框架的设计工作，并于1997年1月和9月就欧洲中央银行可能采用的货币政策目标、工具、程序和技术手段等发表了两份报告。该框架设计主要是以德意志联邦银行的运作模式为蓝本的。在制度架构上分为欧洲中央银行（European Central Bank，简称ECB）本身和由欧洲中央银行及所有参加欧元成员国中央银行（National Central Banks，简称NCBs）组成的欧洲中央银行体系（European System of Central Banks，简称ESCB）两个层次。欧洲中央银行的决策机构是理事会，负责制定重大的货币政策，日常管理职能则由执行委员会行使。欧洲中央银行不为成员国政府的财政赤字提供融资，这确立了它的独立地位。其主要目标是保持物价的稳定，在此前提下也为各国促进就业和经济增长提供支持。货币政策工具包括公开市场操作、存贷款便利和最低存款准备金要求。

1997年6月，在阿姆斯特丹举行的欧盟首脑会议上，批准了《稳定与增长公

第十章 区域性货币同盟与欧洲货币一体化

约》、《欧元的法律地位》和《新的货币汇率机制》3个文件,为欧元在1999年1月1日如期启动完成了技术准备和法律保障。

1998年3月,欧洲货币局就欧盟各国完成趋同标准情况发表报告,报告认为自1996年评估以来,多数国家在完成达标任务方面成绩显著。到1998年1月,除希腊外所有成员国的通货膨胀率都低于2%;平均长期利率降到较低水平;财政赤字占GNP的比重已降到2.4%,有的成员国预算赤字实际上已经消失;汇率继续保持稳定;但公共债务占GNP之比仍偏高。与此同时,欧盟委员会发表了各国经济趋同情况评估报告以及首批流通欧洲统一货币——欧元的入选国家名单。欧盟委员会确定了11个有资格成为首批流通欧元的国家,它们是法国、德国、意大利、西班牙、比利时、荷兰、卢森堡、葡萄牙、奥地利、芬兰和爱尔兰。其余4个成员国中,希腊因未能达标而未能入选,英国、丹麦和瑞典三国虽然已经达标,但是出于本国政治考虑,均表示不想成为首批入选国家。1998年5月2日,欧盟特别首脑会议批准了欧盟委员会的这一报告和名单,在提交欧盟各成员国政府讨论通过后,欧元发行的法律程序即告完成。同时,荷兰人杜伊森贝赫当选为欧洲中央银行首任行长。

按照欧盟制定的单一货币实施时间表(见表10.6),1999年1月1日正式启动欧洲货币一体化的第三阶段,发行统一的欧洲货币——欧元,欧元作为11个参加国的非现金交易"货币",以支票、信用卡、股票、债券等形式流通。从2002年1月起,11国将总额为700亿欧元的现金投入流通,7月1日以后,欧元各参加国货币终止流通,由欧元完全取代。

表10.6　欧元实施时间表

时　间	实施内容
1998年5月	决定参加国
1999年1月1日	欧元正式启动
2002年1月1日	欧元现金进入流通
2002年7月1日	各参加国货币完全退出流通

四、欧洲货币一体化的意义

欧元的运行、欧洲货币一体化的实施与完成,是最适度货币区理论在国际金融领域的重大创新实践,是国际货币合作的经典范例,在国际货币金融史上具有

里程碑意义,它不仅对欧盟内部各成员国的经济活动,而且对国际货币体系、国际货币合作都将产生重大而深远的影响。

(一)欧元为货币制度创新提供了积极的借鉴意义

货币发展历史表明,货币制度是一种以国家强制力为后盾的契约安排。任何一种形式的货币制度,都与它所依附的国家政权相联系,都被深深打上了"国家"的印记。欧元是超越欧洲各国传统边界的货币,它突破了"一个国家一种货币"的传统主权观念,真正从货币的价值尺度、流通手段等职能出发,构筑了"一个市场一种货币"的新理念。欧元启动的货币制度创新意义主要表现在两个方面:其一,欧元制度是一种不与国家政权相联系的创新的货币制度。作为超国家组织的产物,欧元是在国家主权分立情况下实现货币整合。这用传统金融学的货币制度理论是无法解释欧元生成机制的,但为紧密的地缘政治、经济文化的国家之间开展货币合作提供了全新的思路。其二,欧元是与经济、金融全球化趋势相一致的一种创新的货币形式。在现代信用货币制度的大前提下,以欧元这种统一货币取代欧元区的货币分割,是欧洲国家主动适应经济、金融全球化要求的理智抉择,这为其他地区各国乃至全球各国之间推进以货币融合为核心的经济联盟具有重要的借鉴意义。

(二)欧元区的建立有利于国际货币体系的稳定

首先,由于欧洲金融市场的巨大规模以及它吸收外部冲击的广阔空间,决定了欧元从长远来看将是稳定的货币。其次,欧洲货币联盟将在世界经济范围内产生一个货币稳定区,因为单一货币的形成将消除参加欧元区的各国货币之间的汇率波动,欧元将由严格的经济管理政策(由独立的中央银行实行以价格稳定为主的货币政策和各成员国严格的预算政策)来支撑。其三,欧元的产生还会提高国际货币体系的均衡性,并由此为更广阔的国际合作打开一条通道。布雷顿森林体系崩溃以来,国际储备货币的多元化摆脱了基准通货国家与依附国家相互牵连的弊端,在很大程度上克服了"特里芬"难题,但其他国际储备货币,如当时的马克和日元在短期内还难以与美元抗衡,这也是不争的事实。欧元的出现所形成的欧元与美元相抗衡的国际储备资产格局,将使这种多元化更加稳固。

(三)欧元区的建立对于国际货币合作有着更深层的意义

作为欧洲内部货币合作的产物,欧元的成功极大地鼓舞了人们进行国际货币

第十章　区域性货币同盟与欧洲货币一体化

合作的信心。从创设欧洲计算单位、欧洲货币单位,到最终推出欧元,欧洲货币一体化走过了40余年的历程。欧盟的实践对国际货币体系改革提供的宝贵经验是,货币一体化将是一个长期的和渐进的过程,不可能一蹴而就。可行的步骤是立足于本地区政治经济发展的现实,遵循先易后难、先松散后紧密的原则,制定阶段性目标,然后在实践中逐步推进。从法律角度来看,欧盟有关单一货币的法规也将为未来的国际法律制度建设提供有益的借鉴。如果说布雷顿森林协定开了以国际法的形式来调整国际货币制度之先河,《欧元的法律地位》等文件则是一个以多边条约来规定区域货币关系,保证区域内单一货币稳步推进极有价值的探索。特别是那些要求成员国将货币主权逐步让渡给欧洲中央银行的细致安排,将对未来的区域性或全球性货币法律制度的建设将起到积极的示范作用。

(四) 欧元区的建立对经济全球化的进程产生了重要影响

欧元的产生是人类朝着全球货币一体化方向迈出的重要一步,它必将在推动国际贸易、国际资本流动蓬勃发展的同时,对经济全球化的进程产生重大影响。欧洲单一货币的诞生,昭示着世界货币统一的未来。与世界经济一体化趋势相适应,世界货币统一的趋势也是存在的。欧元的经验给世界的启示是:未来世界货币一体化的实现过程,可能是通过若干区域货币统一的途径来实现的。

第四节　东亚货币合作的构想与探索

欧洲货币合作的成功经验极大地鼓舞了世界其他区域的货币合作热情。与此同时,在当今世界经济全球化、一体化迅猛发展的情况下,各国也充分意识到彼此加强合作与协调的重要性。1999年,美国麻省理工学院鲁迪·登布森教授指出,20年之后,全世界只剩下为数不多的几种货币:即南北美洲美元将是通用货币,在亚洲,人民币将有可能占据主导地位;而在其他地区,欧元将成为主要货币。蒙代尔也曾预言未来的国际货币体系将形成欧元区、美元区和亚元区三足鼎立的局面。亚洲金融危机爆发后,东亚各国对区域货币合作的呼声日益高涨,欧元的启动为东亚国家树立了货币合作的典范。

一、东亚货币合作的背景

20世纪70年代实行浮动汇率制后,汇率的频繁波动使人们对稳定的汇率制度产生迫切的要求,区域货币合作成为世界各区域谋求汇率稳定的重要手段。亚

洲金融危机的爆发使东亚各国认识到区域货币合作的重要性,欧元的成功启动引发了东亚各国对共同货币的兴趣。金融危机的爆发以及东亚目前存在的区域经济合作组织的软弱无力也迫切要求东亚加强区域货币合作,建立区域币合作组织。

(一)浮动汇率制下区域货币合作成为确保区域金融安全的重要手段

东亚地区各国的经济基本上属于小国开放经济,外贸依存度大,对国际市场反应敏感,而且是新兴资本市场和离岸金融中心集聚之地。相对于大国来说,小国开放经济更无法忍受汇率的频繁波动,更迫切要求实行较为稳定的汇率制度。

东南亚金融危机也促使东亚各国对汇率制度问题进行反思,由于东亚各国对外开放度较高,实行浮动汇率制对各国经济的影响很大,因此人们开始关注各种固定汇率制度的形式,如货币区(局)、采用其他国家的货币作为本国货币、共同货币安排等。

(二)欧元的启动是东亚货币合作的重要外部推动力

欧元成功发行并已经顺利运转多年,其表现已获得广泛肯定,其经验和成就对其他地区是巨大的压力和鞭策。纵观当今世界,各地区都在进行类似的区域货币合作,而东亚地区的货币合作是目前世界上相对落后的。这种落后局面如不尽快改变,就很容易在整个世界的国际货币关系中丧失地缘战略优势,成为美元和欧元的争夺场所。尽管东亚各国的经济发展速度较快,但如果货币合作一直停滞不前,必将破坏东亚持续发展的动力,因此,东亚各国必须致力于推动货币一体化的发展,吸取欧元成功的经验,推动区域内经济的持续发展。

(三)区域货币合作是防范金融危机的有效途径

当代金融危机往往表现为一种区域性现象,这意味着,金融危机的防范和化解主要是一种地区性的公共产品,除了借助国际组织的援助之外,区域性国际组织和制度可能更为有效。亚洲金融危机给东亚各国带来了深刻启示:由于东亚各国经济规模的相对狭小和金融结构的脆弱性使其不足以完全抵御外部金融风暴的冲击,因此东亚各国除了对国内经济与金融制度加以改革之外,还应该建立某种跨国的风险防范机制。这就客观上需要东亚各国加强货币合作,建立区域性货币联盟,以减少金融动荡及其带来的负面效应。

（四）区域货币合作有利于危机爆发后的自救

亚洲金融危机爆发后的救助措施表明，国际金融组织及西方大国的危机救助机制存在缺陷，国际货币基金组织（IMF）并没有组织有效的救援方式并且救援来得太晚，而东亚现有的区域经济合作组织对金融危机的解救基本上未起到任何作用，这些都使东亚国家产生了加强区域内国家之间的货币合作、建立自己的救助机构的想法。

东亚的综合经济和对外贸易实力同美国和欧盟相当。东亚拥有巨大的金融资产，其外汇储备比美国和欧盟多得多。截至2010年底，仅中国外汇储备就已经达到了28 473.38亿美元，远远高于欧元区的外汇储备。如果能够将东亚国家外汇储备中的10%~20%用来作为地区资金，参加的国家就能够很容易地克服任何清偿危机，而不需要西方大国或国际金融组织的任何"建议"或"指导"。

二、东亚货币合作的可行性

东亚各国是否具备组成最优货币区，建立区域货币联盟的条件呢？我们仍然按照最优货币区的标准，对东亚区域货币合作的条件进行分析。

（一）区内贸易的发展

东亚大部分国家与地区实行的都是出口导向型战略，对外贸易在国民经济中占有重要地位，其对外开放度一直居高不下，尤其是中国香港、新加坡、马来西亚，对外开放度都在100%，中国台湾、韩国、菲律宾及泰国的外贸依存度也很高。由于东亚国家或地区，尤其是亚洲"四小"及东盟各国基本上属于开放经济，对汇率波动十分敏感，因此迫切需要稳定汇率，进行货币合作。相对于欧盟，东亚区内贸易额占地区GDP的比重及区内贸易额占贸易总额中的比重相对偏低。1997年东亚区内贸易额占地区GDP的比重，出口为10.2%，进口为10.1%，而欧盟在欧元启动前区内贸易额占地区GDP的比重，出口为12.8%，进口为12%。但东亚区内贸易额占地区GDP的比重及区内贸易额占贸易总额的比重近年均呈增长态势，反映了该地区较快的经济增长率及经济开放度的提高。目前，东亚地区向本地区出口和从本地区进口的比例几乎都超过1/3，因此从区内贸易的发展来看，东亚经济的相互依赖性正在逐渐增强，成为东亚货币合作的重要基础。

(二) 生产要素的流动性

要素市场越灵活,资本及劳动力的流动性越高,成员国财政转移的程度越大,这些国家就越有可能组成最优货币区。从欧洲货币一体化的经历中可以得出,共同关税壁垒与商品、服务、劳动力及资本在共同市场内的自由移动是建立货币联盟的先决条件。

现阶段东亚各国(地区)对生产要素流动性的限制比较多,即使是流动性最强的资本,其流动也受到了严格的限制。尤其在亚洲金融危机后,东亚重新加强了对资本的流动限制,例如,1998年马来西亚曾一度恢复了资本管制,日本虽然资本项目是放开的,但其对外国资本投资本国公司也有许多限制,中国等一些国家的资本项目还未完全放开。可见东亚短期内不可能全面实现资本的自由流动。除了资本的流动外,劳动力的流动在东亚各国(地区)间也受到限制,与欧盟已经基本实现劳动力自由流动不同,东亚各国(地区)对人员的流动要求非常严格。虽然亚太经合组织及东盟在贸易自由化方面已有一定进展,但签订的协议对各国却不具备法定约束力。

(三) 经济发展水平、经济结构的相似性及受外界冲击的对称性

如果外界冲击对货币区内各国的影响是对称的,可采用同样的(或类似的)货币政策予以抵消,各国就不需要独立的货币政策。而冲击是否对称,在很大程度上取决于两国经济发展水平是否相当,是否具有相似的经济结构。经济发展水平相当、经济结构趋同的国家有可能形成货币联盟,欧洲形成货币联盟的过程就伴随着人均产出的趋同。但是,从东亚地区来看,无论是经济发展水平还是收入水平都存在着一定的差异。此外,它们的经济体制、经济结构也是各不相同的。

从亚洲国家和地区经济对潜在干扰因素进行调整的相关性、规模及速度来看,如果各国(地区)的扰动因素是相关的,规模小,而且调整迅速,它们就是货币联盟的较好候选国。Bayoumi和Eichengreen(1994)在研究中区别了需求冲击及供给冲击,估计了东亚各国(地区)间的双边相关系数。他们发现,日本、韩国、印度尼西亚、马来西亚、新加坡以及我国台湾和香港的需求冲击是对称的。为检验外部冲击对东亚国家(地区)、美国、日本影响的对称性,Taguchi(1994)计算了它们的利率、股票价格、CPI的相关系数。他发现东亚各国(地区)的消费品价格与日本的CPI相关性强,利率、股票价格与美国的该指标相关性强,但20世纪80年

代后半期与日本该指标的相关系数有所增强。他的结论是,目前东亚地区虽然组成最优货币区的标准还没有完全得到满足,但是随着区内经济相互依存度的提高,货币一体化的可能性在增加。

(四)政策目标的一致性

即使货币联盟成员国之间的经济结构类似,外界冲击也是对称的,但如果各国的政策目标不一致,那么它们之间就很难维持固定汇率。衡量各国政策目标是否一致的一个重要指标即通货膨胀率,来自国际货币基金组织的统计资料显示,除了印度尼西亚、老挝、缅甸外,1997~2006年东亚几个国家的平均通货膨胀率都比较接近,反映了它们在通货膨胀率这个指标上保持了较好的一致性。

从经济角度看,根据最适货币区理论,东亚各国和地区经济的相互依存度与欧盟各国相比还存在差距。东亚各国和地区在一体化道路上的最大障碍在于其经济发展水平的差异,由于各国和地区处于经济发展水平的不同阶段,使各国和地区的经济结构、贸易结构、对外界冲击的反应、政策目标等均表现为一定的层次性和多样性。这些都使得东亚货币合作目前仅能在较浅的层次上进行,要达到货币一体化、组成最优货币区的目标还任重道远。

三、东亚货币合作的实践

亚洲金融危机是导致东亚货币合作的重要催化剂。尽管在金融危机之前,东亚已经存在一定程度的货币合作,但真正取得进展却是在危机之后。目前各个学者都承认区域监督、区域储备合作、汇率协调是区域金融货币合作的三个基本元素。东亚货币合作中不少组织发挥着重要作用,如东盟+3(APT,包括东盟以及中国、日本、韩国三国组织)财长会议、亚欧会议(ASEM)财长会议、亚太经合组织(APEC)财长会议、东亚及太平洋地区中央银行行长会议(EMEAP)以及亚洲开发银行(ADB)等,在它们的推动下,东亚货币合作取得了一些进展。

(一)信息交流与区域监督进程

1. 马尼拉框架(MFG)

马尼拉框架①(MFG)是东亚建立的第一个区域监督进程。它建立于1997

---

① 马尼拉框架共包括14个经济体,分别为澳大利亚、文莱、加拿大、中国、中国香港、印尼、日本、韩国、马来西亚、新西兰、菲律宾、新加坡、泰国和美国。

年,主要关注四个协议:①区域监督;②金融领域的经济与技术合作;③强化 IMF 对危机的反应能力;④发展区域金融合作协议。但是马尼拉框架是一个非正式的组织,尽管其被某些观察家认为是区域监督与同行评议卓有成效的论坛,但是它取得的成果却是有限的。其一,其地区监督分别由三个国际金融机构(IMF、WB、ADB)承担,没有实际的同行评议进程;其二,没有明晰的信息交换与监督目标;其三,马尼拉框架并没有包括该区域内所有的国家。

2. 10+3 东盟监督进程(ASP)

1998 年,在第 2 届东盟财长会议上,决定建立东盟监督进程(ASEAN Surveillance Process,ASP)。ASP 的主要目的是加强政策对话,维护区域宏观经济和金融的稳定,它定期对全球、区域及各个国家的发展进行评议,对汇率、部门以及社会政策等进行监督。1999 年 11 月 ASP 扩大到东盟+3 监督进程,将中国、日本、韩国纳入统一的监督框架中,并于 2000 年 5 月在亚行年会期间举行了第一次同行评议会。10+3 监督进程的不足之处在于,信息交换的内容还不明确,无法对潜在风险发出有效的早期预警,不能帮助成员国改进金融市场管理、监测和一体化进程等。

(二) 区域储备合作

1. 亚洲货币基金的构想

1997 年 9 月,日本政府在 IMF 和亚洲开发银行会议上提出建立亚洲货币基金(Asian Monetary Fund,AMF)的构想,倡议组成一个由日本、中国、韩国和东盟国家参加的组织,并承诺为该基金提供 1 000 亿美元的资金,为遭受货币危机的国家和地区提供援助。但是由于欧美担心该组织会削弱美国和欧盟在东亚的影响和作用,因此坚决反对日本的建议,致使该构想未能实现。

2. 新宫泽构想

1998 年 10 月,日本又以大藏大臣宫泽喜一的名义提出"新宫泽构想",倡议建立总额为 300 亿美元的东亚基金,其中 150 亿美元用于满足遭受危机的国家和地区对中长期资金的需求,另外 150 亿美元用于满足其短期资金需求。遭受危机的国家和地区对此非常欢迎,美国政府和 IMF 也表示欢迎。按照"新宫泽构想"的设想,日本分别为印度尼西亚、韩国、马来西亚、菲律宾等国提供了贷款或是贷款担保。

3. 清迈协议

2000 年 5 月,东盟+3 在泰国清迈签署《清迈协议》(Chiang Mai Initiative,

第十章 区域性货币同盟与欧洲货币一体化

CMI)。《清迈协议》达成了在金融领域建立全面合作的协议,主张签订有关外汇借贷的双边协定,以防范货币危机。同年8月,东盟+3的中央银行将多边货币互换计划的规模由2亿美元扩展到10亿美元。但是在初期,CMI下的互换金额规模较小,另外为防范道德风险,在区域监督进程发展不完善的情况下,CMI下资金动用比例超过10%将与IMF的贷款条件挂钩。

在2005年的东盟+3财长会议上,各方决定将互换资金使用安排与IMF的挂钩比例由10%提高到20%。同时,各国财长决定将集体决策机制引入CMI中,作为双边互换网络多边化的第一步,从而对危机作出集体性与及时的反应。在2007年于日本召开的东盟+3财长会议上,财长们同意遵循循序渐进的方法,赞成一个契约式协定管理的储备集中库是CMI多边化的最佳形式。并且各国财长已责成其副手就CMI多边化的几个关键因素,包括监督、储备资格、承诺、借款限额以及激活机制等进行深入的研究。CMI下可动用的资金也在迅速增加,截至2006年4月,清迈协议互换资金的总规模已经达到了750亿美元。

可以预见,在未来的区域资源合作中,CMI下的货币互换不但会在互换规模上继续扩大,有关互换资金的使用条件也会逐渐与国际金融机构脱钩,而采用与本区域情况相符的适用条件。同时,将CMI多边化,最后使之成为一个区域性的多边救助与合作基金。

(三)区域汇率协调

汇率协调是一种更高级的货币合作形式,这也是亚洲走向共同货币区的关键一步。从亚洲金融危机的教训来看,僵化的固定汇率制度(钉住美元)可能是导致货币危机的原因之一,危机爆发后,各国货币的竞争性贬值,无疑加大了危机的传染效应,因此从防范危机爆发与传染的角度来看,更应该加强区域汇率合作。在当今全球经济失衡的背景下,东亚各国的汇率制度面临着巨大的压力。如果不进行汇率合作,在解决全球经济失衡过程中,将引起东亚经济的剧烈波动。

亚洲汇率合作的方案最多,争议最大,难度最大。不同的学者给出了不同的汇率合作方案,比较有代表性的方案有:

(1)东亚美元本位制。McKinnon(2000)认为东亚应建立区域性美元本位制度,使东亚各经济体集体钉住美元。

(2)东亚日元区。Kwan(2001)从日本、亚洲、区域与全球角度分析说明了东亚应组成日元区,主张把日元作为东亚地区的基轴货币,使日元承担欧洲货币体系中马克的角色。

(3) 钉住篮子货币(G-3)。一些学者认为东亚国家(除了日本)最好的汇率制度选择是钉住 G-3 篮子货币(美元、欧元、日元),与亚洲美元本位相比,这样可以使东亚国家免于美元—日元、欧元—美元等汇率波动的影响。与此同时,东亚国家如果采取相似的篮子权重,还可以稳定区域内贸易,促进区内投资的发展。

(4) 建立亚洲汇率机制。一些学者建议亚洲仿效欧洲货币体系,建立亚洲汇率机制(Asian Exchange Rate Mechanism,AERM),创建亚洲货币单位(ACU),以此来促进东亚地区的货币一体化。

ACU 方案将采用区内货币的某种加权平均。从政治方面看,由于每个国家在货币合作中的地位与角色是平等的,这为货币合作提供了一定的政治基础。而且 ACU 编制本身并不意味着明确的区域汇率合作方式,更不会对区域内各国现有的汇率制度构成挑战,这容易为成员国所接受。同时,亚洲货币单位向美国和欧洲展示了强化东亚区域经济自主性的意图,而且通过明确的指标体系,有助于推进区域内政策对话的效率,但并不会招致美欧以及国际组织的反对。从经济方面看,与 ECU 相同,ACU 可以在区内充当计价工具、交易媒介、储备货币等,如果亚洲债券可以以 ACU 标价发行,则可以极大地吸引基金的供给者与需求者。如果 ACU 得到区域内经济体的支持并得到顺利发展,ACU 将起到防止以邻为壑的货币贬值竞争、促进区域内汇率协调行动、维护区域内货币价值相对稳定、减少东亚对美元的依赖、减少东亚的大规模区域外外汇货币资产储备、帮助缓解全球国际收支失衡、推动东亚经济一体化等方面的重要作用。

亚洲开发银行在 2005 年就提出创立 ACU 的建议。2006 年初,亚洲开发银行的官员宣布准备推出亚洲货币单位。同年 5 月,东盟＋3 财长会议上,各国财长也表示进一步推动亚洲区域货币单位的出现。

区域货币合作是指一定地区内的有关国家和地区在货币金融领域中所实行的协调与合作,其目的是形成一个汇率统一、货币统一、货币管理机构与货币政策统一的货币联盟,其过程就是地区货币一体化的过程,其理论基础为最优货币区理论。最优货币区的概念是蒙代尔在 1961 年最先提出,并以生产要素的流动性作为判断最优货币区的标准之一。此后,不断有经济学家提出其他的判断标准,如经济开放度、产品多样化、金融市场一体化、通货膨胀相似度等等。进入 20 世纪 90 年代,Frankel 和 Rose 提出了最优货币区内生性的概念,促进了最优货币区理论的发展。

欧洲货币一体化是区域货币合作典型而又最为成功的例子。欧洲货币合作

第十章 区域性货币同盟与欧洲货币一体化

经历了由低级到高级的四个阶段,最终实现经济体内部单一货币的过程。欧洲经济与货币联盟是迄今为止区域货币合作发展的最高形式,它的成功极大地鼓舞了其他地区的货币合作热情,如东亚货币合作。

东南亚金融危机的爆发使东亚各国认识到区域货币合作的重要性,欧元的成功启动使东亚各国开始对共同货币感兴趣。在东亚,虽然目前货币一体化的条件还不成熟,但是货币合作已经取得了一定的成就,例如目前东亚在区域监督、区域储备合作与区域汇率协调方面已经取得了一些进展。

本章重要概念

货币一体化　区域货币合作　区域货币联盟　通货区　最适度货币区　马斯特里赫特条约　欧洲货币单位(ECU)　欧洲货币联盟　欧洲货币体系(EMS)　平价网体系　欧元　新宫泽构想

思　考　题

1. 货币区有何特征和积极的经济效应?
2. 简述最适度货币区理论及其标准。
3. 简述欧洲货币一体化的发展历程及其重大意义。
4. 简析货币一体化三个层次的异同之处。
5. 简述欧洲货币体系稳定汇率机制的内容。

分析讨论题

运用最适度货币区理论并结合当前实际分析建立东亚共同货币区的必要性和可能性。

第十一章 国际金融机构

国际金融机构是维护国际货币体系运行的组织机构。从性质上看,凡是从事国际金融事务的协调与管理,旨在稳定和发展世界经济而进行国际金融业务的超国家的组织机构,均属于国际金融机构。国际金融机构在稳定国际金融,扩大国际贸易,加强国际经济合作,促进世界经济发展等方面发挥着日益广泛的积极作用。

当代的国际金融机构可分为全球性和区域性两个层次。其中,区域性的国际金融机构又可具体分为两种类型,即半区域性的(因其有区域外国家参加)和区域性的(仅由某一地区的一些国家参加)国际金融机构。目前,全球性的国际金融机构主要是:国际货币基金组织和世界银行集团(包括国际复兴开发银行、国际开发协会和国际金融公司等);半区域性(或洲际性)的国际金融机构主要有:国际清算银行、亚洲开发银行、非洲开发银行、泛美开发银行、欧洲复兴开发银行等;区域性的国际金融机构主要有:欧洲投资银行、亚洲清算联盟、阿拉伯货币基金组织、西非开发银行和加勒比开发银行等。

第一节 全球性国际金融机构

一、国际货币基金组织

国际货币基金组织(International Monetary Fund,简称 IMF)是根据 1944 年 7 月在美国新罕布什尔州的布雷顿森林镇召开的联合与联盟国家货币金融会议所通过的《国际货币基金协定》,于 1945 年 12 月 27 日成立的,总部设在华盛顿。1947 年 3 月 1 日正式开始办理放款业务,并于同年 11 月 15 日,成为联合国的一个专门机构。截止 2010 年底,其成员已达 187 个国家和地区。会员国分为两类:凡参加 1944 年布雷顿森林会议,并于 1945 年 12 月 31 日前在《协定》上签字正式参加 IMF 的国家为创始会员国,共有 39 个,在这之后参加的国家为其他会员国。中国是 IMF 的创始成员国之一,我国的合法席位是 1980 年 4 月 18 日恢复的。

第十一章 国际金融机构

IMF 是第二次世界大战后国际货币体系的核心,它与世界银行集团(Word Bank Group)和关税与贸易总协定(General Agreement on Tariff and Trade, GATT),1995 年之后改称为世界贸易组织(World Trade Organization, WTO)共同构成第二次世界大战后国际经济秩序的三大支柱。IMF 主要负责货币金融事务,世界银行主要负责财政援助与经济开发事务,GATT(WTO)主要负责国际贸易事务。

(一)国际货币基金组织的宗旨

《国际货币基金组织协定》第一部分将其建立的宗旨归纳为以下几个方面:①作为一个永久性的国际金融机构,为国际货币问题的磋商和协作提供便利,从而推动国际货币合作。②促进国际贸易的扩大与平衡发展,从而提高和维持各会员国的就业和实际收入的水平,并开发会员国的生产性资源。③促进汇率稳定,维持会员国间有序的汇兑安排,避免货币竞争性贬值。④协助在会员国间建立经常性交易的多边支付体系,消除阻碍国际贸易发展的外汇管制。⑤在有充分保障的条件下,对会员国提供临时性资金融通,使其增强信心,纠正国际收支失衡,而不至于采取有损于本国或国际经济繁荣的措施。⑥按照上述目标,缩短会员国国际收支失衡持续的时间,并减轻失衡的程度。

从上述 6 条宗旨可以看出,IMF 的主要职能有三项:①监督职能,即确定成员国的汇率政策、与经常项目有关的支付以及货币的兑换性方面需要遵守的行为准则,并实施监督。②资金融通职能,即向国际收支发生困难的成员国提供必要的临时性资金融通,以使其遵守有关行为准则,并避免采取不利于其他国家经济发展的经济政策。③协调职能,即为成员国提供进行国际货币合作与协商的场所。IMF 成立六十多年来,在加强国际经济和货币合作、稳定金融秩序方面做出了重要贡献。面对国际社会中出现的新问题、新情况,IMF 也在不断地对自身的职能进行调整,以更好地适应变化的国际环境,发挥应有的作用。

(二)国际货币基金组织的组织结构

IMF 由理事会(Board of Government)、执行董事会(Executive Board)、部长级委员会(Ministerial Committee)、总裁(President)和众多常设职能部门组成。

1. 理事会

理事会是 IMF 的最高权力机构,由各成员国任命一名理事和一名副理事组成,他们通常是各国中央银行行长或财政部长。任期五年,可以连任,副理事只有在理事缺席时才有投票权。理事会每年 9 月举行一次会议(即 IMF 年会),一般与世界银行年会联合召开,必要时可召开特别会议。理事会的主要职能是决定 IMF 和国际货币体系的重大事项,如接纳新成员、修改基金协定、调整份额等。

2. 执行董事会

IMF 的日常行政工作由其常设机构执行董事会负责,该机构每星期至少召开三次正式会议。执行董事会由 24 名执行董事组成,任期两年,其中 8 名由美国、英国、法国、德国、日本、俄罗斯、中国和沙特阿拉伯指派(持有最大份额的 5 国以及单独选区),其余 16 名执行董事由其他会员国按国家集团或按地区划分为 16 个选区分组推选产生。执行董事会一般采取协商一致的方式达成共识,有时候也需要通过正式的投票方式解决。

3. 总裁

总裁是 IMF 的最高行政领导人,由执行董事会推选,兼任执行董事会主席,任期 5 年。平时无投票权,只有反对票与赞成票票数相等时,才投出决定性的一票。总裁之下设副总裁 3 人,辅佐总裁工作。根据不成文的规定,IMF 总裁来自欧洲,而世界银行行长则来自美国。

4. 部长级委员会

实际上,理事会的许多决策都是由两个部长级委员会给出的,这两个部长级委员会分别为国际货币与金融委员会(International Monetary and Financial Committee)和国际货币基金组织与世界银行联合发展委员会(Joint IMF-Word Bank Development Committee)。部长级委员会由 24 个部长级委员组成,他们是从 IMF 的 187 个理事中选举出来的。委员会的组成结构与执行董事会相对应,代表了 24 个地区,每年召开 2~4 次会议,不采取投票的方式而是通过协商一致的方式来解决问题。国际货币与金融委员会是一个咨询性机构,它在 1999 年前被称为临时委员会(Interim Committee),主要讨论各个国家共同关注的影响全球经济的问题,并对 IMF 的工作给出建议。国际货币基金组织与世界银行联合发展委员会,简称发展委员会(The Development Committee),其职责主要是向 IMF 和世界银行的理事会提供关于新兴市场和发展中国家经济发展的建议。

5. 若干职能部门

IMF 的职能部门可分为地区部门、职能与特别服务部门、信息与联络部门及支持部门。5 个地区部门分别是非洲部、亚洲部、欧洲部、中东部和西半球部;职能与特别服务部门包括财务部、法律部、财政事务部、货币与资本市场部、统计部等;信息与联络部门分别是对外关系部和联合国基金代表处;支持部门分别是人力资源部、秘书处和技术与总务部。

（三）国际货币基金组织的资金来源

1. 份额

份额(quota)是指成员国参加 IMF 时向其认缴的一定数额的款项，是 IMF 的主要资金来源。

（1）份额大小。各会员国份额的具体数额是根据一套比较复杂的办法计算出来的。IMF 成立之初，份额的计算公式为：

$$份额=(0.02Y+0.05R+0.10M+0.10V)(1+X/Y)$$

式中，Y 表示 1940 年的国民收入；R 表示 1943 年 7 月 1 日的黄金和美元储备；M 为战前 1934～1938 年间的年平均进口额；V 为同时期中出口的最大变化额；X 为同时期中的年平均出口额。

在实际计算时，由上式计算得出的数额再乘以 90%，以保存 10% 作为机动份额。20 世纪 60 年代初期以来，为了使份额的计算更加合理，对原有公式的变量和权数做了调整。目前使用的份额计算公式有 5 种，这些公式中的变量有成员国的国民生产总值、经常账户交易额和官方储备等。将各公式计算出的结果进行综合、平均后可为每一个会员国推导出单一的"计算后所得份额"，并可用来对会员国在世界经济中所处的相关地位进行广泛地衡量。

按照 IMF 规定，成员国的份额应每 5 年调整和扩大一次。1946 年 IMF 成立之初的份额总额为 76 亿美元，随后经过 14 次的调整和扩大，截至 2010 年 12 月 31 日，IMF 份额总计为 4 768 亿 SDRs，约合 7 557 亿美元。

（2）份额缴纳方式。份额单位原为美元，1969 年以后改为特别提款权。在 1978 年 4 月 1 日生效的第二次基金组织协定条款修订之前，各国所缴份额中的 25% 规定以黄金缴纳，其余 75% 以本国货币缴纳。第二次修订协定之后，份额的 25% 改为以 SDRs 或外汇缴纳，另外的 75% 以成员国本国货币缴纳，存放在本国中央银行，在 IMF 需要时，可随时动用。

（3）份额作用。会员国缴纳的份额，除作为 IMF 发放信贷的资金来源外，份额大小还决定了会员国以下三方面权利的大小：①投票权。每个会员国都拥有 250 票的基本投票权，每认缴 10 万 SDRs 的份额增加一票。根据 IMF 章程，21 类经营性问题需要 70% 的多数票通过，18 类重要问题需要 85% 的多数票通过。目前美国的份额占全部份额的 17.09%，投票权占 16.77%，二者虽低于美国经济占世界经济总量约 25% 的比例，但美国握有一票否决权。②借款权。成员国在 IMF 的借款限额是与其份额密切联系的，份额越大，可借用的款项就越多。如 IMF 普通贷款累计数的最高额度为成员国份额的 125%；再如在备用与扩展安排下,成员国每年可借得的资金数额为其份额的100%,但累计不得超过份额的300%。③SDRs分配权。成员国从IMF分得的特别提款权一般正比于其份额。

2. 借款

IMF的另一个资金来源是借款,它不仅可以向成员的国官方机构,如财政部和中央银行借款,也可以向私人,包括商业银行等借款。IMF的借款同其他业务一样,以特别提款权计值,大部分期限为4~7年,小部分为1~3年,平均5年左右。基金组织借款的一大特点是:贷款人除国际清算银行外,如果发生国际收支困难,可以提前收回贷款。因此,IMF借款具有很高的流动性,贷款国往往将这部分贷款视为国际储备的一部分。

3. 营运收入

这些收入最主要包括两项:①出售IMF持有的一部分黄金所获得的收入。IMF于1976年1月将其所持有黄金的1/6,即2 500万盎司按市价分4年出售。所得利润(市价超过35美元每盎司官价的部分)按份额比例分配给成员国,一些工业国、石油输出国捐出全部或部分应得利润(共46亿美元)建立"信托基金",用于向贫困的成员国发放优惠贷款。②IMF发放贷款的利息收入。

(四)国际货币基金组织的业务活动

最初创建IMF的目的是作为一个核心机构来维持布雷顿森林体系的运行,其业务活动主要是汇率监督与政策协调、储备资产创造与管理以及向国际收支赤字国提供短期资金融通。目前,IMF的业务活动,仍然主要围绕这三个方面展开。

1. 汇率监督与政策协调

汇率监督是IMF的一项重要职能,其根本目的在于保证有秩序的汇兑安排和汇率体系的稳定。消除不利于国际贸易发展的外汇管制,避免成员国操纵汇率或采取歧视性的汇率政策以谋取不公平的竞争利益。IMF反对成员国利用宏观经济政策、补贴或任何其他手段来操纵汇率;原则上反对成员国采取复汇率或任何其他形式的差别汇率政策。IMF在实施汇率监督时采用的办法通常由三部分组成:①要求成员国提供经济运行和经济政策的有关资料,包括政府和政府以外机构持有的黄金和外汇资产、黄金产量和黄金买卖(输出入)、进出口值及国别分布、经常项目和资本与金融项目的详细收支情况、国民收入、物价指数、汇率及外汇管制情况等。②在研究这些资料的基础上与成员国在华盛顿或成员国国内举行定期或不定期磋商。定期磋商每年举行1~2次,不定期磋商视情况而定。磋商的目的有两个:第一,使IMF能够履行监督成员国汇率的责任;第二,有助于IMF了解成员国的经济发展和政策措施,从而使IMF能够迅速处理成员国申请

第十一章 国际金融机构

贷款的要求。③对各国及全球汇率和外汇管制情况进行评价。评价的内容涉及汇率安排、汇率的确定、外汇管制状况、财政货币政策的运行状况、影响汇率变动的因素及汇率变动的影响等,并就评价的内容汇集出版《外汇限制及外汇管制年报》。

2. 储备资产创造

IMF 在其 1969 年的年会上正式通过了"10 国集团"提出的 SDRs 方案,决定创设 SDRs 以补充各国国际储备的不足。SDRs 于 1970 年 1 月开始正式发行,会员国可自愿参加 SDRs 的分配,目前 IMF 的 187 个会员国均是 SDRs 账户的参加国。SDRs 由 IMF 按会员国缴纳的份额分配给各参加国,分配后即成为会员国的国际储备资产,当会员国发生国际收支赤字时,可以动用 SDRs 将其划给另一个会员国,以偿付收支逆差,或用于偿还 IMF 贷款。

3. 贷款业务

这是 IMF 所经营的主要业务。IMF 发放的贷款不同于一般商业银行,具有许多特点,并划分为若干类型,且不同种类贷款的使用条件不同。

(1) IMF 贷款特点。一是发放对象仅限于会员国政府,它只与会员国的财政部、中央银行、外汇平准基金组织或其他类似的机构往来,不向非政府部门提供资金支持;二是贷款用途限于弥补因经常项目收支而发生的国际收支的暂时不平衡,近年来也增设了支持会员国为解决国际收支困难而进行经济结构调整与经济改革的贷款;三是贷款规模与会员国的份额成正比关系,并且有最高额方面的规定;四是贷款形式是以会员国的本国货币"购买"(Purchase)外汇的形式出现,或称"提款"(Drawing),会员国还款时,则要以外汇或 SDRs 买回本国货币,业务术语称"购回"(Repurchase),因此会员国的借款会改变 IMF 所持有货币的构成。五是贷款期限短,平均 3~5 年;六是 IMF 贷款本息均以 SDRs 计值,利率随贷款期限而定,成正比关系,并对每笔贷款征收一定的手续费。

(2) IMF 贷款种类。根据调节目的,IMF 贷款最主要可分为四类:为了应付国际收支短期波动的短期贷款、带有结构调整性质的中长期贷款、帮助前计划经济国家向市场经济转轨的制度转型贷款和应付突发性危机的紧急贷款。

根据贷款的性质和用途,IMF 贷款可分为两大类:一是普通贷款。这是最基本的一种贷款,主要用于会员国弥补国际收支逆差的短期资金需要,期限 3~5 年,贷款累计数的最高额度为成员国所交份额的 125%。普通贷款由储备部分贷款(限额为成员国份额的 25%)和信用部分贷款组成(限额为成员国份额的 100%,共分 4 档,每档 25%,贷款条件逐档严格,利率逐档提高)。二是专项贷款。此类贷款有各自的具体用途,主要品种有:进出口波动补偿贷款、缓冲库存贷

国际金融学

款、石油贷款、中期贷款(亦称"延伸贷款")、信托基金贷款、补充贷款、结构调整贷款、制度转型贷款、紧急贷款机制等。其中,有些贷款品种已告结束或停止运作,如石油贷款、制度转型贷款等。

(3) IMF 贷款条件。当某一成员国向 IMF 申请贷款时,IMF 将派遣由经济专家组成的"专家小组"赴借款国实地考察和分析该国经济形势以及国际收支问题,在同意提供贷款之前,IMF 通常要求借款国同意专家小组所制定的一组综合的经济政策和经济目标(即经济调整计划或称贷款条件),才能获得贷款资格。IMF 的调整模式是明确的:贬值以使出口具有竞争力,控制货币供应量以对付通货膨胀,使国家预算脱离赤字以便为私人投资提供空间,限制工资以加速向平稳过渡等等。具体的调整计划作为贷款条件附在贷款协议中,贷款以一定的间隔分期发放,如果借款国没有履行贷款条件,IMF 可随时终止新的贷款。

4. 咨询与培训服务

为提高成员国有关专业人员的素质,IMF 帮助成员国组织人员编辑出版各种世界经济和国际金融领域的刊物和书籍。同时,IMF 向各国派出人员,负责搜集和整理世界各国的经济和金融信息,在此基础上,以委派代表团的形式,向成员国提供有关国际收支、财政、金融、外汇和外贸等方面的咨询服务与技术援助。

二、世界银行集团

世界银行集团是与 IMF 联系非常密切的全球性国际金融集团,目前由国际复兴开发银行(International Bank for Reconstruction and Development,IBRD)、国际开发协会(International Development Association,IDA)、国际金融公司(International Finance Corporation,IFC)、多边投资担保机构(Multinational Investment Guarantee Agency,MIGA)和解决投资争端国际中心(International Center for Settlement of Investment Disputes,ICSID)五个成员机构组成。其中,IBRD,IDA 和 IFC 均为金融性机构,也都是联合国的专门机构。IDA 和 IFC 是 IBRD 的附属机构,IBRD 的行长、副行长兼任 IDA 和 IFC 的总经理、副总经理,IBRD 的执行董事和理事在 IDA 和 IFC 中也担任同样的职务,IDA 和 IFC 不雇佣职员,均以 IBRD 的职员代替,实际上是三个机构,一套人马;但任何一个机构都享有独立的合法地位,日常事务都由各自机构的常务理事会处理,同时也均有各自的业务范围。IBRD 成员资格是 IDA 和 IFC 成员资格的先决条件,但 IBRD 成员可以不加入 IDA 和 IFC。至于 MIGA 和 ICSID,均是不经营贷款业务的机构。MIGA 是为在发展中国家的外国投资者提供非商业性风险担保和咨询服务;ICSID 则是通过调解和仲裁为各国政府与外国投资者之间解决争端提供方便。

（一）国际复兴开发银行（IBRD）

IBRD 即一般所称的世界银行（以下简称世行），是根据《国际复兴开发银行协定》而于 1945 年 12 月 27 日成立的，并于 1946 年 6 月 25 日正式营业，1947 年 11 月 5 日起成为了联合国的一个专门机构，行址设在华盛顿。与 IMF 一样，世行也是一个全球性政府间的国际金融组织，只有 IMF 的成员国才有权申请加入世行，有 33 个创始会员国，截至 2010 年底有会员 187 个。

1. 宗旨

根据《国际复兴与开发银行协定》第一条规定，世行的宗旨是：①为用于生产目的的投资提供便利，以协助会员国的复兴与开发，并鼓励不发达国家生产与资源的开发；②以保证或参加私人贷款和私人投资的方式，促进私人对外投资；③用鼓励国际投资以开发成员国的生产资源的方法，促进国际贸易长期平衡发展，维持国际收支的平衡；④在提供贷款保证时，应与其他方面的国际贷款配合。世界银行成立的最初目的是资助会员国主要是西欧各国，使其从被战争破坏的经济中得到恢复和发展。目前，世行的主要目的是向发展中国家提供开发性贷款、资助其兴办特定的长期建设项目，以促进其经济发展与资源开发。

2. 组织结构

世行的组织结构与 IMF 相似，也是由理事会下设执行董事会作为决策机构。

（1）理事会。理事会是最高权力机构，由每一会员国委派理事和副理事各一名组成，任期 5 年，可以连任。理事会的主要职权是批准接纳新成员、银行资本增减、停止成员国资格、决定银行净收入分配等重大事项。每年 9 月举行一次会议，通常与 IMF 理事会联合召开，必须有代表投票权总数的 2/3 以上的理事出席，才具有合法性。

（2）执行董事会。执行董事会是常务机构，负责组织世行的日常业务，行使由理事会授予的职权。此前，该机构由 24 名执行董事组成，任期两年，其中 8 名由美、英、法、德、日、俄、中、沙特指派（持有最大份额的 5 国以及单独选区），其余 16 名由其他会员国按国家集团或按地区分组推选产生。2010 年 10 月 8 日，南非储备银行前副行长雷诺阿斯·莫卡蒂当选第 25 位执行董事，11 月 1 日正式就任。此前执行董事会的 24 位执行董事中，发达国家和发展中国家各占一半，莫卡蒂的当选意味着发展中国家在世行执行董事会中拥有多数席位。

（3）行长。行长是世行的最高行政长官，由执行董事会选举产生，主持日常事务，只有反对票与赞成票票数相等时，才投决定性的一票。任期 5 年，可以连任。行长下有副行长，协助行长工作。自世行成立以来，行长一直由美国人担任。

(4) 业务机构。世界银行的业务机构十分庞大,除在华盛顿设立总部外,还在许多成员国设有办事处、派出机构和常设代表。世界银行 9 000 多名员工来自 165 个国家,其中 38% 以上是在世行驻 120 个国家的代表处工作。

3. 资金来源

(1) 会员国缴纳的股本。各成员国股金的多少,由世行根据该国经济金融状况,并参照其在基金组织份额的大小,同各成员国协商,并经理事会批准。世行成立初期,法定股本为 100 亿美元,分 10 万股,每股 10 万美元(1978 年 4 月 1 日以后每股按 10 万特别提款权计算),各成员国认缴股金总额为 76 亿美元,分两部分缴付:①实交股金。会员国参加世行时,先缴股金的 20%,其中的 2% 用黄金或美元交纳,世行对这部分股金有权自由使用;其余的 18% 以会员国的本国货币缴付,世行将这部分股金用于贷款时,须征得该会员国同意。②待缴股金。会员国认缴股金的 80% 是待缴股金,在世行催交时,会员国才缴付,世行自成立以来,还一直未要求会员国缴付过待缴股金。尽管如此,待缴股金却为世行在国际资金市场借款提供了信用保证。在 1959 年世界银行增资时,会员国将其认缴股金增加一倍,但会员国实交股金并未相应增加,因此会员国的实交股金由原来的 20% 降为 10%(其中 1% 以黄金或美元交纳,9% 用本国货币缴纳),其余 90% 为待缴股金。1981 年实交股金又降为 7.5%(其中 0.75% 以黄金或美元交纳,6.75% 用本国货币缴纳),其余 92.5% 为待缴股金。经过多次增资,目前世行拥有法定股本 1 806 亿美元,实缴股本 110 亿美元。可见,世行的实有资本一直是相当有限的。

(2) 借款。由于世行实交股本的比例较低,自有资本有限,不能满足其业务发展的需要,所以,向国际金融市场借款,特别是在国际债券市场发行中长期债券就成为其主要的资金来源渠道。其发行债券的方式主要有两种:一种是直接向成员国政府、政府机构或中央银行发行中短期债券;另一种是通过投资银行、商业银行等中间包销商在国际债券市场向私人投资者发行中长期债券。借款期限从 2 年至 25 年不等,利率依金融市场随行就市。由于世行信誉较高,所以筹资成本较为低廉,一般情况下低于普通公司债券和某些国家的政府债券。

(3) 债权转让。世行将贷出款项的债权转让给私人投资者,主要是国际商业银行等金融机构,收回一部分资金,以扩大世行的资金周转能力。

除了上述三项主要资金来源外,贷款业务收益、贷款资金回流也是世行贷款资金的来源。世行信誉卓著、经营得法,自成立以来几乎每年都有盈余。业务净收益除小部分以赠款形式拨给国际开发协会用做贷款资金外,大部分留做银行的自有资金。

第十一章 国际金融机构

4. 主要业务

世行最主要的业务活动是贷款,此外还提供技术援助等业务。

1) 贷款

世行通过向发展中国家提供长期生产性贷款帮助会员国复兴和发展经济。截至2010年6月30日,世行累计提供的贷款总额达5 236亿美元,仅2010财年就向46个国家提供了总额为442亿美元的164笔新贷款。

(1)世行贷款条件。一是贷款对象只能是会员国政府或经会员国政府、中央银行担保的公、私机构;二是只有在申请贷款国确实不能以合理的条件从其他来源获得资金时,世行才考虑发放贷款、参加贷款或提供保证;三是贷款只能用于世行批准的特定工程项目,该项目必须有助于该国的资源利用和经济增长,但根据世界经济发展的需要,世行也发放非项目贷款;四是贷款只能发放给有偿还能力的会员国,世行对还款时间要求较严格,到期必须归还,不得拖欠,不得改变还款时间,故其贷款数额不受借款国认缴股金的限制,主要考虑是否有偿还能力,以保证贷款能够按时收回;五是贷款必须专款专用,并接受世行的监督。

(2)世行贷款特点。一是贷款期限长,一般为15~20年,最长可达30年,并有5~10年的宽限期;二是贷款实行浮动利率,随国际金融市场利率的变化而定期调整,一般较市场利率稍低,另收取0.75%的承担费;三是贷款可使用不同的货币对外发放,世行贷款都是以美元计值,借款国如需提用其他货币,世行按贷款协议的美元数额,按当时汇价付给借款国所需货币,还款时必须用所借货币还本付息,按当时汇价折合美元,借款国承担汇价变动的风险;四是贷款与特定工程项目相结合,一般多用于工业、农业、能源、运输、教育、基础设施等,并采用招投标,且世行只提供项目所需的外汇资金,一般占项目资金总额的30%~40%,个别项目可达50%,其余部分由借款国自行筹措;五是贷款手续严密,程序严格,为确保贷款诸条件能够得到贯彻和执行,世行对贷款工作非常审慎,从借款国提出借款申请到最终获得资金一般需要一年到一年半左右的时间。

(3)世行的贷款种类。一是项目贷款和非项目贷款。这是世行传统的贷款业务,属于一般性贷款。其中,项目贷款是目前世行最主要的贷款,它是指世行对会员国工农业生产、交通、通讯,以及市政、文教卫生等具体项目所提供的贷款的总称;非项目贷款则是指世行为支持会员国现有的生产性设施需进口物资、设备所需外汇提供的贷款,或是为支持会员国实现一定的计划提供的贷款的总称。二是"第三窗口"贷款。它是指在世行原有的接近市场利率的一般性贷款和IDA的优惠贷款之外,再增设的一种贷款;其贷款条件介于这两种贷款之间。三是技术援助贷款。既包括在许多贷款项目中用于可行性研究、管理或计划的咨询,以及专门培训方面的资金贷款;也还包括独立的技术援助贷款,即为完全从事技术援助的项目提供的资金贷款。四是联合贷款。它是世行同其他贷款者一起,共同为借款国的项目融资。其具体方式包括"平行贷款"和"共同贷款",前者是指世行同有关国家政府合作选定贷款项目后,即与其他贷款人签订联合贷款协议,并按各自通常的贷款条件分别同借款国签订协议,分头提供融资;后者是指世行与其他贷款者按商定的比例出资,由世行按其贷款程序与商品、劳务采购的原则与借款国签订借贷协议。两相比较,后一种方式更便于借款国管理,世行也倾向于采用这种方式。

2) 技术援助

向会员国提供技术援助也是世行业务活动的重要组成部分,这种技术援助往往是与贷款项目结合在一起的。世行派出人员、专家帮助借款国进行项目的组织和管理,提高项目资金使用效益。世行还设立由该行直接领导的一所经济发展学院,其任务主要是为发展中国家培养中高级管理干部。世行还经常帮助会员国制订经济社会发展计划,为某些特殊问题提供咨询意见和解决方案。

(二) 国际开发协会(IDA)

IDA 于 1960 年 9 月正式成立,同年 11 月开始营业,总部设在华盛顿。截至 2010 年 12 月 31 日共有 170 个会员国。从法律、资金来源和会计制度方面看,IDA 是一个独立机构。但在人事管理上,从经理到内部人员均由世行相应机构的人员兼任,机构设置也与世行相同。IDA 与世行是"一套人马,两块牌子",故实为世行的一个附属机构,有"第二世界银行"之称。

1. 宗旨

作为世界银行对发展中国家贷款不足而设立的补充机构,国际开发协会的宗旨主要是:以比世界银行更为优惠的条件专门向会员国中较贫困的发展中国家提供长期贷款,促进其经济发展、生产和生活水平的提高;同时作为世界银行贷款的补充,促进世界银行目标的实现。

2. 资金来源

(1)会员国认缴的股本。会员国认缴股本的数额按其在世界银行认缴股金数额的一定比例确定。IDA 的会员国可分为两组:第一组是工业发达国家和石油输出国等高收入国家,约占会员总数的 1/6;第二组为亚、非、拉发展中国家。第一组国家认缴的股金必须全部以可兑换货币缴纳,所缴股本全部供协会出借;第二组国家认缴股金的 10% 必须以可兑换货币缴纳,其余 90% 可用本国货币缴纳,协会要动用这些国家的货币发放贷款,必须先征得这些国家的同意。协会成立时法定股本为 10 亿美元,第一组国家为 7.6 亿美元,第二组国家为 2.4 亿美元,以后随着会员国的增加,资本额随之增加。

(2)会员国提供的补充资金。会员国缴纳的股本不能满足借款的需要,而按规定协会也不能向世界银行那样依靠发行债券来筹集资金,所以 IDA 要求成员国政府定期(每三年一次)提供补充资金,其中绝大部分由第一组国家提供。此外,一些发展中国家,如阿根廷、匈牙利和土耳其等也曾向 IDA 捐款,其中有些国家曾一度是 IDA 的借款国。

(3)世行的拨款。世行每年将业务净收益的一部分以无偿赠款的形式拨给 IDA,作为其贷款的资金来源。

(4)协会本身业务经营的净收入。协会发放信贷会收取小额的手续费以及业务经营可获得一些收益,这也是其资金来源的一部分。由于协会贷款条件极其优惠,因此这部分资金来源极其有限。

3. 主要业务

向低收入的发展中国家发放长期优惠贷款是国际开发协会的主要业务。按照 2002 年的标准人均 GNP 不超过 865 美元才有资格获得协会信贷。协会的贷款对象为成员国政府,贷款主要用于发展能源、交通、水利、港口等公共工程部门及农业、教育、计划生育等方面。协会提供的是优惠贷款,被称为软贷款(Soft Loan),而世界银行提供的贷款条件较严,被称为硬贷款(Hard Loan)。有时协会的贷款被称为信贷(Credit),以区别于世行的贷款(Loan)。IDA 贷款的优惠性主要表现在四个方面:①贷款不收利息,只收 0.75% 的手续费,贷款的未用部分收 0.5% 的承诺费;②贷款期限长,可达 50 年,并有 10 年的宽限期;③获得贷款后,头 10 年不必还本,从第二个 10 年起,每年还本 1%,其余的 30 年每年还本 3%;④贷款可用部分或全部本国货币偿还。

IDA 的贷款一般与特定的工程项目相联系。由于 IDA 的贷款无利息,期限长,因此利润很有限。为使 IDA 的贷款能够充分地发挥作用,IDA 对项目的审查非常严格,要求所选定的项目必须达到既能提高借款国的劳动生产率,又具有较高的投资收益率这两方面的要求。IDA 的贷款项目一般具有以下特点:①项目所应用的技术比较简单,易于掌握;②建设和经营成本低,以利于用较少的资金开发较多的项目;③在项目中注重加强能较大地提高劳动生产率和收入的要素的投入,比如农业项目中重点投入良种、化肥和技术等。

(三)国际金融公司(IFC)

国际金融公司于 1956 年 7 月正式成立,总部也设在华盛顿,截至 2010 年 12

月31日共有182个会员国。IFC与IDA一样,属于IBRD的一个附属机构,但在法律和财务上具有独立的法人地位。我国于1980年4月恢复在IFC的合法席位。

1. 宗旨

国际金融公司的宗旨是:通过对发展中国家,尤其是欠发达地区的重点生产性私人企业提供无需政府担保的贷款与投资,鼓励国际私人资本流向发展中国家,促进发展中国家资本市场的发展,来推动这些国家私人企业的成长,促进其经济发展,从而补充世界银行的不足。如前所述,IBRD的贷款对象只能是会员国政府,或由政府担保的公、私机构,这在一定程度上限制了IBRD业务的发展,而IFC弥补了这一不足。

2. 资金来源

(1)会员国认缴的股本。认缴数额根据会员国在世界银行的认缴股金确定。IFC成立时的法定资本为1亿美元,分为10万股,每股1 000美元,认缴股金应以黄金或可兑换货币缴付。公司自成立后进行了多次增资活动,目前的资本额已达29亿美元。

(2)借款。一是在国际金融市场上发行国际债券筹集资金;二是向世界银行及会员国政府借款。目前,借款已成为IFC最大的资金来源。

(3)业务净收入。一是公司贷款与投资的利润收入,公司按市场化方式运作资金,虽注重项目收益,但公司主要是资助小而穷的会员国,所以,利润收入数量有限;二是会员国偿还的款项;三是出售公司的债权和投资。

3. 主要业务

贷款与投资业务是公司的主要业务。IFC业务经营的主要特点是:①贷款与投资的对象是会员国的私人企业,不需要会员国政府的担保。②贷款部门主要是发展中国家的制造业、加工业和开采业。由于IFC核贷或投资于这些私人企业的标准颇为严格,因此能大大提高受信企业在国际商业中的地位,对受信企业投资成功后,IFC又能通过转让债权或股权于其他外来投资者的方式,积极引导国外私人资本的流入。③贷款期限一般为7～15年,利率一般高于IBRD利率,承担费为1%,还款时须以原借入货币偿还。④贷款或投资额度小。贷款额度一般在200万～400万美元,最高不超过3 000万美元;投资额一般不超过私人企业注册资本的25%,最低的只有2%,以此组织发达国家和当地金融机构进行联合贷款或投资活动,帮助发展中国家开发资本市场。

此外,近年来IFC的业务越来越多样化。公司积极向一些发展中国家的企业提供市场信息及管理方面的技术援助,参与和支持发展中国家国有企业私有化改

第十一章 国际金融机构

组活动,提高这些企业的经济效益。同时,向重债务国提供将债务转化为股本的方法,帮助重债务国缓解债务危机。

(四) 多边投资担保机构(MIGA)

MIGA 创立于 1988 年 6 月 8 日,是世界银行集团的最新成员。其成员必须是世行成员,但世行成员没有非参加它不可的必要。截至 2010 年 12 月 31 日共有 175 个会员国,其中发达国家 25 个,发展中国家 150 个。

MIGA 的宗旨是:减少非商业性投资障碍,鼓励对发展中国家成员国进行股本投资和其他直接投资,以帮助其实现经济增长,降低贫困,提高人民的生活水平。为实现这一宗旨,机构主要开展两方面业务:①承保非商业性风险。机构为外国投资者担保由于非商业性风险所造成的损失,承保的非商业风险主要有:征收、货币不可兑换、转移限制以及战争和内乱等的政治风险。②提供促进性和咨询性服务。MIGA 为发展中国家成员国提供外国投资促进与咨询服务,帮助其改善投资环境,以吸引更多的外资流入。

机构主要提供以下几类服务:投资促进会议、执行发展计划、外国投资政策圆桌会议以及外国直接投资法律框架咨询服务等。

(五) 解决投资争端国际中心(ICSID)

ICSID 是根据《华盛顿公约》成立于 1966 年,是世界银行集团的另一个投资促进机构。ICSID 的正式成员国截至 2010 年 12 月 31 日共有 146 个,中国于 1990 年 2 月正式成为《华盛顿公约》的缔约国。

ICSID 的宗旨和任务是:为缔约国政府(东道国)和其他缔约国的国民(外国投资者)之间的投资争端进行调解和仲裁,帮助和促进国际性投资。调解和仲裁是中心的两种业务程序。按《华盛顿公约》的规定,在调解程序中,调解员仅向当事人提出解决争端的建议,供当事人参考;而在仲裁程序中,仲裁员做出的裁决具有约束力,当事人应当遵守和履行。除了解决国际投资争端外,中心还在外国投资法领域开展了一系列的研究和出版工作。

由于种种原因,自中心成立以来,其实际受理的业务非常有限,截至 1992 年 6 月 30 日,其受理的业务只有 2 起。至 1998 年,中心的影响仍然不是很大,专门工作人员不过十几个人,年度经费 100 万美元左右,当年审理的案件总计 19 件。到了 2005 年,其当年新受理的案件就达到 25 个,总共在审理的案件为 103 个,年度经费也突破了 1 000 万美元。截至 2008 年 6 月在中心登记的案例总数为 268 例。

第二节 区域性国际金融机构

20世纪60年代以来,亚洲、非洲、美洲和欧洲地区的一些国家,通过互相合作的方式,建立本地区的多边性金融机构,以适应地区经济发展和国际投资及技术援助的需要。这些区域性的国际金融机构发展都很迅速,它们与联合国及其所属的 IMF 和 WB(即世界银行)相互配合,对促进本地区的国际贸易和投资,以及成员国经济的发展,起着极为重要的作用。目前最主要的区域性国际金融机构见表 11.1。

表 11.1　主要的区域性国家金融机构概况
(2011年4月)

机构名称	成立时间	总部所在地	成员构成	基本宗旨
国际清算银行	1930年	巴塞尔	欧洲地区34个、其他地区22个	促进中央银行之间的合作并为国际金融运营提供特别的便利
亚洲开发银行	1966年	马尼拉	亚太地区48个、其他地区19个	为亚太地区发展中国家筹集资金,提供技术援助,促进区域经济发展
美洲开发银行	1959年	华盛顿	拉美28个,其他地区20个	为该地区会员提供项目贷款和技术援助,推动该地区经济发展
非洲开发银行	1964年	阿比让	非洲国家53个、其他地区24个	促进非洲地区的经济发展和社会进步

一、国际清算银行

国际清算银行(Bank for International Settlements, BIS)是根据1930年1月20日签订的海牙国际协定,由英国、法国、意大利、德国、比利时、日本六国的中央银行以及代表美国银行业利益的三家商业银行(摩根银行、纽约花旗银行和芝加哥花旗银行)组成的银行集团于同年5月17日联合成立的,同年5月20日开始营业,行址设在瑞士巴塞尔,这是世界上最早成立的国际金融机构。刚建立时只有7个成员国,截至2011年4月成员已发展至56个,包括54个国家的中央银行、中国香港特别行政区的金融管理局和欧洲中央银行。

(一)宗旨

国际清算银行的宗旨是:促进各国中央银行间的合作,为国际金融活动提供便利,在国际金融结算中充当受托人或代理人。国际清算银行最初创办的目的是为了处理第一次世界大战后德国的赔偿支付及其有关的清算等业务问题。第二次世界大战后,欧洲其他国家中央银行陆续加入,其成员日益壮大。随着战争债务问题的解决,国际货币基金组织和世界银行的成立,国际清算银行功能发生转变,变成了组织成员国之间进行结算的代理机构、协调西方国家中央银行利益和政策的重要机构和向各国中央银行并通过中央银行向整个国际金融体系提供一系列高度专业化服务的国际金融机构,被称为是"中央银行的银行"(a Bank for Central Banks)。在业务上,BIS 具有国际金融机构和商业银行的双重性质。现在世界上绝大多数国家的中央银行都与其建立了业务关系,国际清算银行已经成为除国际货币基金组织和世界银行集团之外的最重要的国际金融机构。

(二)组织结构

国际清算银行是以股份公司的形式建立的,组织机构包括股东大会、董事会和经理部。

1. 股东大会

股东大会是国际清算银行的最高权力机构,每年 6 月份在巴塞尔召开一次会议,会上通过年度报告和上一个年度(上一年 4 月 1 日至本年 3 月 31 日)的资产负债表、损益计算书、利润分配办法和接纳新成员等重大决议事项。除成员国外,大会也向所有在该行有存款的中央银行或机构发出邀请,但只有成员国有表决权。

2. 董事会

董事会是国际清算银行的经营管理机构,其成员不超过 21 人。比利时、德国、法国、英国、意大利和美国各派 2 名董事,分别是该国中央银行行长和本国工商或金融界的代表。此外董事会还可以 2/3 的多数选举出其他董事,但最多不超过 9 人。董事会选举产生董事会主席兼行长。董事会每月召开一次例会,审议银行日常业务工作,决议以简单多数作出,票数相等时由主席投决定性一票。

3. 经理部

经理部有总经理和副总经理,下设 4 个机构:银行部,主管具体银行业务;货币经济部,负责调查研究工作;法律处和秘书处。

(三)资金来源

国际清算银行的资金主要来源于 3 个方面:
(1)成员国缴纳的股金。国际清算银行建立时,法定资本为 5 亿金法郎(gold

francs),分为20万股,每股2 500金法郎。所谓金法郎,原来是1865年法国、瑞士、比利时等国成立拉丁货币同盟时发行的一种金币,含金量为0.290 325 28,金本位制崩溃后,国际清算银行仍以金法郎作为记账单位。BIS自成立后已几度增资,目前该行股份的80%为各国中央银行持有,其余20%为私人持有,但私股不得参加股东大会,也无表决权。

(2)借款。国际清算银行向各成员国中央银行借款,补充该行自有资金的不足。

(3)吸收存款。国际清算银行接受各国中央银行和国际金融机构的存款,也与一些国家的大商业银行往来,存款构成了国际清算银行的主要资金来源。

(四)主要业务

1. 处理国际清算事务

作为各会员国中央银行的"中央银行",国际清算银行的基本业务就是为各国中央银行之间的资金往来办理清算业务。

2. 办理或代理有关银行业务

国际清算银行作为一个金融企业,在第二次世界大战后业务不断拓展。目前可从事的业务主要有:接受成员国中央银行的黄金或外汇存款;买卖黄金、外汇、有价证券;向成员国中央银行贷款;也可与商业银行和国际机构进行类似业务,但不得向政府提供贷款或以其名义开设往来账户。另外,受许多国际组织的委托,国际清算银行还担当了其金融代理人。目前,世界上很多国家的中央银行在国际清算银行存有黄金和硬通货,并获取相应的利息。

3. 促进各国中央银行之间的合作

国际清算银行作为各国中央银行的俱乐部,定期举行中央银行行长会议,一般于每月的第一个周末在巴塞尔举行西方主要国家中央银行行长会议以及每年一次的巴塞尔年会,商讨有关国际金融问题,协调有关国家的金融政策,维持国际金融市场的稳定。随着国际金融市场一体化的迅速推进,这类合作的重要性显得更为突出。因此国际清算银行的存在为各国中央银行提供了一个会晤的场所、交流的平台和协作的桥梁。另外,BIS定期编写的金融统计资料也具有较大的权威性。

(五)巴塞尔委员会

20世纪70年代以来,全球一体化不断加强,金融创新日益活跃,各国金融当局纷纷调整了对银行业的监管政策。在国内,不断修改和完善金融立法,谋求建立一种新的适度的监管法规体系,来保证激烈竞争的银行业的稳定。在国际上,跨国银行开始扮演越来越重要的角色,为了避免银行危机的连锁反应,统一国际银行监管的建议被提上了议事日程。

1975年2月,来自比利时、加拿大、法国、德国、意大利、日本、卢森堡、荷兰、西班牙、瑞典、瑞士、英国和美国的代表聚会巴塞尔,在国际清算银行的主持下商讨成立了巴塞尔银行监管委员会(Basel Committee on Banking Supervision),简称巴塞尔委员会。设立巴塞尔委员会的宗旨是促进国际合作,为银行业的监管问题提供一个正式的讨论场所,努力改善对国际银行活动的监管工作。国际清算银行为巴塞尔委员会设立了秘书处,在国际清算银行的主持下每年召开3~5次会议,讨论有关银行监管的事宜。

巴塞尔委员会并没有凌驾于主权国家之上的监管特权,其文件也没有任何法律效力。迄今为止,在国际清算银行的主持下,巴塞尔委员会在银行监管方面取得了多项为人称道的成果,其中最主要的是《巴塞尔协议》。目前该协议已成为国际银行业的"金科玉律",越来越多的银行开始按照巴塞尔协议的精神行事,各国中央银行也都把该协议作为重要参考,确定自己的金融监管办法。

二、亚洲开发银行

亚洲开发银行(Asian Development Bank,ADB,简称亚行)是一个类似于世行但只面向亚太地区的区域性政府间金融机构。它于1966年11月正式建立,并于同年12月19日开始营业,总部设在菲律宾的马尼拉。亚行初建时有31个成员国,到2011年4月底,亚行共有67个成员,其中48个来自亚太地区,其余19个来自其他地区。非本地区成员包括:奥地利、比利时、加拿大、丹麦、芬兰、法国、德国、意大利、卢森堡、荷兰、挪威、葡萄牙、西班牙、瑞典、瑞士、土耳其、英国、美国和爱尔兰。

(一)组织结构

理事会是亚行最高决策机构。各成员国委派正、副理事各1名,每年举行一次会议即年会,通常每年4月底5月初在总部或成员国轮流举行,讨论和决定重大事项,包括接受新成员、改变注册资本、选举董事和行长、修改章程等,必要时可举行特别会议。理事会表决生效的前提是必须有不少于总投票权3/4的理事参加,且需其中2/3以上的理事投赞成票。亚行每个成员均有778票基本投票权,每认股1万美元增加1票。截至2010年5月,日本和美国同为亚行最大股东,各持有15.571%的股份和拥有12.756%的投票权,中国是亚行第三大股东国,持股

6.429%，拥有5.442%的投票权。

董事会负责处理亚行日常事务，由12个董事和12个副董事组成。董事由理事会选举产生，其中本地区成员选举8名董事，非本地区成员选举4名董事，任期两年。亚行67个成员分成12个选区，每个选区各派出1名董事和副董事。日本、美国和中国三大股东国是单独选区，各自派出自己的董事和副董事。其他成员组成9个多国选区，董事和副董事一职由选区内不同成员国根据股份大小分别派出或轮流派出。

行长是亚行最高行政长官。行长负责主持董事会，管理亚行的日常工作。由理事会选举产生，兼任董事会主席，任期5年，可以连任。行长必须是本地区成员国居民，自亚行成立至今一直由日本人担任。行长下设副行长若干名，协助行长工作。

（二）宗旨

亚行的宗旨是为亚太地区发展中国家筹集资金和提供技术援助，协助这些国家协调经济政策与计划，促进本地区的经济发展与合作。亚行是一个独立的机构，并与IMF和世行集团等国际金融机构以及其他国际经济组织保持着密切的联系。

其具体任务是：①为亚太地区发展中会员国或地区成员的经济发展筹集与提供资金，优先考虑最有利于整个地区经济协调发展的项目和规划，还应特别考虑本地区较小的或较不发达的成员的需要。②促进公、私资本对亚太地区各会员国投资。③帮助亚太地区各会员国或地区成员协调经济发展政策，以更好地利用自己的资源，取长补短，促进其对外贸易的发展。④对会员国或地区成员拟定和执行发展项目与规划提供技术援助，包括编制具体的项目建议书。⑤以亚洲开发银行认为合适的方式，同联合国及其附属机构、国际公益组织及其他国际机构、各国公营和私营实体进行合作，并向它们提供投资与援助的机会。⑥开展符合亚洲开发银行宗旨的其他活动与服务。

（三）资金来源

亚行的资金来源由普通资金和特殊资金两部分组成。

1. 普通资金

普通资金是亚行开展业务活动最主要的资金来源，占亚行贷款资金来源的75%，用于亚行的硬贷款业务。普通资金由6个部分组成：①股本。亚行建行时法定股本为10亿美元，分10万股，每股面值1万美元，后来经过多次增资。日本和美国是亚行最大的出资国,中国居第三位。②借款。从1969年开始,亚行开始从国际金融市场借款,多为在国际金融市场上发行债券,或会同有关国家的政府、中央银行及其他金融机构直接安排债券销售;借款方式还包括直接从商业银行贷款。③普通储备金。根据亚行章程的规定,理事会每年将收益的一部分划做普通储备金。④特别储备金。对于1985年前发放的尚未偿还的贷款,亚行除收取利息和承诺费外,还收取一定数量的佣金,以佣金收入设立特别储备金。⑤净收益。亚行业务总收入扣除各项成本形成。⑥预交股本。亚行认交股本采取分期交纳的办法,在法定认交日期之前认交的股本即为预交股本。

2. 特殊资金

亚行特殊资金主要由三个部分组成:①亚洲开发基金。亚洲开发基金创建于1974年6月,基金主要是来自亚行发达国家会员国或地区成员的捐赠,用于向亚太地区贫困国家或地区成员发放优惠贷款。同时亚行理事会还按有关规定从各会员国或地区成员缴纳的未核销实缴股本中拨出10%作为基金的一部分。此外,亚行还从其他渠道取得部分赠款。②技术援助特别基金。亚行认为,除了向会员国或地区成员提供贷款或投资以外,还需要提高发展中国家会员或地区成员的人力资源素质,加强项目执行机构的建设。为此,亚行于1967年成立了技术援助特别基金。该项基金的一个来源为赠款;另一来源是1986年10月1日为亚洲开发基金增资36亿美元时将其中的2%拨给技术援助特别基金,主要用于资助发展中成员国聘请专家、培训人员和购置设备,以加强项目执行机构建设、提高技术力量。③日本特别基金。在1987年亚行第20届年会上,日本政府表示,愿出资建立一个特别基金。日本特别基金于1988年3月10日成立,日本出资,亚行负责管理。日本特别基金的作用主要是以赠款或股本投资的方式帮助发展中成员国调整经济结构、提高技术水平。

(四) 主要业务

1. 贷款

按贷款条件亚行贷款可分为硬贷款、软贷款和赠款三类。硬贷款的贷款利率为浮动利率,每半年调整一次,贷款期限为10～30年(包括2～7年的宽限期)。软贷款也就是优惠贷款,只提供给人均国民收入低于670美元(1983年的美元)且还款能力有限的会员国或地区成员,贷款期限为40年(包括10年的宽限期),没有利息,仅有1%的手续费。赠款用于技术援助,资金由技术援助特别基金提供,赠款额没有限制。

按贷款方式亚行贷款可分为项目贷款、规划贷款、部门贷款、开发金融机构贷

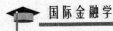

款、综合项目贷款、特别项目执行援助贷款、私营部门贷款和联合融资等。目前亚行提供资金主要领域包括：农业和以农业为基础的工业、运输、通讯、供水和卫生、城市发展、健康和人口、工业、能源、电力，以及金融行业，促进发展中成员国金融体系、银行体制和资本市场的管理、改革和开放。

2. 技术援助

技术援助项目由亚行董事会批准，如果金额不超过 35 万美元，行长也有权批准，但须通报董事会。技术援助可分为：项目准备技术援助、项目执行技术援助、咨询技术援助和区域活动技术援助。

3. 股本投资

1983 年起，亚行开办了股本投资业务。该业务通过购买私人企业股票或私人金融机构股票等形式，向发展中国家的私人企业提供融资便利。

2008 年，亚行共批准贷款 105 亿美元，同比增长 5.3%；赠款项目总额达 8.11 亿美元，同比增长 20.6%；技术援助总额达 2.75 亿美元。在发放的贷款中，交通领域贷款最多，能源领域贷款次之。主要的借款成员依次是印度、中国、印尼、菲律宾、越南和巴基斯坦。

三、非洲开发银行

1964 年 11 月非洲开发银行（African Development Bank，ADB，简称非行）成立，1966 年 7 月 1 日正式开始营业，是非洲最大的地区性政府间金融机构，总部设在科特迪瓦的经济中心阿比让。该行与其附属的非洲开发基金（African Development Fund，ADF）、尼日利亚信托基金（Nigeria Trust Fund，NTF）共同组成非洲开发银行集团。非行行长兼非洲开发银行集团董事长。

非洲开发银行的宗旨是：通过提供贷款和投资，利用非洲大陆的人力和资源，促进成员国经济发展和社会进步，优先向有利于地区经济合作和扩大成员国间贸易的项目提供资金和技术援助，帮助成员国研究、制定、协调和执行经济发展计划，以逐渐实现非洲经济一体化。截至 2010 年 12 月，非行共有 77 个成员国，非洲 53 个国家全部为成员，此外还有包括中国在内的区外成员 24 个。非洲以外的 24 个成员国包括：中国、阿根廷、奥地利、巴西、比利时、丹麦、德国、法国、芬兰、荷兰、加拿大、科威特、美国、挪威、葡萄牙、日本、瑞典、瑞士、沙特阿拉伯、西班牙、意大利、印度、英国和韩国。

（一）组织结构

理事会是非洲开发银行的最高决策机构，由各成员国委派一名理事组成，一般为成员国的财政经济部长,通常每年5月下旬召开为期两天的会议,必要时可举行特别会议,讨论制定银行的业务方针和政策,决定银行重大事项。此外,世界银行、国际货币基金组织及其他区域性金融机构、非政府组织均派代表与会。按惯例,主办国理事任理事会主席并主持会议。理事会年会负责选举行长和秘书长。非洲开发银行2010年年会(第45届年会)于2010年5月27~28日在科特迪瓦经济首都阿比让召开,会上通过了非行增资计划,决定将非行资本由此前的300亿美元增至1000亿美元。此次增资将使非行得以支持更大额度的贷款,在帮助非洲各国发展中发挥更大作用。

董事会由理事会选举产生,是非行的执行机构,负责制定非行各项业务政策。共有18名执行董事,其中非洲以外国家6名,任期3年,一般每月举行两次会议。

行长由董事会选举产生,任期5年,在董事会指导下开展工作。

(二) 资金来源

非洲开发银行的资金来源分为普通资金来源和特别资金来源。

普通资金来源为:①核定资本认缴额,最初为2.5亿非洲开发银行记账单位,每记账单位价值0.888671克纯金,核定资本分为2.5万股,每股1万记账单位;②自行筹措资金;③用实收资本或筹措资金发放贷款所获得的还款资金;④依据该行待缴资本发放贷款或提供担保所获得的收入;⑤不构成非行特别资金来源的其他资金和收入。

特别资金来源有:①捐赠的特别资金和受托管理资金;②为特别资金筹措的专款;③从成员国筹借的该国货币贷款,用途是从贷款国购买商品与劳务,以完成另一成员国境内的工程项目;④用特别基金发放贷款或提供担保所获偿还资金;⑤用上述任何一项特别基金或资金从事营业活动获得的收入;⑥可用作特别基金的其他资金来源。

资金来源主要来自成员国的认缴,截至2009年底,非行法定资本约330亿美元。为使该行领导权掌握在非洲国家手中,非洲国家资本额占60%。

(三) 业务活动

非洲开发银行的主要业务活动就是贷款。贷款的对象是非洲地区成员国,主要用于农业、运输和通信、供水、公共事业等。贷款可以分为普通贷款和特别贷款。普通贷款业务包括用该行普通资金来源提供的贷款和担保业务;特别贷款业务是用该行规定专门用途的特别资金来源开展的贷款业务。特别贷款的条件非常优惠,不计利息,贷款期限最长可达50年,主要用于大型工程项目建设。此外,

国际金融学

银行还为开发规划或项目建设的筹资和实施提供技术援助。截至2009年2月,非行贷款总额已达414亿非行记账单位,约合638亿美元。

此外,为满足贷款资金的需要,非行先后设立了四个下属机构:①非洲开发基金。1972年7月在经合组织援助下设立,1973年8月开始营业,由非行和22个非洲以外的工业发达国家出资,宗旨与职能是对非洲29个最贫穷的国家提供长达50年的无息贷款(包括10年宽限期),重点是农业、乡村开发、卫生、教育事业等的发展项目,只收取少量手续费。②尼日利亚信托基金。成立于1976年2月,同年4月开始营业,由非行和尼日利亚政府共同建立,主要目的是与其他基金合作,向成员国有关项目提供期限长达25年(包括最长为5年的宽限期)的贷款。③非洲投资与开发国际金融公司。1970年11月设立,总公司设在瑞士日内瓦,目的是动员国际私人资本建设和发展非洲的生产性企业,股东是国际金融公司以及美国、欧洲和亚洲各国约100家金融和工商业机构。④非洲再保险公司。1976年2月建立,1977年1月开始营业,宗旨是加速发展非洲保险业,总公司设在尼日利亚首都拉各斯。

四、美洲开发银行

美洲开发银行(Inter-American Development Bank,IADB)成立于1959年12月30日,1960年10月1日正式开始营业,总部设在美国华盛顿。美洲开发银行是世界上成立最早和最大的区域性、多边开发银行,是美洲国家组织的专门机构,其他地区的国家也可加入,但非拉美国家不能利用该行资金,只可参加该行组织的项目投标。

美洲开发银行的宗旨是:集中美洲内外资金,向拉美国家成员国政府及公、私团体的经济、社会发展项目提供贷款或对成员国提供技术援助,以促进拉美国家的经济发展与合作。

截至2011年4月,美洲开发银行共有成员国48个,其中,美洲28个:阿根廷、巴巴多斯、巴哈马、巴拉圭、巴拿马、巴西、秘鲁、玻利维亚、多米尼加、厄瓜多尔、哥伦比亚、哥斯达黎加、圭亚那、海地、洪都拉斯、墨西哥、尼加拉瓜、萨尔瓦多、苏里南、特立尼达和多巴哥、危地马拉、委内瑞拉、乌拉圭、牙买加、智利、伯利兹、加拿大、美国;欧洲16个:奥地利、比利时、丹麦、德国、法国、芬兰、荷兰、挪威、葡萄牙、瑞典、瑞士、西班牙、意大利、英国、克罗地亚和斯洛文尼亚;亚洲4个:中国、日本、以色列、韩国。

（一）组织结构

美洲开发银行包括：①理事会。理事会是最高权力机构，由各成员国委派1名理事组成，每年举行一次会议。②执行董事会。执行董事会是理事会领导下的常设机构，由14名董事组成，其中拉美国家9名，美国、加拿大和日本各1名，其他地区国家2名，任期3年。③行长和副行长。在执行董事会领导下主持日常工作，行长由执行董事会选举产生，任期5年，副行长由执行董事会任命。④分支机构。在拉美各成员国首都及巴黎和东京设有办事处。⑤投资机构。美洲投资公司（Corporación Interamericana de Inversión, CII）于1989年成立，以不易获得优惠条件贷款的中小企业为其主要服务对象；多边投资基金（Fondo Multilateral de Inversión, FOMIN）于1992年成立，主要目的是促进私人产业的发展，为私人产业创建更好的投资环境。⑥拉美一体化研究所。于1964年成立，设在阿根廷首都布宜诺斯艾利斯，负责培养高级技术人才，研究有关经济、法律和社会等重大问题，并为各成员国提供咨询。

（二）资金来源

美洲开发银行的资金来源主要有：①成员国认缴。分为普通资本和特种业务基金。认缴股份较多的国家有：美国占30.008%，阿根廷和巴西各占10.752%，墨西哥占6.912%，委内瑞拉占5.761%，加拿大占4.001%。各成员国的表决权依其持有股本的多寡而定，其中美国占30%，拉美国家50%（阿根廷和巴西各占11%），加拿大4%，其他地区16%。按章程规定，拉美国家表决权在任何情况下不得低于现有比例。②发达国家成员国提供。有的国家，主要是一些工业发达国家把一些资金交给美洲开发银行使用，目的是通过资本输出加强对拉丁美洲各国商品和劳务的出口。③在国际金融市场和有关国家发行债券。1960年开业时拥有资金8.13亿美元。截至2009年12月31日美洲开发银行的实际资本为206.74亿美元，总负债为633.32亿美元，总资产为840.06亿美元。

（三）业务活动

美洲开发银行的主要业务活动是提供贷款促进拉美地区的经济发展、帮助成员国发展贸易，为各种开发计划和项目的准备和执行提供技术合作。银行的普通资本主要用于向拉美国家的政府和公、私机构的经济项目提供贷款，期限10～25年，必须用所借货币偿还。特别业务基金主要用于拉美国家的经济发展援助项目，利率低，期限长达20～40年，可用全部或部分本国货币偿还。银行还掌管美国、加拿大、德国、英国、挪威、瑞典、瑞士和委内瑞拉等政府及梵蒂冈提供的拉美开发基金。四十多年来，非行的贷款规模增长迅速，1961年贷款额为2.94亿美元，2000年为52.66亿美元。至2005年，美洲开发银行累计向拉美国家提供1 370亿美元贷款和21亿美元的捐助。至2009年底，美洲开发银行累计贷款总额达1 830亿美元，为促进拉美的经济社会发展发挥了重要作用。

第三节 中国与国际金融机构的关系

一、我国与国际货币基金组织

我国是IMF的创始成员国，在其成立过程中发挥过积极的作用。1980年以前，我国在IMF的席位一直被台湾当局所占据。1980年4月17日，IMF执行董事会通过决议，恢复了我国在IMF的合法席位。1991年，IMF在北京设立常驻代表处。中国人民银行是国务院授权主管基金组织事务的机构，由行长和主管国际业务的副行长担任基金组织的正、副理事。自1980年以来，我国与IMF建立了良好的合作关系，并在不断地巩固和发展这种合作关系。我国与IMF的合作是多方面的，主要表现在：

(1) 资金合作。作为IMF的成员国，我国可以从IMF取得贷款，弥补国际收支逆差。但与其他发展中国家相比，我国利用基金组织的资金并不多。1980年，IMF向我国提供4.5亿SDRs第一档信贷和3.05亿SDRs优惠贷款；1986年，我国再次向IMF借用约6亿SDRs的第一档信贷，这些贷款到1991年底已全部偿还。中国曾多次向IMF贷款，现在对IMF则是为数不多的债权国之一，特别是亚洲金融危机期间向IMF提供了40多亿美元的支持。在2008年的国际金融危机中，中国对IMF发行债券的全球筹资行为给予了400亿美元的资金支持。

(2) 技术援助。从1980年到1992年3月，IMF共向我国提供了19次技术援助，其范围包括银行管理与货币政策、国际收支统计方法、金融立法等。此后，IMF以代表团访问、研讨班、专家访问的形式继续对中国提供技术援助。IMF还为中国官员提供培训，培训项目包括：金融分析与规划、国际收支、政府财政、货币与银行、对外资本项目可兑换以及金融统计的编制方法。

(3) 磋商与交流。《国际货币基金协定》第4条规定，IMF每年应与成员国进行双边磋商，称为"第4条磋商"，这是对成员国的外汇和贸易制度进行监督的一种形式。我国政府将每年的第4条磋商看作是向IMF和国际社会介绍中国经济情况和政策意向的途径，以便让世界更好地了解中国，我国还利用这一机会，认真

第十一章 国际金融机构

听取IMF专家们对我国经济政策的评价和建议,这对我国下一年宏观经济政策的制定和调整都将是有益的借鉴和参考。近年来,中国与IMF磋商的重点包括金融部门、对外部门和国有企业的机构改革问题。

我国积极支持IMF为发展中国家的经济调整所做的努力,在IMF的资金使用上主张优先考虑低收入发展中国家,虽然我国有资格使用IMF的优惠贷款,但常常是主动放弃这种权力,以支持贫困的发展中国家享有更多的优惠资金。IMF也是我国阐述国际经济和国际金融立场的重要讲坛。近年来,中国在IMF中的地位与话语权不断提升。IMF董事会于2010年11月5日通过了份额改革方案,中国的份额将从当前的3.72%上升至6.39%,投票权也将从当前的3.65%上升至6.07%,超越德国、法国和英国,位列美国和日本之后,该方案于2012年10月理事会年会前实施。

二、我国与世界银行集团

(一)我国与世界银行

我国是世界银行(简称世行)的创始会员国之一,但在1980年以前,我国在世行的席位一直被台湾当局占据,自1980年4月18日恢复我国在IMF的合法席位以后,紧接着在同年5月15日恢复了我国在世行的合法席位,随后自然成为IDA和IFC的会员国。1980年10月1日,中国政府代表团第一次出席世界银行和国际货币基金组织年会。1985年,世行驻华代表处成立,双方合作和交流更加便利、密切和有效。2009年2月4日世行行长佐利克正式任命中国经济学家林毅夫为世行副行长兼首席经济学家,这是世行首次任命发展中国家人士出任这一要职。2010年4月25日世行发展委员会春季会议通过了发达国家向发展中国家转移投票权的改革方案,中国在世行的投票权从2.77%提高到4.42%,成为世行第三大股东国,仅次于美国和日本。

自1980年至今,经过30余年的努力,我国与世行集团发展了卓有成效的合作关系。我国与世行的合作主要是在以下几个方面:

1. 贷款合作

从1981年11月4日世行首次向我国贷款2亿美元,用于我国第一个世行贷款项目——大学发展项目起,至2010年,世界银行共向我国贷款478亿美元。这些贷款支持建设了一大批涉及农业、林业、工业、交通、能源等重点建设项目,项目覆盖内地几乎所有省、自治区、直辖市。

世行贷款按时期分布:1981~1990年,贷款额为86亿美元,占18%;1991~

2000年,贷款额为254亿美元,占53%;2001~2010年,贷款额为138亿美元,占29%。世行贷款按行业分布:农林水扶贫,117.84亿美元,占24%;工业,30.13亿美元,占6%;能源,72.17亿美元,占15%;交通,106.2亿美元,占22%;铁路,36.45亿美元,占8%;教育卫生,27.40亿美元,占6%;城建环保,75.47亿美元,占16%;抗震救灾,12.53亿美元,占3%。世行贷款按地区分布:东部地区,188亿美元,占39%;中部地区,142亿美元,占30%;西部地区148亿美元,占31%。

近年来,我国在利用世行贷款上主要有四个特点:①向中西部地区倾斜。根据我国加快中西部地区发展的战略规划,在世行贷款项目的安排上有意识地向中西部地区倾斜。1980's世行贷款的地区分布为:东部地区占49.54%,中部地区26.61%,西部地区23.85%;1990's地区分布为:东部地区占42.24%,中部地区29.46%,西部地区28.30%;2000's地区分布为:东部地区占27.32%,中部地区32.15%,西部地区40.53%。②向教育、卫生、扶贫、救灾等民生领域倾斜。我国在世行贷款项目,尤其是无息贷款项目的安排上,将教育、卫生、扶贫和救灾等作为主要目标之一。③向环境保护、文化遗产保护等社会建设领域倾斜。我国从1992年开始,在环境保护方面利用世行贷款。此外,世行还通过环保技术援助项目,进一步加强我国环保机构的能力,提高环境管理水平。近年来,中国积极利用世行贷款支持了一批文化遗产保护项目的建设,推广开发式保护理念,实现了文化遗产保护与当地经济社会发展相互促进的目标。④以贷款合作为载体,推进相关领域体制改革和机制创新。我国也十分重视在改革领域加强与世行方面的合作,并通过对金融部门技术援助、居民住房与社会保障改革、经济法律改革等项目,直接支持我国的经济改革事业。

2. 人才培养

面对人才短缺的实际情况,中国政府高度重视与世行的智力合作,不断加强机构能力建设和人才培养工作。三十多年来,中国与世行合作开展了逾20 000人次参加的各类培训。

3. 知识合作

财政、金融等相关部门积极开展与世行的知识合作,为推动国内财税体制、金融体制和投资体制等领域的改革做出了积极的贡献。

(二) 我国与国际金融公司

1980年5月15日,中国在IFC的席位得到恢复,开始按规定认缴股金并享有投票权。中国政府非常重视与这一主要负责私营部门发展机构的合作,以推动私营部门的发展。IFC从1987年起开始向我国中外合资企业提供贷款以提高这

第十一章 国际金融机构

些企业的生产和竞争能力,不过在 1989 年以前,IFC 在我国的贷款项目较少,仅参与了广州标致汽车等 4 个项目的贷款。1992 年 10 月 21 日,IFC 在华设立代表机构。自 1993 年起,IFC 在我国的贷款业务迅速增长。自 1996 年起 IFC 开始投资中国西部企业,并于 2002 年在成都设立办公室,服务于西部的招商引资和私营部门发展。截至 2010 年,中国已通过 IFC 引进资金 47 亿美元,支持了 193 个项目。

目前,中国是 IFC 投资规模的第三大国家。IFC 对我国援助的范围正不断扩大,涉及包括中外合资企业、集体企业(含乡镇)、私营企业及股份制企业等,为我国这些企业竞争能力的提高及我国多种所有制经济成分的发展做出了一定的贡献。此外,IFC 还就发展私营部门、促进外国投资等问题向我国政府和企业提供咨询和技术援助。

(三)我国与国际开发协会

1980 年 5 月 15 日,中国在 IDA 的席位得到恢复,开始享有投票权。国际开发协会主要向我国提供长期低息贷款,用于我国基础设施的建设与完善。截至 1999 年 7 月,协会共向中国提供了 102 亿美元贷款,但从 1999 年 7 月起,国际开发协会停止对中国提供贷款。2007 年中国政府首次承诺向国际开发协会捐款 3 000 万美元,标志着中国由借款国角色向捐款国角色的转变。

(四)我国与多边投资担保机构和解决投资争端国际中心

1988 年 4 月 30 日,中国正式签署加入多边投资担保机构的协议,成为其第 35 个会员。MIGA 自 1990 年初在我国开展业务,通过提供投资担保及投资咨询服务等方式,帮助我国改善投资环境,完善外国投资法规,促进外国投资流入我国。

三、我国与其他国际金融机构

(一)我国与国际清算银行

我国于 1984 年 12 月与国际清算银行建立了业务联系,在 BIS 开设了外汇和黄金账户。此后,每年都派代表团以客户身份参加该行年会。国际清算银行召开股东大会,中国人民银行应邀列席,这为中国广泛获取国际经济和金融状况信息、发展与各国中央银行之间的关系提供了一个新的场所。中国的黄金与外汇储备有一部分是存放于国际清算银行的,这对中国人民银行灵活、迅速、安全地调拨外

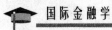

汇、黄金储备非常有利。1985年国际清算银行开始向中国提供贷款。1996年9月9日,国际清算银行通过一项协议,接纳中国、巴西、印度、韩国、墨西哥、俄罗斯、沙特阿拉伯、新加坡的中央银行和我国香港金融管理局为该行的新成员。香港回归之后,其在国际清算银行的地位保持不变,继续享有独立的股份与投票权。香港金融管理局与中国人民银行同时加入国际清算银行,标志着我国的经济实力和金融成就得到了国际社会的认可,同时也有助于我国中央银行与国际清算银行及其他国家和地区的中央银行进一步增进了解,扩大合作,提高管理与监督水平。中国人民银行还是该行亚洲顾问委员会的成员,周小川行长目前担任该委员会主席。

(二)我国与亚洲开发银行

中国于1983年2月正式申请加入亚行,1985年11月26日,中国与亚行达成《谅解备忘录》,明确规定中华人民共和国作为唯一的中国合法代表加入亚行,台湾当局改称"中国台北",继续留在亚行。1986年3月10日中国正式成为亚行成员。中国加入亚行以来,双方在发展经济、消除贫困、保护环境等方面开展了广泛的合作。

1986年,中国政府指定中国人民银行为中国对亚行的官方联系机构和亚行在中国的保管银行,负责中国与亚行的联系及保管亚行所持有的人民币和在中国的其他资产。1987年4月理事会第20届年会的董事会改选中,中国当选为董事国并获得在董事会中单独的董事席位。同年7月1日,亚行中国董事办公室正式成立。中国于1989年5月在北京主办了亚行第22届年会,1994年成为亚行最大的年度借款国。亚行对华贷款全部为硬贷款,年利率在6.5%~6.9%之间,贷款期限为15~25年。截至1996年6月,亚行共为中国的219个项目提供了0.9252亿美元的技术援助赠款,用于贷款项目的前期准备工作。亚行对中国的贷款涉及工业、环保、扶贫、基础设施建设等多个领域。1998年,亚行第一次向我国提供纯(Clean)技术援助,金额351万美元,用于黑龙江、吉林的水灾后重建工作。亚行还提供770万美元,用于帮助中国制定咨询行业政策和法规框架。2000年6月16日,亚行驻中国代表处在北京成立。2008年8月,亚行董事会任命中国进出口银行副行长赵晓宇为亚行副行长,分管南亚、中亚和西亚业务。目前,中国已是亚行累计第二大借款国、技术援赠款的第一大使用国以及第三大股东。

(三)我国与非洲开发银行

我国政府于1984年11月正式提出加入非洲开发银行的申请,1985年2月,根据非行章程,作为非本地区国家,先向非洲开发基金捐赠了资金,然后我国按承

第十一章 国际金融机构

诺向非行认缴股本,并办理了有关入行的法律手续。1985年5月8日至10日,非行年会期间,我国被正式接纳为非洲开发基金和非行成员。

我国加入非行不仅在政治上产生了很好的影响,而且也为我国同非洲国家经济合作开辟了一条新渠道,极大地推动了我国与非洲国家之间的经济技术合作。许多中国公司积极参与非行集团贷款项目的投标,中标合同金额可观。1996年,中国与非行签订了200万美元的双边技术合作协定。2003年10月,中国人民银行与非行联合在北京举办了中非"经济改革与发展战略高级研讨会"。截至2006年底,中国在非行持股24 230股,占总股份的1.117%,中国共资助咨询专家27人,在8个非洲国家开展了14个项目,拨付资金120万美元左右。非行理事会年会于2007年5月16~17日在上海举办,这是继西班牙之后区外国家第二次承办非行年会。中国已参加了第4~10次非洲开发基金(非行软贷款窗口)捐资,累计向非洲发展基金捐资3.64亿美元,大力支持了非洲地区的基础设施建设、扶贫和教育等项目。

(四) 我国与美洲开发银行

1991年始,我国连年应邀派团以观察员身份参加美洲开发银行年会。1993年9月,中国人民银行正式向美洲开发银行提出入行申请。1994年2月该行行长应邀访华。中国于2009年1月12日正式成为美洲开发银行第48个会员国,同时也是亚洲地区第四个参加该组织的国家。

本章重要概念

IMF 基金份额 IBRD IDA IFC MIGA BIS

思 考 题

1. 简述国际货币基金组织的宗旨与职能。
2. 国际货币基金组织的主要业务有哪些?
3. 世界银行集团主要包括哪些成员?
4. 简述国际复兴开发银行的宗旨及主要业务活动。
5. 国际开发协会与国际金融公司的贷款主要有哪些区别?
6. 国际清算银行的主要业务活动是什么?
7. 简述中国与主要国际金融机构的关系。

附录 金砖国家(BRICS)开发银行

金砖国家(即指巴西、俄罗斯、印度、中国和南非金砖五国,简称 BRICS)开发银行的倡议源于诺贝尔经济学奖获得者斯蒂格利茨(Joseph Stiglitz)和伦敦经济学院教授斯特恩勋爵(Nicholas Stern)的一份报告。该报告指出,目前新兴市场国家一方面存在较大的投资需求,另一方面又存在大量可以调动的闲置资金。为了合理、有效地利用新兴市场国家的资金,满足其日益增长的投资需求,新兴与发展中经济体需要建立一个金融中介系统,也即是由新兴经济体主导成立一个以充分利用过剩储蓄来满足其投资需求为宗旨的南—南开发银行(South-South Development Bank)。在斯蒂格利茨报告的基础上,印度向其他四个金砖国家提出了共同建立一个新开发银行(New Development Bank)的倡议。印度的倡议得到了其他四国的响应。

2012 年 3 月,在第四次金砖国家领导人峰会上,金砖国家领导人对金砖国家开发银行的宗旨和目的进行了规划,并指示五国财长审查该倡议的可能性和可行性。2013 年 3 月,第五次金砖国家领导人峰会发表《德班宣言》,五国领导人正式同意建立一个新的开发银行。标志着金砖国家合作进入了实质性阶段,标志着金砖国家领导人由过去就全球和金砖国家间宏观层面的磋商转入了经济、金融务实性的全面合作。金砖国家开发银行的成立有可能成为新兴与发展中国家之间未来深化金融合作的新航标。

一、金砖国家开发银行的宗旨与职能

金砖国家开发银行的宗旨是为金砖国家、其他新兴市场和其他发展中国家服务,其主要职能包括两个方面,即促进基础设施建设融资和可持续发展。它的成立只是对现有多边和区域金融机构的补充,弥补其在满足新兴市场与发展中国家需求方面的不足。为此,金砖国家开发银行作为以发展融资为核心业务的跨区域金融机构,既要面向金砖国家,还要支持其他发展中国家,同时,还要成为沟通发展中国家和发达国家的桥梁。与现有多边开发机构不同的是,金砖国家开发银行不仅应为新兴和发展中国家提供发展融资,也要积极促进新兴经济体对发达国家的投资。这不仅有利于新兴经济体的发展,同时也将促进发达经济体的经济复苏。

二、成员资格

金砖国家开发银行的成员资格可能有两种模式:一是参照区域性多边开发机构模式,将成员国限定在金砖国家范围内。二是参照全球性多边开发机构模式,向特定全球多边组织的成员国开放。但由于金砖国家开发银行宗旨与战略意图的特殊性,这两种模式均存在弊端。对于前者而言,如果成员国仅限于金砖国家,不仅影响金砖国家开发银行的业务范围和未来业务发展,也使金砖国家在经济上结盟的意图过于明显,从而为外部世界所孤立。对于后者而言,由于金砖国家开发银行不是现有国际组织的附属机构,也难以找到与之适应的国际组织进行成员资格绑定,那种简单复制式的成员资格认定也不适用。因此,在成员资格问题上,新的开发银行必须进行创新。建立之初可先限于金砖国家范围内,未来可逐步向金砖国家以外的多种类型国家开放会员资格:既可吸收其他新兴市场与发展中国家,也可包括发达国家,甚至还可以考虑国际金融机构、主权财富基金以及商业银行等。

三、股权分配

从现有的国际经验来看,金砖国家作为金砖国家开发银行的发起国,在股权分配上占据优先地位是毋庸置疑的。但如何平衡五个国家之间的股权比例仍没有现成的答案。例如,国际货币基金组织的份额分配是由 GDP、开放度、经济波动性和国际储备四个变量加权平均值来确定,这四个变量的权重分别为 50%、30%、15% 和 5%。其中,GDP 为市场汇率和购买力平价计算的 GDP 加权平均值,两者的权重分别为 60% 和 40%。为了缩小成员国份额计算的离散程度,在计算过程中还包括一个"压缩因子"。如果根据国际货币基金组织股份计算公式,中国、俄罗斯、印度、巴西和南非的股权比重约为 5∶3∶3∶2∶1。如此一来,中国将取得显著高于其他四国的股份,并可能引起其他四国对股权的争夺。可见,如果仅仅以经济实力为基础分配出资比例的想法恐怕较难落实。因此,新开发银行创立初期,初始资本规模不宜太大,可控制在 500 亿美元左右,在股权分配上,五个金砖国家所占股份比例不出现较大悬殊将是更为可能的一种结局。如果未来扩员,为了凸显其他新兴市场和发展中国家的作用,可以考虑给其在股权分配上的优先地位;同时,可将一定比例的股权分配给发达国家、其他多边机构和主权财富基金等。这将有利于增强新开发银行的代表性和开放性。

四、总部选址

金砖国家开发银行的总部选址不仅仅是一个办公场所的选择问题,同时也关系到总部所在地的影响力以及银行的未来发展。从现有多边开发机构总部选址的情况来看,主要取决于以下四个因素:一是成员国和所在城市的经济实力及政治影响力。国际货币基金组织、世界银行以及美洲开发银行均选在美国首都华盛顿,这与美国的经济实力和国际影响力密不可分。二是良好的社会、经济和政治环境。非洲开发银行成立之初总部选在科特迪瓦首都阿比让,但由于科特迪瓦政局不稳,2002年非洲开发银行总部迁至突尼斯的突尼斯市。三是能够提供相应的物质与人力资源。这主要包括总部所在地拥有较为完善的交通、卫生、通讯等基础设施,拥有大量高素质的国际化人才,能满足银行中低层行政和后勤保障人员的供给。四是所在国拥有较为成熟的金融市场。完善的金融基础设施和优越的政策环境,有助于多边开发机构的融资和投资业务拓展。欧洲投资银行总部选在卢森堡、欧洲复兴银行总部选在伦敦金融城,均出于这一考虑。金砖国家开发银行总部所在地的选择,应综合以上因素,首选经济实力强大,经济、社会和政治保持长期稳定,国内金融市场相对发达,制度环境优越并且国际化程度较高的国家与城市。

五、进展

2014年7月15日,金砖五国在巴西福塔莱萨签署协议,成立金砖国家开发银行,建立金砖国家应急储备安排,总部设在中国上海。根据最终获得各国签署通过的方案,中国、印度、俄罗斯、南非、巴西各自分别出资100亿美元,共计500亿美元成立金砖发展银行。同时获得签署通过的还有规模1000亿美元"应急储备基金",出资金额为中国410亿美元,巴西、印度和俄罗斯各180亿美元,南非50亿美元。预计2016年营业。

主要参考文献

1. 国际货币基金组织(IMF). 国际收支手册[M]. 5版. 1993.
2. 杰弗里·萨克斯. 全球视角的宏观经济学[M]. 上海:上海三联书店,1997.
3. 戴维·里维里恩. 国际货币经济学前沿问题[M]. 北京:中国税务出版社,2000.
4. [美]Orlin Grabbe. 国际金融市场[M]. 3版. 北京:中国人民大学出版社,1998.
5. 迈克尔·梅尔文. 国际货币与金融[M]. 上海:上海三联书店,1996.
6. 陈彪如. 国际金融概论[M]. 3版. 上海:华东师范大学出版社,1996.
7. 姜波克. 国际金融学[M]. 北京:高等教育出版社,1999.
8. 姜波克. 国际金融新编[M]. 2版. 上海:复旦大学出版社,1997.
9. 陈雨露. 国际金融[M]. 北京:中国人民大学出版社,2000.
10. 姜波克,等. 人民币自由兑换和资本管制[M]. 上海:复旦大学出版社,1999.
11. 钱荣堃. 国际金融[M]. 成都:四川人民出版社,1994.
12. 钱荣堃. 国际金融专题剖析[M]. 北京:中国金融出版社,1997.
13. 易纲,张磊. 国际金融[M]. 上海:上海人民出版社,1999.
14. 马之骃. 发展中国家国际储备需求研究[M]. 上海:华东师范大学出版社,1994.
15. 孙杰. 汇率与国际收支[M]. 北京:经济科学出版社,1999.
16. 杨星. 国际金融学[M]. 广州:广东经济出版社,2001.
17. 国世平. 国际金融[M]. 北京:人民出版社,1999.
18. 林鸿谦. 国际金融教程[M]. 广州:暨南大学出版社,1994.
19. 刘舒年. 国际金融[M]. 北京:对外经济贸易大学出版社,1996.
20. 何璋. 国际金融[M]. 北京:中国金融出版社,1997.
21. 黄鲁成. 国际金融理论·实务[M]. 北京:北京大学出版社,1999.
22. 吕随启,等. 国际金融教程[M]. 北京:北京大学出版社,1999.
23. 殷醒民. 国际金融[M]. 北京:高等教育出版社,2000.

24. 蒋志芬. 国际金融概论[M]. 北京:中国金融出版社,1997.
25. 于立军,王军. 国际金融学[M]. 北京:经济管理出版社,1999.
26. 李扬,黄金老. 金融全球化研究[M]. 上海:上海远东出版社,1999.
27. 奚君羊. 国际储备研究[M]. 上海:上海财经大学出版社,1998.
28. 王爱俭,王景武. 中国外汇储备投资多样化研究[M]. 北京:中国金融出版社,2009.
29. 罗航. 外汇储备与风险管理[M]. 武汉:武汉出版社,2009.
30. 方兴. 数量金融:国际黄金价格走势、汇率滞后超调动态模型[M]. 北京:光明日报出版社,2009.
31. 周影,牛淑珍. 国际金融实用教程[M]. 北京:北京大学出版社,2009.
32. 朱孟楠. 国际金融学[M]. 厦门:厦门大学出版社,2010.
33. 王灵华. 国际金融学[M]. 北京:清华大学出版社,2007.
34. 乔桂明. 外汇理论与交易实务[M]. 2版. 苏州:苏州大学出版社,2010.
35. Paul R Krugman, Maurice Obstfeld M. International Ecoflomics: Theory and Policy[M]. 6th Edition. Pearson Education Asia Limited, Tsinghua University Press, 2004.
36. Thomas A Pugel. International Economics[M]. 12th Edition. McGraw-Hill Companies, Inc., 2004.
37. Graham Bannock, William Manser. The Penguin International Dictionary of Finance[M]. Foreign Language Press, 1996.
38. Richard M Levich. International Financial Markets:Price and Policy[M]. 2nd Edition. McGraw-Hill Companies, Inc., 2001.
39. Robert J Carbaugh. International Economics[M]. 8th Edidon. China Machine Press, Thomson Learning, 2002.
40. Paul De Grauwe. Eeonomics of Monetary Union[M]. OXford University Press, 2003.
41. Charles P Kindleberger. Manias, Panics and Crashes:A History of Financial Crises[M]. 3rd Edition. Basic Books, 1989.
42. Black S W. International Money and International Monetary Arrangements[M]//Jones R W, Kenen P B. Handbook of International Economics:Volume 2. North-Holland, 1985.